Ingrid Lacheny

"Les Frères de Saint-Sérapion" d'E.T.A. Hoffmann

Ingrid Lacheny

"Les Frères de Saint-Sérapion" d'E.T.A. Hoffmann

Une œuvre d'"art total"?

Éditions universitaires européennes

Mentions légales/ Imprint (applicable pour l'Allemagne seulement/ only for Germany)

Information bibliographique publiée par la Deutsche Nationalbibliothek: La Deutsche Nationalbibliothek inscrit cette publication à la Deutsche Nationalbibliografie; des données bibliographiques détaillées sont disponibles sur internet à l'adresse http://dnb.d-nb.de.

Toutes marques et noms de produits mentionnés dans ce livre demeurent sous la protection des marques, des marques déposées et des brevets, et sont des marques ou des marques déposées de leurs détenteurs respectifs. L'utilisation des marques, noms de produits, noms communs, noms commerciaux, descriptions de produits, etc, même sans qu'ils soient mentionnés de façon particulière dans ce livre ne signifie en aucune façon que ces noms peuvent être utilisés sans restriction à l'égard de la législation pour la protection des marques et des marques déposées et pourraient donc être utilisés par quiconque.

Photo de la couverture: www.ingimage.com

Editeur: Éditions universitaires européennes est une marque déposée de Südwestdeutscher Verlag für Hochschulschriften GmbH & Co. KG
Dudweiler Landstr. 99, 66123 Sarrebruck, Allemagne
Téléphone +49 681 37 20 271-1, Fax +49 681 37 20 271-0
Email: info@editions-ue.com
Agréé: Paris, Sorbonne nouvelle, thèse de doctorat, 2009

Produit en Allemagne:
Schaltungsdienst Lange o.H.G., Berlin
Books on Demand GmbH, Norderstedt
Reha GmbH, Saarbrücken
Amazon Distribution GmbH, Leipzig
ISBN: 978-613-1-55210-6

Imprint (only for USA, GB)

Bibliographic information published by the Deutsche Nationalbibliothek: The Deutsche Nationalbibliothek lists this publication in the Deutsche Nationalbibliografie; detailed bibliographic data are available in the Internet at http://dnb.d-nb.de.

Any brand names and product names mentioned in this book are subject to trademark, brand or patent protection and are trademarks or registered trademarks of their respective holders. The use of brand names, product names, common names, trade names, product descriptions etc. even without a particular marking in this works is in no way to be construed to mean that such names may be regarded as unrestricted in respect of trademark and brand protection legislation and could thus be used by anyone.

Cover image: www.ingimage.com

Publisher: Éditions universitaires européennes is an imprint of the publishing house Südwestdeutscher Verlag für Hochschulschriften GmbH & Co. KG
Dudweiler Landstr. 99, 66123 Saarbrücken, Germany
Phone +49 681 37 20 271-1, Fax +49 681 37 20 271-0
Email: info@editions-ue.com

Printed in the U.S.A.
Printed in the U.K. by (see last page)
ISBN: 978-613-1-55210-6

1

Cet ouvrage est la version remaniée d'une thèse de doctorat en études germaniques soutenue à la Maison de la Recherche de l'université Sorbonne nouvelle – Paris 3 le 20 novembre 2010. Je tiens ici à remercier chaleureuseusement Monsieur Jacques Lajarrige, mon directeur de recherches, pour son soutien et ses précieux conseils ainsi que les autres membres du jury, Madame Erika Tunner, Messieurs Alain Cozic, Alain Muzelle et Rolf Wintermeyer.

Mes remerciements vont également à Monsieur Bernhard Schemmel, de la E.T.A. Hoffmann-Gesellschaft, pour m'avoir encouragée dans mes recherches et aux responsables de la bibliothèque de la ville de Bamberg qui m'ont permis d'accéder sans difficultés aux archives.

Enfin, qu'il me soit permis de dédier cet ouvrage à mes proches.

Avant-propos

Au début de l'année 1818, Georg Reimer propose à Hoffmann de réunir au sein d'une même œuvre les récits qui ont été publiés de façon éparse dans différentes revues, puis d'en écrire d'autres pour étoffer l'ensemble. Hoffmann utilise comme source première la réalité de son existence pour transposer en fiction ses rencontres amicales, à la fois conviviales et littéraires, placées sous le signe de la spiritualité et de l'ivresse. Il retient un premier titre : *Die Seraphinen-Brüder* [*Les Frères Séraphins*], qu'il transforme en *Serapions-Brüder* [*Frères de Saint-Sérapion*] le 14 novembre 1818.

Œuvre ouverte, composée de plusieurs veillées, récits et entretiens, *Les Frères de Saint-Sérapion*, publiés entre 1818 et 1820 environ, symbolisent un ensemble aussi bien cohérent que fragmentaire et s'inscrivent dans la tradition des premiers romantiques qui visait à « tantôt mélanger, tantôt combiner » les genres, à « rendre la poésie vivante et en faire un lien social[1] ». À la fois héritier du rationalisme des Lumières et de l'idéal poétique du premier romantisme, Hoffmann représente en quelque sorte un entre-deux et un dépassement de ce double héritage. Sans rejeter l'échauffement des sens ou l'importance de la raison, l'écrivain développe son propre principe esthétique, le « principe sérapiontique », cherchant à concilier l'inventivité d'un esprit rebelle et la nécessité de créer de manière maîtrisée et rationnelle.

Cette alliance entre raison et imagination corrobore la recherche permanente d'un syncrétisme esthétique. L'interaction entre les arts conduit à l'intrication de différents discours renvoyant à des problématiques esthétiques telles que les questions du Beau, de la *mimesis* et de l'identification ; littéraires, comme les problèmes liés à la narration et à la réception ; et enfin scientifiques, impliquant les sciences exactes opposées aux sciences dédiées à l'étude du « Moi » et de sa complexité.

Sans faire d'E.T.A. Hoffmann l'emblème de la modernité et alimenter ainsi le cliché ou l'anachronisme dénoncé par Ricarda Schmidt[2], on peut affirmer que l'écrivain s'est préoccupé de problèmes modernes ou sur le point de le devenir, tels ceux liés à l'artificiel, à la psychiatrie et à la narration. L'art équivaut à une quête individuelle, et l'acte d'écriture s'apparente à une sorte de thérapie, à l'extériorisation d'idéaux et d'élans de l'âme. Le narrateur sérapiontique a donc besoin

---

[1] Friedrich Schlegel : *Kritische Schriften und Fragmente*, Paderborn, Munich, Vienne, Zürich, Schöningh, 1988, 6 tomes, ici : tome 2 (1798-1801), p. 114 : « [...] bald mischen, bald verschmelzen, die Poesie lebendig und gesellig [...] machen », [Édition française : *Fragments*, traduction et présentation de Charles Le Blanc, Paris, José Corti, 1966, p. 148-149], [Fragment 116].
[2] Ricarda Schmidt : *Wenn mehrere Künste im Spiel sind. Intermedialität bei E.T.A. Hoffmann*, Göttingen, Vandenhoeck und Ruprecht, 2006, p. 12.

d'un destinataire, d'un reflet dans lequel il puisse se projeter. L'imbrication artistique, les passerelles systématiques entre les diverses formes d'expression aussi bien intellectuelles qu'esthétiques, mêlées d'événements et de réflexions personnels, font des *Frères de Saint-Sérapion* une mosaïque cohérente composée d'éléments disparates dont la fonction est de démultiplier les « je » et les instances narratives. Cette problématisation du Moi artistique reflète la volonté de faire de l'écriture, associée à la peinture, la musique et la plastique, un lieu de convergence et de synesthésie dans laquelle les frontières entre les arts seraient abolies et qui ferait des *Frères de Saint-Sérapion* une œuvre polyforme qui déconstruit le réel pour mieux le reconstruire et l'adapter à la fiction.

Ce passage de la déconstruction d'une œuvre à sa reconstruction façonne l'un des éléments majeurs de l'« art total[3] » : comment défaire, adapter et intégrer les différents arts en les adaptant à l'écriture ? Hoffmann fait ainsi de ses narrateurs sérapiontiques aux multiples visages des architectes, des dessinateurs caricaturistes, des compositeurs et des marionnettistes manipulant aussi bien les personnages de ses récits que le lecteur lui-même.

La littérature critique sur Hoffmann et son œuvre s'est souvent penchée, dans le domaine esthétique, sur une seule relation au détriment des autres : la musique et l'écriture ou bien la peinture et l'écriture, alors que tous les arts, même la plastique, s'appliquent à l'écriture. Il n'existe pas, dans *Les Frères de Saint-Sérapion*, de relation exclusive ou unilatérale, mais une interpénétration artistique permanente. En outre, si la critique a de nombreuses fois souligné qu'E.T.A. Hoffmann incarnait, par son existence riche en péripéties, une sorte d'« artiste universel », fait du personnage de Kreisler son double littéraire et des *Contes fantastiques* un ensemble hétérogène, artistiquement riche et varié, elle n'a pas véritablement appliqué cet aspect polyphonique et polyforme aux *Frères de Saint-Sérapion*. Il est donc nécessaire de mettre ici en exergue le plus grand nombre de relations esthétiques afin de justifier au mieux le concept « d'art total » sérapiontique. Vu le nombre infini de formes qui y sont réunies (conte, dialogue, fragment, chronique, discussions théoriques…), l'art doit être compris au sens large. Il équivaut aussi à un savoir-faire et recèle le génie narratif. *Les Frères de Saint-Sérapion* mettent en évidence à la fois l'art et son mode de manifestation et s'apparentent à une symphonie aux sons et aux couleurs variées conduisant artistes et récepteurs à exploiter leur vie intérieure et à proposer une réflexion sur leur condition. Selon l'angle de vue et l'interprétation que l'on donne à un récit, l'écriture apparaît

---

[3] Hoffmann, qui appartient à la fois aux Lumières et au romantisme, crée une sorte d'« œuvre d'art totale » à laquelle les frères Schlegel, dans le fragment 116, aspiraient sans encore véritablement le mettre en mots et que Richard Wagner exprima plus tard par le terme de « Gesamtkunstwerk ». Si la traduction la plus souvent retenue du concept « Gesamtkunstwerk » est « œuvre d'art totale », il est également possible de comprendre cette notion chez Hoffmann comme une œuvre « d'art total » [« Werk der gesamten Kunst »], eu égard à l'union artistique et esthétique formée par *Les Frères de Saint-Sérapion*. C'est cette dernière expression que nous retenons pour cet ouvrage.

soit comme picturale soit comme musicale, et l'architecture d'ensemble, complexe, ne facilite pas le travail d'interprétation du récepteur.

Qu'il soit pictural, musical, architectural ou narratif, l'art sérapiontique constitue une impulsion, un élan créatif qui produit des images mentales, des sons et offre une forme de plasticité à l'écriture. Il s'agit, par conséquent, de considérer l'écrivain comme le peintre, le compositeur et le ciseleur de ses récits. *Les Frères de Saint-Sérapion* représentent une œuvre polyphonique, polychrome et polymorphe et méritent d'être analysés à la manière d'une arabesque unissant dissonance et harmonie, musique et peinture. Intériorisés, les arts musical et visuel enrichissent la sphère de l'intime et de l'individualité. Importants aussi bien pour le créateur que pour les divers récepteurs, ils contribuent à l'universalisation de l'œuvre. En revanche, si l'universalité du romantisme d'Iéna était objective, celle d'E.T.A. Hoffmann, subjective, correspond à une aspiration personnelle, un élan intérieur conscient de ses limites.

Le principe sérapiontique dépasse, en effet, les correspondances entre arts et écriture puisqu'il active l'imagination et le rêve, confinant parfois à la folie. L'importance du rôle de l'inconscient dans la création poétique fait des *Frères de Saint-Sérapion* un lieu d'illusion où l'art se métamorphose en artifice, l'artiste en charlatan ou bien le narrateur en manipulateur. La perversion esthétique transforme l'art en trompe-l'œil et détient le pouvoir de magnétiser et de manipuler l'humain. L'œuvre sérapiontique révèle alors des rapports magnétiques et psychiques, et l'on peut se demander jusqu'à quel point le manipulateur parvient à ses fins, comment l'inerte se voit humanisé et l'humain automatisé. Des liens de dépendance psychique et magnétique se tissent entre les artistes et leurs œuvres. Par conséquent, la question est de savoir si l'idéal de toute forme d'art repose sur une utopie, sur une aporie, ou bien si l'œuvre d'« art total », créée par Hoffmann, est viable une fois que l'inerte s'est émancipé et que l'ensemble a acquis une certaine autonomie. Dans cette perspective, une attention toute particulière sera accordée à la stratégie de manipulation du narrateur, qui se sert du lecteur pour que ce dernier participe, à son insu, à l'unité artistique voulue initialement.

I.

Arts et écriture(s) : correspondances

Le regard sérapiontique : l'œil de l'artiste

Définition du principe sérapiontique

Lorsqu'il affirme le 6 novembre 1809 son goût pour une sorte de schizophrénie poétique[4], Hoffmann propose une synthèse de son art et de l'acte de création, tout en préparant ce qu'il appellera plus tard le principe sérapiontique, créé à partir du travail de l'œil intérieur, du paraître, de la multiplicité, de l'illusion et de la peur suscitée par la folie. La principale source artistique de l'écrivain est d'abord son imagination qui fonctionne comme de multiples yeux intérieurs[5]. Le travail de création est ensuite marqué par une prise de distance prononcée par rapport au Moi ; l'auteur s'objective afin de libérer toute sa richesse intérieure et de la faire affleurer de manière concrète. Cette plasticité souligne le caractère multiple de son esthétique que l'on retrouve dans la variété des points de vue inscrits dans les discours narratifs, artistiques et scientifiques.

Les Frères de Saint Sérapion s'ouvrent sur un récit, « L'ermite Sérapion », qui légitime le titre général du recueil. Il est relaté par Cyprian qui en est à la fois l'auteur et le narrateur. Celui-ci rencontre dans une forêt le comte de P., interné plusieurs fois sans succès de guérison, mais jugé inoffensif. L'homme vit reclus, en marge de la société. Il affirme être l'ermite Sérapion qui vécut dans le désert de la Thébaïde et mourut en martyr à Alexandrie sous l'empereur Décius au IVe siècle. Il n'a notion ni du temps ni de l'espace et, malgré cela, sa névrose n'a aucunement amoindri ses facultés intellectuelles. Son monde imaginaire est peuplé de personnages illustres et lettrés venus du passé avec lesquels il prétend s'entretenir. Il ne s'agit pas ici d'un éloge de la folie, mais plutôt d'une mise en garde contre elle : si l'imagination est primordiale dans tout processus de création, la raison doit toutefois conserver une place essentielle. Cette idée intègre l'ambiguïté et la dualité propres à l'univers d'E.T.A. Hoffmann. Le principe sérapiontique englobe la théorie de

---

[4] E.T.A. Hoffmann : *Sämtliche Werke. Ritter Glück. Frühe Prosa 1794-1813*, éd. par Wulf Segebrecht, tome 1, Francfort-sur-le-Main, Bibliothek deutscher Klassiker, 2003, p. 375 : « Sonderbarer Einfall auf dem Ball vom 6. Ich denke mir mein Ich durch ein Vervielfältigungsglas – alle Gestalten die sich um mich herum bewegen sind Ichs und ich ärgere mich über ihr Tun und Lassen », « Pensée particulière au bal du 6. Je perçois mon moi comme à travers un verre à multiples facettes – toutes les formes qui se meuvent autour de moi sont des moi et leur comportement m'agace », [C'est moi qui traduis, I. L.].
[5] Ce motif renvoie à une figure mythologique, Argos, et à une figure biblique, Séraphin. La première est un prince argien surnommé *Panoptès* [« celui qui voit tout »]. Il s'agissait d'un géant doté d'une centaine d'yeux, dont la moitié restait toujours ouvert. Chargé par Héra de surveiller Io, il s'endormit au son de la flûte d'Hermès, lequel lui trancha la tête. La seconde figure, le Séraphin, est un ange doté de six ailes, parsemées d'yeux de gloire, qui apparaît dans l'*Ancien Testament* et dans l'*Apocalypse de Jean*.

l'œuvre d'« art total » qu'il faut comprendre comme l'union des arts et des sens. Le respect de ce principe consiste avant tout à savoir percevoir et donner à voir le monde qui est en nous et autour de nous. C'est en cela que le mouvement des *Frères de Saint-Sérapion* est circulaire : la révolution de nos sens facilite le passage de la raison à l'imagination et n'est possible qu'en accomplissant un travail actif de perception et de réception.

Dans une lettre à l'éditeur du journal *Der Zuschauer*, Hoffmann affirme aimer « observer les choses avec un œil posé et circonspect » et « livre ensuite noir sur blanc ce que [s]on œil intérieur a réellement perçu[6] ». Le principe sérapiontique mélange la passivité et le dynamisme du créateur, qu'il soit le narrateur du récit ou son destinataire. Le jeu sémantique sur les variantes du verbe « schauen » : « zu-schauen » (le spectateur/ l'observateur), « an-schauen » (regard davantage contemplatif), « er-schauen » (acte de perception achevé) caractérise le processus de perception. Réaliser une œuvre d'art revient, en quelque sorte, à faire intervenir son poète intérieur et son esprit critique. Hoffmann n'a donc pas employé uniquement le verbe « schauen » pour défendre son principe, il a également su lui adjoindre les préverbes qui précisent et spécifient son essence : un objet doit être vu [« schauen »], puis regardé attentivement [« zuschauen »]. Le spectateur entre alors dans un état contemplatif [« anschauen »] au sein duquel un monde merveilleux doit l'inciter à créer de nouvelles images. Un véritable artiste doit donc nécessairement avoir conscience du monde qui l'entoure, même s'il se sent souvent enfermé dans un carcan social et intellectuel. De plus, l'extérieur représente aussi l'endroit où l'œuvre d'art est réalisée, transmise, analysée et regardée. Ainsi l'œil de l'esprit permet-il aux artistes de communiquer entre eux d'âme à âme ; l'organe visuel s'ouvre quant à lui sur l'extérieur et rend possibles les veillées sérapiontiques.

Les amis sérapiontiques constituent une microsociété qui ne peut survivre sans un contact physique et social. De ce fait, si Sérapion ne juge pas la présence d'autrui utile, il s'invente un univers peuplé d'individus factices et de revenants. Son art est fondé sur une fausse réciprocité, sur une relation tronquée, sans retour et dénuée de toute communication véritable. La société créée par les frères de Saint-Sérapion est, elle, un lieu d'échanges artistiques et d'écoute et constitue un gage de vraisemblance pour le lecteur. Ainsi, l'œuvre d'art n'est pas le fait d'un seul individu, elle a besoin d'autrui, elle doit être réfléchie et transposée dans le monde extérieur. L'Autre en est le miroir, un miroir qui lui donne vie, corps et chair :

> Que chacun s'interroge sévèrement et se demande, avant d'oser l'exprimer, s'il a réellement vécu ce qu'il a entrepris de raconter ! Ou qu'au moins chacun s'efforce

---

[6] E.T.A. Hoffmann : *Sämtliche Werke. Lebensansichten des Katers Murr. Musikalische Schriften. Werke 1820-1821*, éd. par Wulf Segebrecht, tome 5, Francfort-sur-le-Main, Bibliothek deutscher Klassiker, 2001, p. 569 : « [Sie wissen es nämlich wohl schon wie gar] zu gern ich zuschaue und anschaue, und dann schwarz auf weiß von mir gebe, was ich eben recht lebendig erschaut », [C'est moi qui traduis, I. L.].

sérieusement d'avoir bien conscience de l'image qui s'est levée dans son cœur, d'en saisir tous les aspects, les nuances, les reflets et les ombres, pour ensuite seulement, lorsqu'il se sentira vraiment enflammé à sa vue, lui donner une forme sensible et la transporter dans le monde extérieur. Ainsi notre association, assise sur des bases solides, sera durable et même bénéfique pour chacun de nous. Plaçons-nous sous l'égide de l'ermite Sérapion ; qu'il nous dispense ses dons de visionnaire, et nous observerons sa règle, en bons et loyaux Frères de Saint-Sérapion[7] !

Le principe sérapiontique réunit les éléments principaux de la démarche esthétique et poétique qu'Hoffmann revendique : le rôle de la réalité et de la raison, l'importance de la perception et de l'intériorité, puis la force créatrice que la flamme artistique vient nourrir. Il ne cherche pas à mettre en avant l'artiste comme entité absolue, mais chaque personne de manière indifférenciée, pourvu qu'elle se sente douée d'un certain talent artistique. Ainsi le lecteur est-il en droit de se sentir intégré à la démarche sérapiontique et de s'inscrire dans le projet narratif. En légitimant indirectement l'existence et le rôle du lecteur, Lothar s'ouvre au monde extérieur, comme la règle l'exige. Celle-ci n'a pas pour but d'être appliquée par un cercle fermé d'initiés, elle peut être prise en compte par tout homme aspirant à développer son sens artistique et son imagination, au sens d'inventivité. Lothar préfère ici le personnage schizophrène au véritable comte de P. et privilégie le monde apocryphe que ce dernier s'est forgé par rapport à la banalité de la réalité. L'univers poétique est, de ce fait, considéré comme un univers parallèle à celui des philistins où ce n'est pas Dieu qui est vénéré, mais Sérapion et, par extension, l'artiste.

Le poète incarne une sorte de salamandre ou de Prométhée poétique : le feu n'est pas, pour lui, destructeur, il constitue au contraire le cœur battant de la poésie. Par là, Hoffmann ne veut pas dire que le poète doit avoir réellement vu de ses propres yeux ou vécu physiquement un événement précis, mais qu'il doit transmettre l'intime conviction que son esprit s'est nourri de la flamme créatrice et qu'il s'en est laissé consumer. Le principe sérapiontique et l'importance de la perception se voient ici réaffirmés.

---

[7] E.T.A. Hoffmann : *Sämtliche Werke. Die Serapions-Brüder*, éd. par Wulf Segebrecht, tome 4, Francfort-sur-le-Main, Bibliothek deutscher Klassiker, 2001, p. 69 : « Jeder prüfe wohl, ob er auch wirklich das geschaut hat, was er zu verkünden unternommen, ehe er es wagt, laut damit zu werden. Wenigstens strebe jeder recht ernstlich darnach, das Bild, das ihm im Innern aufgegangen recht zu erfassen mit allen seinen Gestalten, Farben, Lichtern und Schatten, und dann, wenn er sich recht entzündet davon fühlt, die Darstellung ins äußere Leben <zu> tragen. So muß unser Verein auf tüchtige Grundpfeiler gestützt dauern und für jeden von uns allen sich gar erquicklich gestalten. Der Einsiedler Serapion sei unser Schutzpatron, er lasse seine Sehergabe über uns walten, seiner Regel wollen wir folgen, als getreue Serapions-Brüder ! », [E.T.A. Hoffmann : *Les Frères de Saint Sérapion*, traduction d'Albert Béguin et de Madeleine Laval, tome 1, Paris, Verso Phébus, 1981-1982, p. 99]. Nous signalerons le titre allemand par l'abréviation *SB* et son édition française par EF.

La manière dont l'artiste ressent son œuvre est aussi importante que celle dont il la transmet. Sérapion possède une force inébranlable de persuasion et son harmonie intérieure fait de lui un poète authentique. Tout est donc affaire de conviction : si le poète croit en lui et en son art, il sera en mesure de persuader l'auditoire ou le lectorat de son génie. Le seul point sur lequel les amis sérapiontiques ne rejoignent en rien leur maître est son rejet catégorique de la réalité objective qui l'entoure. Le respect de certaines données universelles comme le temps et l'espace fonde la vraisemblance de tout récit. À trop vouloir s'attacher à une vérité qui n'est reconnue par personne, le poète s'expose à passer pour un être fantaisiste. Le lien entre imagination et réalité est alors aussi primordial que l'originalité dans la création et que l'habileté dans la transmission, l'ensemble posant les fondements du « principe sérapiontique ».

Le terme de « principe » est couramment synonyme de « cause », « fondement », « axiome », « règle » ou « loi » et le terme latin « principium » signifie « origine », « commencement ». Par son caractère religieux, Sérapion est placé au même rang qu'un être divin malgré son existence terrestre. Il s'agit d'un Dieu poète exerçant un pouvoir de création singulier. Ainsi, en respectant le « principe sérapiontique », les amis deviennent-ils des disciples, des porte-parole, voire des apôtres de ce nouveau Messie. Chaque récit, se présentant plus ou moins comme un hymne à Sérapion, se discute, se critique et se juge à l'aune de ce principe. Aussi les amis doivent-ils respecter la règle qu'ils ont d'emblée fixée. Un récit typiquement sérapiontique met en scène des images mentales, et il appartient au poète qui les a « vues » et conçues de les rendre compréhensibles. Le narrateur s'inscrit immédiatement dans le monde réel et son imagination peut se libérer et faire « jaillir de son cœur des étincelles libératrices[8] ».

Outre sa fonction esthétique, le principe sérapiontique joue un rôle thérapeutique. Créer correspond à une extériorisation spontanée et sincère de ce que l'être n'est plus en mesure de garder enfoui en lui, tant il a besoin de le faire partager. L'art libère l'artiste d'un trop-plein de sensibilité et permet de transmettre aux autres ce bonheur qu'il ne peut plus retenir. Le principe sérapiontique embellit, transforme la vie ordinaire, s'aventure dans le monde intérieur de la poésie et des rêves, tout en gardant un ancrage dans la réalité. En l'utilisant, Hoffmann vise à mettre en avant l'intériorité, tout en évitant de glorifier la folie et en acceptant la réalité objective. Le principe sérapiontique fait donc intervenir à la fois la perception, l'imagination, l'œil et l'esprit.

Dans *L'œil et l'esprit*, Merleau-Ponty souligne que « la perception est un jugement[9] ». Ainsi Sérapion ne vit-il pas dans l'objectivité du monde réel, mais seulement en fonction de ce qu'il juge être le monde. Il ne ressent pas le conflit entre réalité et imagination et refuse d'être à l'espace et au

---

[8] *Ibid.*, p. 313 : « in exzentrischen Funken sein Inneres entladen », [EF, t. 2, p. 13].
[9] Maurice Merleau-Ponty : *L'œil et l'esprit*, Paris, Éditions Gallimard, coll. « Folio essais », 1964, p. 57.

temps, préférant choisir l'époque à laquelle il désire appartenir et le lieu dans lequel il compte habiter. Le propos de Merleau-Ponty rejoint celui de Sérapion dans le sens où, selon lui, les yeux et les oreilles « ne sont instruments que de l'excitation corporelle et non de la perception elle-même[10] ». La véritable perception passe, en effet, par l'esprit. Les yeux constituent un mécanisme et la réalité correspond à ce que l'homme renferme en lui-même, à son jardin secret, à son inspiration poétique, ou à son flux créatif et artistique. Les yeux dépassent la perception superficielle des organes, et il apparaît nécessaire de s'aventurer dans le monde imaginaire et de fouiller le tréfonds de l'âme humaine. Cependant, eu égard au principe sérapiontique, le corps et l'être conservent une relation avec le monde, ce qui fait précisément défaut à Sérapion. En suivant le raisonnement de Merleau-Ponty, on peut dire que l'anachorète ne reconnaît pas ce qui est universel et refuse de se l'approprier, objectivant au contraire sa subjectivité pour la placer au rang d'universalité. Par ce biais, il crée un univers spatio-temporel qui lui est propre et que le monde réel est contraint de rejeter. Il vit alors comme le ferait le rêveur, hors du monde extérieur, puisque tout ce qui l'entoure provient de son intériorité.

La relation entre les mondes intérieur et extérieur ainsi formulée par Lothar porte l'empreinte de la pensée dualiste schellingienne. Hoffmann cherche à transmettre son idéal esthétique d'une harmonie réciproque entre extériorité et intériorité. Toutefois, la réflexion de Lothar ne renvoie pas explicitement à un univers harmonieux. Les « sombres pressentiments » seraient-ils ce qui peuple véritablement l'esprit et l'imagination humains ?
Même si le regard erroné que l'anachorète porte sur le monde est largement critiqué par les amis sérapiontiques et, par voie de conséquence, par Hoffmann lui-même, sa vision poétique continue à susciter l'admiration d'autrui et à incarner la poursuite romantique de l'unité artistique. Le principe sérapiontique prône la création artistique à partir d'images et de sons. Le « levier » est ce qui, dans le monde extérieur, permet d'ouvrir la porte sur l'univers du merveilleux. Il existe ainsi des leviers pour le poète, le spectateur [du récit de fiction] et le lecteur, pour la narration comme pour la lecture. Lothar le définit ainsi, dans l'entretien qui suit « Le Conseiller Krespel », deuxième récit de la première veillée :

> Pauvre Sérapion, [...] Il existe un monde intérieur, que seule une force spirituelle peut nous permettre de voir en pleine clarté, dans l'éclat absolument parfait d'une vie intense ; mais notre lot ici-bas veut que le monde extérieur dans lequel nous sommes imbriqués joue **le rôle du levier** qui met en action cette force spirituelle. [...] Toi, mon cher ermite, tu n'établissais même pas l'existence d'un monde extérieur, tu ne voyais pas **ce levier caché**,

---

[10] *Ibid.*, p. 257.

cette force capable d'agir sur ta vie intérieure [...] Ta vie, mon cher anachorète, fut un rêve sans fin après lequel ton réveil dans l'au-delà n'a pas dû te sembler trop pénible[11].

Ce « levier » est un stimulateur et un déclencheur ; celui qui ne le prend pas en considération reste enfermé dans son univers. Grâce à son existence, l'art trouve entièrement sa place dans le monde extérieur pour ceux qui y sont sensibles. Savoir ressentir et interpréter l'art fait partie des intentions éducatives majeures d'E.T.A. Hoffmann. L'artiste sérapiontique est celui qui, par le biais du levier, transforme un art en un autre art. Les mots remplissent alors les mêmes fonctions que les images ou les notes de musique. De plus, le processus de création passe par l'hétérogénéité : aussi le merveilleux (des contes) et les documents historiques sont-ils susceptibles d'être utilisés dans un même récit.

Le contexte historique s'avère, en effet, parfois incontournable et s'allie, dans ce cas, à l'imagination. Le lecteur est ainsi rassuré d'avoir un pied dans le réel, il s'y reconnaît et se sent intégré à la dynamique du groupe formé par les amis sérapiontiques qui symbolisent davantage les différentes facettes de la personnalité d'E.T.A. Hoffmann que des personnalités bien délimitées. À travers eux, Hoffmann varie, diversifie les points de vue. Lothar apparaît comme un homme qui juge et condamne. Ottmar, lui, fort circonspect, incarne une sorte d'avocat du diable et éprouve un vif intérêt pour les domaines de l'occulte et du mesmérisme. Quant à Vinzenz, il possède

un talent intarissable à représenter toutes choses [...] sous les dehors les plus étranges. Et comme en outre il les raconte d'une voix sonore, presque hurlante, et sur un ton pathétique du plus haut effet comique, ses propos font souvent penser au défilé des images multiples et diverses que projette une lanterne magique[12].

Ensuite, Cyprian s'intéresse aux expériences spirituelles et à la religion, et Sylvester est perçu comme un être très sensible doté d'une grande richesse intérieure et d'une profonde sensibilité poétique, « insuffl[ant] vie aux images qui se pressent en lui. [...] Et il n'écrit sûrement rien qu'il

---

[11] *SB*, p. 68 : « Armer Serapion, [...] Es gibt eine innere Welt, und die geistige Kraft, sie in voller Klarheit, in dem vollendetsten Glanze des regesten Lebens zu schauen, aber es ist unser irdisches Erbteil, daß eben die Außenwelt in der wir eingeschachtet, als der **Hebel** wirkt, der jene Kraft in Bewegung setzt. [...] Du, o mein Einsiedler ! statuiertest du keine Außenwelt, du sahst **den versteckten Hebel** nicht, die auf dein Inneres einwirkende Kraft [...]. Dein Leben, lieber Anachoret, war ein steter Traum, aus dem du in dem Jenseits gewiß nicht schmerzlich erwachtest », [EF, t. 1, p. 98], [C'est moi qui souligne, I. L.].
[12] *Ibid.*, p. 314-315 : « [...] hat das unversiegbare Talent, alles [...] in den bizarrsten Bildern darzustellen, und kommt noch hinzu, daß er alles mit hellem beinahe schneidendem Ton und einem höchst drolligen Pathos vorträgt, so gleicht sein Gespräch oft einer Galerie der buntesten Bilder einer magischen Laterne », [EF, t. 2, p. 14-15].

n'ait vraiment ressenti au fond de son cœur, rien dont il n'ait eu la vision la plus nette[13] ». Selon Theodor, lui aussi artiste dans l'âme et féru de musique, il mérite davantage qu'un autre le qualificatif de « sérapiontique », car « jamais sans doute poète ne fut plus réceptif que lui aux œuvres d'autrui[14] ». Chaque personnage remplit donc un rôle et apporte sa touche personnelle au sein d'une dynamique de groupe. Les différents entretiens du récit- cadre à plusieurs voix fonctionnent comme une partition musicale : la note en elle-même isolée et les accords fondent l'originalité et le respect du principe sérapiontique comme outil critique et moteur de la création artistique. À travers ce principe, le regard de l'artiste devient presque prophétique et permet le recours à différentes formes d'art.

Les différentes formes d'art dans Les Frères de Saint-Sérapion

Hoffmann voulait initialement être reconnu non pas comme écrivain, mais comme musicien. Dans une lettre à Carl Friedrich Kunz datant du 20 juillet 1813, il écrit ne pas aimer « se nommer car [son] nom ne doit devenir connu qu'à travers une composition musicale réussie et rien d'autre[15] ». Mais sa biographie ne nous conduit pas dans ce sens. La littérature critique met d'abord en avant son travail d'écrivain et, plus particulièrement, ses contes. Hoffmann s'essaie pourtant à toutes sortes de registres : compositeur, écrivain, caricaturiste et critique. Juriste de formation, il doit aussi accepter ce qu'on lui propose et n'a donc pas toujours la possibilité de choisir entre les arts. La musique semble rester néanmoins son art favori. Il l'aborde sous différents aspects : en faisant des recensions d'ouvrages, en composant lui-même ou encore en mettant en scène, par le biais de l'écriture, des personnages musiciens. Il crée de cette manière son propre double en la personne de Kreisler qui apparaît dans les *Contes fantastiques*. Ainsi cherche-t-il à s'approprier la musique et les arts en général pour produire un nouveau langage marqué par le sceau de l'ambivalence et qui, mêlé au travail d'imagination du lecteur, acquiert toute sa dimension universelle et psychanalytique. L'objectif d'Hoffmann est, comme celui des premiers romantiques, de synthétiser l'hétérogénéité artistique en cherchant des liens et des passerelles entre les différentes formes d'expression et en prenant la poésie pour lien fédérateur. Son originalité réside dans la volonté de réunir, dans sa tâche d'écrivain, le dessin, la peinture et la musique. L'auteur se penche sur l'esthétique du sentiment et de la création en rapport avec le monde intérieur, lieu de

---

[13] *Ibid.*, p. 314 : « faßt das innere Gebilde in Worten [...]. Er schreibt gewiß nichts auf, das er nicht wahrhaft im Innern empfunden, geschaut », [EF, t. 2, p. 14]. Propos d'Ottmar au cours de la troisième veillée.
[14] *Ibid.*, p. 313 : « nie wohl ein Dichter empfänglicher gewesen für ein Werk des andern, als eben er », [EF, t. 2, p. 13-14].
[15] E.T.A. Hoffmann : *Sämtliche Werke. Frühe Prosa, op. cit.*, p. 293 : « Ich mag mich nicht nennen, indem mein Name nicht anders als durch eine gelungene musikalische Komposition [...] bekannt werden soll », [C'est moi qui traduis, I. L.].

l'imagination et de la créativité, opposé au monde extérieur, celui des philistins. Il existe, de ce fait, deux réalités : la réalité « vraie », objective, et celle de la fiction, qui met en œuvre les mécanismes du rêve et de l'inconscient. Dans ses réflexions sur la musique, Hoffmann a su prendre en compte les conceptions esthétiques de Novalis et des frères Schlegel pour mieux s'en distancier. Il considère lui aussi la musique comme un art de l'harmonie, mais, contrairement à Friedrich Schlegel, il se réfère à des œuvres concrètes, à des compositeurs déjà reconnus pour étayer ses arguments. Son raisonnement s'avère donc plus empirique que théorique. La musique, quelle qu'elle soit, est l'art du sentiment. Elle met en éveil les sens du spectateur. Hoffmann ne l'envisage pas comme un système mécanique. En revanche, il ne cache pas son admiration pour les automates musicaux et leurs prouesses techniques. D'autre part, la poésie fait partie intégrante de la musique et inversement. Les arts s'interpénètrent, tissent des relations avec l'univers intérieur de l'artiste et le monde extérieur. Hoffmann rejoint Novalis sur l'idée que la musique est une métaphore de l'âme et une alliance entre macrocosme et microcosme. Elle possède une part immatérielle unissant l'âme de l'artiste à la nature et une part concrète qui présente des règles formelles, des constructions strictes, mathématiques et architecturales. En dépit de son attachement à cette réalité, Hoffmann partage l'avis de Novalis soulignant que la musique n'appartient pas à notre monde. Le musicien puise, en effet, son inspiration en lui et non dans ce qui l'entoure. Son art est incompatible avec la réalité du monde. Hoffmann fait donc intervenir l'illusion comme point fondamental de son esthétique. Tout n'est que faux-semblant, et il ne faut pas en être dupe. Si l'homme ne prend que tardivement conscience de cette imposture, il peut être déçu, voire devenir fou. Il est nécessaire d'offrir un monde de fiction convaincant, et c'est précisément ce que l'écrivain cherche à construire.

Avant d'accéder au rang d'œuvre d'« art total », la musique – et l'œuvre en général – possède un fondement humain. Dans une lettre du 25 janvier 1796 adressée à son ami Hippel, Hoffmann écrit qu'elle est la « langue inarticulée du cœur[16] ». Il insiste sur sa propension à laisser libre cours à son imagination et sur son incapacité à fixer par écrit une note quelconque. Par le biais de la musique, il parvient à exprimer des sentiments qu'il n'aurait jamais pu mettre en mots. L'art musical est donc bien l'art d'extérioriser un bien-être ou un mal-être. Ainsi Hoffmann a-t-il recours à un langage imagé pour exprimer ses impressions sur cette forme d'art. Si la musique est l'un des arts qui lui correspondent le mieux, il n'établit pas pour autant de véritable hiérarchie artistique, ce qui ressort à la fois de ses fictions et de ses lettres :

---

[16] *Ibid.*, p. 73 : « die inartikulierte Sprache des Herzens ».

N'importe quel produit artistique doit surgir du chaos ! Que ce soit désormais un livre, un opéra ou une peinture[17].

La musique a, pour lui, une propension à émouvoir, et l'écrivain révèle au spectateur, au lecteur professionnel ou au néophyte ce que l'art musical recèle véritablement, il est lié à l'âme humaine et à la sensibilité. Dans le troisième récit de la première veillée intitulé « Le point d'orgue », la musique symbolise le parcours initiatique du personnage de Theodor qui découvre l'art (musical) et l'amour (malheureux) dans les personnages de Lauretta (symbole de l'*opera buffa*) puis de Teresina (symbole de l'*opera seria*). Ce parcours lui révèle sa vocation et sa vraie personnalité : la musique qui lui correspond n'est incarnée ni dans Lauretta ni dans Teresina, mais se trouve en lui-même. Quant à l'amour terrestre, il ne saurait le rendre heureux. Hoffmann partage ainsi avec son lecteur ce parcours initiatique. Il voit en la musique un cheminement à la fois artistique, scientifique et philosophique, voire religieux : le prénom « Theodor » signifie en grec « celui qui aime Dieu », ainsi Dieu est-il la seule entité à laquelle l'homme peut se fier. L'amour de l'artiste et, dans ce cas, du musicien, n'est pas terrestre, mais reste divin. Si, au siècle des Lumières, Dieu ne guidait pas l'homme dans sa conduite, si ce dernier devait chercher en lui-même pour saisir le sens de sa propre existence et de l'univers qui l'entourait, le romantisme hoffmannien place l'art au centre de la quête métaphysique. L'art, en l'occurrence la musique, revêt un caractère sacré et ne semble pas affecté par la vanité terrestre. Un glissement s'est donc opéré entre les XVIIIe et XIXe siècles : la musique sacrée des Anciens a cédé la place à un « art nouveau », car « s'appeler romantique et regarder systématiquement le passé, c'est se contredire[18] ». Dans « Ancienne et nouvelle musique d'église[19] », le premier entretien de la quatrième veillée, la conversion initiale se transforme rapidement en un dialogue entre Theodor et Cyprian, le premier nommé semblant maîtriser le mieux l'art musical religieux. Il se réfère à la théorie et l'illustre en évoquant des œuvres ou des compositeurs et en mettant en parallèle musique et architecture[20]. Dans « Le Conseiller Krespel », la musique apparaît comme un art construit selon des règles strictes quelle que soit l'époque.

[17] Lettre à Hippel du 28 février 1804, in : *Ibid.*, p. 145 : « […] irgend ein Kunstprodukt müsse aus dem Chaos hervorgehen ! – ob das nun ein Buch – eine Oper – ein Gemälde seyn wird », [C'est moi qui traduis, I.L.].
[18] Charles Baudelaire : *Écrits sur l'art*, Paris, Le Livre de poche, 1999, p. 143.
[19] Article de 1814 faisant partie à l'origine des *Écrits sur la musique* et publié dans l'*Allgemeine musikalische Zeitung* où Hoffmann souligne le caractère sacré de la musique à travers les musiques instrumentale et vocale. Il y oppose les musiques sacrées ancienne et moderne et fait l'éloge de Palestrina. La version pour *Les Frères de Saint-Sérapion* est remaniée. Il s'agit d'une conversation sur le thème de la musique entre les amis sérapiontiques Lothar, Vinzenz, Cyprian, Sylvester, Ottmar et Theodor. Il précède l'histoire de « Maître Martin le tonnelier et ses compagnons », récit relatant la vie de trois hommes qui ont sacrifié leur vocation artistique en devenant tonneliers afin de conquérir la fille de leur patron.
[20] *SB*, p. 492 : « Das gewagte Gleichnis, daß die Ältere Kirchenmusik der Italiäner sich zu der neueren deutschen verhalte wie die Peterskirche zum Straßburger Münster », [EF, t. 2, p. 191-192] : « Une image audacieuse veut que l'ancienne musique d'église italienne soit à l'actuelle musique religieuse allemande ce que l'église Saint-Pierre de Rome est à la cathédrale de Strasbourg ».

Composer signifie construire, échafauder, placer chaque pierre pour rendre l'ensemble ordonné et cohérent. Hoffmann compare ainsi la musique moderne à la cathédrale de Strasbourg qui « s'élance vers les hauteurs dans un extraordinaire enchevêtrement de formes et d'ornementations[21] ». Toutes deux sont « fantastique[s] » dans le sens où elles sortent de l'ordinaire et renvoient quasiment à une autre réalité. Ainsi faut-il voir dans cette comparaison une réflexion non pas de nature historique ou esthétique, mais seulement symbolique. Ce que Hoffmann admire chez les Anciens, il ne peut le faire chez les Modernes, mais ce que les Modernes véhiculent, les Anciens en étaient incapables : le merveilleux, le rêve, la complexité d'âme et la profondeur psychologique remplacent la piété et la simplicité. Si Hoffmann oppose constamment le moderne et l'ancien, l'acte de création reste guidé par le même désir d'émouvoir. Le compositeur moderne n'est certes plus habité par la foi naïve des Anciens, mais il possède le génie qui fait de lui un artiste. Theodor insiste sur le besoin de « [se renier] soi-même[22] ». Chez les Anciens, la négation de soi passait par l'abnégation et le culte religieux ; les Modernes, qui ont à leur disposition des instruments plus perfectionnés et d'une qualité sonore supérieure, privilégient d'autres sphères : celle du « pur romantisme », par exemple, « que l'on sent vivre et palpiter dans les compositions de Haydn et de Mozart[23] ».

Cependant, cet élan vers la prouesse technique est, selon Cyprian, néfaste, car cette dernière pousse les compositeurs et les interprètes à sacrifier leur naturel. Or, le génie se trouve dans la simplicité.

La simplicité n'exclut pas la poésie, bien au contraire. Dans le second entretien majeur entre deux individus, Ferdinand et Ludwig, « Le poète et le compositeur[24] », la musique et la poésie ne sont pas dissociables, ce qui contribue à donner à l'opéra son caractère unique. Le musicien et le librettiste travaillent, en effet, en étroite collaboration à la création du génie artistique.

Le poème crée par son essence même la mélodie, qui va le sublimer. Composer signifie aussi écrire de la poésie, mais un compositeur ne peut être à la fois musicien et librettiste. Hoffmann

---

[21] *Ibid.*, p. 492 : « [...] der sich in den kühnsten Windungen, in den sonderbarsten Verschlingungen bunter phantastischer Figuren und Zierarten hoch in die Lüfte erhebt », [EF, t. 2, p. 192].
[22] *Ibid.*, p. 492 : « Selbstverleugnung », [EF, t. 2, p. 192]. Nous avons transformé la traduction française qui rendait le substantif par « oubli de soi ».
[23] *Ibid.*, p. 492 : « [das] Rein-Romantische wie es in Mozarts in Haydns Kompositionen lebt und webt », [EF, t. 2, p. 192].
[24] L'entretien clôt la première veillée. Si, dans les *Écrits sur la musique*, Hoffmann reste très théorique et n'adopte pas un point de vue tranché comme dans la plupart de ses articles, ce dialogue fictionnel sur l'opéra entre le poète Ferdinand et le musicien Ludwig propose une réflexion sur l'implication du librettiste et du musicien, sur les conditions du succès d'un opéra et sur le rôle des langages poétique et musical. Il s'agit d'un entretien théorique sur la création artistique soulignant les deux passions hoffmaniennes que sont l'écriture et la musique. Le récit fait part du manque d'inspiration et de la dépression de l'artiste qui, grâce à une amitié sérapiontique, donc artistique, retrouve le goût de la création. La fiction (le vécu de Théodor) au sein du récit cadre des *Frères de Saint-Sérapion* nuance les arguments et pousse encore une fois le lecteur à prendre position, et ce de manière plus catégorique. La vraisemblance et la véracité font partie du récit, puisque ce dernier débute par un événement de la vie « réelle ». Il s'agit d'une description de ville prise d'assaut par des soldats. En ces temps mouvementés, l'art ou la combinaison de la poésie et de la musique apparaît comme un élément bienfaiteur et apaisant.

défend d'autant plus cet argument que l'opéra le plus connu qu'il ait écrit, *Ondine*, a été créé à partir du texte de Friedrich de La Motte-Fouqué. Ferdinand considère le travail de librettiste comme profondément ingrat : la versification est une tâche « mécanique », le musicien a ses exigences et tronque finalement le texte poétique initial pour le « noy[er] dans le chant[25] » ; de plus, un poète librettiste doit, semble-t-il, maîtriser l'art musical, ce que récuse Ludwig : « Si tu entends par connaissances musicales l'apprentissage de la musique, sache qu'il n'en est nul besoin pour bien comprendre ce que veulent les compositeurs[26] ». Le poète est, en effet, « capable de pénétrer l'art, ce qu'est vraiment l'essence de la musique sans que l'apprentissage technique lui ait d'abord dispensé une initiation plus modeste[27] ». Ludwig, « double » d'E.T.A. Hoffmann, expose sa théorie de la poésie au sein de l'opéra : tout ornement, toute parure musicale n'y ont pas leur place. Le poète va à l'essentiel et aide l'action à avancer de manière cohérente. C'est au musicien de faire passer les sentiments, de faire pénétrer le spectateur dans une atmosphère étrange, d'éveiller chez lui des émotions, de représenter la tragédie ou la comédie, car la langue du texte n'est pas nécessairement comprise par ceux qui l'écoutent. La musique a donc, dans ce cas, un rôle de traducteur et d'interprète : elle est le langage inarticulé qui va droit au cœur de l'auditoire.

Tout semble important dans la création d'un bon opéra : non seulement la musique, mais aussi l'attitude, la gestuelle des personnages, la mise en scène. C'est en ce sens que l'opéra se rapproche du théâtre. Compositeurs et poètes sont tous deux créateurs : un mauvais texte ou une mauvaise composition ne fera jamais d'opéra véritable qui « ne saurait être […] qu'une œuvre où la musique naîtrait directement du texte, dont elle serait le nécessaire prolongement[28] ». Ainsi, à la différence d'un autre texte poétique, celui du livret appelle à être mis en musique, il ne peut exister et prendre tout son sens qu'à travers elle : le poète « ne saurai[t] sentir naître en [son] cœur un seul bon vers qui ne s'exprime aussitôt en musique et en chant », et c'est là que naît « l'inspiration véritable du librettiste[29] ». Ludwig compare le librettiste au peintre décorateur : il esquisse l'ensemble de l'œuvre, puis confie celle-ci au musicien dont le travail est la mise en forme, le relief. Le poète s'occupe des contours et des couleurs et le musicien du clair-obscur. Le musicien donne vie à l'œuvre poétique comme un fabricant d'automate anime sa création. En dépit du fait que la musique relève de sphères divines et supérieures, cette comparaison est reprise par Ludwig lorsqu'il emploie

---

[25] *SB*, p. 100-101 : « eine mechanische Arbeit », « im Gesange ersäufet », [EF, t. 1, p. 133].
[26] *Ibid.*, p. 102 : « Wenn du unter musikalischen Kenntnissen die sogenannte Schule der Musik verstehst, so bedarf es deren nicht, um richtig über das Bedürfnis der Komponisten zu urteilen », [EF, t. 1, p. 134].
[27] *Ibid.*, p. 102 : « Der Dichter [dringt] in jenes wahre Wesen der Musik ein, ohne daß ihm die Schule jene niedrigern Weihen erteilt hat », [EF, t. 1, p. 134].
[28] *Ibid.*, p. 102 : « Eine wahrhafte Oper scheint mir nur die zu sein, in welcher die Musik unmittelbar aus der Dichtung als notwendiges Erzeugnis derselben entspringt », [EF, t. 1, p. 135].
[29] *Ibid.*, p. 110 : « […] kein guter Vers könne in dem Innern [des Dichters] erwachen, ohne in Klang und Sang hervorzugehen. », « [Das] ist […] die wahre Begeisterung des Operndichters », [EF, t. 1, p. 142].

le terme de « fabricants d'opéra[30] » pour désigner les compositeurs des opéras héroïco-comiques. Ludwig n'apprécie guère ces opéras, même s'il affirme que, dans tout opéra, le musicien insuffle la vie au texte poétique. La musique revêt un aspect à la fois divin et artificiel. Hoffmann n'admettra en revanche jamais que la composition d'un grand maître soit équivalente à celle d'un habile technicien ou fabricant d'automates. Ce caractère mécanique ne constitue pas l'essence même de la musique.

Néanmoins, l'écrivain ne tranche pas véritablement entre la conception esthétique romantique et l'avancée fascinante de l'univers artificiel et mécanique, lequel participe de l'œuvre d'art et représente aussi bien l'instrument du musicien et le pinceau du peintre que la plume du poète : il existe toujours un artifice entre l'imagination de l'artiste, l'ébauche d'une œuvre et sa réalisation. L'œil sérapiontique saura distinguer entre une œuvre d'art dotée d'un artifice améliorant son originalité et une œuvre qui est elle-même artifice et existe pour tromper, comme c'est le cas de l'automate Olimpia dans le conte nocturne « Le marchand de sable ». Olimpia, malgré des yeux pourtant étrangement figés et des mains étonnamment glacées, devient le fantasme et l'obsession de Nathanaël, personnage en quête de reconnaissance et d'identité esthétiques. En l'observant à la longue-vue, l'homme s'éprend de cet automate qu'il croit vivant et qui lui enverrait, soi-disant, des regards d'amour. Selon lui, elle incarne « l'âme profonde en laquelle se reflète tout [son] être[31] ».

Hoffmann insiste tout particulièrement sur la richesse musicale qui exprime des milliers de nuances et un langage intarissable : « là où tarit le pauvre discours, elle donne libre cours à une inépuisable source de moyens d'expression[32] ! ». Ludwig souligne la difficulté que rencontre le poète en écrivant un livret d'opéra, car « c'est surtout ce dépouillement du langage [...] auquel il [lui] sera difficile d'atteindre, [lui] qui [aime] tant peindre avec des mots[33] ».

Le poète doit ainsi éviter toute fioriture poétique qui n'est pas indispensable au drame et accepter que le musicien se charge de placer le tout sous bon éclairage en lui donnant le relief souhaité. Tout n'entrave cependant pas l'union entre poésie et musique : les deux formes d'expression se complètent et n'aboutissent à une œuvre d'art véritable que s'ils se comprennent et s'abandonnent naturellement l'une à l'autre. Le lecteur voit, à travers le discours de Ludwig et, par extension, celui d'E.T.A. Hoffmann, que le seul opéra possible est romantique, « composé par un poète génial et inspiré ; [car] lui seul est capable d'introduire dans la vie les merveilleuses apparitions d'un monde

---

[30] *Ibid.*, p. 108 : « Opernfabrikanten », [EF, t. 1, p. 140].

[31] E.T.A. Hoffmann : *Le marchand de sable. Der Sandmann*, traduction et annotations de Philippe Forget, édition bilingue, Paris, Gallimard, 2005.

[32] *SB*, p. 115-116 : « [sie] öffnet da], wo die arme Rede versiegt, erst eine unerschöpfliche Quelle der Ausdrucksmittel », [EF, t. 1, p. 147].

[33] *Ibid.*, p. 116 : « jene Einfachheit der Worte [...] mag euch, die ihr so gern mit Worten malt, schwer genug werden », [EF, t. 1, p. 148].

fantastique[34] ». Cet art établit le lien entre la réalité et un monde inconnu : aussi la raison et l'esprit forment-ils une alliance nécessaire, et la poésie constitue l'élément fondamental d'où jaillira la puissance musicale de l'ensemble. La musique renforce le texte poétique, lui donne du relief, mais en pure perte si le poète n'a pas « le pouvoir de la réalité poétique », s'il n'a pas accès au merveilleux. L'ensemble doit émouvoir, bouleverser, susciter l'effroi ou le délice :

> Les œuvres vraiment romantiques sont les seules où le comique se mêle si bien au tragique que la fusion des deux et l'effet d'ensemble qui en découle émeuvent le cœur de l'auditeur de la plus étrange façon[35].

L'opéra romantique semble donc être la meilleure forme possible, car il sait être varié sans pour autant être éclectique : le chant, les effets dramatiques, la comédie et la tragédie sont fédérés par une structure interne où texte et musique fusionnent parfaitement.

Hoffmann met par conséquent l'accent sur la sensibilité et la pureté d'âme que l'art musical reflète, sans omettre l'importance du rire et de la satire sociale qui ne gâtent en rien le génie artistique. L'œuvre musicale relève de la sphère spirituelle, elle est assez universelle pour que chaque individu puisse s'y reconnaître. Le romantisme représente, en ce sens, la continuité du siècle des Lumières, bien qu'il se réclame du contraire. Le XVIIIe siècle plaçait, en effet, la raison et l'individu au centre de sa philosophie. Le romantisme fait de même, mais souligne davantage le rôle de l'imagination. Hoffmann a recours aux deux conceptions pour en former une troisième, la folie raisonnée, que l'on retrouve également au sein de l'art pictural. En revanche, *Les Frères de Saint-Sérapion* n'offrent pas d'échelle artistique de valeurs. L'art représente un pas vers l'idéal et se voit placé au service de la narration. Tout artiste exerce son génie avec noblesse et, quel que soit l'art, il s'agit d'une expérience humaine et vitale qui engage sa personnalité. L'auteur se considère, lui aussi, à la fois d'emblée comme écrivain, peintre et musicien, et ce n'est pas un hasard si la poésie, la peinture et la musique constituent les trois piliers artistiques des différents récits. De même que dans le dialogue *Les Tableaux* d'August Wilhelm Schlegel, l'art est ici présenté comme un processus mêlant être et paraître, pessimisme et réalisme, idéal et illusion. L'illusion apparaît incontournable : en peinture, le modèle devient inaccessible et reste un idéal, une chimère, afin de ne pas tarir l'inspiration de l'artiste ; en musique, il existe une différence fondamentale entre la

---

[34] *Ibid.*, p. 103 : « Eine wahrhaft romantische Oper dichtet nur der geniale, begeisterte Dichter : denn nur dieser führt die wunderbaren Erscheinungen des Geisterreichs in's Leben », [EF, t. 1, p. 136].
[35] *Ibid.*, p. 108 : « Nur im wahrhaft Romantischen mischt sich das Komische mit dem Tragischen so gefügig, daß beides zum Totaleffekt in Eins verschmilzt, und das Gemüt des Zuhörers auf eigne, wunderbare Weise ergreift », [EF, t. 1, p. 140].

musique encore intériorisée et la composition déjà couchée sur papier. Les récits sérapiontiques soulignent bien cette omniprésence de l'illusion, ce qui permet de mieux comprendre la fascination de l'écrivain pour le théâtre et, en particulier, pour la *commedia dell'arte*, comédie de masques. Le masque et la dissimulation forment le point de départ de l'œuvre. D'emblée, le lecteur est plongé dans le jeu d'une double (fausse) réalité : celle de l'ermite Sérapion schizophrène et celle du cercle d'amis sérapiontiques.

Dans *Les Frères de Saint-Sérapion*, composés d'entretiens constituant le cadre général et de récits venant illustrer ce dernier, on rencontre des musiciens (Krespel, Theodor dans « Le point d'orgue » ou bien le Baron de B.), des peintres novices ou illustres (Salvator Rosa dans « Signor Formica », Traugott dans « La Cour d'Artus », Kolbe, Hummel ou encore Dürer…), des visionnaires doués en matière de magnétisme (« Les automates », « Doge et dogaresse », « Le sinistre visiteur »…) et des orfèvres (« Le choix d'une fiancée », « Mademoiselle de Scudéry »…). Outre la présence artistique concrète, les récits et les entretiens soulèvent directement des questionnements esthétiques musicaux (« Ancienne et nouvelle musique d'église », « Le poète et le compositeur »), picturales (Berklinger dans « La Cour d'Artus ») ou scientifiques (théories du magnétisme, traitement de la maladie mentale, problème de la déshumanisation et de la mécanisation par le biais de l'automate). L'œuvre sérapiontique embrasse donc la plupart des domaines artistiques et scientifiques. Le lecteur est ainsi invité à repérer lui-même les passerelles entre les différents domaines. En ce sens, les divers questionnements de l'époque, en particulier en matière de médecine et de sciences de l'homme, y sont exposés. Sans être un ouvrage de référence théorique, l'ensemble des veillées à l'intertextualité riche, mêlées de diverses influences et sources d'inspiration, témoigne de l'érudition de l'écrivain, de sa passion des arts et permet d'évacuer une certaine frustration en cherchant à faire des récits des compositions et des peintures. Hoffmann vise donc à écrire comme il joue, à narrer comme il dessine. Il aspire à rendre son œuvre à la fois visuelle et sonore. L'acte d'écriture se métamorphose en une composition musicale et une peinture pour (r)éveiller les images intérieures. Le premier procédé transforme le récit en un tableau vivant pour faire de l'écriture un langage pictural. Le deuxième utilise la polyphonie et le contrepoint : l'écriture, cette fois musicale, dépasse le simple statut de partition et acquiert une forme de spiritualité. Le rapport étroit et constant entre la couleur et le son, ainsi que les différents jeux stylistiques font des *Frères de Saint-Sérapion* une immense arabesque à la fois picturale et musicale. Ce troisième procédé vient corroborer le concept d'« art total » qu'il ne faut pas interpréter comme un art absolu, supérieur et inébranlable, mais comme la manifestation de la diversité et de l'hétérogénéité artistiques.

L'art pictural : levier narratif et langage(s)

Le « tableau vivant » et la mise en perspective narrative

Dans certains récits sérapiontiques tels que « Le point d'orgue » ou « La Cour d'Artus », la description fouillée d'un tableau réel, sans qu'une représentation visuelle concrète ne soit de mise, fonde la trame narrative d'ensemble. Cette amorce narrative, l'*ekphrasis*, ainsi créée, équivaut à une *ouverture* faisant intervenir l'œil (intérieur), l'imagination (image mentale) et la subjectivité (interprétation d'une image non directement communiquée). Le jeu entre le pictural et le poétique renforce le caractère multiple et la plasticité de l'iconographie sérapiontique. Au-delà de l'image, terme qui regroupe de multiples formes comme le tableau, le portrait, le dessin ou les reflets des miroirs qui ne sont bien souvent que des images virtuelles, les signes graphiques (courbes, lignes, ponctuation) contribuent aussi à transformer l'art visuel, au sens large, en écriture. La narration ne dissout pas les corps, elle leur donne au contraire un relief, une perspective[36]. La tâche difficile incombant à l'auteur est de traduire verbalement une image avec suffisamment de force pour que les mots ne constituent pas un obstacle à la visualisation mentale de la représentation picturale, mais viennent, au contraire, l'enrichir et en transformer, le cas échéant, l'interprétation. Toutefois, Hoffmann ne copie pas l'original, il l'utilise partiellement pour créer une nouvelle œuvre d'art : le récit de fiction. Il se place ainsi en position de spectateur pour donner vie à sa perception. Par le prisme de l'écriture, le tableau d'origine devient un tableau « mental » et le travail de la narration fonctionne de la même manière que celui du rêve : les images sont transformées en pensées (passage du peintre au narrateur) lesquelles, couchées sur papier, provoquent à leur tour des images mentales (transmission du narrateur au lecteur). L'*ekphrasis* donne corps à la narration et au tableau de départ, elle devient une scène où l'image ne reste pas figée, mais s'anime dans un espace délimité, restreint. L'œil se heurte, en effet, à des limites : le cadre de la toile et la scène de théâtre. Cependant, le cadre[37] ne bride pas, il oriente le lecteur et le rend spectateur direct, voire co-créateur. Cette continuité spécifique au processus hoffmannien entre le travail du narrateur et celui du lecteur

---

[36] Cette idée rejoint celle d'Erwin Panofsky affirmant que la perspective « procure aux corps la place d'un déploiement plastique et d'une dynamique mimique » et donne « aussi à la lumière la possibilité de se diffuser dans l'espace et de dissoudre les corps picturalement » [Erwin Panofsky : *La perspective comme forme symbolique*, Paris, Les Éditions de minuit, 1975, p. 160].

[37] *Les Frères de Saint-Sérapion* renvoient à plusieurs types de cadre : les cadres figurés et narratifs que représentent le récit-cadre et les titres de chapitre de certains récits, le cadre intertextuel, compris comme contexte individuel (réalité hoffmannienne) et historique, littéraire (réalité collective) et le cadre du tableau qu'il faut comprendre implicitement – l'existence du tableau impliquant, grâce au cadre, un espace délimité – ou explicitement, comme c'est le cas de « Doge et dogaresse » où le cadre et l'inscription qui y figure jouent un rôle primordial dans l'interprétation du récit. Le cadre a donc une fonction narrative, explicative et complémentaire. Dans un sens plus métaphorique, le cadre autorise un dépassement, voire une transgression. Il fait entrer le lectorat dans la sphère de l'intime et du mystère. Une rupture avec le « cadre » proprement dit relance l'intérêt narratif et fonctionne comme un levier.

apparaît véritablement novatrice. L'œuvre continue à vivre à travers la lecture : on passe du simple regard à la contemplation, et « c'est dans ce cadre que l'on construit la perspective[38] » où, dans un premier temps, on visualise mentalement ou directement le tableau et, dans un second, on met en perspective, au sens figuré, le récit. Par le biais de l'*ekphrasis*, ce dernier revêt même une dimension plastique. Dans « La Cour d'Artus », par exemple, le deuxième récit de la deuxième veillée, le tableau s'anime comme la vie qui lui est extérieure, mais d'une manière plus positive. En effet, au brouhaha abominable et assourdissant des boursicoteurs s'opposent les peintures et les fresques qui incitent davantage à l'évasion. Les personnages figés des peintures apparaissent beaucoup plus vivants que les bourgeois. Les œuvres foisonnent non pas de gens pressés, mais de personnages aux « habits colorés » et « chatoyants », « gracieux » et « beaux[39] ». Les murs sont « richement ornés » et toute la peinture « se meut », est « vivante[40] ». L'imagination de Traugott, spectateur qui interprète ce qu'il voit, et celle du lecteur, dont l'œil intérieur est sollicité, sont mises sur le même plan. Le lecteur partage ainsi les visions et les sensations du jeune peintre et a, lui aussi, le sentiment de communiquer avec les personnages. L'*ekphrasis* fonctionne, dans ce cas, comme un processus d'intégration, un gage de vraisemblance pour le lecteur.

Dans « Le point d'orgue », le troisième récit de la première veillée, la mise à contribution du lecteur est moins immédiate. Le récit s'ouvre sur une toile[41] du peintre Hummel, considéré comme l'artiste de la fixité et du statique dont les œuvres offrent un modèle de rigueur géométrique s'apparentant parfaitement à l'art musical et, à plus forte raison, aux règles strictes du point d'orgue. Le titre et l'introduction du récit renvoient directement au sens musical que le narrateur veut lui attribuer. Conformément au sens d'un point d'orgue, on peut penser que la première caractéristique du récit est de vouloir marquer littéralement une pause assez longue sur un événement ou des individus précis et de souligner les différents points culminants de l'histoire jalonnant le parcours quasi initiatique de Theodor : sa première rencontre avec les *prime donne*, les sentiments successifs qu'il éprouve pour les deux jeunes femmes, sa fuite, et enfin sa deuxième rencontre quelques années plus tard avec les deux chanteuses. Si le fait de se référer à la toile n'est pas à première vue indispensable pour comprendre l'épanouissement artistique du personnage, c'est en revanche nécessaire d'un point de vue sérapiontique. Le récit réunit la musique, que la peinture symbolise, et l'écriture, qui décrit le tableau représentant, entre autres, les deux *prime donne*. La perspective

---

[38] Daniel Arasse : *Histoires de peinture*, Paris, Folio essais Gallimard, éditions Denoël, 2005, p. 84-85.
[39] *SB*, p. 177-178 : « in bunten schimmernden Kleidern », « buntgekleideter Miliz », « anmutig », « schön », [EF, t. 1, p. 214].
[40] *Ibid.*, p. 177-178 : « überreich verziert » / « rege », « lebendig », [EF, t. 1, p. 214].
[41] La toile, intitulée *Gesellschaft in einer italienischen Lokanda*, est connue aujourd'hui sous le nom de *Die Fermate* [Le point d'orgue]. Elle fut présentée en 1814 lors de l'exposition d'art de l'académie de Berlin. La reproduction de la toile se trouve dans l'édition allemande des *Frères de Saint-Sérapion* [t. 4, Deutscher Klassiker Verlag, 2001].

stricte de la toile présente deux femmes, situées à la fois de part et d'autre du point de fuite et au premier plan. Au centre et à l'arrière-plan se tient le cavalier et, dans le même axe que celui-ci, on découvre la partition de musique de Lauretta. Les liens entre Theodor (symbole du cavalier selon l'interprétation d'Hoffmann dans sa trame narrative) et la musique constituent donc la problématique centrale du récit. Étant donné l'absence de représentation picturale concrète, l'*ekphrasis* propose tout d'abord une vision globale du tableau puis, par des gros plans et des plans rapprochés, focalise l'attention sur telle ou telle attitude ou sur un individu particulier. En fragmentant la toile de Hummel en plusieurs panneaux, Hoffmann construit une réalité comparable à un prisme. Dans le tableau de Hummel, le cavalier est vu à travers une porte : il semble être sorti de son carcan et avoir trouvé sa propre voie menant à l'art. À la fois au centre de l'œuvre et en toile de fond, il symbolise le passé et l'avenir de Theodor : on ignore si le personnage s'apprête à entrer ou s'il est déjà sorti de la *locanda*. Dans un cas, il va à l'encontre de son avenir, ce qui représente le commencement du cheminement artistique ; dans l'autre cas, il est déjà un homme libre et un artiste affranchi[42]. Ce personnage-pivot représente à la fois cet ancrage dans le réel et l'univers intérieur. La focalisation multiple, elle, met en scène différents points de vue : celui du conteur sérapiontique, celui du personnage de l'histoire et celui d'E.T.A. Hoffmann lui-même. Plusieurs degrés de réalité interviennent. Le premier correspond au tableau, le deuxième au regard de l'écrivain porté sur l'œuvre d'art, le troisième à celui du personnage de fiction sur le tableau, et enfin le quatrième au lecteur qui imagine le tableau dont il n'a aucune connaissance. Ces quatre niveaux renvoient à leur tour à trois grandes réalités : celle du peintre qui a inspiré le narrateur de fiction dans sa création, celle d'E.T.A. Hoffmann qui a guidé le lecteur dans son interprétation du tableau et celle du lecteur observateur. De plus, Hoffmann tient à associer les différents niveaux : en train de peindre, Hummel se retrouve dans la même réalité que Theodor, ce qui conduit à une superposition de l'univers imaginaire du récit et de la réalité extérieure :

> Tu [Eduard] vois d'autre part que le groupe auquel je [Theodor] venais de me joindre était justement celui que [peignait] Hummel, fixant la scène au moment où l'abbé était sur le point d'interrompre le point d'orgue de Lauretta[43].

---

[42] Les commentaires de l'édition historico-critique de Hartmut Steinecke accréditent plutôt la seconde thèse : le tableau « montre la suite de l'évolution artistique de Theodor qui ne tombe pas à nouveau dans les mailles des cantatrices qui se contentent, quant à elles, de ce qu'elles ont atteint dans le domaine musical et ne cherchent plus aucun changement », [*SB*, p. 1291 : « Es zeigt die künstlerische Weiterentwicklung Theodors an, daß er sich nicht erneut von den Sängerinnen umgarnen läßt, die ihrerseits auf dem erreichten musikalischen Standard stehengeblieben sind »].

[43] *SB*, p. 90 : « [du] siehst, daß die Gesellschaft zu der ich trat, eben diejenige ist, welche Hummel malte und zwar in dem Moment, als der Abbate eben im Begriff ist in Lauretta's Fermate hineinzuschlagen », [*EF*, t. 1, p. 120]. Si cette superposition des réalités n'est qu'un fantasme de Theodor, une forme de refoulement ou d'acte manqué, le personnage revêt une dimension philosophique, voire psychanalytique avant la lettre :

Le récit constitue une sorte de labyrinthe aux perceptions multiples fonctionnant comme des miroirs. Ainsi l'écrivain n'a-t-il pas à sa disposition de point central défini comme le peintre, mais plusieurs centres qu'il morcelle tout au long de sa narration. Il regarde à la loupe les détails de la toile sous des angles différents afin de créer avec son lecteur une nouvelle perspective qui correspond à celle de sa fiction et non à celle du tableau, à l'amorce du récit.

L'*ekphrasis*, au-delà de sa tâche première qui est de décrire un tableau, rend par conséquent crédible le récit en l'implantant dans un réel relatif, elle représente une série de miroirs, grossissants ou déformants, qui forment le point d'ancrage de la trame narrative. La réalité du tableau devient donc celle de la fiction. Elle n'est pas d'une transparence manifeste, et ne constitue pas en soi un instrument direct de connaissance. Elle vise surtout à faire voyager le lecteur dans le for intérieur des personnages, à faire en sorte qu'il s'y égare tout en étant séduit.

Si, dans « Le point d'orgue », le narrateur omniscient introduit deux personnages (de fiction) et cède ensuite la place à l'un deux pour poursuivre son récit, il n'en va pas de même dans « Doge et dogaresse[44] », le dernier récit de la troisième veillée. En effet, le narrateur ne nomme pas les deux personnages observant le tableau. Il introduit le lecteur au sein d'un débat esthétique : l'objectif du peintre, en l'occurrence Kolbe, est-il de représenter un sujet historique ou de faire de l'art pour l'art ? La narration n'est pas centrée sur des personnages précis, mais sur les intentions picturales de l'artiste. De plus, « les deux amis » ne sont jamais désignés par leur identité : ce qui importe, c'est le récit de l'étranger qui devient le narrateur omniscient en se substituant à celui du récit-cadre. Cette mise en abyme narrative et le fait de ne pas dévoiler le nom des « deux amis » permettent au lecteur de prendre la place d'un interlocuteur à part entière et de constituer ainsi l'auditeur privilégié de l'histoire. C'est ce processus d'identification et d'intégration du lecteur, impossible dans « Le point d'orgue », qui souligne le caractère sérapiontique du récit.

Dans « Maître Martin le tonnelier et ses compagnons », avant-dernier récit de la quatrième veillée, le narrateur est encore moins explicite : il ne donne ni le nom du peintre ni le titre du tableau. Il cite, en revanche, Albrecht Dürer et situe son récit en 1580. Ainsi, il cherche d'abord à

Theodor aurait reconstruit une période de son passé en remplaçant les faits ou les issues désagréables par des événements fictifs et en les ajustant assez adroitement – volontairement ou non – pour que le tout forme une unité cohérente. Grâce à son imagination, il n'échappe pas à son destin, mais l'accepte peut-être mieux.

[44] La reproduction de la toile se trouve dans l'édition allemande des *Frères de Saint-Sérapion* [t. 4, Deutscher Klassiker Verlag, 2001].

plonger le lecteur, en s'adressant directement à lui, en faisant appel à son expérience et à ses souvenirs, dans l'atmosphère de la « vieille Allemagne » de la fin du XVIe siècle[45].

Cette démarche authentiquement sérapiontique consiste à partir de la réalité, à la dissimuler et, avant de la faire resurgir ou non dans le récit, à céder la place à l'imagination : un contrat est ainsi scellé entre narrateur et lecteur. Ce dernier accepte le faux-semblant dans la mesure où il est vraisemblable. Il est invité à se laisser « bercer par la douce illusion[46] » de cette réalité reconstituée différente de la réalité picturale figée. La narration sérapiontique s'assimile alors à une impulsion, à un processus. Hoffmann joue sur la fiction et les faits réels, sur la vision, la perception et la narration. Il parvient à rendre son récit vivant et visuel, et les procédés principalement rhétoriques et lexicaux qu'il utilise métamorphosent l'écriture en un véritable langage pictural.

L'écriture sérapiontique comme langage pictural

C'est dans le rapport entre le langage et la lecture que l'art pictural intervient. Le récit, forme matérialisée et concrète du discours (forme articulée), s'unit à la lecture (création d'images mentales et formes inarticulées) et peut se transformer en langage pictural si l'on part du principe qu'il possède les mêmes catégories que la peinture. Il se compose donc d'un dessin (trame narrative plausible), de couleurs (les personnages et les relations qu'ils entretiennent ensemble, ainsi que la mise en place du ou des cadres narratifs) et de jeux de lumière, comme dans le clair-obscur (mise en relief des événements, atténuation ou accentuation de certains thèmes ou aspects). Le langage pictural, lui, est caractérisé par trois éléments : les indices visuels que sont la typographie, les retours à la ligne, les blancs, la graphie et la mise en page et ceux qui permettent d'identifier le passage de la simple narration à la narration dite « picturale », les champs lexicaux et les figures rhétoriques.

De plus, les repères spatiaux, les déictiques « embrayant le discours sur l'ici et le maintenant » et servant « à pointer le tableau comme tel[47] », ainsi que les « marqueurs de la description picturale[48] », le temps et l'aspect, animent le tableau narratif. Chez Hoffmann, les verbes sont souvent au présent de l'indicatif. Les descriptions actualisent donc la narration tout en la figeant dans le temps, ce qui lui confère une valeur d'éternité. Ce « présent intemporel sert à

---

[45] Ce n'est que grâce aux commentaires de l'édition historico-critique que l'on apprend qu'il s'agit du peintre Kolbe et de la toile intitulée « Bötticher Werkstatt ». La reproduction de la toile se trouve dans l'édition allemande des *Frères de Saint-Sérapion* [t. 4, Deutscher Klassiker Verlag, 2001].
[46] *SB*, p. 503 : « du magst dich denn überlassen dem süßen Traum », [EF, t. 2, p. 203].
[47] Liliane Louvel : *L'œil du texte. Texte et image dans la littérature de langue anglaise*, Toulouse, Presses Universitaires du Mirail, 1993, p. 104. L'auteur fait référence à la littérature anglophone, mais ses arguments peuvent tout à fait s'appliquer à la narration hoffmannienne.
[48] *Ibid.*, p. 111.

détailler la vue, à distinguer le fond et la forme[49] ». La focalisation ou la mise en perspective du récit y contribue aussi, car

> le repérage d'une image passera par le regard, d'où la nécessaire présence d'un   personnage en position de voyeur, que ce soit le narrateur ou un personnage dans la diégèse[50].

Il apparaît ensuite au lecteur d'être réceptif à ce témoin fictionnel offrant au récit une linéarité textuelle et événementielle. La globalité ne peut être « saisie qu'après-coup au terme du processus de lecture ». Celle-ci s'apparente, en effet, à une « opération de construction mentale », tandis que la peinture, elle, s'imposerait d'emblée au spectateur, « art de l'espace visible ayant valeur d'évidence[51] ». Hoffmann allie donc l'immédiateté picturale et la médiateté scripturale. Il recourt au langage pictural afin de faire apparaître le texte narratif comme un tableau et de plonger le récit dans un univers spatio-temporel. Le langage technique du peintre chevronné est alors parfaitement inutile : la narration « picturale » est liée au travail d'imagination du lecteur et non à celui de l'artiste. Tout repose donc sur le contrat entre Hoffmann et son lecteur, qui accepte de se laisser emporter par le talent d'illusionniste de l'écrivain résultant en partie des jeux de lumière (artificielle) et de reflets. Dans le dernier récit de la deuxième veillée, « Casse-Noisette et le Roi des Rats », par exemple, le rayon lumineux de la lampe de la chambre déforme soudainement, à cause d'un courant d'air, le visage du Casse-Noisette et provoque l'effroi de Marie :

> […] à peine eut-elle prononcé le nom de Drosselmeier que son ami Casse-Noisette fit une affreuse grimace, tandis que ses yeux verts dardaient des [éclairs].
>
> Marie était sur le point de se laisser aller à l'épouvante quand elle retrouva tout aussi soudainement le visage souriant et triste du brave Casse-Noisette ; et elle vit bien que c'était la lueur du lustre, arrivée par un bref courant d'air, qui avait ainsi défiguré le visage du Casse-Noisette[52].

L'angoisse que l'enfant véhicule, même relativisée ensuite, déroute le lecteur et l'expose à l'éventualité du fantastique qu'il faut comprendre comme une dimension inhérente du réel donc

---

[49] *Ibid.*, p. 119.
[50] *Ibid.*, p. 107.
[51] *Ibid.*, p. 64.
[52] *SB*, p. 253 : « [...] indem sie den Namen Droßelmeier nannte, machte Freund Nußknacker ein ganz verdammt schiefes Maul, und aus seinen Augen fuhr es heraus wie grünfunkelnde Stacheln. In dem Augenblick aber, daß Marie sich recht entsetzen wollte, war es ja wieder des ehrlichen Nußknackers wehmütig lächelndes Gesicht, welches sie anblickte, und sie wußte nun wohl, daß der von der Zugluft berührte, schnell auflodernde Strahl der Lampe im Zimmer Nußknackers Gesicht so entstellt hatte », [*EF*, t. 1, p. 291].

permanente. Le fantastique représente un autre monde avec des traits réels et tangibles prenant souvent sa source, comme c'est le cas ici, dans la sphère intime du personnage. C'est cette accointance entre raison et irrationalisme qui crée un sentiment d'étrangeté et de malaise.

La lecture « détermin[e] l'espace, trac[e] des lignes, empli[t] des surfaces, compos[e] et donn[e] imitation de vie et de réalité à une histoire[53] ». Elle est la construction d'un « tableau progressif », l'action de « placer son visage dans l'histoire que nous aurons imaginée et composée[54] ». L'*ekphrasis* sérapiontique est fondée sur la théorie du du « comme si » [« als ob »], de la réalité apparente.

L'auteur procède de différentes manières : soit il peint un paysage dont l'atmosphère est à la fois familière, fantastique et troublante, à la manière de Novalis, Tieck, Stifter ou d'un peintre romantique, soit il portraiture un personnage à la façon de William Hogarth, d'une manière caricaturale, ou bien encore il dessine la silhouette d'une femme, esquisse une scène. En utilisant les procédés picturaux du dessin, de l'esquisse, il travaille comme un dessinateur. Les contours font le lien avec la réalité et délimitent un espace. Les amorces ainsi fixées de chaque récit permettent de prévenir les événements à venir. L'écrivain va plus loin que le dessinateur et se rapproche aussi de l'art abstrait : dans l'espace et le cadre bien définis, des personnages complexes évoluent, et le contour seul ne pourrait mettre en relief leur profondeur psychologique, même s'il semble être le caractère le plus abstrait en matière d'art pictural, « capable à la fois de devenir et de s'objectiver[55] ».

L'art du portrait : « La Cour d'Artus » et « Signor Formica »

À la différence du portrait dans l'art pictural, qui forme une unité et offre une image immédiate, celui de l'art narratif est progressif. Il appartient dès lors au lecteur d'objectiver et de rendre l'image mentale symbolique. Au-delà du portrait, Hoffmann décrit plus que des personnages : il brosse des situations parfois saugrenues auxquelles ses personnages sont confrontés. Il représente à la fois l'aspect extérieur d'une personne en laissant transparaître les traits les plus significatifs de son caractère et l'atmosphère qui l'environne[56].

---

[53] Léon-Battista Alberti : *De la peinture/ De pictura.* (1435), traduction et préface de Jean-Louis Schefer, Paris, Macula Dédale, 1992/ 1993 (2)
[54] *Ibid.*, p. 19.
[55] Gerhard Neumann et Günter Oesterle (éds) : *Bild und Schrift in der Romantik*, Stiftung für Romantikforschung, tome 6, Wurtzbourg, Königshausen und Neumann, 1999, p. 36 : « abstraktionsfähig und gegenstandsstiftend in einem ».
[56] Hoffmann adhère sur ce point à l'esthétique schellingienne, dans laquelle « l'artiste […] doit dévoiler l'intérieur de la nature et ne peut se contenter, surtout en considération de son objet le plus digne, la forme humaine, du phénomène habituel, mais amener à la surface la vérité dissimulée plus profond ». [Friedrich Schelling : *Textes esthétiques*, traduction d'Alain Pernet et présentation de Xavier Tilliette, Paris,

« La Cour d'Artus » place au centre du récit le génie d'un dessinateur. L'artiste tout d'abord au travail esquisse des personnages, puis le narrateur dresse les contours d'autres individus, y ajoute de la couleur et du relief. Omniscient, il intègre le lecteur dans le processus narratif en attirant son attention par ses nombreux appels et l'invite à visualiser la scène. Pour ce faire, il essaie de dessiner fidèlement les personnages qui se trouvent soi-disant devant lui, tout en reconnaissant que le résultat sera moins satisfaisant que celui d'un peintre ou d'un dessinateur authentique[57].

Dans le récit, deux portraits relèvent d'une analyse spécifique : ceux d'Elias Roos et de sa fille Christina. Ils caractérisent, en effet, l'écriture satirique propre à Hoffmann et reflètent parfaitement la technique de l'écriture imagée. En ponctuant le portrait d'Elias Roos par deux « günstiger Leser ! », la description tient presque lieu de dialogue entre le narrateur et son interlocuteur imaginaire. Le tutoiement crée d'emblée une connivence où le lecteur se sent, à son tour, spectateur et personnage. Hoffmann insiste tout d'abord sur l'aspect extérieur du personnage, sur sa perruque ronde, sa petite taille et ses rondeurs. Viennent ensuite la couleur des vêtements et les accessoires : « une redingote, un gilet et un pantalon dont la couleur évoque la viande de foie, le tout orné de boutons brochés d'or[58] ». Le portrait physique s'avère à la fois très suggestif et caricatural. Ce personnage typique du philistin étroit d'esprit, du petit bourgeois, ne manque ni du nécessaire ni du superflu, par opposition à Traugott[59] pour lequel l'écriture semble être le moyen le plus subtil de décrire un être spirituel et de mettre en relief, au-delà de son apparence, ses qualités humaines.

Le langage fixe des images moins figées que celles d'un tableau, surtout si le personnage joue un rôle relativement secondaire, comme dans le cas de la future épouse de Traugott et la fille d'Elias dont la description sert « surtout à tracer [...] un vivant portrait », car « sa fugitive image va bientôt

---

Klincksieck, 1978, p. 78, {525}, [Friedrich Schelling, *Texte zur Philosophie der Kunst*, Stuttgart, Reclam, 1982, p. 169 : « Er soll das Innere der Natur enthüllen, und also vorzüglich in Ansehung des würdigsten Gegenstandes, der menschlichen Gestalt, nicht bloß mit der gewöhnlichen Erscheinung sich begnügen, sondern die tiefer verborgene Wahrheit an die Oberfläche bringen »].

[57] *SB*, p. 181 : « Wohl könnte ich Dir, günstiger Leser ! die fünf Personen, während sie bei Tische sitzen, bildlich vor Augen bringen, ich werde aber nur zu flüchtigen Umrissen gelangen, und zwar viel schlechteren als wie Traugott [...] recht verwegen umkritzelte », [EF, t. 1, p. 217] : « Pendant que ces cinq personnages sont installés à table, je devrais avoir, ami lecteur, tout le temps de t'en faire un portrait détaillé ; mais je ne pourrai que le tracer sommairement, avec beaucoup moins de talent et de hardiesse en tout cas que n'en n'a mis Traugott dans ses esquisses ». Hoffmann dénonce ici l'insuffisance du langage et s'inscrit dans la lignée des premiers romantiques, en particulier, celle d'August Wilhelm Schlegel qui en avait fait une de ses problématiques principales dans le dialogue *Les Tableaux*.

[58] *Ibid.*, p. 181 : « in seinem *leberfarbenen* Rocke, Weste und Hosen mit *goldbesponnenen* Knöpfen », [EF, t. 1, p. 218], [C'est moi qui souligne, I. L.].

[59] *Ibid.*, p. 182 : « so wird Dir, günstiger Leser ! aus meinen Worten Traugotts Gestalt von selbst recht lebendig hervorgehen », [EF, t. 1, p. 218] : « mon esprit doit suffire à faire surgir dans ton esprit, cher lecteur, la vivante image de Traugott ».

s'effacer[60] ». Son portrait est plus détaillé et subjectif, déjà passé par le prisme de l'interprétation. Le narrateur oriente l'image mentale que le lecteur se fait de la jeune femme en recourant à des adverbes tels que « légèrement » ou « véritablement ». La bouche de Christina est « un peu grande peut-être », mais les yeux du personnage sont « aimables » et « sourient gentiment à chacun. Ils semblent dire : "Je me marie bientôt"[61] ». Son aspect physique général est relativement bref et le narrateur portraitiste va au-delà de la simple esquisse lorsqu'il dévoile en filigrane les traits de caractère de Christina qui découlent de sa fonction de « femme de chambre ». Consciencieuse, travailleuse et bonne cuisinière, elle réussit les pâtisseries et les sauces qui « épaississent chaque fois suivant les règles, car elle tourne sa cuiller toujours vers la droite et jamais vers la gauche[62] ! ». Prévoyante, elle prendra soin de nourrir le canari et de faire attention au linge si la maison s'enflamme. Bref, en tant que femme typique de l'époque *Biedermeier*, elle semble parfaite pour le mariage, et c'est avec cynisme que le narrateur achève le portrait par un point d'exclamation. La jeune femme, certes décrite comme une personne belle et sociable, est déjà rangée et manque d'insouciance. À travers le contraste criant entre ce caractère bien lisse et la personnalité de Traugott, le futur époux rêveur et artiste empli d'originalité, le lecteur est en mesure de savoir vers quel personnage la sympathie du narrateur se dirige. D'autant plus que la « furtive image » qu'il souhaitait retenir pour quelques instants peut désormais « s'enfuir tout à son aise[63] ! ».

Au-delà de sa fonction de peintre et de dessinateur, le narrateur oriente alors son lectorat à sa guise. Aussi emploie-t-il dans ses descriptions le présent de l'indicatif, tandis que le reste du texte reste au prétérit. Le présent à valeur actualisante permet au lecteur de n'importe quelle époque de se sentir intégré dans l'action. Plus qu'une peinture, la description équivaut à un théâtre animé. Le champ lexical de la vue y joue donc un rôle prépondérant, comme le montrent des expressions telles que : « mettre sous les yeux », « ressortir », « tu vois », « modeler », « former », « image », « de manière imagée[64] ». La description s'apparente donc à une sorte de « tableau vivant », bien qu'il s'agisse d'une tradition qu'E.T.A. Hoffmann rejette fondamentalement puisqu'elle consiste à recopier des tableaux ou des gravures célèbres. Le cynisme que le portrait de Christina laisse transparaître n'a pourtant rien d'une copie superficielle, il renforce au contraire la conviction du lecteur qui ne voit absolument pas en elle un idéal féminin potentiel pour l'artiste Traugott.

---

[60] *Ibid.*, p. 182 : « Eigentlich ist es mir hauptsächlich nur darum zu tun, [...] die Christina recht lebhaft darzustellen, denn ihr flüchtiges Bild wird, wie ich merke, bald verschwinden », [EF, t. 1, p. 218].
[61] *Ibid.*, p. 182 : « aus denen es recht hübsch jedermann anlächelt : Nun heirate ich bald ! », [EF, t. 1, p. 218].
[62] *Ibid.*, p. 182 : « die Butter-Sauce verdickt sich jedesmal gehörig, weil sie [...] immer rechts im Kreise mit dem Löffel rührt ! », [EF, t. 1, p. 218].
[63] *Ibid.*, p. 182 : « Mag sie dann entfliehen ! », [EF, t. 1, p. 218].
[64] *Ibid.*, p. 181-182 : « vor Augen bringen », « hervorgehen », « siehst », « modeln », « formen », « Bild », « bildlich », [EF, t. 1, p. 218].

Dans « Signor Formica », premier récit de la septième veillée, le cynisme implicite est remplacé par le ridicule explicite et l'aspect carnavalesque. Le récit narre la rencontre entre Antonio Sciacciati, un jeune peintre, et Salvator Rosa. Ce dernier, qui a compris le langage de la nature et a su le transcrire en peinture, aide Antonio à la fois à acquérir une reconnaissance sociale dans le milieu artistique et, en usant de stratagèmes, à trouver l'amour en Marianna, fille d'un dénommé Capuzzi, féru d'art et convaincu de ses talents. Salvator Rosa prouve qu'il peut être, outre un grand génie pictural, poète et comédien, et c'est sous les traits de Signor Formica, personnage théâtral, qu'il parvient à offrir à Antonio le bonheur qu'il souhaite avec la femme aimée. L'un des personnages situés dans la ligne de mire du narrateur est le Signor Pasquale Capuzzi, qui apparaît sous les traits d'un individu ridiculement vêtu, haut en couleurs et dont la voix ressemble à celle d'un coq. Son attitude est aussi cocasse que son apparence physique. Le premier contact du lecteur avec cet individu a lieu dans une galerie d'art, devant une toile : endroit propice aux rencontres artistiques. Il est remarqué par Salvator Rosa, car il se distingue de la foule des spectateurs par son allure étrange. Le narrateur emploie ici le prétérit et non le présent de l'indicatif. Il ne souhaite pas immortaliser le personnage, mais seulement l'inscrire dans le temps du récit. Il n'y a pas non plus, à ce moment précis, d'appel au lecteur et de rupture dans la narration : c'est Salvator qui raconte ce qu'il a vu. De plus, l'objectif premier n'est pas de fixer un personnage qui réapparaît à plusieurs reprises, mais de peindre un tableau progressif ou plusieurs tableaux afin d'élargir le ridicule de l'individu.

Le premier trait laisse tout d'abord affleurer la silhouette du personnage, grand et maigre. Viennent ensuite les traits du visage : le teint « blême », le « nez long et pointu », le « grand menton » et la « petite barbe en pointe[65] ». Le trait est long et infini, l'allure quasiment méphistophélique et inquiétante. Le lecteur imagine un être froid dont la mauvaise mine apparaît fantomatique. De plus, les yeux d'une couleur peu commune, grise, étincellent et laissent présager la malice, voire la méchanceté. Néanmoins, la deuxième partie du portrait contraste fortement avec la première : l'être maléfique se métamorphose en un véritable clown. Cette sorte de tableau progressif n'est possible que dans l'écriture : dans l'art pictural, le spectateur voit, d'emblée, l'ensemble de la toile. Dans sa description, le narrateur insiste sur des couleurs vives – le jaune, le rouge et le bleu – ou sur des teintes claires et brillantes. Les accessoires vestimentaires burlesques[66] ne possèdent absolument rien de diabolique, le « pourpoint » [« Mäntelchen »], le diminutif « -chen » accentuant l'aspect

---

[65] *Ibid.*, p. 943 : « bleich », « mit langer spitzer Nase », « langem Kinn », « einen kleinen Bart [der] sich zuspitzte », [EF, t. 4, p. 43].
[66] Les accessoires comportent une « perruque » [« Perücke »], des « plumes » [« Feder »], des « franges » [« Frangen »], des « souliers », [« Stülphanschuhe »], des « bas gris tirés au-dessus du genou » [« Strümpfe über die spitzen Knie gezogen »] et des « rubans » [« Bandschleifen »].

risible de l'homme, tout comme la présence de la « rapière », parfaitement superflue et absurde, contraste avec la tenue générale très précieuse et colorée.

Cet être « bizarre » possède un goût artistique sûr, bien que son attitude devant le tableau d'Antonio soit des plus saugrenues, comme le montre la description rendue très visuelle et sonore par le choix des verbes : « se redresser d'un bond », « gémir », « geigner », « plisser les paupières », « soupirer », « murmurer », « maudire[67] ». Ses mimiques clownesques suscitent le rire et la méthode d'énumération rend compte de l'agitation fébrile, voire névrotique de Capuzzi. La simultanéité artistique conduit à imaginer la scène aussi bien dans le temps que dans l'espace, ce qui remet en cause la conception figée de Lessing attribuant catégoriquement l'espace à l'art pictural et le temps à l'art poétique.

Dans un autre paragraphe mis en valeur par un tiret, Capuzzi est dépeint comme un personnage carnavalesque – témoignant de l'admiration d'Hoffmann pour la *commedia dell' arte* – et l'agencement du récit apparaît comme une mise en scène théâtrale. Capuzzi se présente au sein d'un groupe étrange, « que l'on n'eût jamais vu auparavant » et qui « attirait tous les regards[68] ». Le verbe « voir » et le substantif « yeux » annoncent une description visuelle à laquelle l'œil (intérieur) du lecteur est convié. Capuzzi, dont la démarche prête à rire, semble « march[er] dans ses souliers trop étroits comme sur des œufs[69] ». Son allure comique est aussi rendue par le rythme ternaire des adjectifs ou des participes I et II : « in seinen *bunten*, *spanischen*, wohl *gebürsteten* Kleidern », « *prangend*, *geschniegelt* und *gebügelt* » [« vêtu de son costume espagnol multicolore, tiré à quatre épingles et repassé »]. Le nombre de ces qualificatifs indiqués en italique accentue le caractère excessif du personnage : à trop vouloir être beau et présentable, il en devient ridicule. Le rythme ternaire prévient également de la présence de trois autres individus : Capuzzi tient à son bras Marianna, voilée pour l'occasion, et à ses côtés se trouvent Signor Splendiano Accoramboni, « avec sa grande perruque » que le narrateur compare à « une tête monstrueuse s'en allant sur deux jambes », et Pitichinaccio « en habit de femme couleur feu » avec « la tête hideusement couverte de fleurs[70] ». Les adjectifs qui qualifient la grandeur ou l'épaisseur d'un objet contrastent avec ceux qui mettent en relief la petitesse d'un personnage ou d'une partie du corps : « énorme » et « grand » s'opposent à « petit », « élancé » et « étroit[71] ». Le cortège difforme ne peut que retenir l'attention

---

[67] *Ibid.*, p. 943 : « aufhüpfen », « stöhnen », « ächzen », « die Augen zukneifen », « seufzen », « lispeln », [EF, t. 4, p. 44].
[68] *Ibid.*, p. 972 : « die man jemals gesehen », « zog alle Augen auf sich », [EF, t. 4, p. 68].
[69] *Ibid.*, p. 972 : « in zu engen Schuhen wie auf Eiern daher tretend », [EF, t. 4, p. 68].
[70] *Ibid.*, p. 972 : « in seiner großen Perücke », « ein ungeheurer Kopf auf zwei kleinen Beinchen », « in feuerfarbenen Weiberkleidern », « den ganzen Kopf auf widerwärtige Art mit bunten Blumen besteckt », [EF, t. 4, p. 68].
[71] *Ibid.*, p. 972 : « ungeheuer », « groß », « ganz », « klein », « schlank », « eng », [EF, t. 4, p. 68].

de la foule : les personnages semblent déguisés et mal assortis[72]. Le langage pictural prend ici tout son sens : l'écriture devient image, au sens propre comme au sens figuré. Plus qu'un simple tableau mental, ce passage ne fige pas les personnages dans un cadre spatio-temporel, mais laisse l'action se dérouler comme un film. Dans l'ensemble, le lecteur est intégré à l'action soit comme auditeur, quand les événements sont narrés au passé, soit comme témoin plus ou moins direct, lorsqu'il s'agit d'un dialogue au présent.

L'art du dialogue : « Signor Formica » et « Les mines de Falun »[73]

À la différence du « Point d'orgue » ou de « La Cour d'Artus », l'un des buts pousuivis dans « Signor Formica » est de mettre en valeur l'acte même de création, et non de produire une image mentale. L'originalité du dialogue entre les deux artistes consiste à faire intervenir le peintre lui-même comme interlocuteur majeur.

La nouvelle s'ouvre sur un débat fictif dans lequel le narrateur refuse les accusations portées à l'encontre du peintre Salvator Rosa. En prenant position et en s'érigeant quasiment en juge, il donne de la crédibilité et de la vraisemblance à son récit. Il prépare la réception en orientant son lecteur dans la direction qu'il souhaite. De plus, en faisant appel à un être réel, intégré ici à une fiction, le narrateur prend le lecteur plus facilement à témoin et fait appel à sa connaissance picturale. Il souligne la personnalité du peintre, efface les préjugés en en pointant les faiblesses et met en valeur la grandeur artistique et les qualités humaines de Rosa. Le lecteur est ainsi mieux disposé à entendre le dialogue entre Salvator et Antonio.

Cet entretien relate un échange d'idées autour du thème de la peinture et rappelle *Les Tableaux* où des œuvres d'art réelles sont décrites et analysées de manière à ce que les interlocuteurs aient l'impression de les avoir sous les yeux.

Antonio, personnage de fiction, se pose en admirateur de Rosa : il sait révéler la langue et l'âme de la nature. Il ne peint pas, il déchiffre, il écrit. Tout art est décryptage, et Antonio voudrait « nommer écriture » cette « audacieuse peinture[74] » qui transforme la pensée en œuvre d'art. Il met le doigt sur l'acte même de peindre dans lequel l'artiste n'incarne nullement un simple copiste, mais la performance d'un génie. En s'intéressant à cet acte et en soulignant l'habileté intellectuelle dans l'ébauche comme dans l'exécution, Hoffmann montre qu'il connaît sans nul doute le dialogue de

---

[72] Hosemann, l'illustrateur, inspiré par une telle description, a illustré la scène en respectant le caractère ridicule et rocambolesque de l'ensemble. On en trouve la reproduction dans l'édition allemande.

[73] « Signor Formica » relate l'amitié esthétique entre le célèbre Salvator Rosa, ici au service de la fiction, et Antonio, un jeune peintre prometteur et talentueux. « Les mines de Falun » conte l'histoire de la descente aux enfers d'Elis, un jeune marin en quête d'identité et d'affection, psychologiquement fragile et destabilisé par le décès de sa mère, qu'un inconnu parvient à convaincre de devenir mineur.

[74] *Ibid.*, p. 936 : « Ja, ein *Aufschreiben* möcht'ich Euer keckes, kühnes Malen nennen », [EF, t. 4, p. 37].

Schlegel et qu'il semble même y avoir puisé l'idéal de Rosa consistant à allier peinture et écriture. L'artiste aspire à rendre harmonieux le lien originel et pur que l'homme entretient avec la nature, car « l'homme et sa vie ne […] suffisent pas. L'homme [n'] intéresse que dans la nature, et pour autant que ses sentiments sont inspirés par elle[75] ». Comme chez Schlegel, il est question d'un peintre, de ses techniques picturales et de la signification de son travail.

Dans « Les mines de Falun », troisième récit de la deuxième veillée, le dialogue entre Elis Fröbom, marin de profession, et Torbern, le vieux mineur, au moment où ce dernier essaie de convaincre Elis de se reconvertir, se déploie dans une optique entièrement différente. Il ne réveille pas des souvenirs, il génère des images à la fois chez le lecteur et chez le personnage. L'écoute s'avère aussi riche que la lecture. Les propos du vieil homme stimulent l'imagination d'Elis. Ce dernier réagit tout d'abord violemment aux propos du mineur lorsqu'il lui suggère d'abandonner sa vie de marin pour se consacrer aux profondeurs de la mine. Il est conscient que les deux univers s'opposent. La mer est synonyme de lumière et de bien-être, elle représente un hâvre de paix, « ensoleillé », « pur », « rafraîchissant » et « revigorant[76] », tandis que la mine symbolise le berceau de l'obscurité et des ténèbres, l'entrée dans « les profondeurs effrayantes de l'enfer[77] ». Le mineur est comparé à une « taupe » qui « retourne » constamment la terre. La répétition du verbe « wühlen » dans l'expression « dem Maulwurf gleich wühlen und wühlen » [« creuser, creuser sans cesse, comme la taupe »] accentue l'idée de récurrence. Elis n'envisage pas de se sacrifier en quittant la pleine nature et la liberté que la mer lui offre ni de descendre sous la terre. Cette transition est marquée par le tiret qui relie les deux particules « hinaus » et « hinab », c'est-à-dire : « quitter » la mer et « descendre » dans la mine sans savoir qui ou quoi retrouver, il ne pourra « plus revoir l'aimable clarté du jour[78] ».

Toutefois, le vieil homme réussit à convaincre Elis de la richesse du monde souterrain. Il utilise à contre-pied les champs lexicaux de la lumière et de la vue et met en avant la difficulté de « voir », au sens concret du mot, en répétant l'adjectif « blind » [aveugle]. La lumière est « de faible intensité » et artificielle puisqu'il s'agit de celle de la « torche » des mineurs. Néanmoins, cet aveuglement est une non perception relative. La mine suppose en effet que l'on regarde en soi-même pour être « clairvoyant ». Le mineur est un voyant, au sens ésotérique ou mystique du terme. Rejeter le monde des profondeurs reviendrait donc à refuser toute introspection. L'homme redoute de se voir tel qu'il est vraiment, de se retrouver avec lui-même, privé du regard des autres. Cette

---

[75] *Ibid.*, p. 936 : « Ihr schaut den Menschen nur in dem Kreise der Natur, und insofern sein innerstes Wesen durch ihre Erscheinungen bedingt ist », [EF, t. 4, p. 37-38].
[76] *Ibid.*, p. 214 : « sonnenhell », « heiter », « labend », « erquickend », [EF, t. 1, p. 252].
[77] *Ibid.*, p. 214 : « die schauerliche Höllentiefe », [EF, t. 1, p. 252].
[78] *Ibid.*, p. 215 : « nie mehr das freundliche Licht des Tages », [EF, t. 1, p. 253].

intériorité délicate suppose une bonne connaissance de soi. Le vieil homme considère qu'elle est primordiale pour Elis compte tenu de sa fragilité et de sa difficulté à faire le deuil de sa mère. Ainsi le vocabulaire employé renvoie-t-il à la spiritualité. Elis doit « reconnaître dans les roches merveilleuses le reflet de ce qui se cache là-haut, par-delà les nuages[79] » : il ne saurait acquérir dans l'univers auquel il est habitué la richesse intérieure dont il a besoin. Les propos se transforment aisément en images mentales. Au même titre que le narrateur principal, Torbern prépare la réception de son récit.

Les tirets interrompent le discours direct de Torbern ou introduisent le long monologue du vieil homme rapporté par un narrateur omniscient. Les repères typographiques qui ouvrent et ferment le passage ont une fonction de repère narratif, de mise en relief et d'encadrement :

discours direct :
« [...] Du weißt nichts von dem Bergbau, Elis Fröbom, laß dir davon erzählen. » –

discours rapporté (présence du narrateur omniscient) :
« Mit diesen Worten setzte sich der Alte hin auf die Bank neben Elis, und begann sehr **ausführlich** zu **beschreiben**, wie es bei dem Bergbau hergehe [...]. Es war ihm wieder, als habe ihm der Alte eine neue unbekannte Welt erschlossen[80] ».

Le verbe « décrire » [« beschreiben »] indique bien qu'il s'agit d'une description et, de surcroît, « détaillée » [« ausführlich »].

Doué d'une habileté discursive, le vieil homme a recours à de nombreux verbes de mouvement[81] et à des substantifs renvoyant au discours et au regard[82]. La répétition du comparatif de supériorité de l'adjectif « lebendig » [animé] dans l'expression « immer lebendiger und lebendiger » [de plus en plus animé] et sa forme au superlatif « lebendigst » [des plus vives] soulignent la profusion des images formées par le discours.Le vocabulaire de la couleur et de la lumière renforce ce tableau vivant : les couleurs vives s'opposent aux murs de la mine « d'un brun noirâtre », mais les pierres étincellent et les cristaux de roches « luis[ent] et [scintillent de mille

---

[79] *Ibid.*, p. 215 : « in dem wunderbaren Gestein die Abspiegelung dessen zu erkennen vermag, was oben über den Wolken verborgen », [EF, t. 1, p. 253].

[80] *Ibid.*, p. 215-216 : « Sur ces mots, le vieil homme s'assit sur le banc à côté d'Elis et commença à **décrire en détail** ce qu'il advint de la construction de la mine [...]. Il avait de nouveau l'impression que le vieil homme lui avait ouvert les portes d'un monde nouveau et inconnu », [C'est moi qui traduis et souligne, I. L.]. Nous avons choisi de laisser le texte original dans lequel le subjonctif I marque le discours indirect.

[81] *Ibid.*, p. 215 : « kam », « durchwanderte », « regten sich », « sprach », « sagte », « lebte auf », [EF, t. 1, p. 253].

[82] *Ibid.*, p. 215 : « Rede », « Blick », [EF, t. 1, p. 253].

feux] ». Le champ lexical de la lumière forme un contraste saisissant avec l'obscurité apparente de la mine. De plus, l'univers anorganique (les pierres, l'almandine, le pyrosmalithe et les cristaux de roche), vivant, introduit Elis et le lecteur dans un monde de mouvement et de magie et les laisse parcourir « les galeries comme les allées d'un jardin enchanté[83] ».

L'illusion et le rêve sont mis en éveil grâce à l'écoute, à la lecture et aux choix lexicaux effectués. Le discours donne vie à l'inerte et la perception est véritablement mise en abyme : les souvenirs visuels que le vieil homme verbalise, la perception auditive d'Elis, source d'images mentales, et la perception visuelle du lecteur. Le monde souterrain regorge de merveilles et de charmes : le discours du mineur a ouvert à Elis les portes d'un monde qui lui était jusque-là « inconnu », il lui a retiré tout préjugé et s'est emparé de tout son être. Le tableau ainsi peint s'apparente à une illusion, comme le prouve la présence de la locution « als (ob) » [comme si][84]. À la fois attiré et angoissé, Elis commence ici sa descente dans les ténèbres, ce que soulignent le verbe « hinabfahren » [descendre], l'adjectif « unterirdisch » [souterrain], l'adverbe « unten » [sous] et le substantif « Tiefe » [profondeur]. Le langage pictural éveille l'imagination, colore l'écriture et lui donne du relief[85]. Chaque description possède ainsi une fonction plastique, qu'elle caractérise un portrait ou un paysage.

La peinture de paysage : « Les mines de Falun »

L'observateur du genre pictural devient le lecteur du genre descriptif : le paysage ne peut prendre vie que grâce à la réception dont la qualité dépend de l'intensité lumineuse et du choix des couleurs de la description.

Dans « Les mines de Falun », les couleurs semblent vivantes et mobiles. Les minerais inertes des mines symbolisent la pureté et le retour aux origines, ils sont empreints de mystère et d'absolu. Le discours du vieux Torbern, être mystérieux venu convaincre Elis de quitter le milieu marin pour celui de la mine, génère des espérances, des attentes et des images qui poursuivront le jeune homme jusque dans ses rêves. Le sommeil réactive alors les pensées déjà formées par l'écoute du récit, qui crée une sorte de tableau de paysage anorganique éclairé par une lumière artificielle. L'écriture est imagée et le cadre quasi intellectualisé.

---

[83] *Ibid.*, p. 215 : « er durchwanderte die Schachten wie die Gänge eines Zaubergartens », [EF, t. 1, p. 253].
[84] « Il avait l'impression d'[être descendu] avec lui » [« es war ihm, als sei er schon abgefahren »], « il lui semblait que le vieil homme venait de lui donner accès à un monde inconnu [et nouveau] » [« und doch war es ihm wieder, als habe ihm der Alte eine neue unbekannte Welt erschlossen »], *SB*, p. 215, [EF, t. 1, p. 253].
[85] « La théorie de l'*imagination* [...] est la faculté de formation du *relief* », « Theorie der *Phantasie*. Sie ist das Vermögen des *Plastisierens* », in : Novalis : *Fragments, Fragmente*, traduction d'Armel Guerne, Édition bilingue, Paris, Aubier Montaigne, 1973, p. 166-167.

La descente initiale dans les mines ressemble tout d'abord à un voyage initiatique et irréel. L'histoire du mineur, qui décrit le monde insolite de la mine et ses secrets, nourrit l'inconscient d'Elis. Le rêve qu'il fait ensuite forme un tableau progressif où l'univers marin devient celui de la mine. Elis y découvre une flore merveilleusement étrange peuplée d'esprits élémentaires. L'emploi de repères temporels marque l'évolution, la progression de son état. Cet aspect est renforcé par l'adverbe « immer » suivi du comparatif de supériorité ou du participe I[86]. Cette évolution est présentée comme aboutie : le préverbe « er- » dans les verbes « erkennen » [reconnaître] et « erblicken » [apercevoir] a un aspect résultatif. Ces deux verbes renvoient, outre leur aspect égressif, au champ lexical de l'œil mis en valeur d'un côté par le verbe « schauen » [voir] et ses dérivés « hinabschauen », « anschauen », « heraufschauen » [lever les yeux] – et de l'autre côté par les substantifs « Augenblick » et « Blick », ainsi que par l'adjectif « sichtbar ». Les images mentales se forment peu à peu : le regard intérieur du rêveur se déploie dans le sommeil et engendre un tableau riche en oxymores où le lexique de la lumière, aux couleurs vives et agréables s'opposant à celui de l'obscurité, aux couleurs tristes, crée un jeu de contrastes qui fait pendant au clair-obscur pictural. De plus, l'ensemble est suggestif ; les oppositions intensifient l'ambiguïté de l'univers minier, qui ressemble à une âme humaine où tout serait trouble. Les mondes marin (transparence organique) et minier (transparence anorganique) se rejoignent et produisent des effets similaires. En effet, le vocabulaire relatif à la mer est appliqué à la mine. On observe donc à la fois une sorte d'assimilation et de métamorphose, un jeu entre liquidité et solidité, et c'est l'interpénétration des deux univers qui conduit à une perte des repères. L'eau, dont la limpidité est marquée par les adjectifs « spiegelblank » et « durchsichtig », se transforme en roche elle aussi transparente et cristalline. Le monde imaginaire se substitue ainsi au monde réel et le « navire aux voiles ouvertes » indique déjà la supériorité du vertical, l'univers de la profondeur à la fois concrète (la mine) et abstraite (l'âme), sur l'horizontal. Le passage du monde marin au monde minier s'opère par le biais de la transformation d'un état liquide et organique en un état solide et anorganique. Les plantes deviennent pierres, les esprits élémentaires des profondeurs font jaillir des végétaux de leur poitrine. La mine devient progressivement un lieu d'une luminosité éclatante, contrairement à ce qu'Elis découvre en réalité, hors de son rêve, c'est-à-dire un univers dantesque, aride et désolé, sans vie organique, une « ouverture béante qui sembl[e] mener en enfer[87] » dont la vie est comme fossilisée et où les roches ont l'apparence d'« affreux démons », de « monstres horribles tendant vers lui leurs bras immondes[88] ».

---

[86] *SB*, p. 217 : « bald immer tiefer […] höher und freudiger »/ « immer steigend und steigend ».

[87] *Ibid.*, p. 220/ 225/ 226 : [« Höllenschlunde »], [EF, t. 1, p. 257]. On peut trouver dans ces passages des adjectifs et des substantifs relatifs à l'effroi, à la laideur, à la mort et au néant.

[88] *Ibid.*, p. 221 : « wie häßliche Unholde », [EF, t. 1, p. 258]/ p. 221 : « [sie] schienen ihm abscheuliche Untiere, die ihre häßlichen Polypen-Arme nach ihm ausstreckten », [EF, t. 1, p. 258].

Pour retrouver les images agréables qui s'étaient emparées de l'esprit d'Elis, le lecteur doit attendre le moment où ce dernier se décide à devenir un excellent mineur pour conquérir le cœur d'Ulla, la fille de l'homme qui l'emploie. En plein travail, l'ancien marin n'est pas éclairé par le rayonnement du soleil, mais par celui de sa torche, et les objets éclairés par la lampe semblent moins naturels que s'ils l'avaient été par la lumière du jour. La lumière artificielle rejoint celle du peintre. Dans l'art pictural, les éclairages sont, en effet, l'œuvre de l'artiste qui produit chez le spectateur une illusion d'optique renforcée par le lexique du regard et de la perception. Les vocabulaires minier et maritime se font encore largement écho : le cristal possède à la fois la transparence et la pureté de l'eau, il est dans le même temps métal et miroir, et construit *a priori* l'harmonie entre le monde marin et la mine, entre Elis et sa mère défunte, tant regrettée. En dehors de son amour pour Ulla, Elis descend dans la mine comme pour retourner dans le ventre maternel où le rêve se mêle à la réalité : sa mort ultérieure dans les profondeurs équivaudrait à une sorte de nouvelle naissance, synonyme d'éternité, puisque le personnage appartient *ad vitam eternam* au royaume de la mine. Son destin est donc scellé. Ainsi croise-t-il constamment la route d'esprits élémentaires qui l'appellent et veulent l'entraîner dans leur univers paradisiaque ; les « arbres de métal » et les pierres, telles « des fruits ou des fleurs[89] », resplendissent de mille feux. Elis perd à nouveau pied « dans les vagues d'une brume bleutée, à la fois transparente et scintillante[90] ». Ce voyage intérieur l'entraîne au bord de la « folie » [« wie im hellen Wahnsinn »], et la mine devient pour lui le lieu d'une rencontre spirituelle, quasi mystique, avec ses racines, ses rêves les plus profonds et son identité. Son amour terrestre envers Ulla est, lui, synonyme de reniement et de trahison envers la reine de la mine, être élémentaire et fantasmagorique, à qui Elis a promis fidélité et dont le royaume détient l'Almandine, une pierre merveilleuse porteuse de bonheur éternel. L'Almandine tant convoitée symbolise en quelque sorte l'union entre le microcosme et le macrocosme. En cherchant cette richesse, Elis pense trouver le secret d'un amour impérissable, mais se trompe sur sa nature : spirituel, il appartient à un autre monde. Ainsi, lorsqu'il descend dans les profondeurs pour trouver la pierre et l'offrir le jour de ses noces à Ulla, il périt de n'avoir pas respecté son pacte avec la reine et on retrouve son corps pétrifié de nombreuses années plus tard.

Dans « Les mines de Falun », le lecteur est donc, lui aussi, exposé à des images extraordinaires et effrayantes ; il est confronté à la fois à des sentiments de plénitude et à des sensations de malaise : la mine constitue un univers oxymorique fascinant et dangereux, merveilleux et sordide. Le récit ne plante donc pas distinctement de décor, mais plonge le lecteur dans l'incertitude. Ce dernier n'est en aucun cas rassuré, et sa tension intellectuelle et physique est constante, alors que, dans la nouvelle « Signor Formica » par exemple, les images pourraient

---

[89] *Ibid.*, p. 232 : « Metallbäume », « wie Früchte, Blüten und Blumen », [EF, t. 1, p. 268].
[90] *Ibid.*, p. 232 : « in den Wogen eines blauen durchsichtig funkelnden Nebels », [EF, t. 1, p. 268].

s'apparenter à la peinture romantique. Celle-ci attache beaucoup d'importance aux astres et, notamment, à l'astre lunaire que l'on retrouve, par exemple, au début de la nouvelle lorsque Salvator Rosa cherche asile et lève « un regard découragé vers les grandes croisées dont les glaces brillaient sous les rayons de la lune[91] ». Le personnage cherche ici le réconfort dans la contemplation de la nature, apparemment bienfaitrice.

La description picturale provoque, par conséquent, des images variées : « le langage peut tout ou ne peut rien » et « la réunion et l'association des mots font surgir des figures que de surcroît le discours colore et éclaire avec plus ou moins de force et de douceur[92] ». Ces réflexions dans le dialogue d'August Wilhelm Schlegel illustrent bien *a fortiori* ce dont le récit sérapiontique est capable. En effet, les mots, comme les pinceaux du peintre, forment des zones d'ombre et de lumière, ils inspirent l'artiste et transforment le discours en tableau.

D'un tableau réel à un tableau fictif : « Le point d'orgue »

Le récit s'ouvre sur « le tableau de Hummel, d'une facture si vivante et si gaie[93] ». Les adjectifs orientent déjà le lecteur sur la manière dont le narrateur aborde la description du tableau. Afin de rapprocher les temps du récit et du lecteur/ spectateur, il présente d'une part l'œuvre au présent de l'indicatif et utilise d'autre part un langage descriptif caractérisé par l'emploi des participes présents « erlustig*end* » [« divertissant »] et « gegenübersitz*end* » [« se faisant face »], qui confèrent une certaine lenteur à l'action, ainsi que par des indications temporelles et spatiales. Le lecteur mêlé à l'action fait partie à la fois du récit et du tableau : il est à l'extérieur, spectateur devant la toile, et à l'intérieur, acteur, dans le tableau. L'image mentale établie grâce aux repères spatio-temporels lui permet de se faire non seulement une idée précise de la composition du tableau, mais de voir aussi les personnages de Hummel et ceux d'Hoffmann, Theodor et Eduard, se mouvoir devant ses yeux, alors que l'écrivain actionne ses personnages comme des marionnettes.

Le début du récit pose les jalons nécessaires à la compréhension de l'ensemble, et ce sont les champs lexicaux qui sous-tendent la portée symbolique de la description picturale. Le narrateur annonce dès les premières lignes que le tableau éveille les sens et enivre le spectateur tout en le

---

[91] *Ibid.*, p. 925 : « Unmutig schaute er hinauf nach den großen Spiegelfenstern, die im Glanz der Mondesstrahlen funkelten und blitzten », [EF, t. 4, p. 28].
[92] August Wilhelm Schlegel : *Die Gemählde. Gespräch*, Dresde, Verlag der Kunst, Fundus 143, 1996, p. 18 : « Die Sprache vermag […] alles oder nichts », p. 19 : « aus der Verbindung oder Zusammenstellung der Worte gehn nicht nur Gestalten hervor : die Rede giebt ihnen auch ein Kolorit und kann stärker oder sanfter beleuchten », [August Wilhelm Schlegel : *Les Tableaux*, traduction d'Anne-Marie Lang et d'Elisabeth Peter, Paris, Édition Christian Bourgois, 1988, p. 43].
[93] *SB*, p. 71 : « Hummels heitres lebenskräftiges Bild », [EF, t. 1, p. 102].

distrayant. L'alcool et la sensualité des deux femmes forment deux champs lexicaux, celui du vin, de la bonne chère [« vin généreux », « fruits », « doux arôme », etc.] et celui de la beauté terrestre [« la belle silhouette », « joie de vivre », « magnifique », « heureuse »]. Les deux chanteuses et le vin suscitent chez le spectateur un sentiment de nostalgie et d'envie : Eduard aimerait, lui aussi, faire partie de la toile pour voir réellement les deux femmes et goûter « le doux arôme de ce vin généreux » qu'il « semble déjà humer ». Tenté, il propose à Theodor de « vider une bouteille de vin italien ». Tous les sens d'Eduard sont en éveil, même s'il paraît davantage sensible au goût, au toucher, à l'odorat et à la vue qu'à l'ouïe. En effet, il ne précise pas qu'il lui plairait d'entendre la musique ou qu'il a l'impression de la percevoir : il lui préfère le vin.

L'ivresse et la bonne chère symbolisent la vie, la fécondité et la richesse, mises en évidence par les adjectifs « üppig » [« luxuriant »] et « verwachsen » [« pleine de verdure »]. La description est ici un hymne à la vie terrestre, et plus particulièrement à Bacchus. Cette louange se justifie à condition de se pencher sur la suite du récit où Hoffmann intègre dans sa fiction les personnages peints par Hummel. Au premier plan sont assises celles qui deviendront Teresina (la guitariste) et Lauretta (la chanteuse), c'est-à-dire l'incarnation de l'*opera seria* pour l'une et de l'*opera buffa* pour l'autre. La première fera preuve de calme et de sérieux, la seconde d'une grande exubérance. C'est à ce moment que le lien entre les deux femmes allégoriques et Bacchus peut être fait. Lessing, dans son *Laocoon*, souligne les deux visages de la divinité :

> Si Bacchus [porte], comme je le crois, le surnom de *Biformis* [*Δìμοοφος*], précisément parce qu'il [peut] se montrer à la fois beau et effrayant, il [est] bien naturel que les artistes choisissent de préférence entre ces deux aspects celui qui correspond le mieux au but de leur art[94].

Dans son récit, Hoffmann représente les deux facettes de Bacchus à travers deux femmes aux charmes et aux personnalités bien différents. Le Dieu de la Grèce antique est le patron de deux grands festivals d'art dramatique correspondant à l'origine de la comédie et de la tragédie. Or, ce qui différencie l'*opera seria* de l'*opera buffa*, c'est justement le caractère tragique du premier, opposé au caractère comique du second. Hoffmann a donc dépassé la simple *ekphrasis* créatrice d'images chez le lecteur/spectateur, il a exploré le tableau de Hummel pour en faire une véritable

---

[94] Lessing : *Laokoon, oder über die Grenzen der Malerei und Poesie*, Stuttgart, Reclam, 1964 (1766), p. 75 : « wenn Bacchus, wie ich glaube eben darum der Beinamen *Biformis* hatte, weil er sich sowohl schön als schrecklich zeigen konnte, so war es wohl natürlich, daß der Künstler diejenige von seiner Gestalt am liebsten wählte, die der Bestimmung seiner Kunst am meisten entsprach », [Lessing : *Laocoon*, ou Des limites de la peinture et de la poésie, traduction de A. Courtin, Paris, Hermann, 1990, p. 93].

œuvre allégorique servant d'appui à la narration, tout en représentant le cheminement artistique d'un musicien. La toile symbolise l'amorce, l'objet et l'aboutissement de la narration. C'est par elle que le récit débute et s'achève. La musique se voit littéralement transposée en peinture et en écriture, et, de ce fait, le récit épouse la théorie linéaire et temporelle de l'art musical : le lecteur n'obtient les clefs de l'interprétation qu'à la fin, sa vision ne pouvant être d'emblée globale.

Écriture et musique

La musique n'est pas un art mimétique qui se contenterait d'imiter ou de seulement retranscrire des émotions. Cathartique, elle assainit l'âme. Cette purification n'est possible que si l'art provient directement du tréfonds de son auteur. Selon Novalis, le musicien « prend et puise de lui-même l'essence de son art » et ne peut être accusé de plagiat dans la mesure où son œuvre est nouvelle et intime[95]. L'artiste « entend ce qui vient de lui[96] » et, pour qu'un tiers puisse partager cette intimité et ce génie, il faut qu'il couche sur papier les sons qu'il ressent, ce qui revient à considérer la musique comme une forme d'écriture. Si Novalis affirme que l'art musical ne correspond pas à un langage visuel codé, la partition, elle, représente un ensemble de signes qu'il faut savoir décrypter. Hoffmann s'est confronté au problème de la fixation par écrit de la musique dans son conte fantastique « Le Chevalier Gluck[97] ». Selon Gluck, la partition entraînerait la mort de la musique, car elle devrait n'être jamais figée sur papier, mais seulement transmise d'âme en âme, d'une intériorité vers une autre, par l'intermédiaire de la perception auditive. Dans les *Frères de Saint-Sérapion*, la partition participe pleinement du processus de réception, même si l'improvisation reste possible. Lié au divin, le langage musical doit être perçu comme une religion de la nature. L'artiste transforme ainsi les sons naturels en mélodie.

Hoffmann ne vise pas dans ses *Frères de Saint-Sérapion* à créer une théorie de la musique. Il s'agit plus d'une application directe de ses effets ou d'une analyse de sa mise en pratique. De plus, il ne place pas la musique instrumentale au-dessus des autres : la musique existe en tant que telle, dans les registres aussi bien instrumental que vocal. Il en existe des dérivés relevant du domaine sonore, tels que la voix intérieure, les sons naturels ou la voix dans une situation dialogique.

---

[95] Novalis : *Fragments, Fragmente, op. cit.*, p. 74-75 : « Der Musiker nimmt das Wesen seiner Kunst aus sich – auch nicht der leiseste Verdacht von Nachahmung kann ihn treffen ».
[96] *Ibid.*, p. 76-77 : « hört heraus ».
[97] Ce récit fait partie des *Contes fantastiques à la manière de Jacques Callot*. Il parut le 15 février 1809 dans la *Allgemeine Musikalische Zeitung*.

Dans « Lettres de maîtrise de Jean Kreisler[98] », où Hoffmann dévoile sa conception musicale, la musique est inscrite dans l'âme humaine, elle se crée en elle :

> Notre empire n'est pas de ce monde, disent les musiciens, car où trouvons-nous dans la nature, comme le prototype de notre art, comme le peintre et le statuaire ? Le son habite partout ; les accords, les mélodies qui parlent le langage sublime du monde [des esprits] ne reposent que dans l'âme de l'homme[99].

Cette lettre, éducative, se fonde sur trois points : la musique comme art supérieur aux autres formes artistiques, puis comme art prenant naissance dans l'âme humaine et, enfin, comme art divin. Dans *Les Frères de Saint-Sérapion*, ce sont les deux derniers points qui sont privilégiés, Hoffmann n'attribuant pas plus d'importance à la musique qu'il n'en donne à la peinture.

En tant qu'art divin, la musique ne repose pas, selon lui, sur une relation entre art et religion. L'adjectif « divin » doit être compris dans un sens néoplatonicien, c'est-à-dire comme une pensée souhaitant résoudre les problèmes dans la relation entre l'Un et le multiple (entre l'œuvre d'« art total » sérapiontique et les différentes formes esthétiques, par exemple). L'Un incarne le domaine de l'intelligible qui transcende le multiple, la nature. En effet, l'écrivain souligne non pas la présence divine, mais la relation entre le musicien et la nature, fondée sur le principe de « connaissance ». Dans les « Lettres de maîtrise » qui apparaissent dans les *Contes fantastiques*, la relation entre musique et nature est privilégiée à plusieurs reprises. L'harmonie, voire la connivence entre le musicien Kreisler, double hoffmannien, et le macrocosme est le berceau de toute inspiration et de toute spiritualité. Le musicien se voit ainsi uni à la nature par un lien vital, c'est elle qui le nourrit en sollicitant les sens de la vue et de l'ouïe. La perception visuelle de l'artiste symbolise une « ouïe intérieure[100] » et la perception auditive « une vision qui surgit [aussi] de l'intérieur[101] ». Hoffmann perçoit la musique comme la langue inarticulée du cœur. Concrète, elle appelle par ailleurs images et sensations. Par conséquent, elle concilie donc l'un (la connaissance) et le multiple (ses diverses manifestations au sein de la nature sous la forme métaphorique du feu, de l'air et de l'eau).

---

[98] E.T.A. Hoffmann : *Les Contes fantastiques*, tome 3, traduction de Loève-Veimars, Paris, Garnier-Flammarion, 1982, p. 465-473.

[99] E.T.A. Hoffmann : *Fantasie- und Nachtstücke*, Stuttgart, Hambourg, Deutscher Bücherbund, 1964, p. 325 : « Unser Reich ist nicht von dieser Welt, sagen die Musiker, denn wo finden wir in der Natur, so wie der Maler und der Plastiker, den Prototypus unserer Kunst ? – Der Ton wohnt überall, aber die Töne, das heißt die Melodien, welche die höhere Sprache des Geisterreichs reden, ruhen nur in der Brust des Menschen », [EF, p. 471]. Nous avons préféré rendre « Geisterreich » par « monde des esprits », plutôt que par « monde intellectuel », comme le proposait la traduction française.

[100] *Ibid.*, p. 326 : « Sehen [… ist] ein Hören von Innen », [EF, p. 471].

[101] *Ibid.*, p. 326 : « Hören [… ist] ein Sehen von Innen », [EF, p. 471].

De plus, Hoffmann essaie d'intégrer la voix et l'instrument à sa narration en décrivant les sentiments qu'ils véhiculent et dans lesquels le musicien puise son inspiration. Par ce biais, il vise à rendre concrètes la perception auditive et les sensations de l'artiste pendant son jeu. Dans *Les Frères de Saint-Sérapion*, ce qui importe, c'est plutôt la façon dont le narrateur parvient à faire accéder le lecteur à la juste vision et à la juste écoute. La perception artistique ou « principe sérapiontique » laisse tous les arts se côtoyer. Si, dans les *Contes fantastiques*, les notes devenaient vivantes et s'animaient, elles sont désormais intégrées aux partitions. Il n'y a donc plus de personnification de la musique. Ce sont le discours, l'attitude des personnages et l'atmosphère qui aspirent à devenir musique et à favoriser un enchevêtrement propice aux correspondances artistiques. Hoffmann apparaît alors sous les traits à la fois du peintre, du musicien et de l'écrivain, et non sous ceux du dilettante ou de l'artiste fou comme Kreisler ou Gluck dans les *Contes fantastiques*. Écrivain, il montre l'interaction entre musique et écriture. Le lecteur savoure pour ainsi dire la musique, liée concrètement à un univers invisible et intégrée à la narration, même s'il ne l'entend pas. Les mondes extérieur et intérieur sont en contact perpétuel, le premier venant ébranler le second, l'effrayer ou l'inspirer, l'habiter et le plonger dans une rêverie productive. Ainsi l'artiste est-il sous l'emprise de multiples influences extérieures (musique mécanique, sons de la nature, bruits de la ville, musique instrumentale ou vocale entendue et ressentie), même si l'art musical est avant tout revendiqué par les premiers romantiques et par Hoffmann lui-même comme l'art de l'intériorité et de l'imaginaire. Le langage musical sérapiontique, harmonieux et sensuel, dévoile l'individualité artistique de la musique : la rendre concrète revient à tenter d'affirmer sa personnalité, à revendiquer le droit et le besoin d'exister en tant qu'artiste contre les pressions sociales.

En utilisant la musique et son langage dans sa propre écriture, Hoffmann confirme que la musique « [se trouve] là où tarit le pauvre discours, [qu'] elle donne libre cours à une inépuisable source de moyens d'expression[102] ». *Les Frères de Saint-Sérapion* concrétisent l'idée de synesthésie ou « d'alliance mystique » non seulement entre la nature et les arts, mais aussi entre les arts eux-mêmes et les artistes. Les expériences et connaissances d'E.T.A. Hoffmann dans le domaine musical ont façonné plusieurs aspects de son écriture littéraire aussi bien au niveau de la thématique et du contenu qu'au niveau de la forme (procédés narratifs), sa conception de la musique alimentant en profondeur sa pensée poétique. Il s'agit désormais d'analyser jusqu'à quel point et de quelle manière l'idéal musical de l'écrivain se voit transposé en écriture.

---

[102] *SB*, p. 115-116 : « [befindet sich] da, wo die arme Rede versiegt, erst eine unerschöpfliche Quelle der Ausdrucksmittel öffnet », [EF, t. 1, p. 147] : « Le Poète et le Compositeur ».

Écriture musicale : aspects stylistiques et théoriques

Écriture polyphonique

L'aspect polyphonique est d'emblée marqué chez Hoffmann par la présence de plusieurs narrateurs. Le premier tome est composé de deux veillées, contenant chacune quatre récits. La première veillée s'ouvre sur la rencontre entre les quatre amis : Theodor, Lothar, Cyprian et Ottmar. Dans ce prologue ou cette *ouverture* d'une dizaine de pages, les personnages se présentent sous une forme dialoguée : Lothar intervient sur la question du temps destructeur, Theodor prend ensuite la parole pour présenter Ottmar et Cyprian. Il constate que les années de séparation leur ont fait oublier qui ils étaient.

Après cette introduction, Cyprian relate le premier récit où le personnage principal devient l'emblème des quatre conteurs : « L'ermite Sérapion ». Theodor raconte ensuite le récit du « Conseiller Krespel », puis les trois suivants, en relation avec l'art musical. La première veillée s'achève par « Le point d'orgue » et l'entretien « Le Poète et le Compositeur ». Elle n'est pas nécessairement polyphonique puisque l'on a principalement affaire au même narrateur : elle serait plutôt construite sur le modèle d'une fugue, « forme complexe en trois parties qui vise à l'équilibre par la présentation d'un sujet [la folie, sous les traits de l'ermite Sérapion et de Krespel], puis d'un contre-sujet [le passage progressif de la folie à la voix de la raison par l'intermédiaire du "Point d'orgue", qui est davantage en relation avec un univers réaliste, pour enfin aboutir à un dialogue théorique sur la musique entre un poète et un compositeur], pour un maximum de quatre voix [quatre récits], la fugue est une occasion d'utiliser l'harmonie et de broder autour d'un thème précis [la folie][103] ».

Les histoires sont séparées les unes des autres par des transitions qui constituent des commentaires et des réactions suscitées par le contenu du récit narré et annoncent très souvent le suivant.

Les deux premiers récits s'achèvent sur la mort d'Antonie, fille du conseiller Krespel, et mettent en lumière des attitudes plus ou moins atypiques : Lothar reproche à Theodor d'avoir laissé transparaître une folie humaine terrifiante et l'inquiétude suscitées par les rapports mystérieux entre l'homme et la nature. De plus, le narrateur aurait tant mis de sa personne dans le récit que cette authenticité accentuerait le malaise des personnes présentes. Malgré cela, Theodor apparaît « étrange » et « inquiétant », au sens freudien du terme : le thème de la musique, tel qu'il est abordé dans le « Conseiller Krespel », provoque en lui « un état proche du somnambulisme » ; il est

---

[103] Anne-Marie Corbin : *Petite histoire de la musique allemande et autrichienne*, Paris, Ellipses, 2005, p. 239. Nous avons ajouté les éléments entre crochets.

« aussitôt habité par les visions les plus étranges[104] ». Il n'est ensuite plus question de folie, mais toujours de musique.

Entre le troisième récit, « Le point d'orgue », et le quatrième, « Le Poète et le Compositeur », une problématique nouvelle est énoncée : un compositeur d'opéra peut-il n'être que musicien, doit-il confier la tâche du librettiste à un poète ou l'accomplir lui-même ? Selon Lothar, les compositeurs devraient produire à la fois le texte et la musique ; d'après Theodor en revanche, « il est impossible qu'un individu crée à lui seul une œuvre dont le texte et la musique soient également parfaits[105] ».

À cette polémique succède le dialogue fictionnel mettant en relief l'alliance nécessaire entre art et science[106] et l'amitié indestructible de Ferdinand et de Ludwig qui se déclarent, en trinquant, « éternellement liés dans la vie et dans la mort pour [atteindre] une existence supérieure[107] ». Contre toute apparence, la première veillée marque le caractère polyphonique, car même si Theodor est l'un des seuls narrateurs, la veillée s'achève en musique instrumentale et vocale avec l'ensemble des personnages. La polyphonie ne s'applique pas ici à la structure narrative : concrètement, Theodor, le compositeur, accompagne ses amis au piano après leur avoir donné ses instructions. Cyprian est le premier ténor, Ottmar chante la première basse et Lothar la seconde. Le chant en vers réunit deux des champs lexicaux qui traversent le recueil : le thème de l'amour pour l'art ou une muse est lié aux champs lexicaux de l'air et du feu.

Dans la deuxième veillée, la « polyphonie » s'applique davantage à la narration : quatre voix narratives se font entendre en alternance. Les histoires ne sont plus centrées sur la folie, mais sur le thème de l'esthétique, qui aboutit à un questionnement sur l'identité. En effet, les habitants du pays merveilleux du Casse-Noisette se demandent « quelle est la nature de l'homme et à quoi il est destiné[108] ? ». Ils s'interrogent sur le devenir de l'être humain désormais dépourvu de fantaisie et de curiosité. Marie, elle, constitue une exception. Elle sait franchir la frontière du philistinisme et atteindre des sphères supérieures, être « soulevée par des vagues et [...] monter ainsi de plus en plus haut, de plus en plus haut, [de plus en plus haut][109] ». La deuxième veillée, composée de quatre récits, contient un *crescendo* dans le traitement des différents sujets : la réalité fragmentaire fait place à l'art pictural qui, à son tour, s'efface au profit de l'univers merveilleusement effrayant de Falun, puis la veillée se clôt sur un éloge de l'enfance.

---

[104] *SB*, p. 65 : « in einem somnambulen Zustand [...] die seltsamen Erscheinungen », [EF, t. 1, p. 95].

[105] *Ibid.*, p. 94 : « Es ist unmöglich, daß irgend einer allein ein Werk schaffe gleich vortrefflich in Wort und Ton », [EF, t. 1, p. 125].

[106] Le terme de science peut être ici compris comme le caractère rigoureux propre aux règles musicales, la volonté d'allier imagination et création tout en ayant conscience des lois strictes qui régissent l'art.

[107] *SB*, p. 118 : « Ewig verbunden zum höheren Sein im Leben und Tode ! », [EF, t. 1, p. 150].

[108] *Ibid.*, p. 298 : « Was ist der Mensch und was kann aus ihm werden ? », [EF, t. 1, p. 336].

[109] *Ibid.*, p. 301 : « nun hob sich Marie [...] immer höher und höher – höher und höher – höher und höher », [EF, t. 1, p. 338]. Le passage entre crochets a été ajouté par nos soins.

La deuxième veillée s'ouvre sur le récit « Fragment de la vie de trois amis », conté par Ottmar, et auquel les autres frères sérapiontiques reprochent de manquer de « fantastique ». Comme son nom l'indique, il est question d'un fragment de trois vies qui se superposent. L'histoire se déroule sur deux ans environ et constitue une sorte de gros plan momentané sur trois individus dont on n'apprendra que certaines bribes d'existence. Lors de leurs premières retrouvailles, Marzell et Alexander racontent leur passé respectif, Severin les écoute et commente leurs expériences : l'un a fait la connaissance d'un schizophrène faussement magnétiseur, l'autre celle du fantôme de sa tante défunte. Le tout s'achève par la rencontre d'une demoiselle qui attire leur attention. Deux ans plus tard, ils avouent que cette jeune femme a hanté leur quotidien, et il s'avère qu'ils ont tous les trois tenté de la conquérir. Seul Alexander y sera parvenu et l'aura épousée.

Cyprian relate ensuite l'histoire de « La Cour d'Artus », puis Theodor offre une alternative au thème de l'amour avec « Les mines de Falun », où il est symboliquement question du retour du personnage à ses origines. Entre ce récit et « Casse-Noisette », le dernier évoqué par Lothar, le genre du « conte pour enfants » est annoncé puis redéfini : tous les frères de Saint-Sérapion ne sont pas d'accord pour classer « Casse-Noisette » dans ce genre littéraire. Ce récit met certes en valeur une histoire d'amour enveloppée de merveilleux, mais il marque, avant tout, le passage de l'enfance à l'âge adulte, donc un changement profond dans l'identité (sexuelle) du personnage principal. La veillée, comme le tome dans son ensemble, s'achève autour d'un bon verre : les amis trinquent à leur amitié.

La polyphonie narrative et thématique est constante dans les six autres veillées. Cyprian ouvre la troisième par « La guerre des Maîtres Chanteurs », éloge de la musique vocale et mise en garde contre son caractère trop travaillé, puis décrit dans « Une histoire de fantôme » la folie humaine face aux phénomènes paranormaux. Theodor prend ensuite la parole avec « Les automates » et raconte la confrontation de Ferdinand et de Ludwig avec l'art artificiel. L'automate principal est un « Turc parlant » qui saurait lire dans les pensées d'autrui. Le récit suivant, « Doge et dogaresse », conté par Ottmar, souligne également un destin amoureux malheureux, puisque les deux amants meurent noyés, événement tragique par lequel s'achève la troisième veillée. La quatrième débute par un dialogue à plusieurs voix, « Ancienne et nouvelle musique d'église », interrompu très abruptement pour céder la place à « Maître Martin le tonnelier et ses compagnons », dont la thématique est sensiblement différente et beaucoup moins théorique. Sylvester narre le destin de trois hommes, tous devenus tonneliers pour s'attirer uniquement les grâces de Rosa, la fille de leur maître. Friedrich est à l'origine chanteur, orfèvre et fondeur, Reinhold musicien et peintre, tandis que Conrad n'a pas, pour sa part, de formation artistique déterminée. Maître Martin chasse successivement les trois imposteurs après avoir découvert leur secret. Reinhold acceptera de ne pas vouloir épouser la jeune femme : en tant que peintre, il souhaite en garder une image idéalisée. C'est Friedrich qui saura conquérir le cœur de la belle Rosa et se faire accepter par le père.

Enfin, « L'enfant étranger », raconté par Lothar, clôt la quatrième veillée. L'univers merveilleux de l'enfance et la réalité philistine s'y affrontent. Felix et Christlieb von Brakel, ancrés dans le premier monde, aiment courir dans la forêt, être en harmonie avec la nature et jouer avec leur ami qui apparaît comme un être féerique. Les jouets artificiels et les automates que leurs petits cousins, sortis prématurément de l'enfance, leur offrent ne peuvent donc les contenter. Maître Encre, le précepteur envoyé par leur oncle pour leur apprendre les sciences et les bonnes manières, est inhumain, profondément ennuyeux et d'une grande sévérité. Il prend rapidement les traits d'un être maléfique, Pepser, le roi des gnomes. Cet individu sans scrupules et dépourvu d'imagination établit une sorte de lien entre le merveilleux et la réalité. Il est finalement chassé par le père des enfants. Peu de temps après, ce dernier tombe malade. Condamné, il avoue à ses enfants que jadis, il a, lui aussi, joué avec l'enfant étranger. À sa mort, la mère et les enfants doivent renoncer à tous leurs biens. Pauvres, ils garderont cependant leur âme d'enfant et l'image de leur compagnon de jeu.

La cinquième veillée, elle, ne commence pas par un conte. Il est d'abord question d'un « homme connu », le diable, voulant observer le travail terrestre de ses acolytes et des hommes. C'est Lothar qui lit ce récit ainsi que le suivant, « Le choix d'une fiancée », qui expose le dilemme d'un homme, Edmund, contraint de choisir entre le fait d'exercer son art dans un lieu propice tel que Rome et celui d'épouser Albertine qu'il est parvenu à conquérir grâce aux stratagèmes d'un complice. L'homme se donne finalement à l'art pictural pour accéder à une existence supérieure. Dans un autre registre, Ottmar présente le thème du magnétisme et de la manipulation psychique dans « Le sinistre visiteur ».

Dans la sixième veillée, on quitte le domaine du magnétisme. Sylvester, Theodor et Cyprian lisent successivement « Mademoiselle de Scudéry », « Le bonheur au jeu » et « Le baron de B. ». Le premier récit raconte la vie d'un orfèvre maniaco-dépressif et meurtrier en série qui tue ses victimes pour récupérer les commandes qu'elles ont passées auprès de lui. Le deuxième est celui d'un individu passionné de jeu qui gâche sa vie par péché de convoitise et d'avarice, et le dernier présente un jeune virtuose décidant de rendre visite à un violoniste de renom pour améliorer son art. Le baron, artiste très cultivé, fait preuve d'une extrême exigence. Il déclare être le seul vrai violoniste à exister encore. Après leur première rencontre, le jeune homme est invité à revenir. L'enseignement théorique et les conseils du vieux maître le font progresser. En revanche, le baron ne tire aucun son mélodieux de son violon et le fait grincer horriblement, ce qui embarrasse et amuse l'élève. De plus, il paie ce dernier et la somme doit augmenter en fonction de ses progrès. Le baron, incapable de jouer, contribue néanmoins à enrichir la flamme intérieure du néophyte, même s'il passe pour un dément incurable.

Enfin, les deux dernières veillées contiennent sept récits. Le premier, lu par Ottmar, relate la vie du peintre Salvator Rosa de manière anecdotique et fictionnelle, mettant en valeur le génie multiple de l'artiste et son âme de mentor. Le deuxième, « Zacharias Werner », et l'avant-dernier, « Le thé esthétique », prennent l'apparence d'une conversation sur le travail de l'artiste, sa personnalité, ses motivations et la réception de ses œuvres au sein de la société. Cyprian, lui, lit deux histoires : « Apparitions » et « Vampirisme », traitant toutes deux de folie et d'actes inquiétants. Vinzenz, pour sa part, narre le dernier récit, « Fiancée de roi », dont les traits grotesques à la fois propres au comique de situation, à une déformation étrange du réel et à un mélange de rire et d'effroi caractérisent le romantisme de l'époque.

Sylvester, enfin, à travers « L'enchaînement des choses », premier récit de la dernière veillée, met en scène deux personnages : Euchar et Ludwig. Selon Ludwig, le destin est tout tracé et mécanique : il n'existe aucun hasard dans l'existence. Un beau jour, ils font la connaissance d'une jeune danseuse espagnole du nom d'Emanuela, au charme de laquelle Ludwig semble succomber, tandis que s'éloigne en lui l'image de Viktorine, sa fiancée. En société, Euchar est, lui, conteur ; il relate l'expérience militaire, marquée par de sanglantes batailles, d'un de ses amis qu'il nomme Edgar, mais qui n'est autre que lui-même, tandis que Ludwig accumule les quiproquos avec Viktorine. Deux ans plus tard, Ludwig et Euchar se retrouvent. Somme toute, et ceci paraît inscrit dans sa destinée, Ludwig est l'époux de Viktorine, jadis secrètement amoureuse d'Euchar, et mène une vie bien rangée. Quant à Euchar, il a épousé Emanuela. Ludwig accepte cette union avec amertume, mais avoue ne rien y pouvoir puisque tout se déroule selon « l'ordre des choses ».

Cette présentation synthétique des divers narrateurs sérapiontiques et de leurs récits vise ainsi à montrer que l'œuvre sollicite des thématiques variées, tout en formant une unité relativement rigoureuse : quatre tomes, composés chacun de deux veillées comprenant six à huit récits. Vue sous un angle narratif, elle apparaît profondément originale et constitue un cycle non clos sur lui-même, puisque la fin reste ouverte. Tous les récits sont reliés les uns aux autres par des entretiens à valeur de transitions qui participent de l'architecture d'ensemble : à la linéarité temporelle s'ajoute la forme spiralaire, car chaque narrateur sérapiontique introduit l'histoire qu'il va conter, histoire qui sera rediscutée *a posteriori* sous un jour analytique ou, parfois, théorique.

Les entretiens contribuent à faire de l'œuvre un espace dialogique. La microsociété ainsi créée rejoint l'idéal schlegelien contenu dans le célèbre fragment 116 de l'*Athenäum* qui revendique la volonté et le devoir de la poésie romantique de « rendre la poésie vivante et [d'] en faire un lien social » : « elle seule peut [...] devenir un miroir de tout le monde environnant, une image de l'époque[110] ». La polyphonie narrative hoffmannienne remplit donc une fonction de socialisation ; en ce sens, elle s'intègre parfaitement dans l'exigence des premiers romantiques et permet la multiplication et la diversité des points de vue. Outre cette polyphonie, l'écriture hoffmannienne a aussi recours, dans un sens métaphorique, au contrepoint, dans la mesure où elle fait intervenir des variations thématiques. Sur un même thème, plusieurs points de vue sont évoqués et discutés, ce qui permet à la lecture d'acquérir une dimension psychique et de faire pénétrer le lecteur dans la sphère poétique.

Écriture contrapuntique

Dans *Les Frères de Saint-Sérapion*, l'art (en général), la folie (au sens large), la philosophie de la nature, l'enfance et l'amour constituent les cinq thèmes majeurs auxquels correspondent plusieurs variations.

Le mélange des sphères artistiques et des thématiques vise l'harmonie originelle qui passe par une réflexion purement théorique (« Le Poète et le Compositeur », « Ancienne et nouvelle musique d'église »), par un questionnement sur l'origine et l'identité (« Les mines de Falun », « La guerre des Maîtres Chanteurs », « Casse-Noisette »), par une prise de conscience – ou non – de sa véritable vocation artistique (« Maître Martin », « La guerre des Maîtres Chanteurs »). Orchestrés par « le principe spirituel », les secrets les plus intimes aspirent à être découverts, comme ceux de la terre dans « Les mines de Falun » ou de la musique dans « Le Conseiller Krespel » et « Les automates ».

Hoffmann organise *Les Frères de Saint-Sérapion* comme une partition musicale construite selon la technique de la polyphonie (plusieurs voix narratives) et du contrepoint (variations sur un même thème). L'écrivain ne se contente toutefois pas de la ligne horizontale et non harmonique du contrepoint : il utilise l'accord, ce qui le rend novateur. Le thème de l'art se décline, par exemple, en plusieurs variations telles que l'architecture (« Le conseiller Krespel »), la peinture (« La Cour d'Artus »), la danse (« L'enchaînement des choses »), la musique (« Le Baron de B. ») ou le théâtre (« Signor Formica »). En matière d'accord, au sein de ce même thème, la musique se combine avec l'architecture (« Le Conseiller Krespel »), la danse avec la musique (« L'enchaînement des choses »), la musique avec la peinture (« Le point d'orgue »), etc. Enfin, les différents thèmes sont suceptibles de s'accorder entre eux : l'art et la folie, l'art et le monde suprasensible, l'art et l'enfance ou encore l'art et l'amour.

---

[110] Friedrich Schlegel : *Kritische Schriften und Fragmente*, t. 2, *op. cit.*, p. 114 : « die Poesie lebendig und gesellig, und das Leben und die Gesellschaft poetisch machen […] Nur sie kann gleich dem Epos ein Spiegel der ganzen umgebenden Welt, ein Bild des Zeitalters werden », [EF, p. 148], [Fragment 116].

Ces liens, ces différentes possibilités d'associations et de passerelles font des *Frères de Saint-Sérapion* une œuvre à multiples facettes que l'écrivain structure comme un musicien. Par le biais de ses associations et de ses variations thématiques, Hoffmann unit les arts entre eux et plonge son lecteur dans une sorte de rêverie poétique où « les images se composent et s'ordonnent. Déjà le rêveur entend les sons de la parole écrite[111] ». La musique y apparaît, selon le mot de Bachelard, comme une « matière vibrante[112] ». Mêlée au souffle poétique, elle ouvre la porte vers l'univers de « la conscience imaginante[113] » et devient à proprement parler une écriture sonore, aspect que nous retrouvons, par exemple, dans « Le Conseiller Krespel ».

Écriture sonore

« Le Conseiller Krespel » possède une architecture comparable à celle d'une composition musicale eu égard à l'enchâssement des récits, des perspectives narratives et de l'alternance entre les modes et les temps comme les subjonctifs I et II et le prétérit. L'histoire s'apparente à une partition où cohabitent différents registres narratifs et changements internes de focalisation : le lecteur se voit confronté à diverses prises de position ou à divers modes de distanciation. En effet, soit le conteur donne son avis, soit il s'efface et laisse Krespel donner son point de vue ou bien encore le narrateur Krespel s'efface à son tour pour citer le personnage Krespel. Le narrateur objectif s'exprime au prétérit, comme c'est le cas par exemple dans les contes, mais la prise de distance du conteur y est plus rare. Le personnage, en l'occurrence Krespel, doit ainsi pleinement assumer ses actes. En mêlant le subjonctif I, marqueur du discours indirect, et le subjonctif II, qui ne fait que souligner une distanciation, le narrateur invite le lecteur à prendre conscience de la manière dont Krespel a subi les événements[114]. Lorsque ses paroles ne sont pas rapportées, Krespel s'exprime même par l'intermédiaire du narrateur principal, Theodor, comme un ventriloque pourrait le faire avec sa marionnette. Grâce au jeu des différents registres et des voix, l'écriture fonctionne comme un agencement architectural. Cette caractéristique s'applique également à la structure interne et aux champs lexicaux du « Point d'orgue ».

Ce récit est construit sous la forme d'une vaste mise en abyme rappelant les formes de la fugue, de la polyphonie et du contrepoint. La toile de maître de Hummel est décrite et mise ensuite au service de la narration, avant que les personnages peints ne se métamorphosent en personnages

---

[111] Gaston Bachelard : *La Poétique de la rêverie*, Paris, PUF, 1971, p. 5.

[112] Gaston Bachelard : *L'air et les songes. Essais sur l'imagination du mouvement*, Paris, Librairie José Corti, 1942. p. 62.

[113] Gaston Bachelard : *La Poétique de la rêverie*, op. cit., p. 5.

[114] Voir à ce sujet l'excellent article de Jean Giraud : « Éléments musicaux dans l'œuvre littéraire d'E.T.A. Hoffmann », in : *E.T.A. Hoffmann et la musique*, éd. par Alain Montandon, Berne, Peter Lang, 1987, p. 208-238.

de fiction et ne viennent perturber l'existence du héros Theodor, lui-même narrateur du récit. Theodor extrait les figures de la toile, il les anime, raconte la manière dont elles sont venues troubler son âme d'artiste. Enfin, il les réintègre à la toile en acceptant, lui aussi, d'être figé *ad vitam eternam* par le pinceau de Hummel. Ce récit est le seul dont le titre ne renvoie pas à un genre ou à un courant musical, mais directement à l'écriture musicale :

> C'est un signe qui, en musique, exige que l'on tienne assez longtemps une note ou que l'on fasse une pause. Surtout dans les *arias*, le point d'orgue situé au-dessus d'une note, peu de temps avant que le morceau ne s'achève, annonce que le chanteur doit effectuer à ce moment précis une trille ou des accords d'une grande virtuosité [...]. Dans une composition, « Le point d'orgue » a aussi le sens de pause ou de note finale[115].

Selon Hoffmann, lorsque le point d'orgue est bien mené, il peut « éveiller dans l'âme de l'auditeur l'attente de l'inconnu, du mystère[116] », renforçant ainsi l'intensité du chant et annonçant un point culminant. Dans *Les Frères de Saint-Sérapion,* tous les éléments de la définition du point d'orgue sont respectés, à la différence près qu'il ne s'agit pas d'une partition, mais d'un choix narratif et qu'il faut donc lire l'analyse sous un angle métaphorique. La présence du point d'orgue correspond au point culminant de la narration, il intervient à un moment stratégique et clôt pour ainsi dire le récit. Il s'étend sur deux pages environ et fait le lien entre le passé du personnage de Theodor et l'*ekphrasis* initiale. Theodor soutient à Eduard, son interlocuteur, que le cavalier représenté par Hummel n'est autre que lui-même et que les deux femmes, accompagnées d'un homme d'église chef d'orchestre, sont Teresina et Lauretta. Autrefois, elles avaient été la source d'inspiration musicale de Theodor et lui avaient permis de trouver la voie artistique qui lui convenait le mieux. Ce que l'on voit sur ce tableau dont l'existence est réelle retracerait donc, selon le narrateur, un événement auquel il aurait véritablement assisté.

Ce point d'orgue narratif n'est pas un récit au discours rapporté, il se présente dès le début comme un récit au discours direct (guillemets), analeptique (indications de temps telles que « kurz vorher » et « als ») et descriptif (indication de lieu fréquente : « vor ») qui se caractérise par la

---

[115] *SB*, p. 1293-1294 : « Musikalisches Zeichen, das längeres Anhalten einer Note oder Pause fordert ; besonders bei Arien zeigt die Fermate über einer Note kurz vor dem Schluß an, daß an dieser Stelle effektvolle Triller oder Akkorde gesungen werden sollen [...]. "Fermate" bedeutet aber auch Ruhepunkt und Schlußnote einer musikalischen Komposition ».
[116] E.T.A. Hoffmann : *Schriften zur Musik*, Aufsätze und Rezensionen, Munich, Winckler, s.d., p. 37 : « [...] in eine Fermate auf der Dominante ausgehend, des Zuhöhers Gemüte das Unbekannte, Geheimnisvolle ahnen lassen », [E.T.A. Hoffmann : *Écrits sur la musique*, traduction de Brigitte Hebert et d'Alain Montandon, introduction d'Alain Montandon, Lausanne, L'âge d'homme, 1985, p. 41].

récurrence du champ lexical de la musique et du registre sonore, comme le soulignent les verbes[117], les substantifs[118] et la répétition de l'expression « auf und ab », qui mettent en évidence la ligne mélodique et la modulation. La *prima donna* travaille à une trille. Le rythme de départ s'accélère rapidement pour rendre compte de ce point d'orgue à la fois « brillant et compliqué » et forme un « tourbillon de notes qui mont[ent] et descend[ent], mont[ent] et descend[ent][119] ». À cette musique succède le rythme rapide de la dispute suite à l'interruption du point d'orgue : la querelle « s'anime », se fait « de plus en plus violente[120] ». Dans son récit, Theodor, témoin fictif de l'événement, fait revivre la scène qu'il dit avoir vécue et recrée la situation de parole en ayant recours à la forme dialoguée. Il anime les personnages du tableau de Hummel utilisé pour introduire « Le point d'orgue » et se les approprie. Le lecteur, s'il connaît la toile, perçoit les figures réellement peintes et peut s'imaginer la dispute qu'elles engendrent. En effet, l'homme d'église et chef d'orchestre, auquel Theodor donne un nom (abbé Ludoviko), s'emporte contre la femme supposée être Lauretta. L'énumération de l'abbé accentue encore la rapidité du rythme phrastique, d'autant plus que les mots sont séparés de tirets qui renforcent l'effet d'accumulation : « dieser Wütenden – [...] diesem Krokodill – diesem Tiger – dieser Hyäne – diesem Teufel von Mädchen[121] ». Ensuite, le rythme se ralentit et laisse place aux retrouvailles entre Theodor et les deux *prime donne*. Le point d'orgue de Lauretta s'achève par la phrase suivante :

> Et tu vois d'autre part que le groupe auquel je venais de me joindre était justement celui que [peignait] Hummel, fixant la scène au moment où l'abbé était sur le point d'interrompre le point d'orgue de Lauretta[122].

Le récit fonctionne ainsi comme un authentique point d'orgue : fait de péripéties et de points culminants, il représente véritablement un « tourbillon ». Construit comme une partition musicale, il est composé de quatre mouvements qui correspondent à trois plans de réalité : la réalité objective (réalité historique avec l'*ekphrasis* et son interprétation comme point de départ), la réalité fictionnelle (celle des personnages Theodor et Eduard) et la superposition de ces deux réalités. Dans la première réalité, le tableau acquiert une réalité historique grâce au repère chronologique et à la

---

[117] *SB*, p. 88-90 : « schallen », « horchen », « lauschen », « ertönen », « wirbeln », « brausen », « komponieren », « sprechen », « schreien », « toben », [EF, t. 1, p. 119-120]
[118] *Ibid.*, p. 88-90 : « Gesang », « Chitarratöne », « Ton », « Canzonetta », « Fermate », « Takt », « Trillo », « Compositore », « Sängerin » et « Oper », [EF, t. 1, p. 119-120].
[119] *Ibid.*, p. 88 : « bunt », « kraus », [EF, t. 1, p. 119]/ p. 88 : « Das wirbelte auf und ab auf und ab », [EF, t. 1, p. 119].
[120] *Ibid.*, p. 88 : « Immer toller und toller braust der Zank », [EF, t. 1, p. 119].
[121] *Ibid.*, p. 89, [EF, t. 1, p. 119] : « cette furie, ce crocodile, ce tigre, cette hyène, cette diablesse de fille ».
[122] *Ibid.*, p. 90 : « Übrigens siehst du, daß die Gesellschaft zu der ich trat, eben diejenige ist, welche Hummel malte und zwar in dem Moment, als der Abbate eben im Begriff ist Lauretta's Fermate hineinzuschlagen », [EF, t. 1, p. 120].

présence du peintre Hummel. Daté, il possède une existence réelle, appartenant au patrimoine artistique. Le narrateur choisit de décrire la toile en employant le présent de l'indicatif comme pour insister sur le fait qu'elle n'appartient pas seulement à la narration, mais qu'elle est probablement connue du lecteur. De plus, le présent la fige dans le temps, ce qui contrebalance le repère chronologique du départ. Dans la deuxième réalité, le temps du récit de fiction est le prétérit et le temps du dialogue le présent. Il est intéressant d'observer que le récit (hors dialogue) est écrit à la troisième personne et non à la première, bien que le Theodor du récit-cadre soit le même que le Theodor du « Point d'orgue ». On constate une prise de distance de la part du narrateur initial, une sorte de dédoublement volontaire permettant à Theodor de souligner qu'il est le conteur « réel », si l'on considère les veillées sérapiontiques comme une réalité relative, capable de se mettre en scène et de se distancier de son propre personnage. Enfin, la superposition des deux réalités s'effectue à plusieurs niveaux : le passé de Theodor, présenté sous forme d'analepse, est narré au prétérit. Le narrateur et frère Sérapion Theodor fait parler le Theodor du récit interne. Il s'agit ici d'une mise en abyme tronquée étant donné que les deux Theodor sont une seule et même personne. Le récit au prétérit est entrecoupé de passages au présent en cas de dialogue ou lorsque Theodor s'adresse directement à Eduard. Dans ce deuxième cas, le changement au présent est annoncé par un tiret et marque une pause dans le récit. Le passage est ainsi encadré et mis en relief. Il ne s'agit plus du présent de l'*ekphrasis* qui ouvrait le récit, mais de celui qui correspond à la réalité des deux personnages, inscrite dans un passé révolu. Theodor fait alors part de ses sentiments à Eduard d'une manière si directe que le lecteur croit être cet interlocuteur intime. Ainsi cette méthode cathartique permet-elle d'intégrer le lecteur et de le transformer en un personnage de l'histoire. À cela s'ajoutent, au sein de parties dialoguées, d'autres personnages. Outre les présents et le prétérit, le subjonctif I est destiné, par exemple, à rapporter les paroles de Teresina et de Lauretta et marque la volonté de restituer objectivement les paroles des personnages et, dans le même temps, de s'en distancier. Le narrateur fait donc du lecteur un juge à part entière.

Ces différentes étapes permettent aux couches narratives et temporelles de se succéder, puis de se superposer. À cela s'ajoute le champ lexical de la musique qui souligne l'importance de la langue et du timbre de la voix humaine. Hoffmann montre que chacun possède une sorte de musique intérieure, source de sensations et d'inspirations. Le champ lexical insiste sur la beauté, les modulations vocales (chant ou paroles) et la mélodie (notes) ; il est accompagné de termes techniques et de références musicales (styles musicaux ou compositeurs).

   « Le point d'orgue » relate avant tout le cheminement d'un artiste. Trois étapes ou, pour employer un langage musical, trois actes marquent l'évolution esthétique de Theodor : le rejet de ses travaux créés à partir des règles du contrepoint (les débuts), la fascination pour le chant et la volonté de composer pour les deux *prime donne* afin d'obtenir une reconnaissance à la fois sentimentale et sociale (l'apprentissage), et enfin le besoin de se détacher de l'emprise des deux femmes pour développer sa propre personnalité artistique (la maturité).

Dans l'acte I, même si Theodor se rebelle contre ses années de dur labeur, le lecteur se rend compte du travail qu'il a fourni [« quarante-cinq variations »] et des enseignements stricts qu'il a reçus. Le rire méchant du personnage lorsqu'il fait brûler ses premières compositions souligne sa volonté d'émancipation et marque la transition entre ses débuts et son véritable apprentissage sur le terrain : une fois que les bases de l'art musical lui ont été transmises, il parvient à se libérer du carcan conventionnel qui représente le passage obligé de tout musicien vers sa véritable voie. L'apprentissage du cœur et de la musique se fait ensuite par le biais de l'imitation. Theodor, avant de découvrir l'artiste qu'il est réellement, doit chercher en lui-même et trouver une ou plusieurs muses : il commence par copier, imiter et se lancer dans d'autres registres que ceux qu'il aurait pratiqués jusqu'alors (registre vocal, opéras tragique et comique).

L'enchevêtrement de plusieurs réalités et étapes donne son rythme à la narration. Grâce aux onomatopées, aux allitérations, aux assonances et aux couplets, le lecteur voit et entend ce qu'il lit : la langue devient pour lui musicale et concrète. Dans « Le Conseiller Krespel », par exemple, les allitérations et les assonances suggèrent des contrastes sonores. Les voyelles alternent entre brèves et longues, fermées ou ouvertes et les consonnes sont sonores ou sourdes. L'ensemble vise à montrer les mouvements de l'âme, la folie de Krespel et son humeur cyclothymique soulignant le décalage qui existe entre le contenu des paroles du personnage et le ton employé. Krespel fonctionne comme un instrument de musique avec modulation, mélodie et rythme, mais mal accordé, car l'harmonie lui fait défaut. Dans la phrase allemande « Sein Ton war bald *r*auh und heft*ig schr*eiend, bald leise ged*eh*nt », la voyelle palatale fermée [I] et la consonne vibrante sonore [r] (évoquant des sons durs et stridents) contrastent avec le son plutôt doux de la voyelle longue peu fermée [e :]. Dans « La guerre des Maîtres Chanteurs », la description d'un paysage tourmenté permet au lecteur de visualiser et d'entendre la tempête. Le bruit du vent est marqué par des sons stridents, des assonances en [I], des allitérations en [r], des voyelles fermées et des diphtongues [« klirrend », « pfiff », « heulte », « toll », « wilde », « Brausen »] qui contrastent avec la présence de la chaleur et du crépitement du feu dans la cheminée.

 Ces jeux sonores matérialisent la musique. D'un côté, ils communiquent au lecteur une certaine angoisse : dans « Casse-noisette », l'alternance entre les allitérations en [r], sonore vibrante, et en [m], sonore nasale et bilabiale, souligne le balancement mécanique de l'horloge[123].

---

[123] *Ibid.*, p. 254 : « Und stärker schnurrte es mit vernehmlichen Worten : Uhr, Uhre, Uhre, Uhren, müßr alle nur leise schnurren, leise schnurren. […] purrpurr – pum pum […] – purr purr – pum pum », [EF, t. 1, p. 292] : « Puis le ronronnement s'accentua, se transforma en paroles intelligible : "Horloges, – loges, horloges, – loges , ronronnez tout doucement !... tout doucement […] Pourr !... Pourr !... Pourr !... Pourr !... […] Pourr !... Pourr !... Pourr !..." ».

D'un autre, ils renforcent le grotesque, synonyme de dérision et de distanciation critique. Dans « L'enfant étranger », le grotesque passe par la métamorphose d'un homme en animal. Le précepteur tant détesté se transforme en une grosse mouche que le lecteur visualise et entend grâce à un langage onomatopéique, à l'alternance des consonnes labiales [b], vibrantes [r], dentales [s], vélaires [k] et [l], à la répétition, sous la forme de rimes plates, des sons [Um] et [nar] et à la présence de quatre verbes coordonnés accélérant le rythme de la phrase[124]. Le traitement de la laideur prend ici la forme d'une satire sociale. Il renvoie au comique de situation, au ridicule du personnage ainsi qu'à la souffrance morale des enfants qui se voyaient obligés de se plier aux règles trop figées du philistinisme et contraints de renier leur univers imaginaire.

L'écriture est ainsi rendue vivante et sonore par ces moyens stylistiques précis qui créent une mélodie propre à chaque récit et une relative harmonie :

Il y a dans l'activité poétique une sorte de réflexe conditionné, réflexe étrange, car il a trois racines : il réunit les impressions visuelles, les impressions auditives et les impressions vocales[125].

De plus, le rythme phrastique accélère ou, selon le cas, ralentit l'action. Quelques extraits suffiront à le montrer.

Le premier extrait expose le moment où Krespel rencontre Theodor après l'enterrement de sa fille. Le conseiller semble à fleur de peau, à la fois soulagé de ne plus avoir à construire de violons et encore sous le choc d'avoir perdu Antonie.

(1) « Le Conseiller Krespel » :

Da *stand* der Rat plötzlich stille,	sept syllabes
und *sprach* in seinem singenden Ton [...]	neuf syllabes
Nun *trat* er in die Mitte des Zimmers,	dix syllabes
riß den Violinbogen aus dem Gehenke,	treize syllabes (en tenant compte des diphtongues)
hielt ihn mit beiden Händen über den Kopf,	onze syllabes
und *zerbrach* ihn, [daß er in viele Stücke	trois syllabes

---

[124] *Ibid.*, p. 604 : « Der wurde [...] zornig [...] *und* **brummte** *und* **summte** *und* **schnarrte** *und* **knarrte** : "Pim-Sim- Prr-Srr-knurr-Krrr- Was ist das ! aufgepaßt !" », p. 601 : « **brummte** *und* **summte** *und* **knarrte** *und* **schnarrte** ».
[125] Gaston Bachelard : *L'eau et les rêves, Essai sur l'imagination de la matière*, Paris, José Corti, 1942, p. 255.

zersplitterte.]	
[...] « [...] Mit nichten, mit nichten, nun bin ich frei – frei – frei – Heisa frei ! répétition 1 (a) (b) répétition 2 (a) (b) (c) (d)	
Nun bau ich keine Geigen mehr – keine Geigen mehr – heisa keine Geigen mehr. » répétition 3 (a) (b) (c) – Das sang der Rat nach einer schauerlich lustigen Melodie, indem er wieder auf einem Fuße herumsprang[126].	

Dans les trois premières lignes, le rythme est d'abord plutôt lent : le nombre de syllabes qui séparent les verbes d'action (marqués en italique) augmente. En revanche, lorsque Krespel casse l'archet, le rythme s'accélère : trois syllabes précèdent la conjonction de subordination « daß » et soulignent le geste du musicien : l'archet est brisé en mille morceaux.

La prise de parole de Krespel qui suit l'acte est ponctuée de répétitions au rythme d'abord binaire (2/2x2), puis ternaire. Ce qui constituait précédemment une interruption normale de la narration devient ici la preuve du caractère névrosé du personnage. Cet aspect est renforcé par le contraste sémantique entre les adjectifs « schauerlich », en position adverbiale, et « lustig », ainsi que par le verbe « herumspringen » et la présence graphique des tirets. Krespel montre à la fois une excitation quasi enfantine et des élans d'humeur peu maîtrisés. Il représente un personnage sérapiontique typique, malgré les propos tenus à son sujet dans l'entretien et l'égocentrisme qui le caractérise, puisqu'il incarne la duplicité même. Il est à la fois « entier » et sensible, généreux et égocentrique.

Les deuxième et troisième extraits, issus de « Casse-Noisette », marquent le moment où Marie découvre l'univers merveilleux et bucolique du personnage. Elle quitte le monde réel pour se plonger dans celui de son imagination, où elle rencontre des animaux hors du commun aux voix mélodieuses et parés d'or. Elle fait ensuite la connaissance de nombreux habitants de la ville imaginaire.

---

[126] *SB*, p. 53-54, [EF, t. 1, p. 83] : « [Le Conseiller Krespel], s'immobilisant soudain, me dit d'un ton chantant : – Fiston ? Fiston ? [...] Là il s'avança au milieu da la pièce, arracha l'archet de son étui, le saisit de ses mains en le faisant passer au-dessus de sa tête, puis le cassa violemment de sorte qu'il éclata en plusieurs morceaux. Il s'écria avec un rire sonore : "[...] Pas du tout, pas du tout, maintenant je suis libre, libre, libre, ohé libre ! Désormais je ne construis plus de violons – plus de violons – ohé plus de violons". Le Conseiller chantait une mélodie effrayamment joyeuse, tandis qu'il tournait en sautant de nouveau sur un pied ». La traduction est ici de nous, la référence à l'édition française n'étant, pour ce passage, qu'informative.

(2) « Casse-Noisette et le Roi des Rats » :

(a)   Die beiden goldschuppigen Delphine erhoben ihre Nüstern und spritzten krystallene Strahlen hoch in die Höhe, und […] da war es, als sängen zwei holde feine Silberstimmchen : « Wer schwimmt auf rosigem See ? – die Fee ! Mücklein ! bim bim Fischlein, sim sim – Schwäne! Schwa schwa, Goldvogel ! trarah, Wellenströme, – *rührt euch, klinget, singet, wehet, spähet* – Feelein, Feelein kommt gezogen ; Rosenwogen, *wühlet, kühlet, spület – spült hinan – hinan*[127] ! ».

Comme dans l'extrait précédent, le rythme de départ est d'abord lent, puis s'accélère. Dès l'ouverture des guillemets, l'accélération est soulignée par les points d'exclamation, les tirets, certains termes isolés [« Mücklein », « Schwäne », « Goldvogel », etc.], les onomatopées [« bim bim », « sim sim », « schwa schwa », « trarah »] et les deux accumulations de formes verbales juxtaposées, en italique. L'ensemble fait penser à une comptine ; le diminutif « -lein » et le langage oral se réfèrent directement à la tradition du conte populaire.

Dans l'extrait suivant, la juxtaposition et la coordination (on rencontre sept fois la conjonction « *und* ») confèrent à la phrase un rythme rapide :

(b)

Da gab es schön gekleidete Herren *und* Damen, Armenier *und* Griechen, Juden *und* Tyroler,			
série 1	/ série 2	/ série 3	/
Offiziere *und* Soldaten, *und* Prediger *und* Schäfer *und* Hanswürste, kurz alle nur mögliche Leute,			
série 4	/ substantif 1/ substantif 2/ substantif 3		
wie sie in der Welt zu finden sind[128].			

Le passage constitué de quatre séries de substantifs pluriels, reliées chacune par « und » et juxtaposées à trois termes isolés, séparés par la même conjonction de coordination, mais non

---

[127] *Ibid.*, p. 295, [EF, t. 1, p. 333] : « Les deux dauphins aux écailles dorées [relevaient] leurs narines et projetaient très haut des jets de cristal, et […] l'on eût dit entendre [chanter] deux [belles] petites voix [d'argent] : « Qui glisse sur le lac [rosé] ? La fée ! Moucherons ! Bim Bim, petits poissons, sim sim – cygnes ! [Cui cui, oiseaux d'or !] [Trarah] [Vagues et rouleaux], – [Il faut vous mouvoir], *sonnez, chantez, soufflez, guettez* ! Petite fée, petite fée [vient vers nous en glissant sur les eaux] ; flots de roses, *agitez-vous, [rafraîchissez-nous, avancez – en avant !]* ». Nous avons changé la ponctuation, et les expressions entre crochets sont de nous, [C'est moi qui souligne, I. L.].

[128] *Ibid.*, p. 297, [EF, t. 1, p. 335] : « Il y avait là des messieurs *et* des dames élégamment vêtus, des Arméniens *et* des Grecs, des juifs *et* des Tyroliens, des officiers *et* des soldats, des bergers, des guignols, enfin toutes les sortes de gens [que l'on trouve ici bas] », [C'est moi qui souligne, I. L.].

juxtaposés, vise à renforcer l'idée de foule. L'affluence humaine est ainsi caractérisée par l'accélération progressive du rythme de l'énumération qui est interrrompue par l'adverbe « kurz » et par l'idée que toutes sortes de personnes sont réunies, issues du monde entier. Le rythme phrastique est donc primordial : il donne corps à l'écriture et stimule la vision du lecteur.

Le cinquième et dernier extrait repose sur le passage dans lequel Euchar et Ludwig sont fascinés par les mouvements souples et aériens de la danseuse Emanuela qui deviendra l'objet de leur convoitise, puis de leur amour.

(3) « L'enchaînement des choses » :

(a) Immer stärker und mächtiger **sauste** und **brauste** das Tambourin, **rauschten** die Saiten der Chitarre, immer kühner wurden *die Wendungen, die Sprünge* des Mädchens[129].

(b) Immer glühender wurde ihre Begeisterung, immer mächtiger ihrer Stimme Klang, immer stärker **rauschten** die Akkorde. *Endlich* kam die Strophe, die des Vaterlandes Befreiung verkündet, da fiel ihr strahlender Blick auf Euchar, ein Tränenstrom stürzte ihr aus den Augen, *sie sank nieder* auf die Knie[130].

L'accélération du rythme est marquée par la répétition de verbes appartenant au champ sémantique de la musique [« sausen », « brausen » et « rauschen »] et d'adjectifs au comparatif de supériorité, séparés, dans le premier extrait, par la conjonction de coordination « und ». Le comparatif est accentué par l'adverbe « immer ». Dans le premier extrait, il est placé en première position dans la phrase : suivi de deux adjectifs puis de deux verbes coordonnés, il éloigne ainsi le sujet. Dans l'autre, un rythme ternaire combine l'adverbe et l'adjectif. Ces deux techniques marquent l'intensification de la danse et de la musique. La courbe sonore ayant atteint son paroxysme, la danseuse ayant enchaîné les mouvements, comme le double sujet juxtaposé [« die Wendungen, die Sprünge »] le met en avant, le mouvement ascendant cède ensuite la place à un mouvement descendant, accompagné d'un rythme plus lent, signalé par l'adverbe « endlich » et dont le point culminant est atteint avec la forme verbale « sank nieder » : après avoir tutoyé les sommets, la danseuse tombe à genoux. Ces deux extraits travaillent donc sur les lignes à la fois rythmique et

---

[129] *Ibid.*, p. 1058, [EF, t. 4, p. 152] : « Toujours plus forts et plus puissants tintait et retentissait le tambourin et frémissaient les cordes de guitare, toujours plus audacieux devenaient les pirouettes et les sauts de la jeune fille, [C'est moi qui souligne et traduis, I. L.].
[130] *Ibid.*, p. 1099, [EF, t. 4, p. 192] : « En chantant, son enthousiasme devenait de plus en plus ardent, sa voix plus puissante, l'accompagnement plus expressif . Quand enfin elle arriva à la strophe qui proclame la délivrance de la patrie, son regard étincelant se fixa sur Euchar, un torrent de larmes jaillit de ses yeux, et elle tomba à genoux », [C'est moi qui souligne, I. L.].

mélodique : le lecteur ne perçoit pas seulement les accélérations et les ralentissements sonores, mais également l'intensité musicale mise en œuvre.

Dans chacun de ces passages, le langage musical fait l'objet d'un détournement. Le lecteur voit les différentes scènes se dérouler sous ses yeux et les entend à travers le rythme des phrases, saccadé ou lent, les répétitions et les énumérations coordonnées ou juxtaposées. Ainsi peut-on parler d'un langage sonore qui aboutit à une visualisation scénique « théâtrale » plutôt qu'exclusivement musicale. Le langage sonore est rendu accessible au lecteur grâce à des procédés stylistiques précis, à un langage pictural. On entend et voit les personnages de fiction prendre vie, le lecteur se sent poussé à participer en quelque sorte à l'action créatrice :

> Les types imaginaires les plus divers, qu'ils appartiennent à l'air, à l'eau, au feu, à la terre, dès qu'il passent de la rêverie au poème, viennent participer à une imagination aérienne par une sorte de nécessité instrumentale[131].

L'imagination du lecteur est en effet nourrie par les sons que le narrateur place « dans la bouche secrète de [son] esprit[132] ». Une connivence harmonieuse existe de ce fait entre l'œuvre et son récepteur, qui justifie la notion de synesthésie artistique et psychique entre les différents créateurs, c'est-à-dire entre narrateurs, auteurs et récepteurs. La présence de l'adjectif qualificatif « psychique » se justifie dans la mesure où la lecture

> transpose les phénomènes psychiques déjà transposés par l'écriture. [...] Le livre [...] vous parle avec une autorité monotone que n'aurait pas son auteur même. Pour écrire, d'ailleurs, l'auteur a déjà opéré une transposition. Il ne *dirait* pas ce qu'il écrit. Il est entré [...] dans le règne du psychisme écrit[133],

il pense déjà à une réception qui unirait l'homme et la nature dans une pleine harmonie esthétique, alliance des contraires au sein de laquelle musique et peinture ne feraient plus qu'un.

---

[131] Gaston Bachelard : *L'air et les songes*, *op. cit.*, p. 272.
[132] *Ibid.*, p. 276-277 [propos de Paul Claudel (*Positions et Propositions*)].
[133] Gaston Bachelard : *La Poétique de la rêverie*, *op. cit.*, p. 22.

Synesthésie entre macrocosme et microcosme : aspects stylistiques et littéraires
Métaphore musicale

Hoffmann reste proche de la conception des premiers romantiques de l'écriture en utilisant un langage métaphorique et en ayant recours à la description lorsqu'il la juge nécessaire. C'est autour des champs lexicaux du feu (et de la lumière), de l'eau et de l'air que le langage musical s'organise. Une seule et même phrase regroupe même parfois les univers *aquatique*, aérien et **lumineux** :

[…] überall **flimmerten** […] Klänge aus den dunklen Büschen und Bäumen empor und *strömten* vereinigt im wundervollen Konzert wie **Feuerflammen** durch die Luft ins Innerste des Gemüts eindringend, und es zur höchsten Wonne himmlischer Ahndungen **entzündend**[134] (« Les automates »).

In dem Augenblick **leuchtete** *das Meer* auf im **flammenden** Wiederschein von tausend lodernden **Blitzen** und die Luft, das Gestade erdröhnte von brausenden wirbelnden **Donnern**[135] (« Doge et dogaresse »).

Par ce biais, l'écrivain relativise la conception mécanique de Ludwig dans « L'enchaînement des choses » : le macrocosme ne peut pas être entièrement considéré comme une horloge composée de rouages. À travers ces trois champs lexicaux, la musique apparaît à la fois comme un berceau de l'âme, comme un flux vital et comme ascension, enfin comme une harmonie avec la nature. Les paysages décrits sont bucoliques et abritent le souffle du vent dans les arbres, le murmure des ruisseaux, le chant des oiseaux, les bruits de la nuit ou des saisons, l'intensité des rayons de la lune, ou encore la chaleur du soleil. De plus, la flamme représente métaphoriquement la créativité, qui brûle dans chaque âme artistique. Aussi le feu créateur de l'artiste est-il comparable à un volcan en éruption contrastant avec le monde froid des philistins. Dans « L'enchaînement des choses », l'opposition est caractéristique comme le prouve l'alliance antithétique des lexèmes : « glühend », « heiß » / « kalt », « Eisdecke ». Par ailleurs, le feu est souvent associé aux élans de l'âme : dans « L'enchaînement des choses » ou dans « Maître Martin », il correspond au ravissement ressenti par le personnage qui perçoit une douce musique. Le feu, la flamme, l'éclair et la lumière sont autant de

---

[134] *SB*, p. 425, [EF, t. 2, p. 121] : « Partout des sons […] jaillissaient des massifs sombres, s'harmonisant en un maginifique concert : on eût dit des flammes de feu qui s'élevaient jusqu'au ciel, pénétrant l'âme en son tréfonds et l'embrasant des plus hautes délices », [C'est moi qui souligne, I. L.].
[135] *Ibid.*, p. 466-467, [EF, t. 2, p. 163] : « […] au même instant, la mer resplendit du reflet de mille éclairs étincelants, l'air et le rivage retentirent du fracas de mille tonnerres qui se répercutaient », [C'est moi qui souligne, I. L.].

motifs qui marquent l'enchantement du compositeur. Néanmoins, dans « Le point d'orgue », ce n'est pas le compositeur qui est « enflammé » par la musique, mais c'est l'œuvre d'art, au sens propre, qui se voit réduite en cendres, comme le montre son autodafé[136]. Theodor détruit ses compositions de la même manière qu'elles lui avaient donné la force de créer : la flamme qui brûle ses œuvres supplante celle qui l'avait inspiré, la nouvelle flamme semble toutefois encore plus profonde et révéler ce que son for intérieur renferme.

En outre, la flamme symbolise l'enthousiasme – « glühende Begeisterung », « die Glut der Begeisterung » – et la réaction émotive au contact de l'art ou de l'amour. Dans « Le Conseiller Krespel », Antonie brûle, en effet, d'un amour passionnel envers le violon et d'une tendresse infinie pour son père ; dans « Le point d'orgue », Theodor désire successivement Lauretta et Teresina pour ce qu'elles représentent en tant que chanteuses et femmes.

Mais le feu sert encore à exprimer une émotion incontrôlable. La musique et sa réception entraînent une vive émotion qui embrase l'âme jusqu'à l'échauffer et la détruire : Antonie entretient un rapport étroit avec la musique jusqu'à en périr ; cet art a pour ainsi dire droit de vie et de mort sur la jeune femme. Son rapport à l'instrument est à la fois vital et fatal, et la musique représente son feu intérieur, sa raison de vivre.

Le feu ou la lumière est passion, désir dévorant et/ ou inspiration artistique. Les reflets et les effets de transparence contribuent à donner au récit un caractère merveilleux : les dauphins du royaume du Casse-Noisette, qui peuplent l'univers féerique de Marie, jettent des faisceaux lumineux, dans « Les mines de Falun », la mer et le scintillement des vagues créent des illusions d'optique et plongent Elis au plus profond de son rêve. Enfin, l'enfant étranger, dans le récit éponyme, décrit la magnificence de son pays d'origine en insistant sur son étincelante luminosité produisant d'agréables effets d'optique.

Le feu symbolise le caractère familier d'un lieu, celui que l'on fait brûler dans l'âtre, pour réchauffer le foyer, mais l'adjectif « heimlich », constitué du lexème « Heim » [le foyer], prend aussi le sens de « caché » et renvoie au même titre que son antonyme apparent, « unheimlich », à la sphère de l'étrange. Le feu constitue donc la source secrète d'un danger difficilement explicable. Élément naturel, il invite au dépassement de la duplicité, à la communion de forces contraires, à l'alliance entre le macrocosme et l'environnement artistique, notamment la musique. L'art musical dégage une chaleur quasi surnaturelle. Le son produit une sorte de lumière éclatante qui fend l'obscurité. Le rapprochement entre lumière et sons permet de mieux comprendre celui qui existe

---

[136] *Ibid.*, p. 78 : « Ich ergriff alle Tokkaten und Fugen […], warf alles ins Feuer und lachte recht hämisch als der doppelte Kontrapunkt so dampfte und knisterte », [EF, t. 1, p. 109] : « Je m'emparai de toutes les *toccatas* et de toutes les fugues que j'avais façonnées, ainsi que de quarante-cinq variations sur un thème de canon […] je jetai tout cela au feu et j'eus un rire méchant en voyant fumer et crépiter le double contrepoint ».

entre musique et peinture. De plus, par la découverte des figures lumineuses et acoustiques, l'art romantique[137] fait le lien entre la nature et une forme de langage tout en rapprochant les arts par le jeu des synesthésies. Ce n'est, par conséquent, pas un hasard si Nasias, être satanique, incarne à la fois le feu et la musique. Son chant fascinant et attirant « envoie des flammes » et provient directement de l'enfer. Opposée au feu par sa texture et sa transparence, l'eau symbolise, quant à elle, l'émotion et la joie. Elle s'associe au calme de la nature (clapotis de l'eau, murmure des sources) et, simultanément, aux sensations fortes. Les éléments peuvent ainsi se déchaîner rapidement et se transformer en tempête. L'artiste est le seul qui puisse véritablement vivre en osmose avec la nature et l'eau, qui possèdent un langage plus ou moins crypté. En outre, l'ondoiement constant de l'eau s'inscrit dans le temps qui est le propre de l'art musical.

Le troisième élément, l'air, renvoie au vertige, à l'amour et au divin. Les sentiments envers la femme aimée ou la muse sont régulièrement comparés à un papillon ou à un tourbillon : leur mouvement ascendant et spiralaire s'avère d'une grande légèreté, et la musique sortie de l'intérieur de l'être, comme du ventre de la terre, peut alors s'élever dans les airs. Le motif de la « voûte » [« Gewölbe »] céleste et architecturale souligne bien que la musique ne fait pas partie de la sphère terrestre, mais qu'elle relève de sphères supérieures. La « parole » des éléments est semblable à celle des esprits élémentaires. Le concert de la nature et des éléments se joue alors sur le même plan que le concert donné par l'art musical. Le feu, l'eau et l'air symbolisent, comme chez Novalis, la fusion romantique des sens. La musique permet non seulement de mettre en valeur la vie naturelle, mais elle détient aussi un pouvoir d'unification. Elle tisse d'un côté un lien entre le monde terrestre et la sphère psychique, et entretient de l'autre la relation entre l'homme et son environnement. De plus, elle varie selon les saisons ; au printemps par exemple, les chants sont plus gais, car tout dépend de l'humeur, de l'atmosphère et du rapport entre l'être et la nature. Dans « La guerre des Maîtres Chanteurs », l'harmonie printanière entre le macrocosme et le microcosme est rendue par

---

[137] « Le son en lui-même est lumière. Une lumière qui devait appartenir de toute façon à un autre sens que la vue parce que l'œil ne voit pas cette lumière, il ne la perçoit que par l'intermédiaire du son transformé en lumière », in : Günter Oesterle : « Arabeske, Schrift und Poesie in E.T.A. Hoffmanns Kunstmärchen *Der Goldene Topf* », in : *Athenäum* 1 (1991), p. 66 : « Der Ton selbst aber ist Licht, das ohnehin einem anderen Sinne, als dem Auge, gehören mußte, weil das Auge das Licht nicht sieht, sondern nur vermittels des Licht-Tons ». Dans cet article, Oesterle se consacre aux « figures acoustiques de Chladni et aux synesthésies romantiques » [« Chladnis Klangfiguren und die romantischen Synästhesien », p. 66]. Il part des inventions scientifico- musicales de Ernst Florens Friedrich Chladni (1756-1827), puis évoque celles de Johann Wilhelm Ritter (1176-1810) pour mettre en évidence le rapprochement entre musique et lumière. Ernst Florens Chladni est un physicien allemand, fondateur de l'acoustique moderne. Pour notre étude, il est important de souligner qu'il étudia les sons que produisent des plaques saupoudrées de sable fin en les faisant vibrer avec l'archet d'un violon. Il inventa également un nouvel instrument de musique (l'euphone ou clavicylindre), composé de cylindres de verre et publia en 1802 un *Traité d'acoustique*. Il se pencha aussi sur l'étude des météorites, en particulier sur leur origine et la raison de leur existence sur terre. Il sut donc allier la science et l'art musical. Johann Wilhelm Ritter est un physicien allemand, cofondateur de l'électrochimie. Il fit d'importantes découvertes dans ce domaine, concernant le rayonnement ultraviolet du spectre électromagnétique et la pile électrique.

une intense joie de vivre, comme le soulignent les adjectifs « anmutig », « schön », « erkräftigt » et « freudig », ainsi que les substantifs « Lust », « Heiterkeit » et « Leben ».

La musique devient une puissance vitale que les artistes puisent dans leur environnement : leur création n'est nullement conditionnée par une technique complexe et travaillée, mais davantage par un élan de l'âme.

Dans « Maître Martin », l'harmonie entre paysage et musique (instrumentale et vocale) est évoquée par le narrateur qui met en regard la nature et le musicien. La sensation d'harmonie est suggérée par l'alliance du feu, de l'eau et de l'air. La lumière se manifeste à travers les adjectifs « golden » et « leuchtend », l'eau par la présence du substantif « Bäche » et du verbe « murmeln » et l'air par les termes « Nachtwind », « Gesäusel », « Lüfte » et « rauschen ». C'est l'union entre ces éléments naturels qui donne naissance et corps à la musique. Hoffmann sait allier les contraires et applique la sémantique artistique à son écriture, afin d'élever celle-ci au rang d'une œuvre d'« art total » avant la lettre. Pour accentuer la richesse des images et des sons, il associe l'eau (la vie) au feu. Dans « Le Conseiller Krespel », l'expression « heißes Blut » [« sang brûlant »] et le verbe « rinnen » [« couler »] montrent qu'Antonie vit pour et par la musique, qu'elle entretient un rapport vital avec elle. Dans « L'enchaînement des choses », le feu et l'eau vont également de pair[138]. L'eau incarne le flux des émotions et, de surcroît,

> s'il n'y avait pas dans les voix de la nature des redoublements d'onomatopées, si l'eau ne redonnait pas les accents du merle chanteur, il semble que nous ne pourrions pas entendre poétiquement les voix naturelles[139].

L'eau n'est pas seulement utilisée par Hoffmann dans les descriptions, elle possède depuis toujours une symbolique très riche liée à l'inconscient et à son langage. Le « langage des eaux » est « une réalité poétique directe » où « il y a [...] continuité entre la parole de l'eau et la parole humaine[140] ». Dans « Casse-Noisette », l'élément liquide est associé au rêve et à la féerie : Marie, transportée dans le monde du Casse-Noisette, découvre tout d'abord un grand lac sur lequel nagent des cygnes, et pénètre ainsi dans un univers onirique et merveilleux. En outre, l'eau est l'élément féminin par excellence et « le cygne, en littérature, est un ersatz de la femme nue[141] ». Ce motif s'associe à celui de l'enfance où, précisément, l'eau et les cygnes évoquent le basculement de la

---

[138] *SB*, p. 1079 : « Glut der Begeisterung, die aus dem Gesange des Alten strömte », [*EF*, t. 4, p. 173] : « [...] le cœur enflammé par l'ardent enthousiasme [qui jaillissait abondamment du] chant du vieillard ».
[139] Gaston Bachelard : *L'eau et les rêves*, *op. cit.*, p. 259.
[140] *Ibid.*, p. 22.
[141] *Ibid.*, p. 50.

jeunesse vers la maturité. Ce passage à l'âge adulte est symbolisé par cette eau calme : l'eau apparaît comme un élément non seulement féminin, mais aussi maternel. Elle rappelle « le liquide amniotique[142] » dans lequel baigne le nourrisson avant de venir au monde. Marie retrouve son enfance et le sein maternel et dépasse ce stade pour devenir femme, puis mère. L'eau lui permet de se plonger en elle-même pour ensuite accepter son nouveau statut, elle représente ainsi un lieu de repos, d'oubli de soi et de purification.

L'élément aquatique renvoie donc à un langage concret – revenant à exprimer des sons, des paroles – et abstrait (philosophique et psychanalytique) : les cygnes de « Casse-Noisette » dispose d'un double langage qui unit la musique et l'eau. Dans sa conclusion de *L'eau et les rêves*, Gaston Bachelard parle de l'« unité vocale de la poésie et de l'eau[143] » : « la liquidité est [...] le désir même du langage [...]. Le langage veut couler. Il coule naturellement[144] ». L'auteur pousse son raisonnement jusqu'à dire que dans le lexème allemand « Schwan » (cygne) est inclus le motif de l'eau[145]. L'eau, élément combinatoire, recèle plusieurs significations et allie la voix naturelle de l'eau à celle de l'homme. Unie à l'eau, la musique accède à une dimension métaphysique, à une sphère supérieure, divine et panthéiste, ce qui corrobore l'importance de l'élément aérien.

Le champ lexical de l'air met en valeur les paysages, les sons et l'âme de la nature. Associé à la musique, l'air renvoie à l'univers céleste. Les étoiles et les planètes appartiennent aussi à ce monde. La musique devient étoile, constellation. « La guerre des Maîtres Chanteurs » évoque une « musique du ciel » : plus cette musique suscite le ravissement, plus elle monte vers d'autres sphères. L'intensification de cette élévation est marquée par l'adverbe « immer », suivi soit d'un comparatif de supériorité soit d'un participe présent, ou encore par les particules verbales séparables « empor- » et « hinauf- ». La musique devient ainsi immatérielle tant elle est ancrée dans l'âme de son créateur. Elle est synonyme de « souffle », comme l'indiquent les verbes « hinhauchen » ou « anhauchen », qui symbolisent à la fois une aspiration (vers un autre monde) et une respiration (un élan vital), ce qui confère à l'art musical un caractère mystique. Dans « Le point d'orgue » par exemple, des « esprits de l'air » [« Luftgeister »] semblent chanter. Le champ lexical fait le lien entre la musique et le monde des esprits, lequel n'est pas nécessairement bienveillant et peut se révéler inquiétant. Dans « La guerre des Maîtres Chanteurs », Klingsohr et Nasias illustrent clairement le fait que ce monde est à la fois maléfique, inconnu, étrange et nouveau. Nasias paraît venir tout droit de l'enfer dans le rôle de sbire de Lucifer [« lucis feris », « celui qui porte la lumière »] (ou de son maître Klingsohr). La musique est l'art qui vainc l'obscurité par sa force, sa

---

[142] *Ibid.*, p. 50.
[143] *Ibid.*, p. 250.
[144] *Ibid.*, p. 251.
[145] *Ibid.*, p. 253 : « la voyelle [a] [est] la voyelle de l'eau. Elle commande *aqua*, *apa*, Wasser ».

luminosité et son éclat. Mystérieuse et énigmatique, elle jaillit de l'intérieur pour rejoindre la lumière :

a) Wolfframbs Lieder kamen **aus der Tiefe** des liebenden Herzens und trafen, gleich funkelnden scharfgespitzten Pfeilen hervorblitzend, Mathildens Brust[146].

b) Plötzlich leuchtete ein Lied **durch die Finsternis**, dessen Töne funkelten wie milder Sternenschimmer[147].

Le texte sérapiontique produit donc des images, puis des sons qui jaillissent de son sein. En percevant la musique comme « la langue universelle de la nature » et la « langue inarticulée du cœur[148] », Hoffmann en fait un art abstrait, teinté de spiritualité, que la lecture semble pouvoir rendre visible.

Rapport entre musique et spiritualité

Hoffmann a recours à la musique pour ce qu'elle symbolise de manière absolue et non pour ce qu'elle représente habituellement. Il spiritualise l'art musical afin de l'appliquer à l'écriture, de se l'approprier. Si Gluck refuse de jouer avec une partition lisible, Krespel démonte les violons : ce ne sont pas les moyens qui lui importent, mais la fin musicale en soi. Par ce biais, il souhaiterait, en effet, accéder à l'« art total ».

Les personnages hoffmanniens exposent la complexité des conceptions artistiques de leur auteur. Les récits offrent à l'écrivain un espace de liberté (narrative) dont il ne disposerait pas dans ses seules œuvres musicales où il est tenu de respecter un aspect formel et rigoureux. Pour ce faire, il utilise la musique tel un langage aux formes d'expression nouvelles. Cette originalité fait le lien entre l'imagination créative, l'intimité de l'artiste et l'universalité de l'art. La musique, comme l'écriture, empreinte de spiritualité, représente, à elle seule, un cosmos d'abord architectural.

Selon August Wilhelm Schlegel, l'architecture constitue un domaine de haute précision où l'ensemble apparaît parfaitement calculé et proportionné. Elle fait appel aux sciences et, plus

---

[146] *SB*, p. 350, [EF, t. 2, p. 49] : « Quant aux chants de Wolfframb von Eschinbach, ils jaillissaient [comme des éclairs] du plus profond de son cœur amoureux et, pareils à des flèches bien pointues et étincelantes atteignaient Mathilde en pleine poitrine », [C'est moi qui souligne, I. L.]
[147] *Ibid.*, 380, [EF, t. 2, p. 76] : « Soudain un chant illumina les ténèbres, et ses accords resplendissaient comme un doux scintillement d'étoiles », [C'est moi qui souligne, I. L.]
[148] E.T.A. Hoffmann : *Fantasie- und Nachtstücke, op. cit.*, p. 326 : « allgemeine Sprache der Natur », [EF, p. 472]/ E.T.A. Hoffmann : *Frühe Werke und Prosa, op. cit.*, p. 56. Lettre du 25 janvier 1796 : « die unartikulierte Sprache des Herzens ».

particulièrement, aux mathématiques où s'impose l'esprit d'abstraction. Dans le dialogue *Les Tableaux*, par exemple, le personnage de Waller souligne que « la plastique mathématique est l'architecture[149] ». Schelling, lui, perçoit l'architecture comme une musique figée, concrète et spatiale obéissant à une structure ternaire (rythme, harmonie et mélodie)[150]. L'architecture représente la musique de la plastique[151]. Elle « ne peut apparaître comme art libre et beau que pour autant qu'elle devient expression d'Idées, image de l'univers et d'Absolu[152] ». Elle fusionne avec la raison et exprime des idées et des images nées de l'univers et de l'Absolu. En étroite coexistence avec les sciences, elle n'est pas seulement fonctionnelle, mais aussi esthétique et « a surtout comme modèle l'organisme végétal[153] ». C'est en s'émancipant de sa fonction première qu'elle devient un art libre et beau, et « en s'imitant elle-même comme art mécanique, [elle] réalise, en même temps qu'elle satisfait ses exigences de la nécessité, celles de l'art[154] ». Ce n'est que dans l'architecture que la plastique produit « quelque chose d'extérieur, en relation avec l'homme et son besoin ; mais [quelque chose] d'indépendant de l'homme et de beau [en soi][155] ».

Avant l'époque romantique, la relation entre musique et architecture est considérée, du point de vue esthétique et historique, comme ambiguë, voire conflictuelle. Pour Hoffmann, il n'est pas question de rétablir l'identité des siècles passés entre musique et architecture, et de les réconcilier. Chez lui, la cassure entre les arts n'est pas non plus mise en avant. Son approche, nouvelle, consiste à chercher l'essence de chaque forme d'art et l'unité esthétique pour la mettre au service de la narration et de créer des personnages incarnant cette alliance. Les artistes hoffmanniens sont autant d'individus aspirant à la communion esthétique, doués de talents multiples et habités par une duplicité parfois pathologique. Krespel, par exemple, a l'âme d'un musicien et d'un architecte, mais ses dons ne s'excluent pas réciproquement : c'est leur addition qui crée le génie. Dans ce récit, l'écrivain essaie de rétablir l'harmonie entre musique et architecture en effaçant les frontières créées aux XVIe et XVIIe siècles. Pour autant, le récit n'utilise pas l'architecture comme une

---

[149] August Wilhelm Schlegel : *Die Gemählde, op. cit.*, p. 11 : « Die mathematische Plastik ist die Architektur », [EF, p. 38].

[150] Friedrich Schelling : *Philosophie der Kunst*, Darmstadt, Wissenschaftliche Buchgesellschaft, 1990, p. 220 : « [Die Architektur] folgt arithmetischen Verhältnissen, da sie aber die Musik im Raume, gleichsam die erstarrte Musik ist, so sind diese Verhältnisse zugleich geometrische Verhältnisse », [Friedrich Schelling : *Philosophie de l'art*, traduction d'Alain Pernet et de Caroline Sulzer, Grenoble, Éditions Jérôme Million, 1999, p. 254], {576} § 107] : « [L'architecture] obéit […] à des règles arithmétiques, mais puisqu'elle est musique dans l'espace, elle est en quelque sorte la musique figée, et ces relations sont en même temps des relations géométriques ».

[151] *Ibid.*, p. 216 : « […] die Musik in der Plastik ist die Architektur », [EF, p. 251], {572} § 106.

[152] *Ibid.*, p. 221 : « Als freie und schöne Kunst kann Architektur nur erscheinen, inwiefern sie Ausdruck von Ideen, Bild des Universums und des Absoluten wird », [EF, p. 255], {576} § 107.

[153] *Ibid.*, p. 227 : « [...] hat vorzugsweise den Pflanzenorganismus zum Vorbild », [EF, p. 260], {583} § 112.

[154] *Ibid.*, p. 226 : « Indem sie nur sich selbst als mechanische Kunst nachahmt, werden die Formen der letzteren Formen der Architektur als Kunst der Notwendigkeit werden », [EF, p. 259], {582} § 111.

[155] *Ibid.*, p. 218 : « [muß] etwas Aeußeres in der Beziehung auf den Menschen und sein Bedürfnis stehendes, und doch sowohl von ihm Unabhängiges als an sich Schönes produciren », [EF, p. 252], {574} § 107.

métaphore filée ou comme une allégorie musicale traversant l'histoire entière : le rapport entre architecture et musique n'est présent qu'au tout début, lorsque le conseiller Krespel construit sa maison.

Le personnage, qui a l'âme d'un musicien, est avant tout fantaisiste. Il laisse aux bâtisseurs le soin d'élever les murs de sa maison, ne se préoccupant donc pas du travail de précision que les matériaux nécessitent ou de l'aspect scientifique et mathématique requis : « il n'avait consulté aucun architecte et n'avait établi aucun plan[156] ». Cependant, il se charge de faire quelques travaux de maçonnerie et achète le matériel dont il a besoin[157]. Ce qui lui importe le plus, ce sont l'agencement des fenêtres comme des portes et la hauteur de la construction. Il conçoit celle-ci comme un espace de liberté et d'imagination artistique.

L'art apparaît ici comme le surgissement des ressources du Moi individuel, comme l'affirmation d'un idéal. La maison du luthier et violoniste, de la même manière que chez les premiers romantiques, représente l'architecture en tant que musique figée, concrète et spatiale. Elle est la métaphore de l'objet musical. La maison est notre « berceau », « notre premier univers » et constitue « vraiment un cosmos[158] », souligne Gaston Bachelard dans sa *Poétique de l'espace*. Lieu du rêve, elle « protège le rêveur [,] nous permet de rêver en paix[159] » et en toute liberté. Représentant la stabilité du foyer, son intérieur importe plus que l'impression extérieure qu'elle suscite.

En construisant une maison, Krespel extériorise son besoin à la fois d'excentricité et de bien-être. La maison n'est pas seulement originale, elle révèle l'être de celui qui l'a construite. Comme sa réalisation ouvre le récit, elle permet à Hoffmann de mettre en place les jalons de sa narration et le caractère mystérieux et marginal de Krespel. « La maison, plus encore que le paysage, est un "état d'âme"[160] ». Elle possède donc une double signification : artistique et pathologique. Krespel entretient, en effet, un rapport maladif avec le réel. Il souhaite à la fois créer et détruire. Si le Krespel architecte crée sa maison sans la démolir ensuite, le luthier et musicien Krespel détruit les violons qu'il a fabriqués et finit par anéantir l'avenir de sa fille en lui interdisant la pratique du chant. Il détruit ainsi l'essence même de son art (ses violons) et perd une partie de lui et de son avenir (sa fille).

---

[156] *SB*, p. 40 : « Mit irgend einem Baumeister hatte er nicht gesprochen, an irgend einen Riß nicht gedacht », [EF, t. 1, p. 69].

[157] *Ibid.*, p. 40 : « dann sah man ihn, wie er [...] den Kalk löschte, den Sand siebte, die Mauersteine in regelmäßige Haufen aufsetzte », [EF, t. 1, p. 69] : « on le vit détremper la chaux, tamiser le sable, amonceler les pierres en tas réguliers ».

[158] Gaston Bachelard : *La poétique de l'espace*, *op. cit.*, p. 24.

[159] *Ibid.*, p. 26.

[160] *Ibid.*, p. 77.

La musique est un art qui prend sa source dans l'âme humaine, au plus profond de l'être. Cet art ne peut donc s'extérioriser qu'en étant joué ou chanté et n'est fixé que par la partition. L'architecture, quant à elle, est un art concret qui révèle le travail de l'architecte. Les premiers romantiques affirmaient que la différence majeure entre les deux arts était que l'un (la musique) correspondait à un art du temps et l'autre (l'architecture) à un art de l'espace. Néanmoins, Hoffmann souligne moins le résultat final de la construction de Krespel que le processus même d'édification. Ainsi les deux arts s'avèrent-ils être tous deux en prise sur le temps. Ce processus montre le rapprochement artistique envisageable entre l'architecture, la musique et le cheminement psychique du personnage. Si la musique est la langue de l'âme, elle peut alors refléter aussi une âme malade. Ni le rapport de Krespel à l'architecture ni son attitude vis-à-vis de la musique ne sont sains. Le lecteur pense tout d'abord qu'il a seulement affaire à un être original désireux de ne pas ressembler à la société dans laquelle il vit et refusant les normes sociales pour marquer sa différence. Toutefois, Krespel est un être lunatique, névrosé qui refuse tellement la réalité qu'il en devient fou. Il existe un contraste profond entre sa vie intérieure et sa vie extérieure : il construit sa maison sans tenir compte des règles de l'art architectural et donne le sentiment que l'édifice provient uniquement de son caractère fantasque et fantaisiste. Il ne respecte pas l'harmonie conventionnelle propre à l'architecture et se contente de suivre son intuition. D'après le narrateur, « la disposition intérieure donnait [toutefois] une impression de bien-être extraordinaire[161] », malgré l'extravagance extérieure.

L'édifice achevé, un dîner suivi d'un bal, auxquels sont conviés tous les maçons, ouvriers et artisans qui ont travaillé sur le site, est organisé. À cet instant précis, Krespel quitte son habit d'architecte, valse un instant, puis se joint aux musiciens. Il prend un violon et se plaît à diriger les danses avec énergie et bonne humeur. Ce n'est pas la société qui le rend joyeux, mais la satisfaction ressentie une fois la création aboutie. L'artiste développe alors un sentiment de puissance et de domination : il sent qu'il maîtrise l'Art. Aussi bien en tant qu'architecte chef de chantier que comme chef d'orchestre, il se sent universellement reconnu et respecté. Seule la perfection lui apporte bien-être et confiance en lui. Ainsi son âme est-elle contrariée de ne pouvoir déceler le mystère profond de la musique et d'imaginer sa fille quitter le foyer pour se marier. Sa maison incarne cette double tendance qui fait de Krespel un être à la fois hypersensible et névrosé, s'érigeant contre un monde extérieur formaté et codifié tout en affirmant l'art comme une production individuelle et originale. Aussi bien dans le domaine architectural que dans le domaine musical, le personnage se retrouve, comme son créateur Hoffmann, en marge des pratiques habituelles : l'architecture est un art conventionnel assez strict, dont la rigueur pourrait s'apparenter à celle du siècle des Lumières et qui évolue dans un espace bien défini, statique. En bouleversant les

---

[161] *SB*, p. 42 : « die innere Einrichtung [erregte] aber eine ganz eigene Wohlbehaglichkeit », [EF, t. 1, p. 71].

us et coutumes propres à cet art, Hoffmann remet en cause l'ordre ancien pour en créer un nouveau, ni trop rigide ni trop fou. S'il peut paraître étrange que l'écrivain utilise une métaphore architecturale pour introduire le thème de la musique, il suffit de se pencher sur les théories des premiers romantiques pour trouver trace d'un tel rapprochement. La musique, art du temps et de la succession, atténue l'aspect statique de l'architecture. La maison de Krespel représente l'individu lui-même : son aspect extérieur, étrange (comportement), offre un contraste étonnant avec son aspect intérieur, plutôt agréable (personnalité). Même névrosé, il touche le narrateur et lui prouve que les apparences ne révèlent pas sa véritable identité. Il en va de même pour la relation entre l'architecture et la musique : l'intérieur est ce qui compte réellement ; le recours à la métaphore architecturale devient alors une sorte d'allégorie de la musique, considérée comme un art produit par l'âme, spirituel et secret. À la différence d'un violon, la maison ne représente toutefois pas un lieu définitivement clos. Krespel peut y entrer à nouveau, réexaminer son œuvre de l'intérieur et les secrets qu'elle renferme. En revanche, après avoir fabriqué ou s'être procuré un violon, Krespel ne peut pénétrer dans son instrument. Ainsi le démonte-t-il pour y découvrir l'intimité perdue ou non découverte. Cette entreprise est d'emblée vouée à l'échec : un violon démonté ne peut plus rendre le moindre son, d'où le rapport pathologique que Krespel entretient avec la réalité. Il n'existe pas pour lui de porte qu'il pourrait ouvrir pour accéder au monde des rêves.

Dans un autre registre plastique, celui des métaux, le rapport entretenu avec la musique est tout aussi spirituel. Les métaux font le lien entre l'élément terrestre et le monde céleste de l'inconscient et du rêve.

L'or, l'argent et le cristal sont les métaux les plus représentés. Dans « Maître Martin », l'or est employé sous forme d'adjectif dans les couplets chantés lorsqu'il est question du crépuscule ou de la voûte céleste. Il symbolise l'élan vital et, associé au vin, il rend ce dernier précieux, voire inestimable. Ce n'est donc pas un hasard si les veillées sont toujours accompagnées de vin de qualité ou de *punch*. L'ivresse s'avère alors quasi divine et favorise la spontanéité artistique, la libération de l'esprit et des sens. Si l'alcool en général apparaît comme un élixir indispensable à la création, le *punch*, mélange de plusieurs composants, souligne la notion de duplicité et de multiplicité inscrite dans le principe sérapiontique lui-même. L'argent, lui, est le métal propre aux sons du violon. Dans « Le Conseiller Krespel », le narrateur parle du caractère « merveilleux […] des sons clairs et argentés de cloches que fait le violon et qui semblent être produits par une poitrine humaine[162] ». Comparé à l'être humain, l'instrument représente le côté mystérieux et caché de la musique. Le violon semble détenir un secret que seul un esprit situé hors de ce monde serait

---

[162] *Ibid.*, p. 63 : « silberhellen Glockentöne des Instruments schienen in der menschlichen Brust erzeugt. », [EF, t. 1, p. 92-93].

susceptible de déceler. C'est précisément ce mystère que Krespel tente de percer en démontant ses instruments.

Les récits mêlent bien souvent le caractère lunaire, nocturne et énigmatique de l'argent à l'or. Dans « Maître Martin », le narrateur évoque la couleur or des étoiles et mélange ainsi les luminosités solaire et lunaire, suscitant trouble et ambiguïté. Dans « Casse-Noisette », l'enfance prône la rêverie. Elle apparaît férue de contrastes esthétiques, d'associations impossibles et d'éléments inhabituels, comme dans le rapprochement entre un animal et un métal, entre le vivant et l'anorganique. La nature, aussi bien or qu'argent, se peuple alors d'« oiseaux d'or » et de « fleurs d'or », de cygnes d'argent aux colliers d'or et de dauphins aux écailles d'or. Il ne s'agit pas ici de souligner une quelconque équivoque, mais simplement de mettre en évidence le merveilleux enfantin.

Pour décrire l'eau et ses miroitements, ainsi que ses effets de lumière, le narrateur a davantage recours à l'argent ou au cristal. Dans « Casse-Noisette », les vagues sont d'un « rose argenté » et leur scintillement est comparé à des voix d'argent, à des sons et à des mélodies extraordinaires emplies de pureté[163]. Aucun sentiment de malaise ne transparaît derrière ce lexique inhabituel et l'effet de surprise qu'il produit. L'accent est mis sur la féerie, le calme, la quiétude et une spiritualité qui ne relève absolument pas de la religion chrétienne, mais de l'âme du monde schellingienne panthéiste. La lumière devient ici sonore et, en dépit de l'illusion née de ce que « l'on eût dit entendre », la musicalité anorganique ambiante souligne que même l'inanimé prend vie. Unies, la musique et la peinture transforment le monde magique de Marie en une peinture de paysage sonore aux couleurs chatoyantes.

Dans « Les mines de Falun », l'eau et l'argent, l'élément liquide et le métal, fusionnent pour donner à entendre des chants qui semblent issus d'un autre monde. Les « vagues » sont « d'argent » et la musique, venue d'ailleurs parait, elle aussi, transparente et immatérielle comme le cristal. Ainsi, dans « Casse-Noisette », l'eau n'est-elle pas seulement devenue argent, mais également cristal lorsque les dauphins projettent de l'eau, des « jets de cristal », et dans « Les mines de Falun », la mer est « une masse solide, étincelante et transparente » où « le bateau tout entier finit

---

[163] *Ibid.*, p. 294-295 : « Marie bemerkte, daß dies der Widerschein eines rosenrot glänzenden Wassers war, das in kleinen rosasilbernen Wellchen vor ihnen her wie in wunderlieblichen Tönen und Melodien plätscherte und rauschte. Auf diesem anmutigen Gewässer schwammen sehr herrliche silberweiße Schwäne mit goldnen Halsbändern und sangen [...] die hübschesten Lieder. [...] Die beiden goldschuppigen Delphine [...] spritzten krystallene Strahlen hoch in die Höhe, und wie die in flimmernden und funkelnden Bogen niederfielen, da war es, als sängen zwei holde feine Silberstimmchen », [EF, t. 1, p. 332-333] : « Marie constata que c'était le reflet d'une eau brillante dont les petites vagues de [rose argenté], clapotantes et murmurantes, tintaient à quelques pas devant eux en ravissantes mélodies. Sur cette eau charmante [...] glissaient de merveilleux cygnes d'une blancheur argentée portant au cou des colliers d'or et chantant à l'envi les plus ravissantes mélodies [...]. Les deux dauphins aux écailles d'or projetaient [...] des jets de cristal qui retombaient ensuite en arcs étincelants : et l'on eût dit entendre deux voix cristallines murmurer ».

par se dissoudre dans ce miroitement, de sorte qu'Elis se retrouv[e] sur un sol de cristal[164] ». Le cristal renvoie, dans ce cas, au fantastique, à la poésie, voire, dans un sens plus sombre, à la folie et à la mort. Cette autre réalité pourtant ancrée en partie dans le réel est incertaine, mouvante. Dans « Les mines de Falun », la métamorphose du sol s'avère à la fois surnaturelle et tragique. Ce type de fantastique mélange les vécus palpable, empirique et onirique. Il renvoie à une autre perception, à une duplicité trouble et hésitante.

L'eau, en se solidifiant, s'ouvre sur un autre monde, la surface, devenue translucide, révèle ses fonds mystérieux. La surface est, elle aussi, comparable à un miroir : non pas à celui où le personnage narcissique se contemple et se noie, mais à la glace qui renvoie, à celui qui s'y mire, les profondeurs de son inconscient et les richesses de son imagination. Elis se retrouve ainsi confronté à son passé, à ses faiblesses et à l'authenticité de son Moi. La confrontation avec le Moi s'apparente à la démarche du musicien qui puise en lui-même ou encore au comportement de l'auditeur qui, écoutant une composition, éprouve des sensations ou voit des images qu'il n'aurait pu imaginer jusqu'alors.

L'eau renvoie à la fois à un processus (écoulement) et à une forme de spiritualité (profondeur), elle mêle l'horizontalité de son flot et la verticalité de ses fonds. Elle s'apparente à l'art musical, temporel et linéaire. Les mines, elles, ne peuvent faire intervenir que la verticalité. La confrontation avec l'anorganique et l'intériorité est brutale. Les profondeurs représentent le danger de se voir confronté à son véritable Moi. Dans l'imagination d'Elis, les sols sont en cristal et les murs deviennent transparents comme du cristal de roche pur. Le personnage a besoin d'une perception plus large et moins étouffante pour pallier son sentiment de claustration : angoissé par l'abîme, par la plongée toujours plus abyssale dans son inconscient, il lui manque ici l'horizontalité de l'univers maritime. Le musicien, tout comme le mineur, enferme en lui un feu, dissimulé dans son être : celui de la création, dont le jaillissement appartient à un monde céleste, aérien et inaccessible.

Le cristal de la mine symbolise un *topos* qui désigne une sonorité : on parle, en effet, de son « cristallin ». La clarté et la pureté sonores se voient ainsi soulignées. Dans « Les automates », soit les sons ressemblent à ceux que produisent les cloches en cristal, soit il est question du scintillement des sonorités cristallines faisant intervenir le champ lexical de la lumière [« flimmerten »]. La perception sonore apparaît souvent indissociable de la perception visuelle et le métal constitue ici un lien fédérateur. De ce fait, il est la plupart du temps qualifié de lumineux, de brillant ou

---

[164] *Ibid.*, p. 216 : « das Meer [...] eine feste durchsichtige funkelnde Masse [...], in deren Schimmer das ganze Schiff [...] zerfloß, so daß er auf dem Krystalboden stand », [EF, t. 1, p. 253-254].

d'éblouissant : dans « Les mines de Falun », les « cristaux de roches éclair[ai]ent et scintill[ai]ent[165] » et dans « Casse-Noisette », ils renvoient des faisceaux de lumière.

Dans ce dernier récit, le cristal est lié à l'univers merveilleux de Marie, à une réalité parallèle onirique où il est question de l'intérieur du château du monde des poupées et, plus particulièrement, d'une « salle dont les murs sont constitués d'une multitude de cristaux aux couleurs étincelantes[166] ». Symbolisant, dans ce cas, la transparence de l'eau et la lumière, le cristal évoque également l'enfance et ses rêves d'un point de vue allégorique. En effet,

> comme les archétypes du feu, de l'eau et de la lumière, l'enfance qui est une eau, qui est un feu, qui devient une lumière détermine un grand foisonnement d'archétypes fondamentaux. Dans les rêveries qui mènent à l'enfance, tous les archétypes qui lient l'homme au monde, qui donnent l'accord poétique de l'homme et de l'univers, tous ces archétypes sont, en quelque sorte, revivifiés[167].

Le cristal est donc utilisé à la fois pour illustrer la pureté musicale, pour rapprocher la perception auditive de la perception visuelle en recourant au champ lexical de la lumière et du feu et lie les perspectives du « dedans » (inconscient, for intérieur, rêve et imagination) et du « dehors » (la nature et ses éléments). Outre le cristal, les pierres s'associent à la perspective du « dehors » et mettent en relation la matière et la lumière. La pierre est d'un « scintillement noir », le métal est « étincelant », il « brille », « rayonne de mille feux » et « étincelle d'une couleur rouge cerise[168] ». La pierre et les métaux sont associés à la lumière, au feu et au rouge, ce qui rejoint la couleur or et la chaleur solaire. Il existe donc « un feu caché et invisible dans l'intérieur de la matière ou dans le ventre du métal[169] ». L'eau, le feu et les métaux sont appliqués à des éléments abstraits tels que l'intériorité ou la spiritualité. La plupart des personnages sérapiontiques fusionnent avec leur environnement naturel (non social). Né poussière, Elis retournera à la poussière. Cette représentation biblique signale le retour à l'origine, il indique que le destin du personnage s'est accompli.

L'image du cycle et du cercle est fondamentale dans *Les Frères de Saint-Sérapion*. Elle s'applique aussi bien à la récurrence des veillées qu'aux personnages eux-mêmes, qui aspirent à

---

[165] *SB*, p. 215 : « Die Bergkrystalle leuchteten und flimmerten », [C'est moi qui traduis, I. L.]
[166] *Ibid.*, p. 300 : « das Innere des Schlosses, und zwar in einen Saal, dessen Wände aus lauter farbig funkelnden Krystallen bestanden », [C'est moi qui traduis, I. L.].
[167] Gaston Bachelard : *La poétique de la rêverie, op. cit.*, p. 107.
[168] *SB*, p. 216 : « vom schwarz flimmernden Gestein », [EF, t. 1, p. 254]/ p. 218 : « in dem glänzenden Gestein », [EF, t. 1, p. 255]/ p. 232 : « feuerstrahlende Steine », [EF, t. 1, p. 268]/ p. 236 : « der kirschrot funkelnde Almandin », [EF, t. 1, p. 273].
[169] Gaston Bachelard : *La psychanalyse du feu*, Paris, Gallimard, coll. « Folio Essais », 1949, p. 131.

travers leurs créations et leur existence à un éternel recommencement. En dehors du domaine narratif, la forme circulaire caractérise les arts pictural et musical, et s'apparente au phénomène de l'arabesque.

L'arabesque « sérapiontique »

Le mot « arabesque » remonte XVIe siècle et possède la même origine que le terme « arabe ». Il évoque, comme le souligne Alain Muzelle dans son ouvrage *L'arabesque. La théorie romantique de Friedrich Schlegel dans l'Athenäum*, « la ligne sinueuse d'un dessin ornemental, d'une ligne musicale, d'une figure exécutée par une danseuse[170] ». Dans son « Discours sur la mythologie », Friedrich Schlegel considère l'arabesque comme « la forme la plus ancienne et la plus originelle de la fantaisie humaine[171] ». Dans la « Lettre sur le roman », elle correspond à une « peinture fantasque née du *Witz*[172] » [« witzige Spielgemälde »]. Ainsi les aspects humoristique et esthétique [« witzig »], ludique [« Spiel »] et pictural [« Gemälde »] sont-ils mis en valeur. Produit du *Witz*[173] et du caractère fantastique, l'arabesque allie le grotesque et le fantastique. Libérée de son statut purement ornemental, elle devient un moyen d'accéder à une totalité harmonieuse, acquiert une fonction littéraire fondamentale en donnant de la diversité et de la couleur au discours et exerce un pouvoir à la fois divertissant et fédérateur dans le domaine artistique. Forme de la fantaisie

---

[170] Alain Muzelle : *L'Arabesque. La théorie romantique de Friedrich Schlegel dans l'*Athenäum, Paris, PUPS, 2006, p. 7. Cet ouvrage de référence très exhaustif étudie l'arabesque avant, pendant et après Schlegel. Il met en valeur deux formes essentielles : la simple arabesque et l'arabesque d'art. Dans « L'enchaînement des choses », l'esprit de l'arabesque est retranscrit par le biais de l'expression corporelle, l'harmonie et la grâce des danseurs alliant peinture et courbe : *SB*, p. 1071 : « Vier Paar stehen in malerischer Stellung, der Tänzer auf der rechten Fußspitze balancierend, umfaßt seine Tänzerin mit dem rechten Arm [...], die andern machen Ronde », [*EF*, t. 4, p. 165] : « Les cavaliers, en équilibre sur la pointe du pied, entourent du bras droit la taille de leur dame ; et les autres danseurs font la ronde »,

[171] Friedrich Schlegel : *Gespräch über die Poesie*, postface de Hans Eichner, Stuttgart, J.B. Metzlersche Verlagsbuchhandlung, 1968, p. 319 : « die älteste und ursprünglichste Form der menschlichen Fantasie ».

[172] *Ibid.*, p. 331 : « Fragen Sie sich nun selbst, ob Ihr Genuß nicht verwandt mit demjenigen war, den wir oft bei der Betrachtung der witzigen Spielgemälde empfanden, die man Arabesken nennt ». La traduction française de « witzigen Spielgemälde » est empruntée à Anne-Marie Lang dans l'ouvrage de Philippe Lacoue-Labarthe et Jean-Luc Nancy : *L'Absolu littéraire, Théorie de la littérature du romantisme allemand*, Paris, Seuil, 1978. (La qualité de cette traduction est soulignée dans l'ouvrage d'Alain Muzelle : *L'Arabesque, op. cit.*, p. 58).

[173] Le *Witz* ne trouve pas d'équivalent exact en français. Il est, selon Schlegel, d'« origine poétique » et la « manifestation de la fantaisie dans le monde des phénomènes ». Relevant du domaine de l'esprit au sens à la fois d'humour et de spiritualité, il est aussi l'art de reconnaître des ressemblances secrètes et fait partie intégrante du principe d'analogie que l'on retrouve dans le phénomène de la synesthésie, par exemple. Il unit donc, au même titre que l'arabesque, l'Un et le multiple et trouve son rôle dans les théories littéraires, esthétiques et philosophiques (néoplatonisme).

humaine donc, l'arabesque est liée au *Witz* et au chaos originel et rend poreuse la frontière entre les arts : « Les arabesques, les motifs, les ornements, etc. sont la musique véritable et visible[174] ».

En ce qui concerne Hoffmann, il ne faut pas considérer l'ensemble des *Frères de Saint-Sérapion* comme une arabesque au sens strict de la définition schlegelienne, mais l'utilisation doit surtout être comprise dans un sens métaphorique. Le passage de l'arabesque picturale ou musicale à l'arabesque littéraire s'effectue à travers un chaos renforcé par la diversité narrative, l'humour, sous toutes ses formes, l'hétérogénéité et l'enchevêtrement des récits. L'arabesque est mise au service d'un discours narratif nouveau, discontinu. On en trouve un exemple dans « Casse-Noisette » lorsque la linéarité du discours est interrompue par une digression, « le conte de la noix dure », relaté par Drosselmeier à la demande des enfants[175].

Ainsi le récit sérapiontique rejoint-il la métaphore du hérisson des frères Schlegel appliquée alors au genre du fragment[176]. En effet, on trouve dans *Les Frères de Saint-Sérapion* un noyau dur (une intrigue, un personnage précis ou un motif, un genre central) sur lequel se greffent des éléments annexes (histoires parallèles, autres intrigues, autres personnages). Les entrelacs narratifs détaillant et complexifiant la trame de départ, les interruptions et ramifications du discours transforment le rapport du lecteur à l'œuvre. L'arabesque ainsi créée devient un jeu spirituel et esthétique au sein duquel l'auteur tente de créer un rapport intellectualisé et non plus strictement passionnel ou figé entre le récit et le lecteur : ce dernier, auquel le narrateur s'adresse souvent directement par des formules bienveillantes ou par le tutoiement, est tenu de solliciter sa puissance de concentration et de réflexion pour comprendre l'histoire et l'apprécier.

« Le choix d'une fiancée », par exemple, est constitué de six chapitres clairement énoncés, et le lecteur est d'emblée informé de l'entrelacs narratif ultérieur par le sous-titre : « **une** histoire où arrivent **plusieurs** aventures tout à fait **invraisemblables**[177] ». Inversement, « Doge et dogaresse » n'est pas découpé en chapitres, ce qui ne facilite pas la compréhension du récit et ne permet pas de démêler immédiatement l'écheveau des destins représentés. Le changement événementiel est marqué par le décalage assez rapide qui s'effectue entre le présent des deux amis regardant la toile et celui des personnages du tableau (le doge et la dogaresse), ainsi que par l'intervention de l'étranger, moment où le fil narratif initial est sectionné :

---

[174] Friedrich Schlegel : *Gespräch über die Poesie*, op. cit., p. 360 : « Die eigentliche sichtbare Musik sind die Arabesken, Muster, Ornamente, usw. ».

[175] *SB*, p. 266 : « "Erzähle, o erzähle, lieber Pate", so riefen die Kinder, und [er] fing also an », [EF, t. 1, p. 304] : « "Raconte, o raconte, cher parrain", crièrent les enfants, et alors [il] commença son récit ».

[176] Friedrich Schlegel : *Kritische Schriften und Fragmente*, t. 2, op. cit., p. 123 : « Ein Fragment muß gleich einem kleinen Kunstwerke von der umgebenden Welt ganz abgesondert und in sich selbst vollendet sein wie ein Igel », [EF, p. 161], [Fragment 206].

[177] *SB*, p. 639 : « **eine** Geschichte, in der **mehrere** ganz **unwahrscheinliche** Abenteuer vorkommen », [EF, t. 3, p. 34], [C'est moi qui souligne, I. L.].

Le récit que je vais vous conter sera très circonstancié […] car tout historien, comme je le suis moi-même, est […] une sorte de spectre parlant venu du passé. Les amis entrèrent avec l'étranger dans une pièce éloignée, où il commença, sans préambule, de la façon suivante : […][178].

Le narrateur équivaut à un véritable chef d'orchestre menant, ornant, agrémentant le récit et ouvrant, dans le même temps, plusieurs clefs d'interprétation susceptibles de dérouter le lecteur. À cela s'ajoute la multiplication des focalisations, des instances narratives et la place importante laissée à l'oralité et aux dialogues. Le récit de « Casse-noisette » porte donc bien son nom. En effet, on y rencontre trois narrateurs principaux – Lothar, Marie et Drosselmeier – et deux mondes différents : la réalité philistine, objective et rationnelle des parents de Marie ou de Lothar d'un côté, l'univers merveilleux de la jeune fille de l'autre. La métaphore de la noix renvoie directement au titre du récit. La coque représente l'univers philistin et le fruit le monde intérieur de l'enfance : seule une âme d'artiste et un être merveilleux semblent aptes à briser l'enveloppe. Le Casse-Noisette symbolise, à la fois comme objet quasi utilitaire et comme créature extraordinaire, le lien entre les deux réalités :

> Marie y glissa une noisette et crac – l'homme l'avait mordue de telle manière que la coque tomba et que Marie reçut dans la main le fruit sucré[179].

L'action de Marie est ici symbolique. Elle révèle une complicité naissante entre la jeune fille et le Casse-Noisette et équivaut à une réaffirmation de l'enfance. Le Casse-Noisette est qualifié d'« homme » et offre à Marie l'accès à son univers. En construisant elle-même ses repères et ses rêves, Marie s'émancipe, dans le même temps, de l'autorité parentale. Cet acte correspond à une rébellion et à un rejet.

Si la métaphore de la noisette révèle une mise en abyme narrative et symbolique, le motif du miroir remplit la même fonction : celle d'une porte ou d'un verre sans tain qui sépare le réel du merveilleux, compris comme un univers à part entière, indépendant de la réalité et de son caractère potentiellement inquiétant et tragique. La sphère du merveilleux se veut rassurante et enfantine, elle est le lieu de tous les possibles. Si les parents rejettent ce qui les dépasse, leurs yeux n'étant pas capables de le voir, leur fille Marie, tout en appartenant à l'existence philistine, est à même de

---

[178] *Ibid.*, p. 431 : « Ich werde sehr umständlich sein, […] denn jeder Historiker, wie ich nun einmal einer bin, ist […] eine Art redendes Gespenst aus der Vorzeit. Die Freunde traten mit dem Fremden in ein entferntes Zimmer, wo er ohne weitere Vorrede in folgender Art begann », [EF, t. 2, p. 128].
[179] *Ibid.*, p. 248 : « Marie schob […] eine Nuß hinein, und knack – hatte sie der Mann zerbissen, daß die Schalen abfielen, und Marie den süßen Kern in die Hand bekam », [EF, t. 1, p. 286].

traverser le miroir et de voyager dans une autre dimension. La mise en abyme et le jeu de symétrie, de continuité et de rupture font partie de la structure arabesque et conduisent ainsi le lecteur à multiplier les points de vue.

Vient ensuite s'ajouter l'aspect théâtral faisant partie intégrante de la forme arabesque où les actions s'enchaînent avec rapidité. L'entretien qui succède à « Fiancée de roi » souligne que « les amis avaient [...] plus d'une fois éclaté de rire ». L'histoire présente « une certaine qualité de drôlerie, sinon d'humour véritable », et l'ensemble s'avère « fort plaisant[180] ». Les éclats de rire constituent des pauses divertissantes provoquant un étonnement inattendu et rompant la monotonie ponctuelle de l'action.

La narration hoffmannienne unit la diversité la plus extrême, tout en laissant au lecteur le soin de prendre conscience de cette multiplicité : il importe à l'écrivain de ne pas livrer toutes ses clefs pour solliciter l'imagination de son lecteur. Si Cyprian, dans « La guerre des Maîtres Chanteurs », n'a pas fait partager à ses auditeurs les textes chantés par ses personnages, c'était justement, d'après Lothar, pour laisser l'imagination faire son œuvre.

Créer une arabesque littéraire revient donc à organiser le chaos romanesque en ayant recours à une construction symétrique, à une éventuelle structuration des chapitres, à un usage précis des couleurs visant à atteindre une unité chromatique. L'écriture hoffmannienne se nourrit des enchevêtrements thématiques et de la diversité artistique, qui lui confèrent un pouvoir d'abstraction rejoignant celui de l'art musical et tendant vers un infini absolu, tant rêvé par les romantiques.

Pour reprendre les images musicales du contrepoint et de l'harmonie, il existe des lignes horizontales et verticales, ce qui confère au récit une forme à la fois arabesque et contrapuntique. Tel est le cas, par exemple, du « Conseiller Krespel ». L'axe horizontal correspond au fil de la narration tendu par Theodor et l'axe vertical aux différents moments de tension du récit que représentent les changements de perspectives narratives, les accès de folie de l'artiste, la relation entre ce dernier et sa fille et les événements ponctuels liés à cette relation : l'amour interdit, le repli dans le domaine artistique, ou encore l'identification à l'instrument de musique. La ligne horizontale est sans cesse interrompue, des nœuds narratifs et événementiels viennent s'y greffer. Les interruptions sont constituées par ces entrelacs qui perturbent la ligne horizontale narrative et que l'on nomme arabesques.

Les motifs de la nature, de l'entrelacement, de la variété au sein d'une unité et du fantastique font aussi partie intégrante des *Frères de Saint-Sérapion*. Le fantastique correspond à une réalité

---

[180] *Ibid.*, p. 1197 : « Die Freunde hatten [...] mehrmals hell aufgelacht und waren nun darin einig, daß wenn die Erfindung des Märchens auch nicht eben besonders zu rühmen, doch das Ganze sich sowohl im wahrhaft Humoristischen als im Drolligen rein erhalte ohne fremdartige Beimischung und eben daher ergötzlich zu nennen sei », [EF, t. 4, p. 292].

subjective non empirique. Associé au grotesque, il incarne ainsi une distorsion du réel et l'union du vivant et de l'inanimé. Par ailleurs, la métaphore filée et contrapuntique de la plante ou de la fleur, faisant référence à la peinture ornementale propre à l'arabesque, se retrouve indirectement au sein de la narration. La variété thématique dans « Signor Formica » en est une parfaite illustration : la peinture, la poésie et la théâtralité sous forme de comédie s'y mêlent. Si la métaphore végétale est moins usitée dans *Les Frères de Saint-Sérapion* que dans les *Contes fantastiques*, la symbolique de la mosaïque l'est, en revanche, davantage. En effet, dans « Le choix d'une fiancée », Lothar reproche à Ottmar de comparer ses récits à une mosaïque[181]. Du chaos narratif naît la beauté artistique, songe Lothar. Il n'est donc pas nécessaire de penser qu'une œuvre d'art repose à tout prix sur un enchaînement linéaire et rigoureusement structuré.

Le motif de la mosaïque rejoint les arabesques à la fois picturale et musicale. Pour ce faire, Hoffmann unit la diversité des arts et des thèmes, tutoie aussi bien l'ordre que le chaos et allie les contraires. Tout écrit hoffmannien fonctionne comme un prisme, et les entretiens qui précèdent et suivent les récits représentent en quelque sorte les enluminures, ouvrant au lecteur des perspectives critiques. Ces entretiens s'inscrivent dans la structure d'ensemble, qui peut parfois paraître artificielle.

L'arabesque sérapiontique ne se limite pas à une structure apparemment chaotique, mais renvoie aussi au grotesque qu'engendrent diverses métamorphoses : anorganique (« Casse-Noisette »), végétale (Daucus Carota dans « Fiancée de roi »), minérale (les femmes mystérieuses des « Mines de Falun ») ou animale (Maître Encre dans « L'enfant étranger »). Cette forme remplit alors une fonction littéraire et une fonction esthétique : d'une part elle suscite le rire dû à son caractère absurde et saugrenu, d'autre part elle crée une sorte de gêne compte tenu que le grotesque, telle une anamorphose, déforme une partie du réel empirique en inscrivant cette nouvelle parcelle de réalité comme absolument objective. Une transformation semblable d'homme en animal se retrouve dans « L'enfant étranger » lorsque Maître Encre, chargé d'éduquer Felix et Christlieb au philistinisme en les faisant perdre rêveries et illusions enfantines, devient une grosse mouche que l'on chasse à coups de tapette[182]. La drôlerie de la scène est produite par les onomatopées et les verbes d'action, donnant l'impression d'une véritable course-poursuite. Dans « Fiancée de roi », le

---

[181] *Ibid.*, p. 720 : « Vergleichst du, Ottmar, meine Geschichte mit einer bunten, willkürlich zusammengefügten Mosaik, so sei wenigstens nachgiebig genug, dem Dinge, das du wunderlich toll nennst, eine kaleidoskopische Natur einzuräumen, nach welcher die heterogensten Stoffe, willkürlich durcheinander geschüttelt, doch zuletzt artige Figuren bilden », [EF, t. 1, p. 108] : « S'il te plaît, Ottmar, de comparer mon histoire à une mosaïque arbitrairement constituée de mille éléments divers, concède-moi du moins que ce que tu qualifies d'extravagant est aussi, après tout, une sorte de kaléidoscope naturel où les éléments les plus hétéroclites, dûment secoués, forment à la fin de bien jolies figures ».

[182] *Ibid.*, p. 608 : « Der Herr von Brakel ergriff auch wirklich die Fliegenklatsche und nun ging es her hinter dem Herrn Magister. [...] Und wilder und wilder wurde die tolle Jagd – Summ – Summ – Simm – Simm – Trr – Trr », [EF, t. 2, p. 308] : « Le sire Brakel saisit [réellement] le tue-mouches et se lança à la poursuite du magister. [...] La chasse était de plus en plus endiablée – summ... summ simm...simm... trr – trr ».

grotesque scénique s'accompagne également d'un grotesque sémantique : certains individus portent des noms de légumes et se nomment « Pan Kapustowicz de Pologne [feuille de chou], Herr von Raifort, de Poméranie, Signor di Brocoli, d'Italie, et Monsieur de Rocambole [variété d'ail], de France[183] ». De même, Anna accède à un univers étrange et merveilleux en enfilant une bague qu'une carotte sortie de terre lui tend. Cette situation grotesque est renforcée lors de l'arrivée ridicule d'un personnage affublé d'un nom faussement latin et savant – « Daucus Carota » –, ce qui accentue l'aspect cocasse de la situation. Le recours au motif de la légumineuse appliqué à une Cour royale prête à rire. Le lecteur n'en conçoit pas d'inquiétude, mais seulement de la curiosité et de l'amusement. Loin de l'atmosphère des *Contes nocturnes* ou des *Élixirs du diable*, Hoffmann se rapproche ici davantage du conte populaire.

À l'inverse, dans « Casse-Noisette », l'oncle Drosselmeier n'est en aucun cas amusant lorsqu'il prend les traits d'une chouette inquiétante pour effrayer Marie et l'introduire dans son univers :

> Marie commença à être terrifiée […], elle venait d'apercevoir le parrain Drosselmeier perché tout en haut de l'horloge à la place de la chouette, et qui laissait pendre de part et d'autre comme des ailes les deux pans de son habit[184].

Il appartient au lecteur d'adhérer au monde de Marie, découvrant en Drosselmeier un être plutôt maléfique, doté de pouvoirs surnaturels, ou de rester du côté de la raison et de l'univers des adultes, en considérant la chouette simplement comme le fantasme d'une fillette à l'imagination débordante. Dans tous les cas, la métamorphose du parrain annonce un changement radical chez Marie : elle côtoie désormais un nouvel univers, peuplé d'êtres maléfiques et fabuleux. Le lecteur prend alors conscience du dualisme et de la tension qui existe entre merveilleux et réalisme. L'arabesque n'est donc pas ici ornementale, mais structurelle et incluse dans la narration : elle appartient à l'architecture du récit. Elle s'applique non seulement à la musique et à la peinture, mais aussi à l'architecture et à la narration. Dans leur forme générale, *Les Frères de Saint-Sérapion* apparaissent comme une œuvre construite de manière rigoureuse malgré les enchevêtrements, les ruptures et les emboîtements narratifs. De plus, compte tenu de la multiplicité des narrateurs, l'expression de Friedrich Schlegel « l'université est typique de l'arabesque. Symphonie de professeurs[185] » pourrait

---

[183] *Ibid.*, p. 1164 : « Die Herren […] waren von vier verschiedenen Nationen und nannten sich : Pan Kapustowicz aus Polen, Herr von Schwarzrettig aus Pommern, Signor di Broccoli aus Italien, Monsieur de Roccambolle aus Frankreich », [EF, t. 4, p. 161]. On retrouve largement ce jeu sur les noms "parlants" dans le théâtre populaire viennois (chez Nestroy en particulier) et jusque chez Kraus et Musil.

[184] *Ibid.*, p. 254 : « Marien fing an sehr zu grauen […], als sie Pate Droßelmeier erblickte, der statt der Eule auf der Wanduhr saß und seine gelben Rockschöße von beiden Seiten wie Flügel herabgehängt hatte », [EF, t. 4, p. 292].

[185] Voir Karl Konrad Polheim : *Die Arabeske. Ansichten und Ideen aus Friedrich Schlegels Poetik*, Paderborn, Schöningh, 1966, p. 94 : « Die Universität ist etwas sehr Arabeskes. Synfonie von Professoren ».

être modifiée de la sorte : « *Les Frères de Saint-Sérapion* sont typiques de l'arabesque. Symphonie de narrateurs ». La diversité narrative transforme l'œuvre en une mosaïque, à la différence près que chaque récit possède une unité de sens qui lui est propre.

Le terme de « mosaïque » appliqué au « Choix d'une fiancée » constitue initialement un reproche : l'histoire serait excessivement difficile d'accès et compliquée. L'action du premier chapitre se déroule pendant la nuit d'équinoxe d'automne où monsieur Tusmann rencontre un inconnu dénommé Leonhard, qui semble déjà le connaître. C'est justement ce dernier, obnubilé par les titres honorifiques, qui est à l'origine d'une des premières scènes humoristiques à laquelle le lecteur assiste. Tusmann voit apparaître dans le même temps, en haut d'une habitation, le visage d'une femme à la fois superbe et fantomatique qui lui fait perdre les sens ; il se laisse ensuite convaincre de se rendre dans une taverne pour discuter de cette étrange apparition. Il y absorbe une grande quantité d'alcool et fait la connaissance, dans son ivresse, d'un vieux Juif désagréable, raillant son projet de mariage avec la jeune femme :

> Hein, quoi ? interrompit le vieux d'une affreuse voix criarde. Vous voulez vous marier, vous, vieux comme vous l'êtes, et laid comme un babouin[186] ?

Cette deuxième scène humoristique en appelle une autre de la même facture. L'orfèvre Leonhard se moque à son tour du dessein de Tusmann[187]. Le lecteur assiste ensuite à des scènes cocasses, comme lorsque Tusmann évoque les femmes et la manière dont il les courtise, ou lorsque le Juif et Leonhard discutent des procès de sorcellerie et de la société dans la seconde moitié du XVIe siècle, ou encore au moment où ils jouent un tour de passe-passe au « secrétaire privé de chancellerie » absolument ivre. Dans le chapitre suivant, la strate temporelle narrative est antérieure à celle du premier chapitre. À une époque plus reculée, Leonhard, le vieil orfèvre, rencontre une vieille connaissance : le jeune peintre Edmund Lehsen. Ils discutent d'art et se lient d'amitié. Puis vient le moment où Edmund revoit une jeune femme, Albertine, un an après leur première rencontre. La scène est assez amusante, puisque les deux personnages se percutent et qu'Edmund s'éprend d'Albertine. Le choc s'avère donc à la fois physique et émotionnel.

Le récit forme au début une sorte de spirale fournissant des informations non linéaires, dans la mesure où il ne narre pas l'histoire en respectant la continuité temporelle. Ces analepses en

---

[186] *SB*, p. 645 : « Was, unterbrach der Alte den Geheimen Kanzlei-Sekretär mit kreischender, krächzender Stimme, was ? – Sie wollen heiraten ? Sie sind ja viel zu alt dazu, und häßlich wie ein Pavian », [EF, t. 3, p. 39].
[187] *Ibid.*, p. 652 : « Herr, rief der Goldschmidt [...] Sie wollen die schöne blutjunge Albertine Voßwinkel heiraten ? Sie alter abgelebter armseliger Pedant ? », [EF, t. 3, p. 46] : « Monsieur, répliqua l'orfèvre, [...] vous voulez épouser la belle et tendre Albertine Vosswinkel... Misérable cuistre décrépit comme vous l'êtes ! ».

alternance forment à proprement parler une arabesque picturale. Les deux premiers chapitres, avant de se rejoindre, fonctionnent parallèlement et symétriquement. Ils mettent tous deux en scène une rencontre : celle entre Leonhard et Monsieur Tusmann et celle entre Leonhard et le peintre, à la différence près que la première débouche sur un conflit et une fuite, et la deuxième sur une amitié et une promesse, celle pour Edmund de conquérir Albertine ; « quant à savoir comment l'orfèvre s'y était pris pour commencer ses opérations contre le secrétaire privé de chancellerie, le bienveillant lecteur l'aura appris déjà en lisant le premier chapitre[188] ». Les deux chapitres diffèrent au niveau de la trame aussi bien événementielle que chronologique et ne se rejoignent que dans le chapitre suivant. « Le choix d'une fiancée » comporte six chapitres, les deux premiers racontent deux histoires, deux destins parallèles qui finissent par se recouper. Le problème principal consiste à trouver un mari pour Albertine. Trois prétendants sont envisagés : Edmund, Monsieur Tusmann et un baron. Avec l'aide de Leonhard, Edmund finit par obtenir la main d'Albertine et décide, malgré tout, de partir à Rome pour parfaire sa carrière d'artiste. En définitive, le lecteur ignore si Edmund épousera sa fiancée ou s'il décidera de consacrer sa vie à l'art, donc à une autre forme d'amour. La narration est jalonnée de péripéties plus humoristiques les unes que les autres. Le récit constitue « quelque chose de bien extravagant[189] », comme le fait remarquer Ottmar. Les jeux entre les chapitres, les différents narrateurs et la métaphore de la mosaïque narrative transforment le récit en un *puzzle* reconstitué. Chaque chapitre permet de comprendre le suivant, et si le lien entre le premier et le deuxième n'apparaît pas clairement, il le devient à partir du troisième, et ce n'est qu'à la toute fin du récit qu'une vue d'ensemble est envisageable. Le motif de la mosaïque révèle la picturalité et, au sens figuré, la musicalité de l'arabesque, car la ligne mélodique narrative n'est pas régulière, mais produite par une série d'interruptions. Ce sont elles, ces interférences verticales sur la ligne horizontale (comme en témoignent, par exemple, les œuvres de Debussy) qui constituent la mélodie. Le chaos que le tissu narratif complexe et apparemment confus semble provoquer est en réalité très structuré. Pour conclure, « Le choix d'une fiancée » relève de l'arabesque du fait de la place laissée aux enchevêtrements événementiels, au *Witz* et à la satire. Le jeu symétrique entre les chapitres, les imbroglios et les coups de théâtre permet à Hoffmann d'appliquer la théorie de l'arabesque à l'écriture et à la structure d'ensemble. En effet, en dépit de la variété des narrateurs qui content en alternance leurs histoires, ce qui correspond aussi aux entrelacs propres à l'arabesque, les récits se font écho et sont conçus de manière symétrique.

Pour preuve, « L'enfant étranger » se situe exactement au centre de l'œuvre. Le merveilleux et l'enfance ornent le récit de fraîcheur et d'imagination, en osmose avec la nature, l'arabesque

---

[188] *Ibid.*, p. 668 : « Auf welche Weise der Goldschmidt seine Operationen gegen den Geheimen Kanzlei-Sekretär begann, hat der geneigte Leser bereits im ersten Kapitel erfahren », [EF, t. 3, p. 60].
[189] *Ibid.*, p. 719 : « ein wunderlich tolles Ding », [EF, t. 3, p. 107].

offrant elle aussi cette impression de magie et d'harmonie. L'omniprésence du grotesque[190] et de l'imagination, ainsi que l'opposition entre le monde des adultes philistins et celui des enfants encore ingénus mettent en valeur l'arabesque dans toute sa complexité. De plus, les commentaires de l'édition allemande montrent clairement la correspondance qui existe entre le caractère merveilleux du conte et le motif de l'arabesque :

> Le royaume des enfants que la mère de l'enfant étranger fonde de manière très engagée et défend contre toutes les attaques du méchant Pepser a souvent été mis en parallèle avec les dessins floraux ornementaux et arabesques du peintre romantique Philipp Otto Runge[191].

Les thèmes sérapiontiques relèvent d'une symétrique relative : ils font intervenir l'art musical ou la peinture, le monde des automates ou la folie humaine, l'amour artistique ou l'amour terrestre. Variés et traités aussi différemment que possible, ils soulignent des constantes comme l'incompatibilité entre l'amour pour une femme et l'art, l'impossible alliance de l'art et de la névrose, ou encore la roue du temps auquel nul homme ne saurait se soustraire. La vanité apparaît de manière symétrique. L'ensemble des récits contés par les frères de Saint Sérapion se déroule comme un immense fil. Le caractère inexorable d'une fin contre laquelle l'homme ne peut lutter ou « la toute-puissance du temps » destructeur sont d'emblée pointés par Lothar et confirmés ensuite dans « L'enchaînement des choses ». Lothar met ici en relief le destin tout tracé de chaque être humain. Le récit se clôt sur une atmosphère conviviale et sur la pensée suivante de Theodor, qui met en avant le principe sérapiontique.

Les nombreux entretiens, s'intercalant entre les différentes narrations, forment des pauses entre les récits. Ils permettent un retour immédiat sur l'histoire qui vient d'être lue (fonction anaphorique) et annoncent celle qui va l'être (fonction cataphorique). Assimilés à l'arabesque, ils ne constituent pas des ornements superflus, mais soutiennent les théories esthétiques hoffmanniennes, introduisent les récits, les critiquent, les commentent. Ils mettent ainsi le texte en perspective et tendent le fil narratif. Le motif du « fil » et le symbole du caléidoscope justifient l'alliance entre horizontalité (le

---

[190] Le grotesque renvoie à la satire sociale. Il incarne à la fois une critique et une mise à distance, une forme d'originalité empreinte de ridicule. La métamorphose de Maître Encre en mouche dans « L'enfant étranger » représente ainsi une caricature triviale du philistinisme. Suscitant le dégoût et inspirant la laideur, la mouche contraste vivement avec la sphère merveilleuse de l'enfant étranger. De plus, il y a ici une différence évidente entre l'univers idéal du royaume des poupées du « Casse-Noisette » où l'inanimé (les poupées) s'anime et celui de l'enfant étranger, présenté d'emblée comme vivant et non artificiel. Il serait alors possible de voir dans le grotesque du « Casse-Noisette » une sorte de parodie qui ne s'appliquerait non plus au philistinisme, mais au merveilleux : le grotesque soulignerait alors un certain pessimisme face à un Eldorado qui n'existerait pas ou, du moins, qui serait très précaire.

[191] *SB*, p. 1452 : « Das Reich der Kinder, das die Mutter des fremden Kindes so engagiert etabliert und gegen alle Übergriffe des bösen Pepser verteidigt, ist mehrfach mit ornamental-floralen Zeichnungen und Arabesken des romantischen Malers Philipp Otto Runge in Verbindung gebracht worden ».

temps qui passe et le temps de la narration) et verticalité (alliance thématique et événementielle, ruptures narratives).

Les récits sont perçus par les frères de Saint-Sérapion comme un tissu, un assemblage, un fil sans cesse détourné de son horizontalité. Cette horizontalité est marquée par une métaphore temporelle qui s'étend jusqu'à la dernière page : Lothar l'annonce, Theodor l'achève :

> On ne voit jamais, jamais revenir ce qui une fois a été. [...] De cette vie, dont les racines plongent dans les ténèbres, il ne subsiste que des ombres. (Lothar)
>
> [...]
>
> Je ne sais trop pourquoi, mais j'ai le triste pressentiment que nous nous séparons pour longtemps, peut-être pour toujours. Mais le souvenir de ces soirées sérapiontiques continuera à vivre dans nos cœurs[192]. (Theodor)

La ligne du temps forme le fil conducteur de l'œuvre : les soirées et les récits se succèdent jusqu'à ce que les amis se séparent peut-être pour longtemps, comme le pressent Theodor. Le début de la cinquième veillée indique que cette dernière s'achève entre la fin du deuxième tome et le début du troisième, lorsque les amis se retrouvent comme après plusieurs mois de séparation. La cinquième veillée reconstruit le fil de la narration interrompu par les aléas de la vie, par l'enchaînement des choses. Les deux premiers tomes et les deux derniers sont symétriques par leur longueur, et le nombre des récits à peu près identique, les première et cinquième veillées se faisant écho. Elles appellent chacune à une renaissance[193].

La thématique temporelle n'appartient pas seulement au cadre général de l'œuvre : d'un côté, Hoffmann insère la plupart de ses récits dans un contexte historique précis rappelant le temps qui s'écoule et le temps déjà écoulé (période napoléonienne), et de l'autre, le lecteur assiste à des ruptures dans la linéarité temporelle, où il crée, lui-même, les associations et les renvois, comprend les répétitions et l'implicite narratif. Cela rejoint les caractéristiques de la musique romantique. Le schéma arabesque remplace une structure stricte. Les éléments musicaux de la composition ne sont

---

[192] *Ibid.*, p. 13 / p. 1199 : « Nimmer wiederkehrt, was einmal da gewesen ist. [...] Nur die Schattenbilder des in tiefe Nacht versunkenen Lebens bleiben zurück [...] ich weiß in der Tat nicht, wie mir die wehmütige Ahnung kommt, daß wir uns auf lange Zeit trennen, vielleicht niemals wiedersehen werden, doch wird wohl das Andenken an diese Serapionsabende in unserer Seele fortleben. » [EF, t. 1, p. 41/ t. 4, p. 294].

[193] *Ibid.*, p. 15/ p. 621 : « Laßt uns also die alte Zeit und alte Ansprüche aus ihr her vergessen, und von jener Gesinnung ausgehend, versuchen, wie sich ein neues Band unter uns verknüpft »/ « Was gilts, dem wackern Keim, den wir bilden, entkeimt wieder ein lebendfrischer Baum mit Blüten und Früchten », [EF, t. 1/ t. 3, p. 43/ p. 15] : « Oublions donc le passé et toutes nos exigences d'antan ; ne songeons qu'à cette nature profonde, essayons de voir quel lien nouveau peut encore nous unir. Il est absolument indispensable que nous reprenions sans tarder notre rituel sérapiontique, et je donne à parier que du superbe noyau que nous constituons naîtra de nouveau un arbre vivace, produisant fleurs et fruits ».

pas ordonnés de manière logique, mais assemblés, formant des associations. De plus, les alternances entre continuité et rupture narratives sont renforcées par la métaphore filée du texte comme tapisserie, donc comme un enchevêtrement extrêmement précis[194]. Dans « Mademoiselle de Scudéry », le *leitmotiv* présent dans l'expression « Un amant qui craint les voleurs » symbolise une forme arabesque, le fil conducteur du récit et, selon Sylvester, la « trame [de « L'enchaînement des choses »] est issue de fils hétéroclites et de couleurs très différentes[195] ».

Outre cette fonction qui rapproche la narration de la musique, puis de la peinture ornementale, l'arabesque s'ouvre sur un univers mystérieux. D'un point de vue étymologique, l'arabesque et l'adjectif « arabe » possèdent la même origine et soulignent la fascination des romantiques pour les contrées inexplorées et l'écriture manuscrite de langues inconnues[196]. Dans « La Guerre des Maîtres Chanteurs », Wolfframb considère qu'Heinrich, revenu d'un long voyage où il a appris à maîtriser l'art vocal, chante d'une étrange manière. Cet aspect est confirmé par Klingsohr, le maître de Heinrich, qui a puisé son inspiration et appris l'art musical de ses voyages culturels en Orient. Personnage énigmatique et inquiétant, Klingsohr a séjourné chez les Arabes pour découvrir leurs secrets et leur sagesse[197]. La musique enseignée est travaillée comme une pièce d'orfèvrerie et présente de nombreux ornements. Les sons, encore inconnus et ignorés, sont ressentis comme la source d'une nouveauté artistique importée des contrées lointaines, mais manquant de simplicité et d'authenticité.

Dans « Fiancée de roi », Dapsul von Zabelthau, lui, a développé son attirance pour l'univers mystique en apprenant les langues orientales à l'écriture picturale, voire hiéroglyphique pour les

---

[194] *Ibid.*, p. 22 : « Wir wollen [...] nicht darauf bestehen jenen Faden, an dem wir vor zwölf Jahren spannen, nun fortzuspinnen, [EF, t. 1, p. 50] : « Ne nous entêtons pas à vouloir toujours dévider le même fil qu'il y a douze ans »/ p. 306 : « Das ist ganz unmöglich, daß Kinder die feinen Fäden, die sich durch das Ganze ziehen, und in scheinbar heterogenen Teilen zusammenhalten, erkennen können », [EF, t. 1, p. 344] : « Il est parfaitement impossible que des enfants soient capables de distinguer les fils ténus qui courent à travers ce récit et en forment la trame, en dépit de l'apparente hétérogénéité de ses divers éléments »/ p. 1054 : « Mein Gespinst, sprach Sylvester indem er einige Blätter hervorzog, mein Gespinst besteht diesmal aus mancherlei Faden von gar verschiedener Farbe », [EF, t. 4, p. 148] : « Cette fois, dit Sylvester ma trame est tissée à partir de fils hétéroclites et de couleurs très différentes ». Le conteur remplit ici la fonction de tisserand : la diversité des événements, qui forme initialement une sorte de chaos hétérogène, finit par constituer un tout relativement homogène. Sylvester prévient ici ses amis de la teneur de son récit « L'enchaînement des choses ». Il s'agit d'une histoire dont les événements s'enchevêtrent, se tissent et s'entrecroisent. L'histoire ressemble à un métier à tisser dont la narration serait la navette. Savoir raconter revient à savoir manier cette navette. C'est une façon de lutter contre la fuite du temps : le fil du temps (objectif) se déroule *ad vitam eternam* sans pouvoir être arrêté ou interrompu d'une quelconque manière.

[195] *Ibid.*, p. 1054 : « Mein Gespinst, sprach Sylvester indem er einige Blätter hervorzog, mein Gespinst besteht diesmal aus mancherlei Faden von gar verschiedener Farbe und es wird darauf ankommen, ob ihr dennoch dem Ganzen Ton und Haltung zugestehen wollt », [EF, t. 4, p. 148].

[196] Au cours du romantisme l'arabesque quitte son rang marginal d'art inférieur pour être reconnue à sa juste valeur. Plastique et végétale, elle est utilisée dans l'architecture, les descriptions florales, l'écriture, les métamorphoses organiques et animales.

[197] *SB*, p. 363 : « Wißt ihr nicht, wie ich [...] selbst nach den fernsten Morgenländern gereiset und die Geheimnisse der weisen Araber erforscht », [EF, t. 2, p. 61] : « Ignorez-vous [...] que j'ai vu les contrées les plus éloignées du Soleil Levant, que j'ai exploré les secrets des Sages de l'Arabie ».

non initiés[198]. La calligraphie arabe est sinueuse et rappelle la ligne de beauté issue de la théorie de l'art de la Renaissance, la « ligne serpentine », étudiée par l'artiste Hogarth dans son *Analyse de la Beauté*[199]. Appliquée à la fois à l'architecture et à la peinture essentiellement ornementale, cette ligne fonde l'arabesque picturale. Hogarth considère la courbe serpentine comme une alliance gracieuse de la nature et de l'art représentée par les motifs végétaux, les formes imbriquées et entrelacées, symétriques et variées qui se retrouvent aussi, en dehors des domaines architectural et pictural, sur des objets utilitaires comme le drapé des tissus, le mobilier ou les accessoires (vestimentaires). Le motif de l'arabesque donne ainsi mouvement et profondeur et favorise le passage de la grâce à la caricature. La courbe symbolise à la fois la beauté et la laideur. Il est dorénavant question de diversité des genres et non plus de beauté absolue : la vision que l'auteur a de l'œuvre d'art s'en trouve transformée. Pour Hoffmann, il est nécessaire de prendre en considération la perspective et les jeux d'ombre et de lumière, de regarder l'œuvre en procédant à une forme d'introspection systématique. Par conséquent, si les motifs arabesques dans « Maître Martin » ont une fonction décorative[200] et si le caractère utilitaire, ludique et plaisant de l'objet supplante la minutie d'orfèvre de son exécution, le mouvement de la main de l'écrivain, du peintre et du musicien retrace la courbe arabesque pour décrire un paysage – merveilleux ou non – ou un personnage féminin. Dans « Fragment de la vie de trois amis », Severin parle « des nuages et de leur course », ainsi que de leur forme. Leurs dessins « somptueux » se dissipent ensuite « en un sombre et informe brouillard[201] ». Les illusions d'optique auxquelles les paysages donnent naissance, par le biais de formes arabesques mêlant picturalité narrative et expressivité esthétique, sont principalement dues au mélange des lignes verticales et horizontales et des courbes. L'homme fait partie du cadre, il est présenté en harmonie avec l'ensemble.

Dans « Les mines de Falun », l'horizontalité de la surface de la mer s'oppose à la verticalité et aux courbes sinueuses et irrégulières des nuages formant des arcs de cercle :

---

[198] *Ibid.*, p. 1141 : « Sein Hofmeister […] nährte, nächtsdem daß er ihn in fremden, vorzüglich orientalischen Sprachen unterrichtete, seinen Hang zur Mystik », [EF, t. 4, p. 240] : « Son précepteur […] lui enseigna les langues étrangères, et en particulier les langues orientales, mais entretint en outre son penchant pour le mysticisme ».

[199] William Hogarth : *The Analysis of Beauty*, éd. par Ronald Paulson, New Haven, Londres, Yale University Press, 2007. L'ouvrage, à l'origine, date de 1753. [« serpentina line »].

[200] *SB*, p. 563 : « Pokal […] Silberarbeit […] Zierliche Ranken von Weinblättern und Rosen **schlangen** sich **rings herum** und aus den **Rosen**, aus den brechenden **Knospen** schauten liebliche Engel, so wie inwendig auf dem vergoldeten Boden sich anmutig liebkosende Engel graviert waren », [EF, t. 2, p. 265] : « **Tout autour s'entrelaçaient** des pampres et des roses, et du **calice des roses** sortaient des petites têtes d'anges de la plus gracieuse physionomie. D'autres figures d'anges amoureusement groupés étaient ciselées en or sur le fond intérieur », [C'est moi qui souligne, I. L.].

[201] *Ibid.*, p. 150-151 : « Severin sprach über die Wolken und ihren Zug […] Die bilderreichen Wolken verhauchten im gestaltlosen dunkeln Nebel », [EF, t. 1, p. 185-186].

Il crut voguer à toutes voiles, à bord d'un beau navire, sur une mer aussi lisse qu'un miroir ; un sombre ciel de nuages se creusait au-dessus de lui[202].

Puis les fleurs et arbres se transforment en métal, les plantes en femmes et inversement. L'accent est mis sur le nombre important des créatures présentes, sur les métamorphoses grotesques de figures imaginaires et hybrides en relation avec la métaphore végétale et l'union entre courbe et verticalité[203]. Les entrelacs de formes et de boucles colorées, ainsi que l'alliance entre le végétal et l'humain participent de l'« art total », puisque l'ensemble crée une union entre peinture, plastique et musique. Elis, en descendant dans ce paradis inversé et métallique, accomplit un acte esthétique où la métamorphose des esprits élémentaires en plantes de métal unit l'organique et l'anorganique. Dans « La guerre des Maîtres Chanteurs », toutefois, la transformation des racines en créatures apparaît beaucoup moins poétique : les racines ressemblent à « autant de petits êtres mystérieux et sinistres dont les fils et les pédicules frétillaient comme bras et jambes[204] ».

Les frères sérapiontiques recourent à l'arabesque dans la description de fées, d'esprits élémentaires ou, comme ici, dans celle de figures ornementales ou quasi grotesques afin de nourrir l'univers onirique de l'artiste et d'« orner » la lecture. L'objectif devient alors plus esthétique que narratif. Outre les petits êtres horribles de Klingsohr, l'arabesque met également l'accent sur la figure féminine et sur l'aspect vaporeux de ses vêtements, de sa chevelure et de ses bijoux. Dans « Le point d'orgue », la « robe de soie » de Teresina « flott[e] en plis ondoyants » et « tels des esprits aériens folâtrant aux sons de la musique, les plumes de son chapeau se balanc[ent] et s'inclin[ent][205] ». Dans « Les mines de Falun », les « cheveux foncés » d'Ulla Dahljö sont « ramenés en de nombreuses tresses au-dessus de la raie et son joli pimpant [est] retenu par des lacets fixés à de riches agrafes[206] ». Enfin, dans « Casse-Noisette », le visage semble « tissé de flocons de soie » et les « lourdes boucles » des cheveux donnent l'impression d'être « faites avec

---

[202] *Ibid.*, p. 216 : « Es war ihm, als schwämme er in einem schönen Schiff mit vollen Segeln auf dem spiegelblanken Meer, und über ihm wölbe sich ein dunkler Wolkenhimmel », [EF, t. 1, p. 253].

[203] *Ibid.*, p. 217 : « unzählige holde jungfräuliche Gestalten, die sich mit weißen glänzenden **Armen umschlungen** hielten, und aus ihren Herzen **sproßten** jene **Wurzeln** jene **Blumen** und **Pflanzen empor**, und wenn die Jungfrauen lächelten, ging ein süßer Wohllaut durch das weite **Gewölbe** und höher und freudiger schossen die wunderbaren Metallblüten **empor** », [EF, t. 1, p. 254] : « Les charmantes silhouettes d'innombrables jeunes filles qui **se tenaient enlacées** et dont les **bras** étaient d'une blancheur éclatante. Toutes ces **racines**, toutes ces **plantes**, toutes ces **fleurs naissaient de leurs cœurs** ; et quand les vierges souriaient, des sons harmonieux et suaves glissaient sous la **voûte** immense et les merveilleuses fleurs de métal **s'élançaient** plus hautes et plus joyeuses », [C'est moi qui souligne, I. L.].

[204] *Ibid.*, p. 365 : « wie fremde unheimliche Kreaturen und mit den Faden und Ästen zappelten, wie mit Armen und Beinen », [EF, t. 2, p. 62].

[205] *Ibid.*, p. 82 : « Ihr [...] seidenes Kleid flatterte, im schimmernden Faltenwurf spielend, und wie in den Tönen kosende Luftgeister, nickten und wehten die weißen Federn auf ihrem Hut », [EF, t. 1, p. 113].

[206] *Ibid.*, p. 223 : « [...] die dunklen Haare in vielen Zöpfen über der Scheitel aufgeflochten, das nette schmucke Mieder mit reichen Spangen zusammengenestelt », [EF, t. 1, p. 260].

des fils d'or[207] ». Le motif de la courbe et de l'entrelacement, ainsi que les formes arrondies et travaillées soulignent l'harmonie générale et l'élégance d'une femme représentant un véritable objet artistique. L'arabesque se voit et s'entend, elle relève à la fois de la perception et de l'esthétique. Souvent cristalline, elle est liée au miroir et à la transparence. Dans « Les mines de Falun », « une sorte de lumière aveuglante sembl[e] se répandre à travers tout le puits dont les parois devinrent aussi transparentes que le plus pur cristal » et dans le château merveilleux du Casse-Noisette, les murs sont « faits de milliers de cristaux scintillants aux couleurs chatoyantes[208] ». Les jeux de lumière et de transparence conduisent à une démultiplication des faits d'optique et de lumière. C'est le manque de réalité qui conduit à une arabesque, à l'image d'un caléidoscope. De plus, les récits peignent des personnages s'animant « en mille figures qui se transform[ent] sans cesse[209] ».

L'arabesque nourrit les images mentales que la lecture suscite. Outre ce caractère abstrait, l'arabesque est susceptible de devenir musicale : on la retrouve aussi dans l'art musical vocal où elle est suggérée par la voix du personnage, comparée à un oiseau qui prend son envol, chante ou se lance dans les airs. Dans « Le Conseiller Krespel », la voix d'Antonie a « une résonance toute particulière qui, chose étrange, ressembl[e] tantôt au souffle harmonieux d'une harpe éolienne, tantôt aux roulades du rossignol[210] ». La comparaison entre la voix humaine et l'oiseau favorise la transformation de la musique en un art « aérien » situé hors de ce monde, comme le montrent les sons produits par Antonie qui, semble-t-il, ne peuvent « provenir d'une poitrine humaine ». Dans « Le point d'orgue », la voix de Lauretta correspond également à un mouvement d'arabesque, ascendant et circulaire. Elle « s'élèv[e] [...] sur les ailes du chant » et c'est un « tourbillon de notes qui mont[ent] et descend[ent][211] ». L'arabesque ne renvoie pas seulement à la simple forme serpentine, symbolisant une spirale aux mouvements continuellement ascendants et au caractère vertigineux. L'harmonie entre la nature et la musique, le macrocosme et l'art se voit aussi mise en valeur par le mouvement aérien appliqué aux sonorités vocales. Dans « La guerre des Maîtres Chanteurs », l'arabesque continue son ascension pour atteindre étoiles (notamment la lune) et planètes :

---

[207] *Ibid.*, p. 279 : « [...] das Gesicht wie von [...] Seidenflocken gewebt [...] die vollen Locken wie von Goldfaden gekräuselt », [EF, t. 1, p. 317].

[208] *Ibid.*, p. 232 : « [...] ein blendendes Licht durch den ganzen Schacht, und seine Wände wurden durchsichtig wie der reinste Krystall », [EF, t. 1, p. 268]/ p. 300 : « Wände aus lauter farbig funkelnden Krystallen bestanden », [EF, t. 1, p. 337].

[209] *Ibid.*, p. 531 : « [...] als wenn alles [...] lebendig aufginge in tausend stets wechselnden Gestalten », [EF, t. 2, p. 232].

[210] *Ibid.*, p. 60 : « Der Klang von Antonien's Stimme war ganz eigentümlich und seltsam oft dem Hauch der Äolsharfe, oft dem Schmettern der Nachtigall gleichend », [EF, t. 1, p. 90].

[211] *Ibid.*, p. 77 : « des Gesanges Schwingen », [EF, t. 1, p. 108]/ « Das wirbelte auf und ab », [EF, t. 1, p. 119].

Le vent du soir s'était calmé ; arbres et buissons [s'étaient tus] et les accents de Heinrich, qui paraissaient s'entrelacer dans les rayons de lune, traversaient la profonde paix de la forêt obscure[212].

À travers l'arabesque, la musique des sphères fait le lien entre l'art musical et l'univers cosmique. Les sonorités de cette musique, le parallèle entre l'art vocal (domaine sonore) et la courbe de l'arabesque (domaine visuel) stimule l'imagination du lecteur. Celle-ci se nourrit du champ lexical de la courbe, des lignes circulaires et sinueuses, des lexèmes relatifs à la nature et aux sons qu'émettent les éléments et les animaux, ainsi que du jeu des sonorités (assonances, allitérations, onomatopées). Les couleurs, les odeurs, les sons et les effets d'optique sont retranscrits dans l'écriture de telle manière que le lecteur se sente transporté dans un monde atemporel et utopique, au sens de « non-lieu ». Néanmoins, lorsqu'un personnage ou le narrateur lui-même oriente ce même lecteur en lui assurant qu'il ne s'agissait que d'une illusion ou que d'un trompe-l'œil, cela vise à souligner les limites et les dangers de l'imagination. *Les Frères de Saint-Sérapion* constituent ainsi un savant mélange de rationalité et d'imagination fantasque, de raison et de folie. L'arabesque y emplit principalement deux fonctions : une fonction métaphorique et une fonction concrète. Elle est à la fois narrative (entrelacements narratifs, rebondissements, répétitions, emboîtements, déformation d'objets et illusion d'un espace) et artistique (forme spatiale, visualisable par le lecteur). Serpentina, dans le conte fantastique « Le Vase d'or », créature double, à la fois animal et femme, remplit ces deux aspects. On la retrouve sous une forme différente dans les récits sérapiontiques. Dans « Les mines de Falun », les femmes de la mine se transforment en plantes métalliques. Dans « Vampirisme », le comte surprend, une nuit de pleine lune, son épouse Aurélie en compagnie de sorcières en train de dévorer avec une « avidité de loup » le cadavre d'un homme. Dans le premier récit, les femmes apparaissent comme des tentatrices mystérieuses, dans le second, comme des êtres cannibales repoussants et inquiétants. Si dans « Le Vase d'Or », Serpentina représente une figure métonymique qui fait le lien entre réel et imaginaire et montre ainsi le gouffre séparant le monde des philistins de celui des artistes, il en va de même pour les femmes des récits sérapiontiques. Le dualisme inscrit dans l'œuvre permet à son auteur d'esquisser une nouvelle réalité située en marge de notre monde empirique en créant des êtres hybrides, à la fois réels et merveilleux. Ces êtres humains aux allures animales, aux corps de poissons ou de mammifères ailés, la présence de plantes ou de feuillages appartiennent au registre grotesque et fantasmagorique typique de l'arabesque. Il existe, de ce fait, un véritable jeu entre réel et imaginaire. Gerhart von Graevenitz, dans son ouvrage *Das Ornament des Blicks*, évoque les « Loges du Vatican » du peintre

---

[212] *Ibid.*, 345 : « Der Nachtwind ruhte, Baum und Gebüsch schwiegen, durch die tiefe Stille des düstern Waldes leuchteten Heinrichs Töne wie mit den Mondesstrahlen verschlungen », [EF, t. 2, p. 44].

Raphaël où les « jeux d'imbrication entre l'*effet du réel* imaginaire et l'*effet de l'imaginaire* réel, [et] la démultiplication ironique des formes ornementales et transparentes[213] » nourrissent l'imagination, la créativité et l'œil intérieur du lecteur-spectateur. Il n'est pas étonnant de voir Hoffmann se servir de l'arabesque dans sa narration et les champs lexicaux qu'il utilise, étant donné son vif intérêt pour l'optique et la thématique du regard. L'arabesque sérapiontique donne, par ce biais, du relief à l'écriture. Ce « relief » doit être interprété de deux manières : d'une part, l'arabesque discursive orne le texte et, d'autre part, l'arabesque textuelle (contenue dans les champs lexicaux, la présence de personnages merveilleux, etc.) permet au lecteur de contempler l'univers dans lequel les personnages sont plongés. L'arabesque constitue ainsi en quelque sorte le miroir de la *camera obscura* : pour le lecteur, l'image *a* (le texte) devient, par le biais de l'arabesque et du travail de lecture, l'image *a'* (le texte lu et les images ainsi produites). Pour l'écrivain, l'image *a* (imagination, inspiration, travail embryonnaire encore à l'état de pensée) devient, grâce à l'arabesque utilisée de manière consciente et à l'acte d'écriture, l'image *a'* (le texte écrit). Lecture et écriture représentent donc toutes deux des actes de projection. Dans le premier cas, il s'agit d'interpréter, dans le second de donner à voir et à comprendre. À la fois unique, double et multiple, l'arabesque se rapproche ainsi de la métaphore florale, en particulier de la feuille du Gingko Biloba unissant l'un et le double[214]. Sérapiontique, elle fait le lien entre les arts, associe éléments et significations. Elle est à chercher du côté de l'écriture, du discours, donc de l'humour, des jeux de langage, des nuances et des demi-teintes qui constituent l'ornementation discursive et narrative. Hoffmann l'utilise sous une forme concrète (images textuelles) et métaphorique (architecture narrative) qui conduit à la rupture de la linéarité et au mélange des lignes droites, circulaires, arrondies et serpentaires.

L'acte d'écriture hoffmannienne peut donc s'apparenter à une composition musicale ou à une peinture. Les quatre procédés de l'*ekphrasis*, de la polyphonie, du contrepoint et de l'arabesque soulignent la diversité et l'hétérogénéité artistiques. Le tableau, amorce narrative, ou encore le motif du cadre, compris aux sens propre et figuré, le foisonnement des points de vue, le champ lexical de la picturalité (les effets de lumière et d'optique, les couleurs, les contours, la ponctuation et la typographie), l'alliance entre les arts spatial et temporel constituent autant de moyens de renforcer le va-et-vient entre réalité et fiction, va-et-vient consolidé par le travail de réception. La narration au service d'une écriture imagée et métaphorique, de la musicalité ou de la plastique développe chez le lecteur des images et des sons intériorisés. Le portrait, voire la caricature physique et psychologique

---

[213] Gerhart von Graevenitz : *Das Ornament des Blicks*. Über die Grundlagen des neuzeitlichen Sehens, die Poetik der Arabeske und Goethes « West-östlicher Divan », Stuttgart, Weimar, Metzler, 1994, p. 69 : « Diese verschachtelten Spiele mit dem imaginären *effet du réel* und dem reellen *effet de l'imaginaire*, die ironische Vervielfältigung der Rahmen- und Durchblicksformen ».
[214] « Gingko Biloba », in : Johann Wolfang von Goethe : *West-östlicher Divan*, Stuttgart, Reclam, 1999, p. 152 : « Eins und doppelt ».

des personnages, les descriptions de paysages et les dialogues confèrent au langage un caractère spirituel et esthétique. De surcroît, la présence du chant, de la danse, du théâtre et de la poésie rend l'écriture aussi bien visuelle que sonore, ce que soulignent le rythme phrastique, les onomatopées, le jeu des temps et des discours et les champs lexicaux de l'eau, de l'air et du feu. En somme, la musique liée à l'architecture, à la spiritualité, aux couleurs et aux métaux, ainsi que l'art pictural font des *Frères de Saint-Sérapion* une sorte d'arabesque où se côtoient le chaos, la multiplicité thématique, l'enchevêtrement artistique et l'art de l'ornement, du fantastique[215] – alliant, pour reprendre les arguments de Louis Vax et de Roger Caillois, le merveilleux au familier – et du grotesque[216].

L'arabesque sérapiontique s'exprime au niveau des structures narratives, des descriptions architecturales de maisons ou de châteaux féeriques au sein de l'univers imaginaire des personnages. Elle souligne encore la beauté mystérieuse, angélique et quasi surnaturelle des créatures féminines. Elle met également en valeur des aspects grotesques, rend concret un effet musical (musique vocale essentiellement) et fait pénétrer le lecteur dans les paysages narratifs, les songes ou les cauchemars des personnages. Elle correspond, par conséquent, au rêve ou au demi-sommeil propice aux visions multiples de l'artiste et participe directement du principe sérapiontique qui unit l'art au thème de l'inconscient, inconscient qui trouve des ramifications dans l'imagination, le rêve et la folie.

---

[215] Le fantastique suscite, comme Todorov l'avait souligné, l'indécision du lecteur. Contrairement au merveilleux pur, il s'inscrit dans une réalité *a priori* empirique. Berceau de la superstition, du surnaturel, il peut même s'avérer tragique. Il stimule l'imagination, nourrit les rêves ou engendre la folie. Il est à l'esthétique de la peur et du cauchemar, à l'étrange ou à l'« infamilier ». Chez Hoffmann, il est au service de la création. De plus, il n'existe pas pour lui seul, mais s'avère primordial pour la réception. Il contribue à donner du corps à la satire sociale, puisqu'il s'érige contre l'étroitesse d'esprit philistine et le manque d'imagination.
[216] Walter Scott, en 1827, voit en Hoffmann l'inventeur de ce qu'il appelle le « grotesque fantastique ou surnaturel ». Cette alliance qui peut paraître oxymorique est inhérente au principe sérapiontique, combinant la raison et l'imagination : le grotesque déforme le réel alors que le fantastique le métamorphose.

II.

L'œil intérieur : l'art et l'inconscient poétique

« Le bien le plus grand réside dans l'imagination[217] »

L'art naît de la volonté hoffmannienne de rendre la réalité du récit sur les plans géographique et historique aussi précise que possible. C'est l'attachement aux détails qui donne du poids à l'étrangeté. Dans le deuxième chapitre du « Choix d'une fiancée », le tout premier échange entre le jeune peintre Edmund Lehsen et le vieil orfèvre Leonhard souligne l'importance de l'imagination dans l'œuvre d'art picturale.

Edmund, après s'être volontairement isolé du monde citadin, réalise l'ébauche d'une scène bucolique. Son travail artistique n'a pas pour objectif de reconstituer la réalité d'une perception objective, mais de représenter le charme et la nostalgie éprouvés devant le spectacle de la nature. Pour ce faire, Edmund a humanisé le végétal. Il a fait des arbres une « fantasmagorie de génie, d'animaux étranges, de jeunes filles, de fleurs[218] ». L'artiste hoffmannien cherche à recréer plus ou moins artificiellement l'harmonie entre l'homme et la nature, et ce qu'il perçoit est transformé et passé au tamis de la sensibilité inconsciente, originale et subjective ; la simple copie réaliste et l'enthousiasme idéaliste arbitraire ne font pas d'un artiste un génie, ce que tient à préciser l'orfèvre lorsqu'il soupçonne le peintre d'« égayer et [d'] assouplir le libre jeu de [son] imagination[219] ». Toutefois, si « c'est par ces études qu'[Edmund] transpose dans le paysage la vraie poésie et le fantastique véritable[220] », cela ne correspond pas tout à fait à l'idéal artistique tel que Hoffmann l'envisage. Le travail de l'imaginaire présuppose, en effet, une véritable tâche esthétique. L'art pictural s'acquiert en deux temps : par une voie rationnelle consistant à maîtriser les différentes techniques pour être capable de mettre harmonieusement en forme sa pensée et posséder une imagination riche et une grande puissance d'expression. Comme le souligne Leonhard, l'art se soustrait aux modes. Sa précision dépend de la qualité technique et son originalité de l'imagination du peintre. Si l'exécution s'étudie, l'étincelle, elle, est innée, intérieure. Salvator Rosa, dans « Signor Formica », travaille avec audace en comprenant le langage de la nature et symbolise l'idéal de l'écrivain. L'art constitue à la fois une interprétation du réel, le reflet d'une sensibilité intime et

---

[217] Novalis : *Fragments, Fragmente*, Freiberger Studien (1798-1799), *op. cit.*, p. 124-125 : « Das größte Gut besteht in der Einbildungskraft ».

[218] *SB*, p. 655 : « da guckten allerlei Gestalten heraus im buntesten Wechsel, bald Genien, bald seltsame Tiere, bald Jungfrauen, bald Blumen », [EF, t. 3, p. 48].

[219] *Ibid.*, p. 655 : « Sie wollten […] in einem anmutigen Spiel Ihrer Phantasie sich erheitern und erkräftigen », [EF, t. 3, p. 49].

[220] *Ibid.*, p. 655 : « Aus solchen Studien trage ich das wahrhaft Poetische, Phantastische in die Landschaft », [EF, t. 3, p. 48].

une illusion d'optique, ce que suggère le motif du miroir, qui peut être bien évidemment compris comme la métaphore de l'imagination, le prisme de l'individualité. Si l'artiste n'aspire pas à copier la réalité, le monde réel joue néanmoins un rôle direct au sein du processus de création. Le langage de l'imagination n'est donc pas nécessairement celui des rêves et dépend aussi du milieu et de l'environnement dans lequel l'artiste évolue. Stimulé aussi par l'inconscient, il renvoie à trois types de discours : un discours scientifique (puisque l'imagination est un processus inné et spontané), esthétique, (car l'imagination est liée à la réalité, déclencheur d'images et moteur de création), et enfin littéraire (étant donné que l'artiste doit résister au regard souvent réprobateur que le philistin porte sur lui et sur ses œuvres).

Discours scientifique : passage de l'inconscient à la conscience

Les narrateurs et le lecteur fondent ensemble une œuvre d'art : l'œuvre écrite (les récits) et l'œuvre transmise, retravaillée par l'inconscient (la réception). *Les Frères de Saint-Sérapion* ne se contentent pas de mêler les arts entre eux en variant les thématiques et en présentant diverses figures d'artistes, ils tendent aussi à allier les différents caractères narratifs aux personnalités artistiques et poétiques représentées. L'imagination hoffmannienne fonctionne donc comme une gigantesque mise en abyme. La créativité de l'auteur est redistribuée et confiée aux narrateurs sérapiontiques, suivant leur caractère, et la narration suscite chez le lecteur une réaction liée à son être, à son expérience personnelle et à sa sensibilité.

Du « superbe noyau » que forment les veillées naîtrait « un arbre vivace » – l'imagination – « produisant [des] fleurs et [des] fruits[221] » – la création littéraire – prêts à être cueillis, récoltés et cultivés par les récepteurs, autrement dit par les lecteurs. L'arbre, employé ici par Theodor de manière métaphorique, incarne l'éternité, le renouvellement et le cycle. Fonctionnant sur le même modèle, l'imagination est avant tout aiguillonnée par la narration et c'est grâce au « rituel sérapiontique[222] » que l'inconscient est stimulé.

L'« imagination », au sens d'« inspiration », d'élan vital et de sang neuf, fait le lien entre la réalité, appui de la création, et le génie artistique. À la fois originalité, inventivité et vraisemblance, elle est à la source de l'art, tout en étant maîtrisée par la raison, laquelle ne doit sous aucun prétexte se substituer à l'imagination. Le travail de création extériorise la vision intérieure, le « poète caché en nous[223] ». Innée, la création ne trouvera son plein aboutissement qu'une fois

---

[221] *Ibid.*, p. 621 : « ein lebensfrischer Baum mit Blüten und Früchten », [EF, t. 3, p. 15].
[222] *Ibid.*, p. 621 : « auf serapiontische Weise », [EF, t. 3, p. 15]. Propos tenus par Theodor.
[223] Gotthilf Heinrich Schubert : *Die Symbolik des Traums* (1814), Eschborn, Dietmar Klotz, 1992, p. 8 : « versteckten Poeten in uns ». Édition française : *La symbolique du rêve*, traduction de Patrick Valette, Paris, Albin Michel, 1982, p. 65.

associée au raisonnement et à l'esprit pratique. Cette forme de raison fait néanmoins défaut à Sérapion, Krespel ou au baron de B. Ce dernier distingue la perception véritable du son de la conception qu'il s'en fait : ses oreilles sont fermées à la réalité, seule son imagination travaille. Il lui est alors impossible de prendre conscience de son jeu puisqu'il « appréhende l'art d'instinct[224] ». Il ne parvient donc pas à extérioriser la beauté artistique qu'il contient en lui, même s'il a le sentiment de tirer de son instrument des sonorités merveilleuses. L'imagination fonctionne ici comme une perception mentale, non extériorisée et instantanée, elle n'est pas passée de l'inconscient à la conscience.

D'après Lothar, il existe hors de l'homme une réalité extérieure et objective mettant l'esprit en mouvement et agissant comme un levier. Néanmoins, la richesse intérieure demeure prédominante. Si, pourtant, l'imagination poétique constitue l'unique référence, la mise en œuvre artistique est vouée à l'échec. Malgré cela, les frères de Saint-Sérapion honorent l'anachorète et sa manière poétique d'appréhender le réel. L'inconscient de l'ermite travaille sans cesse et devient conscience. Sérapion dialogue avec la tradition, mène des conversations avec de grands hommes de lettres et poètes, tels Pétrarque ou Dante. L'imagination devient *sa* réalité. Jadis, Sérapion menait une vie rangée et exerçait un métier stable. La prédominance de l'inconscient n'intervint que plus tard ; à la raison succéda la névrose ou « idée fixe ». Chez Hoffmann, en revanche, il est davantage question d'une double vie que d'une double personnalité. L'écrivain est une sorte de « poète de l'inconscient[225] », à la fois juriste et rêveur. Il refuse de choisir entre le social et l'intime.

L'inconscient est ainsi individuel ou collectif. La première sorte d'inconscient contient trois sous-ensembles : ce qui est refoulé et que l'hypnose peut raviver, ce qui est oublié suite, par exemple, à des problèmes d'amnésie, et ce dont on n'a pas encore eu conscience, comme dans les images subliminales. Hoffmann ne rejoint pas la problématique de Novalis privilégiant le domaine de l'inconscient sans véritablement l'intégrer à l'univers spatiotemporel. Si Sérapion adopte l'idée de Novalis qui remplace la réalité par l'imaginaire, Hoffmann cherche à marquer, au sein même de son écriture, la dualité constante entre les mondes intérieur et extérieur. C'est de cette confrontation parfois brutale et aux conséquences

lourdes que naît sa poétique. L'art n'est jamais coupé de la réalité. L'imagination, le rêve, l'inconscient et le merveilleux sont nécessairement ancrés dans une réalité tangible. En effet, l'art ne prétend jamais engendrer de coupure avec le monde réel, mais seulement pousser l'homme à le transformer, à le sublimer. Au contact de l'art, l'individu doit pouvoir se reconnaître d'une autre manière, retrouver l'harmonie originelle, être à nouveau en paix avec lui-même et le macrocosme. L'art remplit donc une fonction philosophique, voire transcendantale : il tend à recréer un certain

---

[224] *SB*, p. 906 : « des mit dem inneren Sinn die Kunst beherrschenden Mannes », [*EF*, t. 3, p. 294].
[225] Cette expression correspond au titre de l'ouvrage de Karl Ochsner : *E.T.A. Hoffmann als Dichter des Unbewussten*, Frauenfeld, Leipzig, Huber und Co Aktiengesellschaft, 1936.

âge d'or de l'enfance, à pousser l'homme à reconquérir ce qu'il a perdu et à renouer avec les racines profondes de son être.

Dans « L'ermite Sérapion », le discours rationnel ne peut, en revanche, supplanter la force de l'imagination. Les hommes venus du passé resurgissent pour peupler le monde intérieur : « on pense généralement qu'[il] s'imagine voir de [ses] yeux, dans la vie réelle, ce qui n'a pris naissance que dans [son] esprit et [son] imagination[226] ». L'histoire que rapporte Cyprian repose sur un événement réel : il a vu de ses propres yeux l'ermite et la folie dont ce dernier est atteint. Rien n'est donc « inventé », mais tout est « vécu ». La méthode consistant à à mettre Sérapion face à son manque de duplicité ne repose pas sur un travail d'imagination ou sur le génie d'un quelconque œil intérieur visionnaire, mais sur les connaissances que Cyprian possède dans le domaine médical :

> Je crus alors le moment venu de commencer mon traitement. Abordant de très loin le sujet, je parlai doctement des idées fixes, de cette maladie qui s'abat parfois sur l'homme et […] suffit à le gâter[227].

Cette volonté de forcer le passage de l'inconscient à la conscience n'a rien de sérapiontique et la démarche se solde par un échec, comme le souligne l'ermite :

> Vous parlez de démence : si l'un de nous est atteint de cette funeste maladie, c'est incontestablement vous, beaucoup plus que moi-même[228].

La folie de Sérapion peut être considérée comme une autre dimension du réel capable de produire des images poétiques. Plus qu'un personnage, Sérapion est un principe esthétique servant essentiellement à postuler la force de l'imagination et la règle selon laquelle l'artiste doit avoir « vu », senti et avoir été bouleversé par l'objet de son imagination comme s'il s'agissait d'une réalité présente. Ce n'est qu'ainsi qu'il parviendra à le rendre tout aussi présent au lecteur.

---

[226] *SB*, p. 33 : « [Er] bildet sich nur ein, das vor [ihm] im äußeren Leben wirklich sich ereignen zu sehen was sich nur als Geburt [seines] Geistes, [seiner] Fantasie sich gestaltet », [EF, t. 1, p. 61].
[227] *Ibid*., p. 29 : « Nun, glaub' ich, sei es an der Zeit mit meiner Kur zu beginnen. Ich holte weit aus und sprach sehr gelehrt über die Krankheit der fixen Ideen die den Menschen zuweilen befalle und [...] verderbe », [EF, t. 1, p. 57].
[228] *Ibid*., p. 30 : « Es ist vom Wahnsinn die Rede, leidet einer von uns an dieser bösen Krankheit, so ist das offenbar bei Ihnen der Fall in viel höherem Grade als bei mir », [EF, t. 1, p. 58].

Discours esthétique : la réalité, déclencheur d'images

Le discours esthétique place l'artiste en position de spectateur. Un tableau, une sculpture, un morceau de musique ou un être vivant sont susceptibles de pousser l'être à créer. Dans « La Cour d'Artus », par exemple, Traugott, « au lieu d'écrire la lettre d'avis […], rest[e] perdu dans la contemplation de l'étrange tableau et, sans y songer, se [met] à griffonner sur le papier[229] ». Fasciné par la beauté tant humaine que picturale, il s'éprend ensuite d'un portrait qui le « clou[e] au sol comme par enchantement » et dans lequel il reconnaît sa « bien-aimée, […] celle qu'[il] porte depuis si longtemps dans [son] cœur, et que seuls [ses] pressentiments [lui] faisaient deviner[230] ». L'art, à la fois visionnaire et révélateur du Moi, exalte la personnalité de l'artiste. La flamme artistique, tout comme l'amour, s'allume au simple contact visuel et la réalité, transformée par le prisme de l'intériorité et de l'imagination, se métamorphose ensuite en objet esthétique et peut ainsi prendre des traits fantastiques. La vie réelle et la représentation picturale s'interpénètrent, puis se superposent.

Le principe sérapiontique équivaut à une démarche spirituelle refusant la réalité nue comme point de départ, sans pour autant se fier aveuglément à l'imagination. Cependant, cette dernière intervient de manière fondamentale dans la démarche artistique, car c'est elle qui ajoute une part de mystère, d'étrangeté et un caractère unique à toute œuvre d'art et fait pénétrer le lecteur ou l'auditeur dans un monde inconnu. Dans le cas de Traugott, c'est Felizitas qui, travestie en homme, attire la curiosité. L'attirance, d'abord inexplicable, qu'éprouve le personnage pour un individu de sexe masculin se mue en une envie irrépressible de possession dès que le mystère est levé. La dissimulation de départ, au lieu d'éteindre le désir comme l'aurait sans nul doute souhaité Berklinger, l'a, au contraire, attisé. Les sentiments amoureux sont récurrents dans le domaine esthétique et l'artiste doit, le plus souvent, faire face à de profondes frustrations devant son idéal féminin.

Dans l'un de ses *Fragments*, Friedrich Schlegel souligne que « […] auteur signifie créateur[231] ». L'œil renvoie une image vivante de l'être, ce qui différencie l'homme de la marionnette et de l'automate. La femme constitue l'objet principal de désir et d'inspiration, l'origine des rêves et des fantasmes. Elle est la muse, l'amante inaccessible, la mère ou la sorcière. Il est rare qu'elle soit, elle-même, décrite comme rêveuse, sauf si c'est une artiste, une enfant, comme Marie dans « Casse-Noisette », ou bien encore une somnambule, comme Angelika dans

---

[229] *Ibid.*, p. 179 : « [daß] statt den Aviso […] zu schreiben, er nur das wundersame Bild anschaute und gedankenlos mit der Feder auf dem Papier herumkritzelte », [EF, t. 1, p. 215].
[230] *Ibid.*, p. 192-193 : « wie festgezaubert stehen blieb […]. […] die Geliebte meiner Seele, die ich so lange im Herzen trug, die ich nur in Ahnungen erkannte ! », [EF, t. 1, p. 229].
[231] Friedrich Schlegel : *Kritische Schriften und Fragmente*, t. 1 (1794-1797), *op. cit.*, p. 244 : « Autor heißt Urheber », [EF, p. 111], [Fragment critique 68].

« Le sinistre visiteur ». Dans ce dernier cas, elle est manipulée, non par la force de son imagination, mais par celle du magnétiseur.

D'un point de vue autobiographique, la muse prend les traits de l'élève Julia Mark que Hoffmann admirera toujours, mais qu'il ne saura jamais conquérir. Traugott, dans « La Cour d'Artus », souffre de ne pas posséder Felizitas de manière charnelle. Toutefois, cette situation s'avère très fructueuse sur le plan artistique. Le rêve permet à l'artiste de libérer ses frustrations et de réaliser, ne serait-ce que dans l'irréalité, ses désirs. D'ailleurs, cette concrétisation spirituelle semble supérieure à tout assouvissement des sens. L'absence d'accomplissement charnel éveille une profonde mélancolie qualifiée cependant de « bienfaisante souffrance » rappelant l'expression oxymorique « le soleil noir de la mélancolie » du poème « El Desdichado » de Gérard de Nerval. La tristesse est fréquemment productive, l'art naît d'un état dépressif, d'un *spleen* qui, dans ce cas, possède une fonction thérapeutique d'extériorisation et d'exacerbation de la douleur. La mélancolie de Traugott se mue à Rome, contrée artistique par excellence, en « rêve délicieux », et l'art laisse transparaître toute la passion esthétique et spirituelle pour la bien-aimée. La muse n'existe plus « que dans son esprit ; il lui sembl[e] qu'il ne pourrait jamais ni la perdre, ni la faire sienne. Comme si [elle] [avait] habité pour toujours son âme sans devoir jamais lui appartenir dans sa chair[232] ». Traugott « possède » finalement davantage Felizitas que tout autre fiancé dans la mesure où elle restera toujours pure et belle et où elle ne connaîtra pas les aléas du temps, contrairement à Dorina, sa future épouse. Aussi apparaît-il préférable pour l'artiste de garder en soi le souvenir et de renoncer à conserver un lien réel avec son idéal. Dans « Le point d'orgue », cet argument est avancé par Theodor qui affirme regretter d'avoir revu ses inspiratrices. La muse, quasi céleste, s'est métamorphosée en une allégorie esthétique, elle s'est faite œuvre d'art. Il s'agit là, pour ainsi dire, d'une autre forme d'amour courtois, à la différence près que l'artiste n'invente pas d'œuvres pour les offrir à sa dame en guise de louange et de flatterie, mais crée en laissant l'œuvre et l'inspiration se superposer. C'est pourquoi Severin, dans « Fragment de la vie de trois amis », est ridiculisé lorsqu'il adresse une lettre d'amour à Pauline. Hoffmann ne cautionne pas que l'être aimé puisse être le but ultime, le destinataire d'une quelconque création artistique. L'art est obligatoirement supérieur, libéré de tout assujettissement terrestre. La femme perd sa fonction de muse, voir d'être vivant dès qu'elle devient philistine.

Dans « L'enchaînement des choses », le portrait de Viktorine brossé par le narrateur est comparable à celui de Clara dans « Le marchand de sable ». Dans ce conte nocture, Nathanaël reproche à sa fiancée son « âme froide et prosaïque[233] », incapable de s'enflammer à l'écoute de ses

---

[232] *SB*, p. 202 : « Felizitas stellte sich ihm dar als ein geistig Bild, das er nie verlieren, nie gewinnen könne. Ewiges geistiges Inwohnen der Geliebten – niemals physisches Haben und Besitzen », [EF, t. 1, p. 239].
[233] E.T.A. Hoffmann : *Le marchand de sable*. *Der Sandmann*, op. cit., p. 84-85 : « kaltes prosaisches Gemüt ».

poésies et « c'est la mort qui, par les yeux de Clara, le regarde amicalement[234] ». Dans le récit sérapionique, le regard de Viktorine « fixe et grave » semble « ne pas voir ». La jeune femme apparaît comme une « image inanimée[235] ». Par ailleurs, elle est décrite comme une femme au foyer exemplaire et ce n'est pas sa féminité qui est mise en valeur, mais ses qualités de femme d'intérieur. Elle ne peut incarner l'idéal auquel aspire un artiste, car elle manque d'originalité et de légèreté. Emanuela, quant à elle, symbolise la grâce et le mystère. Elle possède, elle-même, une âme d'artiste. Avec ses talents de danseuse, elle sait se mouvoir de manière esthétique, émouvoir et fasciner. « Étroitement alliée à la musique », la danse « est pour ainsi dire son autre moitié. Le son s'allie comme de lui-même au mouvement[236] » et Emanuela, « souple » et « gracieuse[237] » fait vivre ce qu'elle perçoit comme le ferait le pinceau d'un peintre, d'où l'emploi de l'adjectif « malerisch[238] » [« pittoresque »] pour désigner son attitude . L'inspiratrice n'est pas ici une femme du monde, un être prosaïque ou trop attaché au monde réel. L'élan artistique n'est aucunement conditionné par une personne telle que Viktorine. L'artiste rejette cette forme artificielle de féminité, façonnée par la bonne éducation et l'environnement philistin. Dans « Casse-Noisette », Marie refuse inconsciemment de devenir comme Viktorine. Elle s'échappe au contraire dans un univers merveilleux qui lui permet de s'épanouir. La féminité pure qui attire l'artiste ne prend pas naissance dans une société d'apparences et de conventions sociales. Marie n'est pas l'épouse ou la mère, mais l'amante, l'être auquel on ne s'unira jamais par d'autres liens que par ceux de l'art et de l'imagination.

Antonie, dans « Le Conseiller Krespel », charme par sa voix son propre père, Lauretta et Teresina, dans « Le point d'orgue », inspirent Theodor ; Felizitas attise la curiosité et le désir de Traugott dans « La Cour d'Artus » ; et Rosa, dans « Maître Martin », ou Mathilde, dans « La guerre des Maîtres Chanteurs », conduisent les artistes à vouloir à tout prix les conquérir. L'imagination est, dans ce cas, stimulée par un facteur extérieur et réel.

Néanmoins, *Les Frères de Saint-Sérapion* sont aussi peuplés d'images inaccessibles et de mirages. Elis, dans « Les mines de Falun », périt d'avoir côtoyé des esprits élémentaires ou Traugott voit sa muse Felizitas apparaître sous les traits d'une illusion :

---

[234] *Ibid.*, p. 86-87 : « Das ist der Tod, der mit Claras Augen ihn freundlich anschaut ».
[235] *SB*, p. 1106 : « ernster, starrer Blick [...] wie ohne Sehkraft »/ « lebloses Bild », [EF, t. 4, p. 199].
[236] Novalis : *Fragments, Fragmente, op. cit.*, p. 210-211 : « Der Tanz ist auf das engste mit der Musik verbunden und gleichsam ihre andre Hälfte. Ton verbindet sich gleichsam von selbst mit Bewegung ».
[237] *SB*, p. 1057 : « Zierlichkeit », « Anmut », [EF, t. 4, p. 151].
[238] *Ibid.*, p. 1057 : « in malerischer Stellung », [EF, t. 4, p. 151].

Felizitas [était] l'image trompeuse qui entraînait [Traugott] à prendre pour une réalité ce qui ne vivait que dans [son] imagination fiévreuse de pauvre fou malade[239].

L'imagination, stimulée par une femme, peut devenir le lieu d'obsessions, d'idées fixes. Qu'elle charrie une image réelle ou une fantasmagorie, la problématique de l'art est toujours en relation avec celle du regard ; l'amour charnel et terrestre passe à l'arrière-plan : la femme symbolise un véritable parcours initiatique et non une fin en soi.

La double symbolique de la figure féminine comme épouse ou comme muse conduit l'artiste à créer par amour, pour conquérir la femme qu'il désire[240] ou pour pallier un manque, celui de ne jamais être en mesure de posséder physiquement l'aimée[241] ; ou bien l'artiste peut s'éprendre d'un portrait[242] ou d'une voix. La vue d'un tableau préexiste ainsi à l'amour. Dans les deux cas, la sensibilité artistique et l'imagination sont à l'œuvre. L'art se consacre à la beauté, il satisfait un sentiment de dévotion.

L'inconscient et l'imaginaire interagissent et entretiennent une étroite relation esthétique. Leur réciprocité crée une œuvre d'art que l'on pourrait comparer à un miroir dans lequel le lecteur se contemplerait ou qu'il traverserait. L'écriture hoffmannienne semble bien correspondre aux « grandes lignes dissociées » d'un « tableau déformé » qui « ne se rejoignent que si on les observe à travers un verre spécialement conçu à cet effet[243] ». L'asymétrie ou le chaos propre à l'œuvre n'est compréhensible que si le lecteur dispose d'un esprit ouvert à la fantaisie. Le « verre » représente soit son imagination soit l'œil intérieur qui, mêlé à l'inconscient, accède aux sphères supérieures de la création.

Discours littéraire : problèmes artistiques et formes de résistance

L'artiste sérapiontique est confronté à trois problèmes essentiels : l'impossibilité de posséder son modèle, le manque éventuel d'inspiration et la tension constante entre la société et lui, rendue palpable à travers une incompréhension notoire et un rejet systématique de l'originalité. La société ne reconnaît pas l'art à sa juste valeur esthétique, elle cherche à l'étriquer dans un cadre bourgeois

---

[239] *Ibid.*, p. 198 : « Felizitas war das Trugbild das [Traugott] verlockte zu glauben an dem, das nirgends lebte als in der wahnwitzigen Fantasie eines Fieberkranken », [EF, t. 1, p. 234].

[240] Les artistes dans « Maître Martin » décident de devenir tonneliers afin de pouvoir épouser la femme qu'ils convoitent.

[241] L'amour incestueux que le Conseiller Krespel porte à sa fille Antonie.

[242] Traugott dans « La Cour d'Artus » s'éprend du portrait de Felizitas peint par Berklinger.

[243] *SB*, p. 636 : « verstreute Lineamente [...] aus einem deformierten Gemälde [...] wenn man es durch ein besonders vorbereitetes Glas », [EF, t. 3, p. 30].

en lui prêtant une fonction ludique ou commerciale. Faire-valoir social à la fois futile (dans l'absolu) et nécessaire (pour mettre en avant sa fortune), l'art, selon le philistin, doit distraire et amuser.

Le premier problème va de pair avec le renoncement au mariage, acte lié directement à une attitude philistine. Dans « Le choix d'une fiancée », Edmund cultive sa richesse et sa créativité intérieures en renonçant à l'amour terrestre, à l'accomplissement et à la concrétisation de son idéal. En effet, s'il veux « vraiment devenir un grand artiste, [il] doi[t] faire [son] deuil de toute idée de mariage[244] ». D'une part, le mariage sous-entend une rupture entre l'art et son créateur. Friedrich, dans « Maître Martin », et Antonio, dans « Signor Formica », entrent dans l'univers codifié de la vie maritale, alors qu'Edmund Lehsen, dans « Le choix d'une fiancée », et Reinhold, dans « Maître Martin », se rendent en Italie pour parfaire leurs connaissances artistiques. D'autre part, le symbole du mariage reste fort conventionnel et si un amour interdit surgit, il s'achève dans la douleur. C'est le cas d'Antonio Scacciati dans « Doge et dogaresse » qui convoite Annunziata, une femme mariée, d'Elis dans les « Mines de Falun » désirant épouser Ulla, la fille de son patron, tout en étant, dans le même temps, lié éternellement à un esprit élémentaire et d'Heinrich von Ofterdingen qui, dans « La guerre des Maîtres Chanteurs », souhaite conquérir Mathilde, la dame de Wolfframb. Le premier meurt noyé, le deuxième périt dans les profondeurs de la mine et le dernier se mure dans la solitude. Le danger s'installe par conséquent en cas de volonté de possession. Soit l'idéal est atteint dans la vie réelle et l'homme renonce à son génie artistique pour s'intégrer dans la vie philistine, comme Antonio dans « Signor Formica », soit il n'est pas réalisé, auquel cas l'artiste adopte l'une des deux solutions suivantes : ou bien il accepte sa situation d'insatisfait tout en l'exploitant pour la transformer en œuvre d'art, comme Traugott dans « La Cour d'Artus » ou Edmund Lehsen dans « Le choix d'une fiancée », ou bien il s'y refuse et sombre dans la folie, comme Krespel. La maladie mentale s'avère être soit une névrose, où la guérison succède au refoulement, soit une psychose, où persistent le refus ou le déni de réalité menant à l'isolement social ou à la mort.

Outre ce tiraillement entre les amours esthétique et charnel, l'artiste subit également l'angoisse liée au manque d'inspiration. Dans « La Cour d'Artus », Berklinger souffre à la fois de schizophrénie et d'un manque criant d'inspiration. Il ne parvient pas à extérioriser ce que son univers intérieur perçoit et « reste assis devant sa toile tendue et apprêtée, qu'il regarde fixement [et] appelle cela peindre[245] ». L'absence de productivité le prive de toute reconnaissance sociale. Les problèmes liés à l'inspiration et à l'exécution artistique résultent de la difficulté de faire abstraction des

---

[244] *Ibid.*, p. 694 : « gedenkst du ein tüchtiger Künstler zu werden, du durchaus alle Heiratsgedanken dir aus dem Kopf schlagen mußt », [EF, t. 3, p. 84].
[245] *Ibid.*, p. 192 : « Er sitzt ganze Tage hindurch vor der aufgespannten grundierten Leinwand, den starren Blick darauf geheftet ; das nennt er malen », [EF, t. 1, p. 228].

conventions sociales et les artistes se sentent exclus ou du moins bridés par la société. Sérapion symbolise ce rejet social et une errance aussi bien physique qu'intellectuelle. Le poète est victime d'un tiraillement, d'une contradiction interne qui tient à sa volonté initiale de faire accepter sa personnalité originale et artistique par la société, tout en sachant que cette dernière ne pourra jamais la cautionner. Le combat étant perdu d'avance, Sérapion préfère se retirer du monde et ne souffre ainsi ni de sa folie ni du regard des autres. Il est néanmoins regrettable que son œuvre ne puisse être transmise et reconnue à sa juste valeur. Cependant, s'il n'existe aucune preuve concrète de sa poésie, sa démarche artistique ne peut sombrer dans l'oubli étant donné qu'elle donne naissance au principe des veillées. L'artiste ne doit donc pas négliger la sphère sociale qui l'entoure pour légitimer son art, même si l'œil intérieur du poète est un « don de voyance[246] » que seuls le rêve et l'imagination parviennent à sublimer.

Hoffmann vise manifestement à faire prendre conscience à son lecteur des difficultés de création de l'artiste confronté à la réalité quotidienne. Il le conduit ainsi vers une nouvelle perception. Cette approche est davantage spirituelle que symbolique. L'imagination, au lieu de mener le lectorat vers des sphères merveilleuses seulement accessibles par la lecture, tend à le faire réfléchir sur sa propre condition de créateur, de génie ou de grand enfant, tout en épinglant la réalité bourgeoise.

Theodor, lors des retrouvailles en mai avec ses amis et après une longue maladie, souligne qu'une « double vie » vient de naître en lui, une existence « qui, dans un mouvement d'alternance, prend conscience d'elle-même en même temps qu'elle jouit de sa propre existence[247] ». L'individu se rend compte de sa condition de mortel. L'imagination devient alors une véritable puissance, une délivrance potentielle. L'artiste n'a pas le droit de se laisser envahir par la mélancolie, il lui faut vaincre toute entrave à sa création.

Ainsi le monde des philistins est-il toujours remis en question et dérangé par des éléments fantastiques. Au début de la cinquième veillée, Lothar se montre d'« humeur maussade » et regrette les « éternelles agaceries infligées au moral de l'homme par la Nature » qui place « un démon malfaisant ayant pour mission de le régenter et de lui dispenser de pédantes leçons et le trait[e] comme un enfant en bas âge[248] ». Selon lui, l'homme est prisonnier de sa condition. La société l'infantilise et lui dicte à la fois ses choix et les chemins qu'il doit emprunter. Il ne peut lutter contre les vicissitudes de l'existence et contre le temps auquel il est inévitablement soumis. L'éternité n'a,

---

[246] L'expression « don de voyance » est répétée à plusieurs reprises dans « L'ermite Sérapion » ou dans « Le Conseiller Krespel » : *SB* p. 34, p. 67 : « Sehergabe ».
[247] *Ibid.*, p. 622 : « [...] es ist als sei mir ein doppeltes Leben aufgegangen, das in reger Wechselwirkung sich selbst erst recht faßt und empfindet », [EF, t. 3, p. 16].
[248] *Ibid.*, p. 619 : « in der seltsamen Bestimmung [...] die ewigen moralischen Flöppereien des feindlichen Dämons, den die Natur dem Menschen, den sie behandle wie ein unmündiges Kind », [EF, t. 3, p. 13-14].

d'après lui, aucune valeur, elle constitue même une création trompeuse de l'homme et le lieu du recueillement intellectuel, le « temple », n'est qu'une supercherie mystique qui ne perdurera pas indéfiniment, compte tenu du fait que l'idée de sa construction n'a pas émané de l'imagination de tous les esprits sérapiontiques, mais du seul esprit de Cyprian. De plus, ce dernier a simplement convaincu les autres de créer le principe régissant les récits et en a puisé les fondements auprès d'un tiers : l'ermite. La seule manière d'être sauvé est de ne croire qu'en soi, de ne faire valoir que l'agitation intérieure que l'imagination procure à l'homme. Cependant, la magie des veillées, contrastant avec une réalité plutôt morne, vient nourrir l'imagination des narrateurs sérapiontiques et, dans le même temps, du lecteur. Chaque récit s'inscrit en effet dans un cadre qui prépare la lecture, contribue au bon enchaînement des récits entre eux et à leur interprétation, tout en refusant d'en expliciter tous les mystères. C'est dans ce cadre, préparant à la fois la lecture et la réception, que le narrateur construit à la manière du peintre sa perspective. Il conduit alors le lecteur à porter un regard contemplatif et critique sur ce qu'il lit, contenu dont il s'imprègne avant de laisser libre cours à son imagination. Le langage hoffmannien permet d'ouvrir une fenêtre sur la réalité sociale et artistique de son époque, ainsi que sur celle de ses personnages et sur l'inconscient même du lecteur. Par le biais de son imagination, ce dernier est appelé à recréer des images, à entendre des sons, à mettre en corrélation sa vie propre et celle des personnages. L'imagination auditive, visuelle, les questionnements qui lui sont adressés et les *stimuli* narratifs sont autant de moyens permettant une interaction et un lien intime entre le lecteur et le texte.

Le dernier problème auquel l'artiste est confronté relève d'une incompréhension entre la société et lui. La réalité n'est plus synonyme de vraisemblance ou d'héritage historique, elle s'apparente à un cadre social marginalisant toute forme d'inventivité. L'artiste est même victime des préjugés existants au sein de l'Académie des Beaux Arts : c'est ce que dénonce Salvator Rosa dans « Signor Formica ». En effet, Rosa, pour que les jugements soient plus objectifs, présente la *Madeleine aux pieds du Sauveur* d'Antonio Scacciati comme l'œuvre non pas d'un chirurgien, mais d'un jeune Napolitain, mort désormais. Après avoir vu les académiciens considérer la toile comme un pur chef-d'œuvre, Rosa cherche à leur faire prendre conscience de l'absurdité de leur propre jugement[249]. La vie superficielle et sans profondeur que mène le philistin ou le petit bourgeois est dénuée de tout sens artistique véritable. Ainsi, dans « Casse-Noisette », « Le conte de la noix

---

[249] *Ibid.*, p. 945 : « Nun, ihr Herren, ihr habt den wackern Antonio nicht unter euch dulden wollen, weil er ein Wundarzt ist, nun mein' ich aber, ein Wundarzt täte der erhabenen Akademie von San Luca eben recht Not, um den verkrüppelten Figuren, wie sie aus der Werkstatt von manchen eurer Maler hervorgehen, die Glieder einzurenken ! », [EF, t. 4, p. 45] : « Eh bien ! messeigneurs, vous n'avez pas voulu souffrir que le brave Antonio fût des vôtres, sous prétexte qu'il est chirurgien ; mon avis, à moi, est que l'honorable Académie a le plus grand besoin d'un chirurgien pour remettre en place les membres difformes des personnages qui sortent de beaucoup de vos ateliers ! ».

dure », raconté par Drosselmeier, vise à montrer le but ultime de l'art : casser la coque afin d'en récolter le contenu qui, tel un mets précieux et sacré, ouvre la voie vers des sphères supérieures.

À l'aide du principe sérapiontique, Hoffmann aspire à dépasser la contradiction entre l'art et la société – bien que Sérapion ne soit pas en mesure de créer une œuvre d'art à partir de ses images mentales et de composer, en usant de sa raison, avec le monde extérieur. Toute l'esthétique d'Hoffmann est fondée sur l'art et les problèmes rencontrés par l'artiste. Si l'on suit la pensée des premiers romantiques, on voit qu'Hoffmann s'inscrit bien dans leur sillage. Le « Moi » y joue un rôle primordial, car c'est de lui que découlent les problématiques qui sont attachées au processus de création : inconscient, magnétisme, hypnose, rêves, folie, forces obscures ou démons. Krespel, Elis ou Cardillac sont, eux aussi, tiraillés entre ce que la société attend d'eux et ce qu'ils ressentent réellement. C'est ce fossé entre la bienséance et l'art, la pensée et l'acte, l'artiste façonné par la société et l'artiste pur qui crée le malaise et la tragédie. Les amis sérapiontiques sont décidés à essayer de concilier l'imagination, la poésie, l'art et la raison, la réalité et le monde des philistins, mais ils ont conscience de la grande difficulté de la tâche. Le philistinisme reste mal perçu, car il subsume le manque absolu de créativité et d'originalité et guette également l'artiste. Dans « Le thé esthétique », Ottmar montre l'incompréhension de certains milieux sociaux et l'échec auquel peut mener l'excès de rationalisme. Ce court récit, à valeur d'anecdote, vise la société d'apparences qui se complaît dans une sorte de faux intellectualisme. L'art y est dénaturé et des œuvres faibles peuvent être cautionnées par simple snobisme. Certains individus bâillent, d'autres dorment ou s'enthousiasment de façon exagérément affectée et artificielle :

> Quelque homme d'esprit venait-il à lire un texte dont l'humour convenait parfaitement à des communications de ce genre, tous bâillaient et s'ennuyaient ferme. Par contre, les œuvrettes ternes et insipides d'un jeune blanc-bec de poète ne manquaient pas de plonger tout le monde dans le ravissement[250].

Le véritable artiste n'est compris que par un être dont l'âme est, elle-même, disposée à apprécier l'art. Dans ce récit l'œuvre véritable, rationalisée et sociabilisée, est quasiment en danger.

D'une autre manière, l'art est mis en danger lorsque l'artisanat aspire à se transformer aussi en art. Dans « Maître Martin », si un artiste paraît capable de se faire passer pour un artisan, ce qui est déjà une gageure, l'inverse s'avère beaucoup plus délicat. L'artisanat ne côtoie que difficilement les hautes sphères artistiques. Maître Martin, lui, n'aspire pas à être élevé au rang d'artiste, car le

---

[250] *Ibid.*, p. 1135 : « als einst ein wahrhaft geistreicher Mann eine Kleinigkeit vorlas, die voll echten ergötzlichen Witzes recht zu solcher Mitteilung sich ereignete, alles gähnte und sich langweilte, daß dagegen die saft- und kraftlosen Machtwerke eines jungen eitlen Dichters alles entzückten », [EF, t. 4, p. 233].

métier de tonnelier symbolise déjà un véritable art de vivre, une philosophie et un savoir-faire. Aussi ne tolère-t-il pas que ses ouvriers n'exercent pas leur métier par amour pour leur travail, mais seulement pour se rapprocher de sa fille : Conrad délaisse sa carrière de cavalier, Reinhold abandonne celle de peintre de Cour et Friedrich celle de sculpteur de métaux précieux. L'histoire se noue donc autour de l'amour que chaque homme voue à la belle Rosa. La question est de savoir lequel d'entre eux pourra conquérir le cœur de la jeune femme et si le père acceptera qu'un artiste, et non un artisan, devienne l'époux de sa fille. Le récit dépeint un véritable problème social, voire idéologique. Il représente le combat de l'époque entre les mariages d'amour et de raison. La relation conflictuelle entre l'art et la bourgeoisie rejoint celle entre l'imagination et la raison objective. Le récit décrit le conflit entre l'individualité, contenue dans chaque talent artistique, et le travail artisanal du tonnelier, appartenant à un héritage collectif. Si maître Martin finit par accepter l'amour entre Friedrich et Rosa, cela signifie peut-être que son art, auquel il doit rester fidèle, « s'accommode [mieux que celui de Reinhold] de la vie de ménage et d'habitudes tranquilles[251] ». « Le Conseiller Krespel », lui, renvoie également à la thématique de l'artisanat. Non pour dépeindre une vision sociale ou une évolution des mœurs, mais pour mettre en avant l'alliance entre l'artiste (aspect abstrait de l'imagination) et l'artisan (aspect matérialiste et concret), étant donné qu'il est à la fois virtuose – il compose, improvise et joue des morceaux au violon – et luthier. Intériorité et extériorité se font face, s'opposent sans jamais s'unir de façon harmonieuse. La figure du « maître », elle, réunit les deux aspects et forme symboliquement un dérivé esthétique du principe sérapiontique : créer à partir de soi une œuvre qui trouve sa place dans la vie réelle.

Le récit « Mademoiselle de Scudéry » oppose, quant à lui, deux conceptions artistiques : celle de la femme subordonnée à un arrière-plan social, à un rang bien particulier, et celle de l'homme qui refuse toute connivence avec la société. La première est au service d'autrui, la seconde traduit une attitude égocentrique. Somme toute, aucune des deux ne rejette l'autre. C'est bien pour cette raison que Scudéry porte les bijoux conçus par Cardillac. Les deux personnages s'entendent fort bien et introduisent, chacun à sa manière, la thématique de l'art à bon escient. Scudéry incarne la poétesse intégrée à un environnement social, c'est un être plein de fantaisie, mais guidé par la raison, l'intuition et la sensibilité féminines et artistiques, tandis que Cardillac symbolise l'individu marginal, meurtri, faussement intégré à la société.

L'imagination constitue donc aussi un refuge face au quotidien de la réalité bourgeoise, une échappatoire, un voyage intérieur, une libération, une exorcisation ou l'extériorisation de difficultés et de tiraillements spirituels. Elle s'apparente à l'image du fantasme ou à un idéal. En proie à ses démons intérieurs et ses souffrances, l'homme a besoin d'elle. Sorte de paradis artificiel qui libère les tabous, l'imagination fait disparaître les entraves et les codes sociaux. Elle est aussi le lieu de la

---

[251] *Ibid.*, p. 568 : « die auch wohl mehr Hauswesen und dergleichen leiden mag », [EF, t. 2, p. 270].

duplicité artistique, du rêve ou du cauchemar. Les problèmes que l'artiste rencontre ont donc des conséquences diverses. Il tente de résister au conflit en recourant à la dérision (et à l'autodérision), en refusant de grandir, en se réfugiant dans le rêve et, dans le pire des cas, une fois que tout autre moyen a été épuisé, en se laissant envahir par un état psychique hors norme et pathogène.

Krespel, à l'étroit dans le monde, démonte, lui, les violons et veut se débarrasser de cette impression d'étouffement qui le submerge. Il se protège en trompant son entourage. Les registres satirique et comique ainsi que le *Witz* – « la manifestation, l'éclair extérieur de l'imagination[252] » – sont, pour Krespel, inhérents à l'art et expriment sa souffrance face à la réalité tout en l'aidant à surmonter la difficulté de se réconcilier avec le monde.

Une fois son esprit formé, l'artiste est capable de créer une œuvre reflétant sa personnalité et son originalité. Résoudre le conflit entre esprit et nature revient à vouloir résoudre celui qui existe entre les mondes intérieur et extérieur : Hoffmann traite ce problème sur le mode de l'ironie[253], de la tragédie et du grotesque dépassant les contraires. Tout en désirant rendre harmonieuse la dualité entre réalité et imagination, les amis sérapiontiques sont alors contraints d'admettre l'inaccessibilité de leur idéal. Le principe sérapiontique doit reposer sur un travail commun entre imagination et raison, et c'est justement le fait de ne pas négliger la sphère réelle qui renforce l'importance de l'imagination et son impact sur l'œuvre d'art. Le véritable créateur a nécessairement recours à une forme de spiritualité et de comique, relevant de la sphère du réel et dépendant de sa personnalité. Cela permet de confronter l'imaginaire du poète ou de l'auteur aux contraintes de la réalité et d'aboutir à une prise de conscience chez le lecteur, tout en préservant la légèreté de l'œuvre de départ. Ainsi l'écrivain peut-il agir librement et en connaissance de cause. Il ne saurait être accusé d'un excès d'inventivité. Par ce biais, Hoffmann se distancie des romantiques tels que Novalis, qui visait une harmonie absolue entre l'homme et la nature, mettait en valeur les mécanismes de l'inconscient et la suprématie d'une imagination autonome. Certes à la recherche d'une harmonie nouvelle, l'écriture hoffmannienne est moins idéaliste et plus proche de la réalité que celle de ses prédécesseurs romantiques. Elle n'entend pas bouleverser les règles sociales, mais seulement en montrer les failles et les fractures.

Les véritables rêveurs ou les artistes ne pouvant réellement s'adapter au monde et refusant toute forme de normalisation forcée préfèrent endosser une autre personnalité pour exister à la fois socialement et esthétiquement. Par la dissimulation, le masque et l'isolement, l'artiste peut se

---

[252] Friedrich Schlegel : *Kritische Schriften und Fragmente*, t. 2, *op. cit.*, p. 224 : « Witz ist die Erscheinung, der äußre Blitz der Phantasie », [EF, p. 225], [Idées 26].
[253] Il faut comprendre ce terme de deux manières : l'une qui renvoie au principe socratique de l'ignorance feinte et l'autre qui, dans un contexte artistique, représente le moyen par lequel l'artiste prend conscience de l'inéluctable finitude et de l'imperfection de ses œuvres.

dévoiler tout en restant caché. Salvator Rosa, par exemple, choisit le travestissement et se métamorphose en Signor Formica pour s'exprimer plus librement. L'une des manières de résister à une fin tragique ou à une non-reconnaissance sociale consiste donc à unir l'art et le *Witz* mêlant spiritualité et imagination. Dans le célèbre fragment 116 de l'*Athenäum*, les frères Schlegel présentent la poésie romantique comme une poésie progressive universelle aspirant à « poétiser le *Witz* » et à donner une âme à la poésie par le biais des « vibrations de l'humour ». Dans *Les Frères de Saint-Sérapion*, le rire renvoie au comique de situation mis, par exemple, en valeur dans « Fiancée de roi ». Ce n'est pas un hasard si ce récit conclut l'ensemble.

« Fiancée de roi » conte l'histoire d'une jeune fille, Anna von Zabelthau, nommée « Ännchen », passionnée par l'entretien de son potager, et de son père, Dapsul, féru de sciences occultes. Tandis que ce dernier aspire à déchiffrer l'avenir et à découvrir la personnalité de chacun en établissant son horoscope, sa fille, promise à Amandus, poète fort médiocre et imbu de lui-même, se fiance à son insu, en enfilant une bague posée au bout d'une carotte, avec un certain Porphyrio von Ockerodastes, aussi connu sous le nom de Daucus Carota. Le gnome, très laid, mais qui gagne l'affection d'Ännchen par le simple fait de lui avouer qu'il est roi, s'avère malfaisant et Dapsul, pourtant bien disposé à son égard étant donné que Daucus lui avait proposé son aide pour qu'il s'unisse à une sylphide, revient sur ses opinions. Finalement, Daucus redevient une carotte et disparaît à jamais. Ännchen, quant à elle, décide d'épouser Amandus. La jeune femme renonce à s'occuper dorénavant de son potager et le jeune homme décide d'abandonner la poésie.

« Fiancée de roi » tourne en dérision toutes les problématiques propres au romantisme et aux courants de l'époque. En effet, outre le caractère burlesque des événements, les personnages sont aussi raillés, que ce soit « Ännchen », dont le diminutif « -chen » renvoie au conte populaire, ou Amandus, au nom faussement savant[254], qui prétend appartenir à la catégorie des êtres supérieurs. L'aspect artificiellement intellectuel n'est pas contenu seulement dans le prénom « Amandus » : les termes fort complexes qu'utilise Ännchen pour désigner de simples légumes y font également

---

[254] Certains récits sérapiontiques mettent en scène de faux artistes comme Amandus, dont le savant nom latin n'est pas à la hauteur de ses talents d'écriture, ou encore des individus qui, une fois ancrés dans leur vie sociale, compromettent leur avenir esthétique. Le récit « Signor Formica » s'achève, en effet, non sur les élans artistiques d'Antonio, mais sur l'union entre ce peintre talentueux – ou, du moins, reconnu comme tel par Salvator Rosa – et Marianna. Dans un autre cas de figure, le don d'un artiste est susceptible d'être rejeté, voire raillé, soit parce qu'il ne correspond pas aux coutumes de l'époque, ce qui est le cas de Heinrich von Ofterdingen dans « La guerre des Maîtres Chanteurs », soit de Severin, dans « Fragment de la vie de trois amis », qui ne parvient pas à conquérir la femme dont il est épris. Hoffmann critique ici vivement un romantisme parfois empreint de mièvrerie, voire de niaiserie. La femme aimée (inspiratrice, muse ou médiatrice) ne représentera en aucun cas une finalité esthétique.

référence. Elle ne parle pas « tout bonnement de choux » et de « salades », elle s'applique à les nommer « *brassica acephala* » ou « *valerianella olitera* ». La jeune femme est impressionnée et fascinée par le jargon scientifique. C'est la raison pour laquelle le gnome essaie de la conquérir en utilisant les mêmes armes de séduction qu'Amandus, c'est-à-dire en « décrivant avec grâce des spondées, des iambes, des trochées, des parïambes, des anapestes, des tribraques, des bacchius, des antibacchius et des dactyles[255] ».

Daucus Carota, aux traits et à l'attitude ridicules, représente le faux univers merveilleux qui doit s'adapter à l'imaginaire infantile et étriqué d'Ännchen. Ce monde diffère sensiblement de celui de Marie Stahlbaum dans « Casse-Noisette », l'enfance ne renvoie pas une image positive de l'intériorité et les images mentales manquent singulièrement de fantaisie. Le sort réservé au père d'Ännchen n'est pas moins ironique. Si Dapsul possède des dons de visionnaire, il n'a toujours pas su déceler le mystère de l'autre monde et de l'intériorité. Le fait de glisser sur une coque de noix vide dans son propre atelier prouve bien que le fruit sucré qui se trouvait à l'intérieur lui a échappé[256]. Ses connaissances apparentes ne lui ont pas donné la clef de la révélation et le « petit gnome caché dans cette coque[257] » s'est enfui en le laissant face à son ignorance.

Tous les personnages sont donc ridicules dans leurs tâches respectives : Dapsul ne maîtrise pas les sciences occultes, Ännchen applique la réalité au merveilleux au lieu de l'inverse et Daucus Carota est victime de son propre piège. Contrairement à Marie, Anna ne souhaite plus, à la fin de son récit, garder un pied dans son univers imaginaire et Amandus prend conscience de son manque de génie. Se moquer ainsi des clichés du romantisme, comme la beauté et la richesse des images mentales, l'imagination foisonnante et créatrice, la puissance de la poésie, l'opposition entre le conte populaire (*Volksmärchen*) et le *Kunstmärchen*[258], constitue une forme de résistance aux critiques de la société envers l'art et les artistes et montre bien que le narrateur peut, lui aussi, faire preuve d'autodérision.

La farce est, par exemple, mise en valeur au moment où, dans le troisième chapitre, Daucus Carota arrive à Dapsulheim :

---

[255] *SB*, p. 1162 : « in den zierlichsten Trochäen, Spondäen, Jamben, Pyrrhichien, Anapästen, Tribrachen, Bachien, Antibachien, Choriamben und Daktylen », [*EF*, t. 4, p. 258].

[256] Cet aspect contraste vivement avec le symbole de la noix dans « Le Casse-noisette ». Dans « Le Casse-noisette », la noix est une allégorie positive puisqu'elle contient le fruit de l'imagination, de la créativité et du paradis perdu de l'enfance. Dapsul est donc incapable de posséder le fameux fruit et ce n'est pas son art de soi-disant visionnaire qui le lui permet. La scène, amusante et pathétique, s'avère donc à la fois grotesque et tragique.

[257] *SB*, p. 1156 : « in dieser Schale ein kleiner Gnome versteckt », [*EF*, t. 4, p. 253].

[258] Le *Kunstmärchen*, notion difficilement traduisible, est un conte écrit par un auteur précis. Il ne relève pas comme le *Volksmärchen* d'un héritage transmis souvent oralement. De plus, les personnages sont dépeints de manière moins manichéenne. Leur caractère est plus complexe.

On vit entrer au galop [...] un petit cavalier à l'allure étrange et plutôt comique. [...] [Il] portait un fort bel habit de satin jaune d'or, un haut bonnet de même étoffe, avec gros plumet vert gazon, et de jolies bottes d'acajou verni. Avec un cri strident, prrrr..., le cavalier arrêta son cheval [...]. Il semblait sur le point de mettre pied à terre, mais il se ravisa, disparut soudain avec la rapidité de l'éclair [...], se projeta deux ou trois fois de suite dans les airs à une hauteur de douze coudées, et en pirouettant à chaque coudée six fois sur lui-même [...]. Il fit un galop [...], battant des pieds sur un rythme de trochées, de parïambes, de dactyles et faisant avancer son cheval en avant, en arrière, sur le côté, décrivant avec lui mille courbes et mille trajectoires à travers la cour[259].

La vivacité du rythme phrastique, la variété sémantique des verbes d'action, l'emploi des chiffres et des adjectifs qualificatifs, ainsi que le comportement amusant et acrobatique du cavalier sont autant d'éléments qui appartiennent au registre comique. La scène est rendue très vivante et vraisemblable. Ce récit oppose la bourgeoisie et le merveilleux (au sens de réalité onirique non tragique) ; les deux univers ont intégré chacun de leur côté des éléments de l'autre monde. Le merveilleux et la réalité s'interpénètrent. Le premier n'existe pas ou plus à part entière et se révèle être, lui aussi, le lieu du grotesque et de l'illusion. Il n'y a pas de pendant au monde faussement magique et extraordinaire de Daucus Carota. Outre son aspect comique et saugrenu, l'histoire est empreinte de pessimisme. La sphère sociale et bourgeoise domine et clôt ce dernier récit. Comme force de résistance, le *Witz* souligne que l'esprit et la mise à distance critique sont tout aussi importants que le fantastique (alliance du merveilleux et du familier au service de la création) et l'étrange (« infamilier » plus ou moins angoissant). Le véritable artiste doit regarder son œuvre sous un angle critique. Cela résulte de l'usage de l'ironie romantique, établie par Friedrich Schlegel, qui prône une « alternance continue d'autocréation et d'autodestruction[260] ».

Dans « Signor Formica », la seule arme contre le rejet social est l'intelligence du verbe. Le théâtre devient le lieu sérapiontique où les personnages se glissent dans la peau d'autrui, usurpent une autre identité et manipulent ainsi le spectateur. Le caractère dramatique permet au lecteur de produire plus facilement des images mentales : visualisant les mouvements des personnages, il les

---

[259] *SB*, p. 1158-1159 : « und hinein [...] sprengte ein kleiner Reiter von ziemlich sonderbarem possierlichen Ansehen. [...] Übrigens trug der Kleine einen sehr angenehmen Habit von goldgelbem Atlas, eine eben solche hohe Mütze mit einem tüchtigen grasgrünen Federbusch und Reitstiefel von schön poliertem Mahagoniholz. Mit einem durchdringenden Prrrrr ! hielt der Reiter [...]. Er schien absteigen zu wollen, plötzlich fuhr er aber mit der Schnelligkeit des Blitzes [...] hinweg, schleuderte sich auf der andern Seite zwei, dreimal hintereinander zwölf Ellen hoch in die Lüfte, so daß er sich auf jeder Elle sechsmal überschlug [...]. So galopierte er, indem die Füßchen in den Lüften Trochäen, Pyrrhichien, Daktylen u.s.w. spielten, vorwärts, rückwärts, seitwärts in allerlei wunderlichen Wendungen und Krümmungen. », [EF, t. 4, p. 256].
[260] Friedrich Schlegel : *Kritische Schriften und Fragmente*, t. 2, *op. cit.*, p. 109 : « [...] steten Wechsel von Selbstschöpfung und Selbstvernichtung » [EF, p. 135], [Fragment 51].

met, à son tour, en scène et participe, de ce fait, lui aussi à la création littéraire. L'action, accentuée par les nombreux changements de lieux, s'associe à l'humour, comme dans les pièces de la *Commedia dell'arte*, réputée pour ses situations burlesques et ses jeux de masques, ses travestissements et ses quiproquos.

Outre l'humour grinçant, la dérision est aussi présente au sein même des entretiens. Dans celui qui clôt la septième veillée, Lothar en fait preuve vis-à-vis de l'adoration quasi religieuse que les amis vouent à Sérapion et, dans le cas présent, se moque de Cyprian en s'inclinant « avec respect » devant l'ermite, « ainsi que devant le plus parfait de ses disciples[261] ! ». Vinzenz s'amuse de la manière dont son ami s'identifie à l'anachorète et le qualifie de « cher Sérapion cyprianesque, cher Cyprian sérapiontique ». Ce jeu de mots renvoie à la dualité sérapiontique, qui allie folie et raison. Dans le premier cas, il s'agit d'une folie raisonnable (« Sérapion cyprianesque »), dans l'autre cas, d'une folle raison (« Cyprian sérapiontique »). S'il convient pour Hoffmann de respecter le principe sérapiontique sur le plan narratif et pour l'architecture des récits, ce principe peut être la cible de plaisanteries, car toute règle rappelle l'univers fermé et obtus des philistins et doit, pour se mettre au service de la narration, être utilisée avec souplesse. En raison de la flexibilité inscrite dans ce principe, toute histoire est susceptible de véhiculer des faux-semblants. Dans « Le point d'orgue » par exemple, Theodor intègre la réalité du tableau de Hummel et l'assimile à sa propre existence pour, enfin, se voir lui-même dans le personnage du cavalier. Il s'agit là d'une fausse *mimesis* dans laquelle le tableau constitue un véritable trompe-l'œil. L'image [« Bild »] devient leurre [« Trugbild »]. Afin que cette dernière soit créatrice et productive, l'artiste doit être prêt à l'accepter comme telle et à l'intégrer à son univers intérieur. L'enfant est l'individu qui y parvient le mieux. Dans son *Brouillon général*, Novalis estime l'enfant « plus intelligent et plus sage que l'adulte. [Il] doit être un [être] parfaitement ironique[262] » et singer son aîné. Le qualificatif « ironique » n'a pas ici de lien avec la satire, il a un sens seulement esthétique. L'enfant, davantage conscient de la finitude et de l'imperfection du monde que l'adulte, fait appel à l'ironie comme une forme d'autocritique, une assomption sublime du *Witz*, position de l'identité absolue du Moi créateur et du néant des œuvres[263] ».

Selon Sérapion, Cyprian est certes « un enfant », mais un enfant du monde rationnel, puisque ses repères spatio-temporels sont ceux du commun des mortels. L'illusion est liée au regard de l'enfant, oscillant entre visions enfantine (celle de l'artiste) et infantile (celle que le philistin a de l'artiste).

---

[261] *SB*, p. 1050 : « Ich beuge in tiefer Ehrfurcht meine Kniee vor dem heiligen Serapion und vor dem vortrefflichsten seiner Jünger », [*EF*, t. 4, p. 141].

[262] Novalis : « Aus dem Allgemeinen Brouillon », in : *Tagebücher und Briefe Friedrich von Hardenberg. Das philosophische Werk*, éd. par Hans Joachim Mähl et Richard Samuel. tome 2, Munich, Vienne, Hanser, 1978, p. 456 : « Ein Kind ist weit klüger und weiser, als ein Erwachsener – d[as] Kind muß durchaus *ironisches* Kind sein ».

[263] Philippe Lacoue-Labarthe/ Jean-Luc Nancy : *L'Absolu littéraire, op. cit.*, p. 78.

Dans « Casse-Noisette » et « L'enfant étranger », les enfants sont confrontés à l'incompréhension des adultes qui oublient trop souvent qu'ils ont été eux-mêmes enfants. Madame Stahlbaum, rationnelle et rationaliste à l'excès, s'agace de l'imagination trop débridée de sa fille. Marie, quant à elle, se retrouve tout à fait dans le monde qu'elle a créé. Elle a besoin de voir ce que son esprit a forgé et ne se fixe aucune règle de bienséance ou de logique. Son esprit, au contraire, est libéré des contraintes prosaïques. Elle écoute son intuition et se fie à la créativité de son enthousiasme psychique.

Le monde adulte n'obéit qu'aux codes de la bourgeoisie et s'interdit le travail de l'inconscient. La pensée y apparaît figée, aucune place n'étant laissée à l'arbitraire, au hasard ou à la sensualité. Selon l'adulte, le monde des rêves est empli de « bêtises » et Marie Stahlbaum essaie en vain de faire partager à sa mère son univers merveilleux. Jugée atteinte de « fièvre traumatique », elle doit garder le lit. L'adulte n'a pas accès à cette sphère, où « toutes les choses les plus merveilleuses et les plus magnifiques du monde s'offrent au regard de tous, de tous ceux qui savent voir[264] ». L'âme d'enfant est, par conséquent, celle qui semble la mieux disposée à créer. L'inconscient participe de l'œuvre d'art à condition que l'âme ne soit pas encore entachée par le démon philistin et bourgeois qui phagocyte l'imagination.

Dans « L'enfant étranger », ce sont les parents des cousins de Felix et Christlieb qui sont philistins. Leur rationalisme et leur caractère bourgeois sont indiscutables. Felix et Christlieb sont qualifiés d'« innocents », mais il ne s'agit pas d'un terme affectif et positif aux yeux de leurs oncle et tante. L'innocence est ici synonyme de rusticité, d'ignorance, voire de mauvaise éducation. Les enfants de la ville, Adelgunde et Hermann, apparaissent comme de véritables petits singes savants, trop vite sortis de l'enfance, alors que leurs cousins ont su préserver leur ingénuité. Si Adelgunde et Hermann font l'admiration des adultes, ils sont tournés en ridicule par le narrateur. En effet, leur comportement emprunté et leur tenue apprêtée n'ont rien de l'insouciance propre à l'enfance : « [Le] visage [du garçon] était jaunâtre et ses yeux ternes et ensommeillés avaient une expression sotte et craintive », et la petite fille « portait, comme Christlieb, une robe blanche, mais ornée d'une incroyable quantité de rubans et de dentelles[265] ».

Le récit symbolise une reconquête de l'identité et du passé. En effet, grâce à ses enfants, le sire de Brakel se replonge dans l'univers merveilleux qui fut jadis le sien et affirme avoir, lui aussi, connu l'adorable enfant étranger. L'imagination fait aussi resurgir le souvenir d'un passé enfoui et oublié.

---

[264] *SB*, p. 306 : « die allerherrlichsten wunderbarsten Dinge erblicken kann, wenn man nur darnach Augen hat. », [EF, t. 1, p. 343].
[265] *Ibid.*, p. 173 : « mit seinem blaßgelben Gesichtchen und den trüben schläfrigen Augen blöd und scheu [...]. Das Mädchen hatte zwar ein weißes Kleidchen an wie Christlieb, aber mit erschrecklich viel Bändern und Spitzen », [EF, t. 1, p. 276].

Si la conscience du sire de Brakel a occulté son âme d'enfant, l'inconscient, lui, a gardé à l'état de veille cet univers apparemment disparu. Ce retour à l'identité perdue annonce toutefois une mort prochaine, et le père de Felix et Christlieb meurt quelques jours après ces aveux. La forme d'art que Thaddeus a créée grâce à la réhabilitation de son inconscient et au travail de son imagination représente, en réalité, la force et le courage transmis à ses enfants pour qu'ils puissent faire face à l'adversité. En cautionnant l'existence de l'enfant étranger, le père leur permet en quelque sorte de croire éternellement à leur univers. L'être surnaturel apparaît après la disparition du père et les rassure en leur jurant protection :

> Même si vous ne me voyez pas de vos propres yeux, je flotte autour de vous et je vous aide de tout mon pouvoir, afin que vous soyez à jamais heureux [...]. Il suffit que vous me conserviez tout votre amour[266].

Le lecteur entrevoit dans le récit deux aspects distincts : soit le merveilleux – univers utopique inscrit dans une autre réalité – existe vraiment, et certains adultes peuvent y avoir accès car leurs enfants leur ont ouvert les yeux, soit le père, sachant qu'il va mourir, rassure Felix et Christlieb en les encourageant à nourrir leurs rêves et à garder espoir. Dans le premier cas, le lecteur décide de se placer du côté du romantisme et du merveilleux, c'est-à-dire de l'enfant ; de l'autre, il préfère rester ancré dans un monde rationnel. Si les parents des cousins rejettent toute forme d'onirisme, l'extrême inverse consisterait à refuser de croire ce que nos yeux perçoivent et, à la manière de Sérapion, à poser toute vision intérieure comme réelle. Le récit, mêlant la réalité aristocratique et le merveilleux, montre le gouffre qui existe entre la naïveté de l'enfance et le philistinisme de la noblesse. Le lecteur est, d'emblée, invité à se placer du côté de l'enfance candide. C'est dans le rêve que l'artiste ou l'enfant est susceptible de résister à un quotidien difficile. Ainsi Hoffmann est-il l'auteur par excellence du mode hypothétique, source d'illusion et de fausses espérances.
Dans « Les mines de Falun », par exemple, Elis désirerait rétablir le dialogue avec sa mère décédée. Ainsi espère-t-il, en devenant mineur, renouer avec ses origines. La mine permet également d'établir une relation dialogique entre Elis et la reine des profondeurs, ainsi qu'une relation monologique entre le héros et sa propre conscience. Le monde poétique équivaut ici à une expérience spirituelle. La fiction ne constitue pas une pure illusion, elle reflète à proprement parler une imagination florissante. La réalité, accessible à tous, symbolise le quotidien, la banalité et le philistinisme. La seule erreur d'Elis est d'avoir mésestimé le véritable génie poétique, de ne pas avoir assez puisé, sciemment ou non, dans une réalité dont il ne souhaitait finalement plus dépendre.

---

[266] *SB*, p. 614 : « Seht ihr mich auch nicht mit leiblichen Augen, so umschwebe ich euch doch beständig und helfe euch mit meiner Macht, daß ihr froh und glücklich werden solltet immerdar. Behaltet mich nur treu im Herzen. », [EF, t. 2, p. 313].

Le sentiment de ne plus être en harmonie avec la réalité et la peur de devenir philistin et de perdre ainsi l'inspiration conduisent les amis sérapiontiques à choisir l'ermite Sérapion comme patron, ce qui leur permet de mener à bien un projet à la fois esthétique et narratif. La relation première établie ici est celle entre la folie et l'art, la folie étant dépeinte comme résistance au monde. L'ermite Sérapion sait se défendre contre les attaques du rationalisme. Il vit en ayant élaboré une théorie, voire une philosophie, qui lui est propre et qui met en évidence la suprématie de l'esprit. Selon lui, l'esprit possède le contrôle sur le temps et l'espace. Les organes fonctionnent comme des machines et obéissent avant tout à l'esprit, à l'intellect humains :

> Et qu'est-ce donc qui entend, qui voit, qui sent en nous ? Peut-être bien, n'est-ce pas ces machines sans vie que nous appelons œil, main, etc., et non l'esprit[267] ?

Cette question rhétorique posée par l'anachorète révèle le mépris de ce dernier pour les théories de la perception, régies par la raison et l'expérience empirique, théories propres à la philosophie des Lumières. Néanmoins, l'idéal poétique consiste à dépasser le gouffre entre esprit et nature en donnant autant de place dans le temps et dans l'espace à l'imagination, donc à la création artistique en général qu'au monde empirique qui existe hors du monde poétisé.

La raison seule ne conditionne pas la créativité, elle a besoin du « levier » de l'imagination. La sphère de l'irréel est, tout d'abord, enracinée dans une réalité qui peut être sociale, historique ou artistique, comme dans le récit « Vampirisme », une histoire à la fois réelle et fantastique dans laquelle Aurélie, marquée dès la naissance par une destinée tragique, s'adonne la nuit à de véritables sabbats de sorcière. Malgré la présence de la réalité en arrière-plan, Vinzenz considère l'histoire comme « saugrenue » et « indécente ».

Dans « La Cour d'Artus », Traugott est convaincu qu'aucune réconciliation n'est possible entre l'artiste et la vie philistine. Le récit ne s'achève pas sur une aporie comme chez Gluck, mais offre une fin harmonieuse et positive même si les relations conjugales et artistiques restent toutes deux fondées sur une illusion. Il ne s'agit pas seulement d'une séparation entre désir artistique et désir érotique, mais d'une séparation entre vie et art.

Krespel, lui, confronté aux faiblesses et aux défauts humains, ne s'extériorise pas, et c'est ainsi qu'il apparaît étrange et mystérieux aux yeux des autres. Le monde intérieur constitue la véritable richesse, et la société ne peut être le reflet de cette perfection. Ses relations sociales sont ambiguës : il s'agit d'une relation vouée à l'échec conduisant à une sorte de mystification dont il ne prendra conscience qu'à la mort de sa fille. Dès lors, il développera un sentiment de culpabilité qui le

---

[267] *Ibid.*, p. 34 : « Ja, was hört, was sieht, was fühlt in uns ? – vielleicht die toten Maschinen die wir Auge – Ohr – Hand etc. nennen und nicht der Geist ? », [EF, t. 1, p. 61].

poussera à voir le monde extérieur autrement et à se résigner à ne plus chercher vainement la perfection sur les plans spirituel et artistique. La mort d'Antonie l'entraîne à renoncer à ses aspirations et à ses idéaux ; elle symbolise, dans le même temps, la disparition d'un artiste et l'apparente renaissance sociale d'un homme. Conformément au principe sérapiontique qui se fonde sur la réalité avant de la transfigurer par le biais de la créativité, le personnage de Krespel est ancré dans le réel. Hoffmann s'appuie sur une base véridique pour créer son personnage de fiction. Dans le récit, le conflit éclate à deux niveaux : familial et social. Familial, étant donné l'ambiguïté de la relation entre le père et sa fille, et social, du fait de son caractère imprévisible. Dans « Mademoiselle de Scudéry », il n'existe pas réellement de conflit familial. Seule l'opposition avec la société perdure, et ce d'une manière particulièrement violente, puisque Cardillac, au lieu de démonter des violons, assassine ses clients. Le personnage correspond à l'emblème même de l'artiste insatisfait aspirant à toujours plus de perfection. En outre, il lui est intolérable de voir ses œuvres d'art lui échapper et devenir des objets « utiles », dont d'autres individus s'emparent. Ainsi exige-t-il que ses bijoux lui soient restitués ou décide-t-il de retarder la commande. Son arrogance réside toutefois non pas dans son envie irrépressible de se réapproprier les bijoux, mais de confondre l'artisan (ce qu'il est) et l'artiste (ce qu'il croit être). Le récit marque, sur ce point, la différence entre le monde réel et celui des apparences. Cardillac cherche dans le processus de création et dans son œuvre même à s'épanouir, à incarner l'art de façon réelle et palpable sans être figé dans un corps. Mademoiselle de Scudéry, elle, en tant que poétesse, représente la deuxième personnalité artistique du récit en dépit de son statut social : elle est la seule que Cardillac admire au point de lui laisser une parure de bijoux, confectionnée de ses propres mains. L'art poétique et l'artisanat entrent ici en relation, non pour créer un conflit, mais pour permettre un rétablissement de l'ordre. Néanmoins, l'artisanat aboutit à une impasse, puisque Cardillac est assassiné. Penser réconcilier la société et l'artiste sans accepter le philistinisme et la norme semble être voué à l'échec.

Dans « Fiancée de roi », le paradis perdu est un leurre, l'univers de Daucus Carota un faux *Atlantis*. Le lecteur assiste à la disparition de l'utopie romantique et à sa trivialisation. Dans « La guerre des Maîtres Chanteurs », l'art, sous une forme nouvelle et plus atypique, n'a pas non plus sa place. L'art de Wolfframb, moyenâgeux, harmonieux et teinté de religiosité, l'emporte sur celui de Klingsohr. Le conflit entre le fait religieux et l'athéisme n'est pas véritablement présent, il est seulement refoulé. L'artiste est tenu de se ranger aux normes sociales. Par conséquent, sans louer la schizophrénie de l'ermite, les amis sérapiontiques considèrent leur « patron » comme une référence esthétique. Comme l'enfant, le fou a le courage de braver la normalité de manière drastique.

Le chemin esthétique paraît alors être une chimère que la société n'accepte pas tel qu'il existe dans l'âme de l'artiste. L'art est donc empreint d'un désespoir relatif et n'existe que dans l'imagination des créateurs. Selon Hoffmann, il appartient à une sphère supérieure que les philistins, trop aveugles, ne peuvent être en mesure d'atteindre. Cette forme de divin ne doit pas être comprise comme une transcendance. Pour y accéder, l'individu a besoin de l'Autre, comme médiateur et révélateur du Moi. L'Autre représente une facette de l'être jusque-là enfouie et méconnue. Par conséquent, le romantique souffre toujours d'une sorte de schizophrénie innée et reste tiraillé entre deux mondes. Sous la forme d'un « Autre », le lecteur, à condition de pouvoir accéder à l'inconscient de l'artiste et à sa première réalité, qui est celle de son intériorité, peut être à même de dépasser tout carcan normatif. Le lecteur doit être considéré comme une passerelle tentant de réconcilier indirectement l'artiste et la société. La vraisemblance et l'authenticité permettent ici une bonne réception, car la fonction du lecteur est de faire accéder l'œuvre à la postérité :

> La voyance poétique n'est ni un phénomène purement imaginaire ni une sorte de création *ex nihilo*, elle implique le support du réel observé ; elle implique que l'image intérieure soit nourrie par le spectacle du monde extérieur, par la vision de ses formes et de ses couleurs. Elle se fonde sur la représentation concrète de l'univers et des êtres qui vient s'empreindre dans l'esprit du poète[268].

Le travail du lecteur va de pair avec la création poétique et littéraire, ce que met en lumière Sergio Givone en soulignant que

> raconter ne signifie pour Hoffmann rien d'autre que de remettre en cause les fondements de l'art. Et son art narratif permet de remonter jusqu'à la source non seulement de l'art, mais aussi de l'expérience en général[269],

d'où l'importance de la transmission que l'on retrouve par exemple dans le genre du conte, qui mêle réalisme et merveilleux. Les différents narrateurs viennent, eux aussi, raconter leur récit ou, plus exactement, le lire, ce qui les différencie du conte populaire, du *mär*, où tout passait exclusivement par l'oralité : *Les Frères de Saint-Sérapion*, en tant qu'œuvre littéraire, allient l'oralité à l'écriture.

Le lecteur a donc un rôle à jouer dans la définition du rapport étroit qui unit Hoffmann à l'inconscient ou aux maladies mentales. Il lui revient d'interroger la manière dont l'écrivain présente l'acte de création et les arts verbal, visuel et musical, le processus de perception, le génie

---

[268] Arthur Rimbaud : *Lettres du voyant, textes littéraires français*, Genève, Droz, 1975, p. 32.
[269] Sergio Givone : « Hoffmanns moderne Ästhetik », in : *Mitteilungen der Hoffmann-Gesellschaft* 30 (1984), p. 68 : « Aber Erzählen bedeutet für Hoffmann nichts anderes, als die Gründe der Kunst in Frage zu stellen. Und die Kunst der Erzählung nach Hoffmann gestattet es, an den Grund nicht nur des Künstlerischen, sondern der Erfahrung überhaupt zu gehen ».

narratif et les qualités de conteur des amis sérapiontiques. Le principe défendu par l'écrivain passe essentiellement par l'acte de narration, et la réception s'effectue en fonction du message et des images transmis par lui. L'artiste hoffmannien est constamment en quête de son propre équilibre. Ne vivant que pour son art, il permet à un idéal de prendre vie sous une forme esthétique grâce, par exemple, à la peinture dans « La Cour d'Artus », de séduire une femme par la musique, comme Heinrich von Ofterdingen dans « La guerre des Maîtres Chanteurs », ou encore de révéler une âme mélancolique à travers l'écriture et la poésie, comme chez Werner et Sérapion.

L'art symbolise un idéal sublimé, un intermédiaire, une sorte de philtre d'amour, ainsi qu'une thérapie. Il dévoile au récepteur l'âme de l'artiste selon ces trois fonctions et lui transmet des sentiments de bien-être, de fascination ou d'angoisse. L'art est aussi source de désillusion, de rejet ou de comique. Il est dialogique à la fois dans sa réception et dans sa transmission, car il communique avec un Autre, et monologique dans sa conception, étant donné que l'artiste converse avec sa conscience et son âme. Si cette relation n'est pas saine, la force créatrice de l'univers onirique est alors susceptible de basculer dans la folie.

« L'inconscience, par excès, [s'] appelle folie[270] »

La raison aide l'individu à se repérer géographiquement, socialement et temporellement en tant que sujet dans le monde et la maladie mentale, traitée de manière très complexe dans les récits hoffmanniens, ne fait qu'entraver l'épanouissement de l'être. Si l'écrivain met la plupart du temps en corrélation création et folie, cette dernière ne peut pas seulement s'expliquer à l'aune d'une imagination défaillante ou excessive. En effet, l'aliénation est étroitement liée à la question de la transcendantalité des théories de la connaissance et des théories esthétiques de l'époque romantique. Dans la transcendantalité romantique, l'existence d'un Moi supérieur dont dépendrait l'unité absolue de l'art et l'idée du Beau et du Sublime est prônée au détriment d'une réalité jugée plutôt chaotique et désordonnée. Hoffmann, figure hybride entre *Aufklärung* et romantisme, n'est pas en mesure d'adhérer totalement à cette théorie et de cette confrontation conceptuelle naît également son traitement de la folie : l'art pour l'art ne peut supplanter l'ancrage de l'artiste dans une réalité, même jugée trop étroite et peu épanouissante. Il n'est donc pas question de remplacer le réel par le Sublime à l'état pur, mais de magnifier ce réel afin de le rendre supportable. Ce processus de sublimation passe par des actes esthétiques de déformation (grotesque) et de métamorphose (fantastique). S'il n'est pas assimilé ou accepté, la santé de l'être est mise en péril et son art reste ancré dans une dimension mystificatrice et non libératrice.

---

[270] Novalis : *Fragments, Fragmente, op. cit.* [édition Aubier Montaigne], p. 110-111 : « Unbesonnenheit aus Übermass nennt man Wahnsinn ».

À l'époque d'E.T.A. Hoffmann, la psychiatrie n'exclut plus le dialogue, la compréhension et l'écoute de l'autre. L'excès dans l'idéalisation de la maladie est source de danger, mais à travers l'acte d'écriture, l'écrivain libère son Moi de ses visions intérieures, ce qui constitue une forme de thérapie créatrice nécessaire. Le principe sérapiontique conduit l'artiste à « soulager son intériorité[271] » en révélant, par le biais du travail de l'imagination, ce qui est enfoui en lui.

Dans la troisième veillée, les amis sérapiontiques ne peuvent réprimer leur joie et leur admiration face au génie de Sylvester, dont les dons poétiques et la manière d'écrire correspondent à leur idéal esthétique. Sylvester sait en effet donner vie à ses visions, puisées dans le réel, et à ses sentiments, qu'il est ensuite capable de partager au travers de ses récits. La folie, elle, conduit à une destruction sommaire, voire totale, de l'art. Chez Krespel, par exemple, la déconstruction des violons ne révèle pas au personnage les mystères de la musique et la mort de sa fille Antonie scelle à tout jamais la fin d'une passion artistique et charnellement non avouée. Il n'existe alors pas de rejet de la raison, étant donné qu'elle contribue à l'épanouissement esthétique de celui qui y a recours. La raison n'est pas une fin, mais un moyen, un appui de la création. Aliéné et déchiré, l'artiste malade est incapable de s'intégrer dans le monde extérieur. Mêlant douleur, désespoir, ironie et grotesque, l'art hoffmannien illustre la contradiction entre l'existence sociale de l'individu et ses difficultés à faire valoir ses potentialités esthétiques. Malgré ce conflit entre l'art et la société, l'artiste ne doit pas se laisser envahir par la folie, mais la mettre au service de son œuvre.

Cyprian avoue son penchant pour la maladie mentale et son « plaisir particulier [...] à fréquenter les fous[272] ». La folie l'épouvante tout en le fascinant, elle enrichit son univers intérieur et « fortifi[e] son esprit[273] ». Aussi peut-elle être analysée sous trois angles : l'angle scientifique, celui de la maladie mentale proprement dite, l'angle littéraire, en rapport avec le principe sérapiontique, et l'angle esthétique, la relation entre le génie et la folie débouchant ensuite sur la thématique du rêve.

Discours scientifique : la maladie mentale

Dans *Les Frères de Saint-Sérapion*, la condition du malade et l'impact que ses difficultés ont sur la création comme sur le monde réel sont mis en exergue par la relation entre l'objet d'art et le spectateur, entre l'art et l'artiste, ainsi qu'entre le lecteur et l(es) artiste(s), systématiquement confrontés à la dualité. Le lecteur doit essayer de déceler les mystères, de voir où la normalité cesse et où la folie commence. Il lui est alors indispensable de faire abstraction des normes habituelles et de se fier à ses seuls sentiments et impressions qui peuvent, bien entendu, l'induire en erreur. C'est pour cela qu'une seule et unique interprétation ne suffit pas à éclairer un récit sérapiontique.

---

[271] *SB*, p. 313 : « sein Inneres entladen ».
[272] *Ibid.*, p. 37 : « Ihr Alle kennt meinen Hang zum Wahnsinnigen », [EF, t. 1, p. 66].
[273] *Ibid.*, p. 37 : « die meinen Geist stärkten », [EF, t. 1, p. 66].

La maladie mentale touche aussi bien l'homme que la femme, à la différence près que les femmes sont, chez Hoffmann, rarement des artistes et, quand bien même elles le seraient, telles les capricieuses *prime donne* Lauretta et Teresina dans « La Cour d'Artus » ou la poétesse Mademoiselle de Scudéry, elles ne possèderaient nullement un esprit malléable et fantasque[274]. En cas de fragilité psychique, les femmes hoffmanniennes sont, tout d'abord, perçues par la société et par leurs proches comme des personnes inquiétantes. La famille d'Adelgunde dans « Une histoire de fantôme » et celle de Marie dans « Casse-Noisette » font toutes deux appel à des médecins afin qu'ils puissent leur prescrire le remède adéquat à leur apparente aliénation. Ensuite, leur don de voyance les transforme aux yeux d'autrui en de dangereuses sorcières que l'on soupçonne, à juste titre dans « Le Diable à Berlin », d'entretenir des relations avec le Malin. La nourrice d'Antonio dans « Doge et dogaresse » est, elle, marginalisée et exclue de toute vie et reconnaissance sociales :

> […] Ce succès éveilla la jalousie des empiriques, des ciarlatani, bref de tous ceux qui vendaient sur la place Saint-Marc, au Rialto, à la Zecca, leurs pilules et leurs essences, et qui empoisonnaient leurs malades au lieu de les guérir. Ils répandirent le bruit que j'avais fait un pacte avec Satan en personne, et la superstition populaire accueillit cette calomnie. Peu de temps après je fus arrêtée et traduite devant le tribunal ecclésiastique[275].

Enfin, comme chez Marie Stahlbaum, leur maladie réside dans leur croyance en un univers imaginaire ne correspondant pas à la vie terrestre et à ses contingences.
Dans d'autres cas, le narrateur dépeint la femme comme un être malfaisant, à la fois séducteur et nuisible, ce dont le lecteur s'aperçoit par exemple avec le personnage d'Aurélie dans « Vampirisme ». Folie et sorcellerie se voient alors mises sur un pied d'égalité.

Les personnages sérapiontiques souffrent de névrose, de schizophrénie, de manie, de mélancolie, de délire partiel ou total. Dans « Une histoire de fantôme », Adelgunde, apparemment névrosée, croit voir tous les soirs, à neuf heures précises, le même revenant. Après de vaines tentatives de guérison, la famille choisit alors de faire appel à un docteur proposant de lui soumettre une thérapie de choc en la mettant face à ses démons intérieurs et à ce qu'il nomme un

---

[274] Les artistes féminines, quant à elles, ont des destinées différentes : l'oubli ou la mort. Antonie, dans « Le Conseiller Krespel », ne survivra pas à son talent, la poétesse Mademoiselle de Scudéry ne passera pas à la postérité et les *prime donne* Lauretta et Teresina, dans « Le point d'orgue », n'auront servi qu'à mettre en valeur le génie musical de Theodor et à le révéler à lui-même.

[275] *SB*, p. 454 : « […] Da erwachte der Neid der Ärzte, der Ciarlatani, die auf dem Markusplatz, auf dem Rialto, auf der Zecca ihre Pillen, ihre Essenzen verkauften und die Kranken vergifteten, statt sie zu heilen. Ich stehe mit dem leidigen Satan im Bündnis, das sprengten sie aus und fanden Glauben bei dem abergläubischen Volk. Bald wurde ich verhaftet und vor das geistliche Gericht gestellt. », [EF, t. 2, p. 151].

« échauffement de l'imagination[276] ». Les hallucinations d'Adelgunde s'achèvent lorsque le médecin suggère à la famille d'avancer d'une heure toutes les horloges. Toutefois, la raison n'a pas le dernier mot : choquée de voir son fantôme arriver une heure plus tôt que de coutume, la jeune fille parvient à s'en libérer en faisant partager sa folie à toute la famille :

> Adelgunde saisit derrière elle une petite assiette [...] la tend en l'air et la lâche, et l'assiette, comme portée par une main invisible, décrit lentement un cercle sous les yeux des assistants, puis vient se reposer sans bruit sur la table[277].

Cet événement provoque l'évanouissement de la mère et de la sœur aînée. La première meurt peu de temps après et la seconde sombre dans une folie apparemment incurable. Deux pistes de réflexion sont ici possibles : soit Adelgunde avait des dons de voyance, auquel cas le spectre cherchait seulement à communiquer avec elle et à lui transmettre son mal-être, soit la jeune femme était véritablement malade, la vision n'étant qu'une simple manifestation de son for intérieur et l'épisode de l'assiette flottant dans les airs le résultat d'une hystérie collective.

La thérapie de choc par le mensonge s'avère donc un échec étant donné qu'il n'y a pas guérison, mais seulement transfert, glissement du mal d'un individu vers un autre. Cependant, la névrose n'est pas la seule explication probable. En effet, en prenant en considération le caractère « infamilier » de l'ensemble et l'accointance systématique entre raison (réel) et irrationalisme (imagination) et en supposant que tout est mouvant, incertain et potentiellement anormal, le lecteur est en mesure d'interpréter les hallucinations d'Adelgunde, puis de sa famille comme le berceau évident du fantastique. Par conséquent, il est vain et absurde de tenter de guérir un être de la névrose. À ce titre, la théorie de la folie développée par Clara dans « Le marchand de sable », qui explique la folie comme un « fantôme de notre propre Moi » que nous laissons s'installer en nous et auquel rien d'autre que le Moi lui-même ne peut conférer sa force, n'est pas concluante. Cette théorie commune de Clara et de Lothar est d'ailleurs récurrente dans l'œuvre d'Hoffmann, mais possède deux défauts majeurs : elle interdit tout point de vue extérieur ; elle explique nécessairement la chose à expliquer, la subjectivité, par elle-même, et elle n'éclaire donc pas grand-chose. D'autre part, elle est plus que contredite par le déroulement de nombreux récits, par le personnage du Marchand de sable, bien sûr, à la fois allégorie fantastique des cauchemars et des angoisses de l'enfance et être étrange bien réel, mais aussi par la tentative que fait Cyprian de guérir Sérapion en lui faisant comprendre que, logiquement, il ne peut pas vraiment être la personne qu'il

---

[276] *Ibid.*, p. 391 : « überreizten Einbildungskraft », [EF, t. 2, p. 88].
[277] *Ibid.*, p. 393 : « Adelgunde [...] faßt einen kleinen Teller [...] reicht ihn vor sich hin in die Luft läßt ihn los und der Teller, wie von unsichtbarer Hand getragen, schwebt langsam im Kreise der Anwesenden umher und läßt sich dann leise auf den Tisch nieder ! » [EF, t. 2, p. 89].

prétend. La sphère inexplicable du fantastique côtoie donc celle de la maladie mentale. Il est dès lors impossible de trancher sans craindre de négliger une interprétation.

Dans « Vampirisme », la folie traumatique dont souffre Hyppolite est due à la terrible découverte de son épouse Aurélie errant en pleine nuit et se livrant avec d'autres femmes du même acabit à des actes de cannibalisme. Lorsqu'Hyppolite avoue à sa bien-aimée la découverte de ses activités démoniaques de vampire, cette dernière se jette sur lui comme une enragée et cherche à le mordre à son tour. Le récit se clôt sur la réaction de défense du comte qui « terrasse la furieuse qui expire sur-le-champ en proie à d'horribles convulsions » ce qui le fait « sombre[r] dans la folie[278] ». Chez Hyppolite et Agatha (« Une histoire de fantôme »), la maladie mentale prend la forme d'une grave dépression, causée par la mort violente d'un proche. Elle passe par la confrontation avec un phénomène irrationnel et met les deux personnages face à une réalité qu'ils ne maîtrisent pas. L'aliénation naît de cette perte subite des repères rationnels et de l'impuissance devant une situation inhabituelle.

Cette impuissance vis-à-vis d'un événement tragique est également perceptible dans « Les mines de Falun » où Elis est confronté à la mort de sa mère. Sa reconversion en mineur symbolise à elle seule un état profondément dépressif. À cause de l'absence du père, la rivalité masculine et le conflit potentiel n'existent pas. Sans la présence d'un tiers, la relation œdipienne classique est d'avance tronquée et le rapport bilatéral entre le fils et sa mère s'avère destructeur. La mère, comblée par l'attachement d'Elis à son égard, entretient, malgré elle, entre eux une atmosphère malsaine et ambiguë. Sa mort provoque la perte immédiate des repères individuels et une psychose latente où toute distinction entre le « dehors » et le « dedans » disparaît. Elis devient incapable de s'adapter au monde extérieur. Ainsi la descente dans la mine, dans le « dedans », a-t-elle pour lui une fonction quasi thérapeutique. Affaibli, le psychisme du marin est facilement malléable et Torbern, dans un rôle de « psychiatre » charlatan, le convainc facilement de regagner son univers intérieur. En découvrant Falun, Elis aspire progressivement à en déceler tous les trésors et, inconsciemment, à retrouver sa mère dans le ventre de la terre. Il s'agit là d'une sorte de suicide progressif qui consiste à rechercher ses origines tout en acceptant la mort, à quitter son statut d'être humain, de chair et de sang, pour ne faire plus qu'un avec la roche et être, au sens propre, fossilisé pour l'éternité. Cette démarche correspond à une volonté de redevenir fœtus, à refuser la vie en restant protégé à jamais dans une poche salvatrice. À cet échec de la relation œdipienne s'ajoute l'incapacité à exister comme individu social. En effet, tout au long du récit, le Moi d'Elis se

---

[278] *Ibid.*, p. 1134 : « Der Graf schleuderte die Rasende von sich zur Erde nieder, und sie gab den Geist auf unter grauenhaften Verzuckungen. – Der Graf verfiel in Wahnsinn », [EF, t. 4, p. 229].

dédouble[279], il apparaît tiraillé entre la passion irrésistible éprouvée pour la reine de la mine, à laquelle il se lie, et l'amour sincère qu'il ressent pour Ulla, la fille de celui qui l'a employé, qu'il ne parviendra jamais à épouser. Partagé entre un esprit élémentaire et un amour terrestre, il sent une sorte de schizophrénie s'emparer de lui et la mine en tant qu'obsession finira par l'anéantir. Il s'agit là d'une conséquence extrême de la psychose. Dans le meilleur des cas, le patient guérit (Adelgunde) ou est interné (Nettelmann dans « Fragment de la vie de trois amis ») ; dans le pire des cas, il périt (Elis) ou laisse son âme errer. Ce dernier aspect caractérise la tante d'Alexander dans « Fragment de la vie de trois amis ». Très affectée d'avoir été abandonnée par son fiancé le jour de son mariage, la vieille dame hante sa maison. Elle commémore ce triste événement en revêtant sa robe de mariée et en décorant sa maison et sa table. Le rite implique qu'elle attende jusqu'au soir l'homme qui ne vient pas en ponctuant sa journée de prières, de plaintes et de soupirs. L'usage ne cesse que le jour où son neveu célèbre à son tour ses noces à l'endroit même où elle aurait dû le faire. Le sort conjuré, la défunte est enfin prête à reposer en paix. Le fantôme de la tante a donc eu besoin de l'aide inconsciente d'autrui pour se libérer de son traumatisme.

L'apparition de l'« idée fixe » n'est pas seulement causée par un choc survenu dans la vie adulte, elle peut naître dès l'enfance et, dans ce cas, elle n'a que peu de chances de rémission étant donné son ancrage important dans la personnalité de l'individu et dans son développement personnel. Deux cas correspondent à ce type : Cardillac et Zacharias Werner.

En dépit de sa personnalité meurtrière, Cardillac attire davantage l'attention du lecteur que Mademoiselle de Scudéry qui apparaît, certes, comme une personne agréable, dotée d'un vif intérêt pour la poésie et les lettres et dont le grand âge devrait inspirer un profond respect, mais qui reste une femme du monde aimant à se retrouver dans les cercles philistins fermés. L'art qu'elle pratique est trop lisse, trop positif. Elle n'est pas assez révoltée pour représenter l'emblème de l'artiste hoffmannien, prisonnier de lui-même et de ses angoisses. L'art n'est pas synonyme de « divertissement », c'est un état d'esprit, un mode de vie, qui ne peut aller de pair avec la préciosité et la sociabilité de Mademoiselle de Scudéry. Le récit éponyme expose une vision manichéenne dans laquelle la vieille dame incarnerait le Bien et Cardillac le Mal. Il faut ajouter qu'Hoffmann donne plus de relief au second personnage, car l'orfèvre a une vision pessimiste de cette société qui n'accorde que peu de place à l'art, ne voit que les ombres de la caverne platonicienne et refuse de croire que l'essence des choses ne relève pas de sa connaissance. L'artiste se met en danger dès qu'il renonce à toute originalité et qu'il accepte d'être intégré à l'univers bourgeois. La folie de Cardillac ressemble à celle du baron de B., qui reflète une attitude prométhéenne. Les deux artistes

---

[279] *Ibid.*, p. 235 : « er fühlte sich wie in zwei Hälften geteilt, es war ihm, als stiege sein besseres, sein eigentliches Ich hinab in den Mittelpunkt der Erdkugel […], während er in Falun sein düsteres Lager suche », [EF, t. 1, p. 271] : « il se sentait comme déchiré en deux ; il avait l'impression que son vrai moi, le meilleur, descendait au cœur de la terre […] tandis qu'il retrouvait à Falun un sombre gîte ».

pensent se situer au-dessus de tous et détenir la vérité artistique. Ils refusent d'appartenir à une corporation et, en ce qui concerne Cardillac, d'être reconnu dans le monde artisanal. La folie de Cardillac est due au traumatisme subi par sa mère lors de sa grossesse lorsqu'elle faillit être violée par un jeune seigneur dont elle convoitait le collier serti de pierreries. L'homme, séduit par ce regard insistant et, selon lui, univoque, tenta d'étreindre la dame. Repoussé brutalement par celle-ci, il se tua dans sa chute. La mère de Cardillac, seulement intéressée par le bijou qu'elle avait tenté d'arracher dans la bataille, fut traumatisée à la vue de ce cadavre qui la fixait sans la voir. De ces yeux vides et sans vie naquit sa folie qui se répercuta ensuite, comme une malédiction, sur son enfant en le condamnant dès sa naissance au péché d'envie. Cardillac dit d'ailleurs, comme le Lovell de Tieck, être né sous une « mauvaise étoile », « faisant jaillir l'étincelle qui devait allumer en son sein une passion des plus bizarres et des plus funestes[280] ». Tout ce que l'on peut vouloir dire d'essentiel sur un personnage de fiction, voire un personnage réel apparaît toujours lié au passé (familial) de ce personnage, éléments qui prennent toujours la forme d'un secret potentiellement dangereux. D'abord enfoui, il surgit de façon pathologique et ce processus consistant à mettre à jour un secret renvoie directement à la théorie schellingienne, reprise par Freud dans « L'inquiétante étrangeté[281] », du fantastique stimulant l'imagination, nourrissant les rêves et les cauchemars ou engendrant la folie. C'est ce qui se produit pour Elis, Zacharias Werner et, ici, Cardillac. Les cheveux de couleur rousse de ce dernier, couleur considérée pendant des siècles comme celle du diable et du sorcier, symbolisent l'aspect maléfique, ou du moins marginal, de l'individu. Ce n'est pas non plus un hasard si l'homme est orfèvre et éprouve, comme sa mère, le besoin de donner le plus souvent la mort pour entrer en possession du bijou désiré. Ce mimétisme morbide le conduit à devenir quasiment un suppôt de Satan, comme le soulignent les qualificatifs lui correspondant (« démon », « mauvais génie », « démoniaque » ou encore « satanique ») et le champ lexical du feu et de la lumière. Son destin lui a donc pour ainsi dire attribué la tâche de tuer et son âme mélancolique lui a ôté toute maîtrise.

C'est dans le regard que s'implante par conséquent tout traumatisme. Lieu du désir et de la convoitise, il est à l'origine des sept péchés capitaux. Le seul fait de croiser des yeux dépourvus de richesse intérieure et d'émotion équivaut à se regarder dans un miroir qui renverrait à l'homme l'image de sa propre mort. Le regard du cadavre ne donne pas à la mère de Cardillac une image positive et la place, comme Nathanael avec Clara dans « Le marchand de sable », devant un miroir sans reflet. Le bijou et l'amour charnel liés à une expérience morbide conduisent Cardillac à faire

---

[280] *Ibid.*, p. 832 : « mein böser Stern [...] hatte den Funken hinabgeschossen, der in mir eine der seltsamsten und verderblichsten Leidenschaften entzündet », [EF, t. 3, p. 221].
[281] Sigmund Freud : « Das Unheimliche » (1919), in : *Psychologische Schriften* [p. 241-274], in : *Freud-Studienausgabe*, éd. par Alexander Mitscherlich, Angela Richards et James Strachey, tome 4, Francfort-sur-le-Main, Fischer, 1971, p. 248 : « Unheimlich nennt man Alles, was ein Geheimnis, im Verborgenen bleiben sollte und hervorgetreten ist ».

inconsciemment l'association entre l'art et le meurtre, le génie, la beauté des métaux et le sang. Son comportement fébrile et excentrique au sens étymologique du terme, c'est-à-dire « en dehors du centre », incite l'homme à agir mécaniquement et instinctivement afin de retrouver les morceaux de sa personnalité dispersée. Son hystérie, dans le sens premier de « séduction », ne réside pas dans le don, mais dans une attitude égocentrique de possession et de réappropriation. La démarche ex-centrique se révèle tout compte fait purement narcissique : Cardillac doit quitter le centre pour mieux le rejoindre ensuite.

La folie de Zacharias Werner est, à l'instar de celle de Cardillac, suscitée par un traumatisme maternel. La mère de l'écrivain, atteinte d'un délire à tendance schizophrénique, se prend pour la vierge Marie et voit en son fils le Sauveur. La folie de son fils est donc causée par un transfert, par une appropriation de l'hystérie religieuse. L'enfant, dont la personnalité est fragile, développe son identité en fonction de ce que ses parents lui transmettent et lui offrent comme modèle. La folie, qu'elle soit mélancolie dépressive ou névrose, se fonde donc souvent sur une transmission inconsciente et erronée de valeurs. L'imagination et le génie artistique deviennent alors le fait d'un individu malade. Le fou dont la maladie est, ici, quasi esthétique ne représente pas systématiquement le double négatif du poète étant donné que sa folie est productive. Le lecteur se trouve face à une énigme qu'il ne saurait résoudre et qui constitue le propre de l'écriture hoffmannienne : le désordre psychique naît d'un dysfonctionnement de l'esprit, crée une rupture entre l'individu et son environnement et n'est pas envisagée comme un idéal à poursuivre, mais il plonge souvent ses racines dans l'imaginaire, dans un univers fondé par la force de la créativité artistique. L'artiste s'est forgé une autre personnalité, un rapport différent au monde. Or, dans *Les Frères de Saint-Sérapion*, les médecins, s'ils ne sont pas présentés comme des charlatans grotesques, agissent, la plupart du temps, en fonction de la seule logique scientifique du philistin. Cependant, la folie dépasse parfois le statut de simple maladie et la science faillit face à certaines pathologies, comme celle d'Aurélie dans « Vampirisme ». Dans ce récit, le motif de la femme vampire et cannibale s'associe à celui de la femme fatale baudelairienne[282]. La féminité et la mort, la beauté et la folie, le désir sexuel et la pulsion morbide relèvent des registres à la fois romantique et satanique. Sur ce point, l'écrivain apparaît comme un des représentants de la *Schwarze Romantik* ou *Schauerromantik*[283], un genre littéraire visant proprement à susciter l'effroi des récepteurs. Face à ce genre de problème, le lecteur n'est pas en mesure de savoir s'il doit considérer Aurélie comme folle ou comme un être appartenant à un univers qui lui échappe. La folie n'est plus, dans ce cas, synonyme de déraison, mais une manifestation psychique impénétrable produite par l'inconscient.

---

[282] Nous retrouvons par exemple ce motif dans le poème « Le vampire » des *Fleurs du Mal* où la femme vampire rend esclave sa victime et lui enlève toute liberté : l'homme, soumis, est comparé à un « forçat ».

[283] Le mouvement naît vers la fin du XVIIIe siècle. Il est propre à la Grande-Bretagne, à l'Allemagne et à la France avec des écrivains comme Poe, Baudelaire, Nerval ou bien Hoffmann.

Ainsi la citation de Novalis « L'inconscience, par excès, s'appelle folie » pourrait-elle être transformée en « L'inconscient, par excès, s'appelle folie[284] ». Le sommeil semble être la meilleure thérapie, car il canalise et extériorise les excès créatifs de l'imagination. Pour autant, le travail de l'inconscient peut aussi s'avérer dangereux.

Le rêve sert d'exutoire à la folie, aux maux de l'âme et aux violences intérieures. Le médecin devient davantage psychanalyste ou psychothérapeute que psychiatre. Il aide le patient dans sa réflexion et lui ouvre des pistes, plutôt que de lui prescrire un quelconque remède. L'utilisation d'un traitement chimique n'est pas la voie la plus empruntée ; c'est le traitement moral et psychique qui se voit privilégié. En matière de mélancolie et de folie créatrice, aucune thérapie n'est envisageable, et même s'il n'est pas correct d'assimiler de façon générale folie et originalité ou marginalité sociale, force est de constater que le « fou » est constamment rejeté, étant donné qu'il n'obéit pas aux normes et aux codes imposés. Or, c'est dans les domaines de l'art et de la folie, extériorisation d'un inconscient original et créatif, que l'objectivité est purement inconcevable. Bon nombre d'artistes sont alors perçus comme fous. L'art et la création leur paraissent, en effet, être le seul moyen d'expression dont ils disposent pour lutter contre la monotonie et la disharmonie. Il n'est donc pas étonnant de voir que l'écrivain choisit Sérapion comme emblème esthétique. Si l'on part du principe que Sérapion incarne plus une allégorie qu'un être à part entière, alors il est aussi nécessaire de voir dans la présence de la maladie mentale, intégrée correctement à la narration, son aptitude à semer le trouble, à ébranler un système de pensée codifié et à déstabiliser le lecteur.

Les notions d'espace et de temps semblent parfaitement subjectives en soi, et même si la société se réfère à la science objective et si la normalité est le fondement de la science, faire preuve de créativité implique obligatoirement un dépassement de l'objectivité scientifique. Le fou est donc celui dont la perception n'est pas fondée sur un discours rationnel et scientifique. La folie de l'anachorète tend à poser comme réel non pas la réalité extérieure commune, mais le seul monde de ses représentations. Selon Hoffmann, la société ne cherche qu'à obéir à des codes, elle ne prend pas en compte la personnalité de l'individu et n'adapte pas ses règles aux êtres concernés : au contraire, ces derniers sont tenus de vivre en fonction de ces règles. La folie représente en quelque sorte un refuge pour l'individu mal à l'aise dans le monde. Dans le cas de Nettelmann, dans « Fragment de la vie de trois amis », c'est la paranoïa qui a poussé le personnage à développer de prétendus talents

---

[284] L'inconscient, en relation avec l'imagination, a trois fonctions chez Hoffmann : créer une œuvre et la transmettre, stimuler l'inventivité nécessaire à l'originalité d'une production artistique tout en courant le risque de pousser l'artiste à des extrêmités semblables à la folie et, enfin, renforcer le travail du rêve qui agit directement sur l'imagination et l'alimente de manière positive ou négative.

de télépathe. Ainsi s'est-il imaginé reconnaître, la plupart du temps, dans l'âme humaine une profonde gentillesse. La dégradation de son état psychique s'explique alors par la découverte du subterfuge qu'il a lui-même créé. La société n'est pas aussi bienveillante que ce qu'il espérait :

> Un caractère lui paraît-il équivoque ou suspect, il n'en conçoit non plus nulle colère mais s'abandonne seulement à une douce tristesse[285].

L'artiste a souvent pour unique recours de changer physiquement de personnalité, comme Salvator Rosa déguisé en Signor Formica, ou de tenter de cacher son âme véritable en déstabilisant son entourage par un caractère inattendu et cyclothymique. Krespel s'avère, en ce sens, difficilement prévisible. L'acte de dissimulation mène à des situations parfois extrêmes, relatées dans « La Cour d'Artus », « Le Conseiller Krespel » ou « Mademoiselle de Scudéry ». Dans le premier récit, le peintre Berklinger travestit sa fille afin qu'elle ne fasse l'objet d'aucune convoitise. Krespel, lui, garde jalousement Antonie auprès de lui et lui interdit, par possessivité et égoïsme, de faire entendre à quiconque sa voix enchanteresse. Cardillac, enfin, en usurpant une fausse identité – « Les invisibles » –, commet des assassinats dans le but de se réapproprier ses créations. L'artiste jugé « fou » n'atteint jamais véritablement son but : Sérapion ne publiera pas ses poèmes, Cardillac sera assassiné, Krespel, Berklinger et le baron de B. tomberont dans l'oubli. Seuls les artistes qui acceptent les contingences de la vie sociale tout en persévérant dans leur art et en acceptant les sacrifices (comme celui de ne pas épouser leur muse) pourront être qualifiés de sérapiontiques : Traugott dans « La Cour d'Artus », Edmund Lehsen dans « Le choix d'une fiancée », Reinhold dans « Maître Martin », Theodor dans « Le point d'orgue », Marie dans « Casse-Noisette » ou Salvator Rosa dans « Signor Formica » en sont les exemples les plus significatifs.

Le refuge dans l'« idée fixe » ou dans l'illusion n'a rien de comparable avec une rémission, même partielle. La folie peut, bien entendu, devenir fatale, comme on l'observe chez Nettelmann ou Zacharias Werner. La question est ici de savoir comment l'Autre perçoit l'aliénation et de déterminer à la fois le point de vue d'Hoffmann et le message implicite qu'il adresse au lecteur. Le dernier mot n'est jamais laissé aux philistins, même si le principe sérapiontique implique un renoncement aux débordements incontrôlables de l'imagination. Néanmoins, Hoffmann souligne qu'aucun être un tant soit peu doué de génie créatif ne trouve son idéal dans le monde bourgeois, où réalité et imagination poétique restent inconciliables. La banalité et la morosité quotidiennes font ressortir l'importance de l'inconscient et du rêve, toujours menacés d'un éventuel glissement dans

---

[285] *SB*, p. 144 : « und daß er, erscheint ihm irgend ein Charakter zweifelhaft oder bedenklich, nicht zornig wird, sondern nur in sanfte Traurigkeit gerät », [EF, t. 1, p. 179].

la folie. L'esthétique hoffmannienne n'a certes pas la prétention de représenter une réalité merveilleuse et utopique, mais elle dénonce la fermeture au monde poétique et onirique. En prenant Sérapion comme référence poétique, Hoffmann montre qu'il n'existe pas de dualisme au sens manichéen du terme (raison contre folie), mais une tension inhérente à la condition humaine que l'homme, s'il a du génie, peut très bien utiliser comme une force de création et transformer en objet esthétique. La mélancolie, par exemple, joue le rôle de pathologie et de moteur artistique. Le peintre refuse de mettre l'œuvre d'art au service d'un sens étriqué et définitif. La toile blanche de Berklinger dans « La cour d'Artus » incarne donc une forme idéalisée de l'art au-delà de son caractère pathogène. En effet, elle ne se propose pas de « *signifier*, mais d'*être*[286] » et refuse toute représentation allégorique[287], idée en adéquation avec le romantisme d'Iéna à la fin du XVIIIe siècle présentant l'œuvre d'art comme l'incarnation du vrai et du réel, conditionnée par une soif de connaissance et de curiosité.

L'artiste aspire à réaliser son idéal et la folie dévoile le refus d'accorder à l'œuvre artistique « un statut d'objet, soumis aux lois du réel[288] ». Chez Cardillac et Heinrich von Ofterdingen, l'art (qu'il soit chant ou bijou) apparaît divin et supérieur. Personne, à part eux-mêmes, ne mérite d'y avoir accès, le mets des Dieux ne se partage qu'avec ses semblables.

Quant au *spleen*, il est le lieu des dissonances, des inégalités d'humeur. Krespel souffre de sa cyclothymie, mais il en a aussi besoin pour se distancier ironiquement de ses tourments intérieurs et de sa condition d'homme. La maison qu'il imagine symbolise la disharmonie qui le caractérise. Elle constitue son double architectural, la manifestation la plus profonde de son intimité onirique inconsciente et de son mal-être conscient. Soit l'acte d'écriture est empreint d'ironie négative, signe d'un déchirement intérieur, soit il devient ironie romantique grâce à la dérision. Il présuppose donc à la fois *mimesis* et mise à distance. Chez Cardillac, Berklinger ou Traugott, l'art est le reflet de l'imagination, l'intimité de l'individu, la mise en application concrète de l'inconscient, et leurs troubles psychiques admettent plusieurs points de vue, dans la mesure où ils ne possèdent pas nécessairement de dénominateur commun.

Le discours médical, inclus dans la narration, fonctionne à la manière d'un caléidoscope, car plusieurs interprétations sont envisageables. Il n'existe pas une folie, mais des folies. Cet aspect pluriel est profondément inscrit dans la multiplicité hoffmannienne. Le fou est une sorte de double du poète exorcisant ses démons intérieurs à travers sa maladie mentale. La technique du principe

---

[286] *Ibid.*, p. 191 : « […] nicht *bedeuten* sondern *sein* », [EF, t. 1, p. 227].
[287] *Ibid.*, p. 191 : « Allegorische Gemälde machen nur Schwächlinge und Stümper », [EF, t. 1, p. 227] : « Il n'y a que les esprits faibles ou les bousilleurs pour faire des tableaux allégoriques »
[288] Olivier Schefer : *Poésie de l'infini. Novalis et la question esthétique*, Bruxelles, la Lettre volée, 2001, p. 252.

sérapiontique va de pair avec l'inconscient et ses excès. Réaliser une œuvre sérapiontique, c'est savoir regarder de manière consciente un idéal resté jusque-là inconscient. La folie de l'ermite n'objective pas l'idéal et ne l'intègre pas sans modification comme valeur de référence dans l'univers réel. Cependant, à la différence de Novalis, Hoffmann souligne la présence incontournable de la réalité et, par ce biais, les limites que cette dernière impose au travail de l'imagination. La question est de savoir si cette réduction de l'inconscient à l'état d'objet d'art ou d'extériorisation esthétique adaptée aux normes sociales et aux frontières du possible symbolise vraiment l'idéal hoffmannien. La folie n'est peut-être qu'un seul moyen d'échapper aux contraintes et entretient avec le principe sérapiontique une relation secrète que le lecteur se doit de découvrir à travers ou par-delà le discours littéraire. Hoffmann s'interroge sur les différents regards posés sur le monde : ceux du bourgeois, de l'artiste, de l'enfant, de l'adulte et de l'aliéné.

Discours littéraire : folie et principe sérapiontique

Sérapion, emblème littéraire et initiateur des veillées, est décrit dans une attitude de recueillement, « les mains jointes » et l'« air pensif ». Il erre dans l'espace et le temps comme un fantôme venu d'ailleurs. Cyprian l'inscrit d'emblée dans une sphère mystique : il a le sentiment que l'anachorète sort tout droit d'une encyclopédie ou d'un livre d'images. Le principe sérapiontique offre alors une double perception : la vision subjective du lecteur et l'interprétation de la réalité de celle de l'Autre. La conscience que le lecteur a de l'univers qui l'entoure dépend à la fois de son point de vue subjectif et du reflet que cet Autre lui renvoie. La conscience n'est pas figée et s'inscrit dans un processus qui le dépasse. Toutefois, l'Autre a la tâche d'aider son semblable à porter un regard poétique sur le monde pour comprendre, *a fortiori*, sa propre individualité. Son aide ne vient ni d'un philistin, fermé à l'originalité et à la fantaisie, ni d'un fou rejetant systématiquement la réalité. L'objectif du sérapiontisme est d'associer les deux catégories – le philistin et le fou – pour donner naissance à un discours littéraire et esthétique productif. Les critères permettant d'affirmer que l'on a affaire à une pathologie doivent être probablement définis.

Selon Schubert, la folie constitue un « trouble de la connaissance[289] ». Chaque pathologie de l'âme correspond à un renversement des valeurs. L'inversion entre l'extérieur et l'intérieur, bien que délicate à saisir, est présentée de manière logique. Sérapion considère le monde qui l'entoure comme un détestable artifice et décide donc de taire son véritable passé. La vie intérieure qu'il mène et qu'il a extériorisée donne davantage de valeur à son univers imaginaire. Sa folie ressemble

---

[289] Gotthilf Heinrich von Schubert : *Krankheiten und Störungen der menschlichen Seele. Ein Nachtrag zu des Verfassers Geschichte der Seele*, Stuttgart et Tübingen, Cotta, 1845, p. 59 : « Verwirrung des Erkennens ».

à un parcours initiatique ou à une quête vitale au sein desquels l'individu puise, soit en lui-même soit dans un autre être, ce qui le nourrit.

La folie est liée au mystère, à l'étrange, à l'inexplicable et, de ce fait, dérange. Le romantisme hoffmannien vise à établir une sorte d'état intermédiaire qui relierait l'imaginaire et la réalité avec le risque que le réel et le rêve se confondent. Le trouble ainsi créé est caractéristique du romantisme. Le romantique est une sorte de funambule risquant de sombrer dans une réalité trop philistine ou, au contraire, dans les abîmes de l'irrationalité. Cet exercice d'équilibrisme le conduit à multiplier les expériences et à vivre pleinement les événements, tout en ayant toujours une épée de Damoclès au-dessus de lui. Tout est donc affaire de mesure et d'adresse. À différents degrés, la folie habite, plus ou moins, tous les individus avides de s'évader de leur condition sociale. « Le monde est notre représentation », pour citer la célèbre formule de Schopenhauer. Ce monde n'est ni personnel ni individuel, mais reconnu par l'être humain universellement. Cependant, l'individualité intervient nécessairement. Le monde aura alors la forme et l'aspect que l'homme désire lui donner, c'est-à-dire ceux d'un univers doté d'imagination et de liberté spirituelle. Dans le philistinisme le plus ordinaire, le monde ainsi créé constituera une sphère dénuée de toute créativité. La folle raison de Sérapion a réussi à pénétrer le monde empirique et à se l'approprier. Tout être humain recèle des angoisses et des pathologies, de sorte que personne n'est en mesure de s'affirmer parfaitement sain d'esprit. Comme le précise Krespel, la vie terrestre est un hôpital psychiatrique. Cela ne s'applique pas seulement à Theodor, mais également au lecteur qui doit être éduqué à l'imagination, à la fantaisie et à la poésie en général. Tout être, même sans le savoir, recèle des mystères, il existe en lui des failles et des souffrances qu'il méconnaît. Aussi, ignorant sa propre personne, n'est-il pas en droit de juger ce qui se trouve en dehors de lui. Il doit accepter l'incroyable et le mystérieux.

L'étude de la folie commence donc par l'examen de sa propre personnalité : le Moi constitue, à lui seul, un objet d'étude. Tout individu est potentiellement atteint de névrose à des degrés plus ou moins inquiétants. La folie conditionne ses actes en le poussant dans ses retranchements. Hoffmann semble ainsi s'inquiéter de toute manifestation intempestive de cette maladie et de la perte éventuellement irréversible de l'individualité. Certes, la folie fascine, inspire ou influence, mais elle ne doit, en aucun cas, être un modèle en soi. Fort subjective, elle fait bien souvent l'objet de préjugés sociaux. La fièvre, les échauffements de l'âme ou les sautes d'humeur y sont couramment assimilés. Deux exemples emblématiques corroborent cet argument : le joueur dans « Le bonheur au jeu » et la vieille nourrice d'Antonio dans « Doge et dogaresse ». Le joueur ou « l'infortuné » est considéré par le narrateur comme une personne malade en proie à la fois à un narcissisme inquiétant et diabolique et à une profonde et inguérissable détresse morale qui lui ôte tout comportement rationnel. La passion pour le jeu est conditionnée par « la plus perfide de la puissance diabolique », comparable à un « abîme » dans lequel « les démons tendent leurs griffes pour [...] entraîner [le joueur] dans l'enfer[290] ! ».

Selon la société, le fou serait celui que l'on ne comprend pas, qui ne correspond pas aux critères bourgeois habituels. Dans « Doge et dogaresse », la folie apparaît aussi subjective. Les philistins ont donc tendance à cataloguer et à écarter rapidement les personnes à l'aspect extérieur marginal ou au comportement inhabituel. Des expressions telles que « vieille folle », « étranges folies », « folle entreprise », « vieille folle maudite », « Veux-tu me rendre fou, vieille ? » sont utilisées par Antonio lorsqu'il évoque la vieille dame qui se révèle ensuite être son ancienne nourrice. Le jeune homme redoute l'aliénation et craint d'être confronté à un passé qui n'est pas le sien, de se voir dupé sur son identité.

Les élans de l'âme sont par ailleurs également considérés comme des manifestations anormales. Dans « Le sinistre visiteur », Angelika est taxée de folie lorsqu'elle se retrouve plongée dans un état magnétique :

> Soudain Angelika ouvrit les yeux, se souleva... « Il est là ! Il est là ! », criait-elle. [...] « Elle est folle ! » s'écria la colonelle épouvantée. « Dieu du ciel, elle est folle[291] ! ».

Le médecin contredit néanmoins ce diagnostic, étant donné qu'une personne magnétisée, donc victime d'une influence extérieure, ne peut être qualifiée d'aliénée. La folie prend seulement sa source dans l'individu, lui seul étant capable de produire la pathologie qui le caractérise. Il s'agit même d'une forme de créativité. L'esprit agit sur le corps qui devient son propre objet de manipulation.

Bien que renonçant à mettre en valeur et à sublimer la maladie mentale, le principe sérapiontique la respecte. Cyprian quitte donc l'ermite « honteux » et « troublé » d'avoir fait preuve d'arrogance en ayant essayé, avec le peu de connaissances en la matière dont il dispose, de se mesurer à une intelligence supérieure. Il regrette son voyeurisme malsain, son désir irrépressible d'entrer en contact avec un être original. De plus, en dépit de sa folie, l'ermite est parvenu à faire valoir sa vision de la réalité et à rendre crédible ce qui ne peut l'être. Aussi Vinzenz, pendant la quatrième veillée, affirme-t-il que l'on ne peut qu'honorer la folie ou, du moins, certaines formes de folie. Le fou n'est pas un simple d'esprit, mais une personne artistiquement douée. Sérapion

---

[290] *SB*, p. 862-863 : « hämischste Verlockung der feindlichen Macht [...] Abgrund [...] die Dämonen ihre Krallenfäuste ausstrecken, dich hinabzureißen in den Orkus », [EF, t. 3, p. 252].

[291] *Ibid.*, p. 758 : « Plötzlich schlug Angelika die Augen auf, fuhr in die Höhe, sprang mit dem gellenden Ruf : "Er ist da – er ist da !" [...] "Sie ist wahnsinnig", schrie die Obristin entsetzt, "o Herr des Himmels, sie ist wahnsinnig !" », [EF, t. 3, p. 145].

possède des talents de poète, Krespel et le baron de B., de musique, et Cardillac, d'orfèvrerie. Si la folie mène bien souvent l'individu à sa perte, elle ne gâche en rien son amour de l'art.

La folie suscite autant fascination que rejet. Souvent inexplicable et imprévisible, elle revêt néanmoins une certaine forme de sincérité, ce que ressent le professeur dans la personnalité de Krespel :

> Il existe des gens [...] chez qui la nature, ou des circonstances particulièrement néfastes, ont retiré le voile à l'abri duquel nous pouvons, nous autres, nous abandonner à toutes nos extravagances sans nous faire remarquer. Ils ressemblent à ces insectes à la peau transparente que le jeu visible de leurs muscles en activité fait paraître parfois difformes, bien qu'ils retrouvent aussitôt leur forme normale. Tout ce qui, chez nous, reste à l'état de pensées se transforme en actes chez Krespel[292].

Le principe sérapiontique tend justement à montrer les limites de l'imagination et le danger de la folie pour mieux faire ressortir le carcan social et les préjugés humains. Hoffmann a besoin du recours à Pinel, à Reil ou à d'autres pour donner une assise aux problèmes que rencontre en société l'homme doué d'originalité. La médecine dite « romantique » remet en cause la norme sociale tout en reconnaissant la gravité de certaines pathologies. Son but, et c'est pourquoi Hoffmann insiste tout particulièrement sur ce point, est de traiter et d'analyser la folie différemment ; le fou doit être soigné et ne peut être désocialisé. Or, beaucoup de malades n'ont pas de vie sociale réelle. Dans « Une histoire de fantôme », par exemple, Adelgunde est priée de monter dans sa chambre avant neuf heures pour éviter tout débordement gênant en présence d'invités et elle ne peut converser sans être surveillée d'un œil inquiet. La folie est ici source d'humiliation : l'être anormal est tenu à l'écart pour qu'il ne laisse rien transparaître de sa pathologie.

Si Cyprian dit avoir un penchant pour la folie que les autres amis sérapiontiques ne cautionnent pas, chacun possède une faiblesse, un déséquilibre. Il peut s'agir d'un état passager ou constant. *Les Frères de Saint-Sérapion* s'ouvrent ainsi sur le récit d'un personnage fragile qui, malgré le bonheur qu'il revendique, ne goûte plus aux joies de l'existence communautaire. Dans *L'œil et l'esprit*, Merleau-Ponty souligne que « l'œil est ce qui a été ému par un certain impact sur le monde et le restitue au visible par les traces de la main[293] ». L'un des principaux contacts de l'être humain avec le monde extérieur est le contact visuel. La maladie mentale dépend alors de la

---

[292] *Ibid.*, p. 54 : « Es gibt Menschen [...], denen die Natur oder ein besonderes Verhängnis die Decke wegzog, unter der wir andern unser tolles Wesen unbemerkter treiben. Sie gleichen dünn gehäuteten Insekten, die im regen sichtbaren Muskelspiel mißgestaltet erscheinen, ungeachtet sich alles bald wieder in die gehörige Form fügt. Was bei uns Gedanke bleibt, wird dem Krespel alles zur Tat », [EF, t. 1, p. 84].

[293] Maurice Merleau-Ponty : *L'œil et l'esprit*, *op. cit.*, p. 26.

manière dont ce monde a été appréhendé. Elle est affaire de réception, tout comme chez le lecteur, et pourrait être synthétisée par le schéma suivant :

monde extérieur → œil → inconscient → acte (raisonné ou non) :	a) folie voulue et assumée
maladie mentale → acte → acte jugé par la société :	b) folie subjective

Le monde extérieur juge tout acte individuel et l'originalité est bien souvent considérée comme une dérive. Selon Hoffmann, la société revendique à sa manière une forme d'absolu, d'universalité codifiée étriquant l'âme humaine et marginalisant l'artiste.

En raisonnant en termes freudiens, on pourrait dire que le travail de l'œil relève d'un stade encore narcissique, d'une perception non objectivée. Le passage à l'interprétation, à l'assimilation de la perception de manière plus ou moins consciente symbolise le stade d'objectivation. Enfin, le stade de la maturité qu'implique l'acte lui-même aboutit au développement intérieur de l'individu, à la mise en place de sa personnalité et de ses désirs. Le manque de dualité a pour corollaire le refus d'être jugé par une tierce personne, le refus d'une assimilation même inconsciente de la perception, étant donné que celle-ci est posée comme la seule vérité potentielle.

Toutes les folies ne sont néanmoins pas toujours la marque d'un manque de dualité, ce qui est le cas, par exemple, de la mélancolie. Plutôt que de livrer pléthore de données scientifiques, le narrateur sérapiontique montre comment la société met en scène la maladie psychique. Aussi Sérapion refuse-t-il d'appartenir à une réalité dans laquelle il ne se reconnaît pas. S'il se voit reprocher d'avoir une vision déjà personnelle et inébranlable du monde, il incarne, en tant qu'allégorie et principe, une forme de résistance et de refus de l'expérience empirique qui l'astreindrait à une réalité unique. La narration sérapiontique ne part donc pas d'une réalité universelle, mais d'une vision caléidoscopique du réel : plusieurs images et reflets de la réalité sont donnés à voir et il appartient au lecteur de se forger l'univers qui lui convient le mieux.

Dans d'autres cas, la folie représente une manière de s'affirmer, de « surgir » (Elis) ou de refuser de se confronter à l'Autre (Berklinger), mais il serait vain de croire que l'œuvre appartient à l'artiste : elle le domine en le révélant à lui-même par le biais de son propre esprit ou d'un tiers. Dans « Le marchand de sable », Nathanaël est face à deux points de vue : L'un correspond à une illusion de transmission étant donné qu'il est exprimé par Olimpia, une femme automate ; l'autre met en avant la mauvaise qualité du travail poétique. En effet, la fiancée de Nathanaël, Clara, s'ennuie en écoutant les vers de son futur époux, ce que ce dernier ne peut tolérer :

Son agacement envers l'âme froide et prosaïque de Clara allait croissant, tandis qu'elle ne pouvait surmonter son humeur à l'encontre de la mystique sombre, ténébreuse et ennuyeuse de Nathanël[294].

L'Autre équivaut à un miroir. Il constitue un révélateur de la beauté, de la vieillesse et du temps qui passe. Il est source de vérité, reflète l'apparence et l'image de l'homme tel que la société le perçoit. Le motif du miroir est récurrent aux XVIIIe et XIXe siècles, notamment dans les domaines architectural (décoration) et pictural (utilisation du miroir dans les techniques de perspective, comme la *camera obscura*). Le miroir est à la mode et devient un accessoire de luxe. Mural, de poche ou en pied à taille humaine, on le rencontre dans toutes les demeures bourgeoises ou aristocratiques. L'individu se mire artificiellement et ne se contente plus des simples surfaces réfléchissantes (comme l'eau). Le miroir appartient au paraître et à la coquetterie, il symbolise l'artifice. D'une manière abstraite, il représente le regard critique d'un tiers. Ce tiers peut être l'Autre philistin qui s'érige contre la folie et la dénonce. Les narrateurs des veillées visent à critiquer ce philistin aux règles et principes étriqués, ainsi que les thés esthétiques où fourmillent tant d'idées préconçues et d'artifices. Si l'écrivain doit anticiper le regard de ceux qui le liront, le lecteur a, de son côté, le « devoir de se mettre à la place de l'auteur, de s'installer dans la conscience de celui-ci, d'en revivre les mouvements[295] », pour comprendre sa démarche. Il doit alors faire preuve d'objectivité et d'une indulgence constantes pour accepter de pénétrer dans le monde de l'auteur et comprendre sa démarche.

Par le biais de l'Autre, le Moi découvre d'autres facettes de lui-même. Il ne s'agit pas tant d'une quête narcissique que d'une quête esthétique. Le miroir est à la fois révélateur (d'identité) et déformant, car jamais l'homme ne se perçoit tel qu'il est réellement : la rencontre avec nous-mêmes, à travers l'Autre, peut se révéler aussi enrichissante et nécessaire que fatale. La folie est due à une erreur de perception, au fait de ne pas savoir combiner un regard serein porté sur le monde et la préservation de son propre univers intérieur. Être fou consiste à prendre son intériorité pour réelle et pour seul mode de référence. Tel est le cas de Sérapion. L'aliéné ne comprend pas que le seul fait de percevoir et d'interpréter la réalité permet d'en créer une nouvelle. Selon Merleau-Ponty, le dédoublement est inhérent à la perception : voir est « le moyen qui m'est donné d'être absent de moi-même, d'assister du dedans à la fission de l'être, au terme de laquelle seulement je me ferme sur moi[296] ». L'homme interprète inconsciemment ce qu'il voit. Tout regard porté sur le monde

---

[294] E.T.A. Hoffmann : *Der Sandmann*, op. cit., p. 84-85 : « Sein Verdruss über Claras kaltes prosaisches Gemüt stieg höher, Clara konnte ihren Unmut über Nathanaels dunkle, düstere, langweilige Mystik nicht überwinden ».
[295] Maurice Merleau-Ponty : *L'œil et l'esprit*, op. cit., p. 96.
[296] *Ibid.*, p. 81.

devient pour lui appropriation. L'acte de percevoir fait naître des doubles. C'est ce que font les artistes et les narrateurs sérapiontiques : ils voient le réel et l'assimilent pour donner naissance à un autre univers.

L'Autre constitue le miroir qui crée la dualité et renvoie à une image méconnue dans laquelle l'artiste puise éventuellement sa force de création. L'imagination équivaut donc à une forme de l'Autre. En revanche, la folie est issue d'une confusion entre l'objet (le Moi véritable et original) et son reflet (l'Autre). Le miroir n'est plus alors source d'inspiration esthétique, mais désordre psychique. Dans *Les Frères de Saint-Sérapion*, le recours au miroir et aux instruments d'optique est primordial parce qu'attaché aux problèmes de perception, de folie et d'imagination. Voir n'y constituera pas seulement un processus intérieur, mais sera intégré discours esthétique cohérent.

Le principe sérapiontique ne se contente pas d'être intérieur ou intériorisé, il est la passerelle entre plusieurs individualités, mais aussi reflet, transmission et déformation. Il n'est pas figé dans un être et s'avère, avant tout, dialogique. Aussi va-t-il de pair avec le motif du verre à multiples facettes ou, pour reprendre un terme emprunté au langage musical, de la polyphonie. Cette caractéristique s'applique directement à Cardillac qui apparaît comme un être multiple : à la fois artiste, père aimant, meurtrier et victime. Passionné, il assassine au nom de l'amour pour l'art et, en particulier, pour son propre art. Hoffmann passe ici d'une réalité criminelle à un problème esthétique : le rôle de l'imagination dans l'œuvre artistique et la relation entre cette œuvre et son créateur.

Le *leitmotiv* du miroir est donc une manière concrète d'aborder, outre les personnalités ambiguës, la diversité des arts. Il souligne tout d'abord les multiples points de vue du narrateur. Il reflète les différentes facettes de la réalité et crée un univers de tous les possibles. Ainsi le lecteur n'a-t-il aucun repère clairement établi, chaque reflet renvoyant à un nouvel aspect du réel ou de l'imaginaire. De ce trouble naissent deux sortes d'esthétiques : une esthétique du rêve et une esthétique du mal et du cauchemar. L'artiste incarne un ange déchu qui ne s'éprend pas comme Pygmalion de sa création, mais recherche en elle le secret de l'art et l'accès à tous les mystères du monde. La transformation de l'inanimé en animé doit donc se faire par une voie abstraite. L'œuvre d'art représente un aboutissement, et non une transformation.

Le but de l'artiste n'est pas de s'identifier à son œuvre, mais de trouver une manière de contourner le réel. L'art et la nature ne vont plus de pair, l'œuvre d'art n'obéit plus aux lois organiques de la nature. L'art sérapiontique vise à ébaucher un art qui constituerait une sorte de passerelle entre le monde et l'individu. Cependant, il n'existe pas chez Hoffmann d'univers et de Moi véritablement cohérents. Contrairement à la poétique schlegelienne, l'artiste hoffmannien ne ressort pas indemne de sa quête esthétique, il est sans cesse à la recherche de son identité. Cardillac, par exemple, se réfugie dans l'homicide. Son Moi se reconstitue grâce au meurtre comme le vampire atteint la vie éternelle en se nourrissant de sang humain. Le miroir hoffmannien est aussi bien magique que maléfique et reflète en cela la face sombre de l'être.

Toutes les occurrences du mot « miroir » dessinent les contours d'une véritable polysémie. Le terme apparaît quatorze fois dans *Les Frères de Saint-Sérapion* et son emploi n'est pas toujours le même. Il peut d'abord renvoyer à l'objet en lui-même, comme dans « Le Conseiller Krespel » et « Le choix d'une fiancée ». Krespel manipule le miroir avec adresse, ce qui laisse supposer qu'il joue avec l'objet comme avec l'image qu'il désire transmettre. Le miroir révèle aussi l'état d'âme de l'individu. Son reflet trahit l'humeur du musicien au moment où Theodor le voit pleurer[297]. Ici, le regard n'est pas direct, car Krespel ignore qu'on l'observe. Seule son image est captée par le narrateur et transmise au lecteur.

Dans « Le choix d'une fiancée », Tusmann prend conscience, à son insu, de son apparence et, ainsi, de la façon dont il peut être perçu par les autres :

> La belle farce ! s'écria l'orfèvre, en empoignant de vive force le secrétaire privé de chancellerie. Il l'avait campé devant le grand miroir du fond de la salle et il l'éclairait du flambeau qu'il avait saisi. Involontairement, Tusmann regarda. Ah! laissa-t-il échapper avec un gros soupir[298].

À l'origine, la peinture aspirait à copier la nature, la toile devant jouer le rôle de miroir. Les peintres ont souvent été tentés par la reproduction exacte et fidèle du reflet que le miroir donne à voir. Cela requiert une technique précise et une très bonne maîtrise de la perspective, puisque cette dernière s'y voit mise en abyme.

Johann Erdmann Hummel (1769-1852) est l'artiste théoricien qui se pencha le plus sur les problèmes liés à l'optique. Ce n'est donc pas un hasard si Hoffmann lui rend hommage dans « Le point d'orgue » en utilisant les techniques narratives de l'*ekphrasis* et de la mise en abyme pour rendre compte de l'importance de la perspective. Chez Hoffmann, le miroir ne représente plus une simple technique, il contient la redécouverte symbolique de l'identité, le regard critique de la société et la confrontation directe avec l'apparence. Cela s'accompagne de l'enseignement socratique du « connais-toi toi-même ». Ainsi les miroirs participent-ils directement au travail de la conscience. Ils soumettent à l'individu une image que ce dernier acceptera ou non : en cas de rejet,

---

[297] *SB*, p. 44 : « Im Spiegel erblickte ich, daß ihm helle Tränen in den Augen standen », [EF, t. 1, p. 73] : « Je vis dans la glace qu'il avait de grosses larmes dans les yeux ».

[298] *Ibid.*, p. 699 : « Possen, rief der Goldschmied aus, indem er den Geheimen Kanzleisekretär mit gewaltiger Faust packte und hinstellte vor den großen Spiegel am Ende des Saals und hineinleuchtete mit der Kerze, die er ergriffen. Tusmann schaute unwillkürlich hinein und konnte sich eines lauten Ach! nicht erwehren », [EF, t. 3, p. 89].

l'issue pourra s'avérer fatale. La conséquence sérapiontique du reflet émis par le miroir est celle du dédoublement. Il constitue une sorte d'écho de l'œil intérieur.

Dans l'Antiquité, le miroir occupe déjà une place centrale : élément cosmique, en relation avec les astres et les planètes, il capte la lumière et possède un caractère divin parfois maléfique. Dionysos, chez les Grecs, utilise par exemple le miroir comme un élément fondamental dans le culte des morts.

Chez Hoffmann, le miroir, outre son usage et sa forme habituels, apparaît sous trois autres aspects : l'eau, l'œil et certaines pierres (marbre) ou métaux font certes aussi office de miroir, mais reflètent également l'inconscient. Le miroir renvoie l'identité du personnage d'un point de vue subjectif pour celui qui s'y contemple : le personnage attache ainsi de l'importance à l'image renvoyée et à son impact social. Dans la quatrième veillée, le miroir est considéré comme un symbole d'imitation : c'est l'homme qui se transforme en miroir afin de montrer le ridicule d'un autre :

> Je puis croire que l'univers entier prend appui sur mon pouce gauche ou que mon nez de verre se lance à l'assaut des murs et du plafond des rayons prismatiques colorés du plus merveilleux effet, ou bien encore, comme Donald Monro le petit Ecossais, je puis me prendre pour un miroir et reproduire fidèlement regards, grimaces et postures de quiconque me regarde en face[299].

Le miroir sert aussi d'instrument artistique. Dans « Signor Formica », Antonio montre que son usage est important dans le domaine pictural puisqu'il sert à transformer le modèle vivant en objet artistique[300]. Son utilisation ne renvoie pas particulièrement ici à la technique de la *camera obscura*, visant à aider l'artiste dans sa tâche de reproduction. En l'occurrence, le miroir symbolise plutôt le travail de l'imagination. Tout acte pictural nécessite, en effet, le recours à la réflexion, au sens propre comme au sens figuré. Le reflet du miroir possède donc toujours une part de mystère et de fascination. Dans « Zacharias Werner », « c'était le poète des *Fils dans la Vallée*, un buste grandeur nature, étonnamment bien rendu [et dont le reflet semblait être comme dérobé à un miroir][301] ».

---

[299] *Ibid.*, p. 484-485 : « Ich kann [...] glauben, das Weltall ruhe auf meinem linken Daumen oder meine Nase sei von Glas und leuchte in den schönsten Farben prismatisch hinauf an Wand und Decke, oder mich wie der kleine Schotte Donald Monro für einen Spiegel halten und alle Blicke, Grimassen, Posituren dessen nachmachen, der mir ins Gesicht schaut », [EF, t. 2, p. 184].

[300] *Ibid.*, p. 937 : « Man merkt es, daß Ihr selbst Euer reges lebendiges Modell seid, indem Ihr, wann Ihr zeichnet oder malt, vor einem großen Spiegel die Figur darstellt, die Ihr auf die Leinwand zu bringen im Sinne habt ! », [EF, t. 4, p. 38] : « On voit que vous êtes vous-mêmes votre modèle vivant et mouvant, et que, quand vous peignez ou que vous dessinez, vous faites passer dans un grand miroir la figure que vous allez reproduire sur la toile ! »

[301] *Ibid.*, p. 1035 : « Es war der Dichter "der Söhne des Thales", Brustbild in Lebensgröße, auf das sprechendste getroffen, ja wie aus dem Spiegel gestohlen », [EF, t. 4, p. 124]. [C'est moi qui traduis le passage entre crochets pour faire ressortir le lexème « miroir », I. L.].

Lié à la fois à la création artistique concrète et à l'inspiration, le miroir gagne en richesse et renvoie une image à la fois trouble, sublimée et magique. Ainsi, d'un point de vue poétique, l'idée du miroir peut-elle être suggérée par l'éclat des métaux, aux reflets scintillants et magiques.

Outre le renvoi d'une image extérieure, le miroir favorise, dans « L'enchaînement des choses », une prise de conscience. Ludwig, devant une glace, se voit « nanti de jambes, enveloppées d'épaisses flanelles[302] ». Le miroir est, ici, révélateur du Moi véritable : l'individu, confronté à la réalité de sa personne ou à une possible métamorphose, ne peut alors cacher sa déception, voire son angoisse. Il en va de même pour Anna dans « Fiancée de roi » qui, placée face à sa nouvelle image, « recule d'horreur[303] ». Ne répondant plus à la norme, elle craint d'être rejetée et a conscience qu'une femme, compte tenu des préjugés sociaux récurrents en matière de beauté physique, se doit d'être coquette si elle souhaite obtenir une quelconque reconnaissance.

Utilisé non plus comme objet en tant que tel, mais de manière abstraite, dans une comparaison par exemple, le miroir renvoie à la qualité de voyant du personnage, phénomène que l'on rencontre dans « Doge et dogaresse[304] ». Le don de visionnaire permet d'appréhender l'avenir et de saisir ce que l'âme ne peut exprimer qu'à demi-mots. Ce miroir trouble déstabilise le voyant qui répond alors à une force supérieure et magique le manipulant et l'obligeant à comprendre une énigme apparemment insaisissable qui n'est pas toujours agréable à résoudre. Dans « Le sinistre visiteur », les yeux du visionnaire équivalent à un miroir sans tain capable de capter le reflet de l'âme. Ce génie ne s'acquiert pas par l'expérience : inné et incontrôlable, il concerne aussi bien l'artiste que l'enfant, la femme ou le fou. En revanche, le philistin ne saurait le posséder. Son esprit étriqué et façonné par la société aura eu raison chez lui de toute forme d'esprit supérieur. C'est là que se situe le drame du philistin qui, en définitive, ne réussira ni à se découvrir totalement ni à lire dans l'âme d'autrui, étant donné qu'il rejette l'invisible et l'occulte. Il ne peut donc nullement accepter les domaines de fascination que les récits sérapiontiques abordent. Le principe sérapiontique, reprenant le concept du dédoublement tant au niveau artistique qu'au niveau individuel, sous-entend la présence de la folie et, plus particulièrement, celle de la schizophrénie, souvent explicite et concrète. Ainsi, même s'il ne paraît pas fou au premier abord, à la différence de Nettelmann dans « Fragment de la vie de trois amis », Sérapion ne présente « nulle trace de

---

[302] *Ibid.*, p. 1069 : « umwickelte […] Beine unter dem Leibe trage », [EF, t. 4, p. 163].

[303] *Ibid.*, p. 1186 : « "O-o-To-ch-ter-wie-si-ehst-d-u-a-u-s !" Fräulein Ännchen rannte ins Zimmer, sah in den Spiegel und fuhr zurück von jähem Todesschreck erfaßt », [EF, t. 4, p. 281] : « "O...m...a f...i...ille ! Qu...e...e...t...u...es...es...lai...aide !" Demoiselle Ännchen courut alors devant un miroir et recula d'horreur ! ».

[304] *Ibid.*, p. 450 : « Antonio hielt inne, indem er aus tiefer Brust schwer aufseufzte. Die Alte hatte sich während seiner Erzählung geberdet wie einer, der ganz hingerissen von dem Leid der andern. Alles selbst fühlt, und jede Bewegung, die diesem der Schmerz abnötigt, wie ein Spiegel zurückgibt. », [EF, t. 2, p. 147] : « Antonio se tut et un profond soupir s'échappa de sa poitrine. La vieille, pendant son récit, s'était comportée comme quelqu'un qui, sympathisant avec la souffrance d'autrui, s'émeut de tout ce qu'on lui dépeint et rend, ainsi qu'un miroir fidèle, chaque mouvement douloureux exprimé par celui qui parle ».

démence sur son visage dont les traits pleins de douceur attest[ent] d'une rare sérénité[305] ». Cet aspect physique, qui n'indique apparemment pas une pathologie incurable, sert d'argument à l'ermite pour contrer l'essai thérapeutique de Cyprian. Sérapion considère sa « folie » comme un don du ciel et souhaite, de surcroît, le même destin à tout un chacun. Si la société le considère atteint d'une « idée fixe » incurable, lui voit les choses autrement. Malgré cela, il tient à rester objectif et fait preuve de tolérance vis-à-vis de toute forme de pensée, ce que souligne l'emploi du discours indirect : « Sie behaupten, es *sei* fixe Idee, daß ich mich für den Märtyrer Serapion halte[306] ». Il ne cherche pas, contrairement à ses détracteurs, à convaincre de la véracité de son identité : il se présente bien comme étant le martyr Sérapion. Ceux qui pourraient aussi le croire sont incapables de l'admettre sous peine d'être marginalisés et qualifiés de fous à leur tour, ou bien ils se contentent de faire preuve d'hypocrisie. La maladie mentale est une forme d'expression qui appartient en propre à celui qui en est atteint. Elle est inscrite dans son esprit. Vouloir persuader quelqu'un de renoncer à une part de sa personnalité constitue également une forme de folie :

> Si une chose pareille était possible, il n'y aurait bientôt plus de fous sur toute la terre, car l'homme saurait gouverner cette force spirituelle qui, loin d'être sa propriété, n'est au contraire que le bien à lui confier par la force supérieure qui en dispose[307].

Cyprian parle de « folie méthodique », ce qui pourrait paraître paradoxal, mais il la qualifie dans l'entretien de « bienveillante et calme », puisqu'elle ne porte aucunement préjudice à autrui. Si le corps est ancré dans la réalité, l'esprit peut, comme chez Cyprian, s'évader et toucher les sphères de l'irrationalité :

> Cyprian [...] est pâle et défait, il ne perçoit qu'à demi nos paroles, et bien que son corps, certes, soit présent parmi nous, son esprit semble errer en de tout autres lieux[308].

Selon Cyprian, chaque récit sérapiontique plonge ses racines dans la rationalité :

---

[305] *Ibid.*, p. 27 : « Keine Spur des Wahnsinns war in seinem Gesicht zu finden, dessen milde Züge von seltener Ruhe und Heiterkeit zeugten », [EF, t. 1, p. 55].
[306] *Ibid.*, p. 30 : « Vous prétendez que c'est une idée fixe de ma part que de me prendre pour le martyr Sérapion », [EF, t. 1, p. 58].
[307] *Ibid.*, p. 30 : « Wäre dies möglich, so gäb' es bald keinen Wahnsinnigen mehr auf der ganzen Erde, denn der Mensch könnte gebieten über die geistige Kraft, die nicht sein Eigentum, sondern nur anvertrautes Gut der höhern Macht ist, die darüber waltet. », [EF, t. 1, p. 58].
[308] *Ibid.*, p. 313 : « Cyprian [...] scheint, während er doch nun gewiß mit lebendigem gesunden Leibe hier unter uns sitzt, geistig ganz wo anders zu befinden. So mag er, nahm Ottmar das Wort, denn nun gleich mit dem Wahnsinnigen heranrücken, dessen Namenstag er vielleicht heute feiert », [EF, t. 2, p. 13].

Eh bien, ne trouvez-vous pas étrange, extraordinaire, que tout dans mon récit soit littéralement vrai, y compris la petite touche de fantastique dont les racines plongent elles aussi dans la réalité[309] ?

Le basculement dans le fantastique est donc dû à la qualité de la narration et aux influences psychiques et extérieures subies par le narrateur, comme ce fut le cas de Theodor :

Maintenant je sais pourquoi tu avais, il y a quelques années, l'imagination remplie de moines, de cloîtres, d'ermites et de saints. [...] Tu écrivais en ce temps-là un livre étrange qui, tout en se fondant sur un mysticisme profondément catholique, contenait tant d'éléments insensés et diaboliques que tu aurais pu perdre tout crédit auprès des gens craintifs et débonnaires. Tu devais être en pleine crise de sérapiontisme[310].

L'Autre peut être aussi perçu comme une force obscure, diabolique. À son image est liée une esthétique du cauchemar : le lecteur ignore s'il se trouve en présence du travail onirique inconscient ou d'une folie réelle, comme Adelgunde dans « Une histoire de fantôme ». D'autre part, l'influence psychique diabolique apparaît à plusieurs reprises sous les traits de Nasias ou de Klingsohr dans « La guerre des Maîtres Chanteurs », de Satan dans « Le Diable à Berlin » ou d'Aurélie dans « Vampirisme ». Les fantômes et les apparitions invitent le lecteur à croire aux phénomènes démoniaques. La nuit est le moment propice à l'angoisse, à la folie, aux rencontres sombres, à l'apparition des artistes fous (Berklinger), des meurtriers emplis d'*hybris* (Cardillac) ou des amoureux transis (Tusmann). Les astres, les étoiles et l'ambiance bucolique sont le berceau idéal du rêve et du cauchemar, du somnambulisme ou de l'étrange en général. Dans « Apparitions », l'atmosphère nocturne accroît la tension dramatique :

Un vent nocturne se leva, balayant le brouillard par-delà les monts, et la lune projeta de pâles rayons à travers les déchirures des nuages[311].

---

[309] *Ibid.*, p. 1047 : « Findet ihr, nahm Cyprian das Wort, findet ihr es denn nicht eben so seltsam als merkwürdig, daß alles was ich euch vorlas bis auf den kleinen fantastischen Zusatz, buchstäblich wahr ist, und daß selbst dieser auch seinen Keim in der Wirklichkeit findet ? », [EF, t. 4, p. 138].

[310] *Ibid.*, p. 36-37 : « Nun weiß ich, warum vor einigen Jahren deine ganze Phantasie von Mönchen, Klöstern, Einsiedlern, Heiligen erfüllt war. [...] Irr ich nicht, so dichtetest du damals ein seltsames Buch, das, auf den tiefsten katholischen Mystizismus basiert, so viel wahnsinniges und teuflisches enthielt, daß es dich hätte bei sanften hochgescheuten Personen um allen Credit bringen können. Gewiß spukte damals der höchste Serapionismus in dir », [EF, t. 1, p. 65-66].

[311] *Ibid.*, p. 1043 : « Der Nachtwind erhob sich und trieb den Nebel über die Berge, der Mond warf bleiche Strahlen durch die zerrissenen Wolken », [EF, t. 4, p. 133] / Nous trouvons d'autres expressions telles que : p. 912-913 : « Mondwechsel », p. 1048 : « Schimmer des Monds », « Nacht », etc.

Le diable apparaît soit dans la peau de Lucifer en personne (« Le Diable à Berlin »), soit par le biais d'un envoyé (Nasias) ou d'un double de l'artiste. « Le Diable à Berlin » constitue ici une exception. En effet, le Malin n'entre que rarement en société. D'emblée, il apparaît sous les traits d'un bourgeois fortuné, fort distingué, avenant et courtois, sachant gagner la confiance des hommes et être reconnu par tous les acolytes ayant décidé de signer un pacte avec lui. Toutefois, il possède des caractéristiques qui lui sont propres : il boîte, erre étrangement la nuit dans les rues et ne manque aucune cérémonie mortuaire. Finalement, c'est sous l'aspect d'une énorme chauve-souris noire qu'il révèle aux philistins sa véritable identité de menteur et d'imposteur : le lecteur a donc été tenu constamment en haleine et le narrateur sérapiontique a su abuser de sa naïveté et de sa supériorité de conteur omniscient.

L'artiste ou le personnage hoffmannien est réceptif non pas au mal, mais au surnaturel, à ce qui peut stimuler son imagination et le faire pénétrer dans la sphère fantastique. Si les forces obscures diaboliques sont des phénomènes issus du Moi et si l'individu croit fermement les voir évoluer dans la vie réelle, on peut les mettre au compte d'une imagination échauffée ou d'une pathologie, comme le délire de persécution. Hoffmann laisse entendre qu'il ne s'agirait pas systématiquement d'une maladie mentale, mais d'une autre vision du réel. Le sommeil (de l'artiste) engendrerait des monstres qui seraient soit les siens (l'art constituerait un refuge ou une extériorisation de ces démons), soit des êtres réels que le lecteur serait autorisé à voir.

Dans « L'inquiétanté étrangeté », Freud affirme que le poète « produit […] une sorte d'insécurité en nous introduisant dans le monde réel ou dans un monde fantastique de son choix[312] ». Le psychanalyste met en valeur trois caractéristiques que l'on pourrait appliquer au travail sérapiontique de l'inconscient : le miroir [« Ich-Verdoppelung »], la dualité [« Ich-Teilung »] et la folie [« Ich-Vertauschung »].

La maladie est susceptible d'être, au contraire, symbolique et abstraite, comme il ressort de l'architecture complexe de l'œuvre, conçue sous forme d'arabesque, de la multiplicité des voix narratives, des formes d'art et de la volonté d'établir une connivence fictive à trois niveaux avec le lecteur : ce dernier, tout en gardant son statut extérieur, est apostrophé par Hoffmann et fait partie intégrante des veillées, au même titre que Theodor, Sylvester, etc., et des récits eux-mêmes. Il se laisse donc absorber par deux nouvelles personnalités fictives : il est le philistin de son univers réel, l'ami sérapiontique et son personnage de fiction. Il dissocie donc son corps de son esprit, quittant du même coup son statut de simple lecteur. Sa perception est d'abord psychique. Les images mentales qu'il produit précèdent le réel. Cette démultiplication du lecteur n'entraîne pas la perte du sujet et

---

[312] Sigmund Freud : « Das Unheimliche », *op. cit.*, p. 254 : « erzeugt […] eine Art Unsicherheit, indem er uns in die reale Welt oder in eine ihm beliebige phantastische Welt einführen wird », [C'est moi qui traduis, I. L.].

du principe de réalité, mais le trouble dans ses repères. La folie inhérente au mécanisme de dédoublement lui-même, sans être appliquée de manière pathologique, est une des caractéristiques originales du principe hoffmannien et de la problématique de l'inconscient.

C'est dans l'écriture que cet inconscient prend forme. L'acte d'écriture constitue, en effet, à la fois une prise de distance par rapport à sa propre individualité et le lieu de tous les possibles :

> Dans la poésie, beaucoup de choses n'ont rien d'étrange alors que, dans la vie réelle, ces mêmes choses le seraient. Il y a aussi beaucoup d'occasions de susciter l'étrange, ce qui, en réalité, ne serait pas le cas[313].

Hoffmann utilise les libertés offertes par l'écriture, ce qui le rapproche et le distancie en même temps des premiers romantiques : l'écriture peut presque tout, à condition de rester en contact avec le monde rationnel. C'est ce qui crée l'originalité du principe sérapiontique, à la fois romantique et rationnel. La réalité commune et banale comme point de départ est ensuite dépassée afin de tromper le lectorat :

> Selon le poète, nous sommes manipulables. Par le biais de l'atmosphère dans laquelle il nous plonge et des attentes qu'il anime en nous, il peut détourner nos mécanismes affectifs de tel ou tel succès et nous préparer à un autre et peut produire, à partir du même sujet, des effets souvent très différents[314].

Hoffmann met l'accent sur la complexité du psychisme humain pouvant subir des influences extérieures qu'il n'est pas apte à contrôler. La folie naît systématiquement d'un traumatisme, d'un manque, d'un questionnement identitaire, existentiel ou d'un rapport erroné au monde. Toutefois, si folie et art entretiennent une relation dialogique, le génie créatif sérapiontique a pour objectif de canaliser ces influences pour les mettre au service de l'art, de tranformer la faiblesse, la fragilité mentale en potentialité esthétique.

---

[313] *Ibid.*, p. 272 : « In der Dichtung [ist] vieles nicht unheimlich, was unheimlich wäre, wenn es sich im Leben ereignete, und daß in der Dichtung viele Möglichkeiten bestehen, unheimliche Wirkungen zu erzielen, die fürs Leben wegfallen », [C'est moi qui traduis, I. L.].

[314] *Ibid.*, p. 273 : « Für den Dichter sind wir […] lenkbar ; durch die Stimmung, in die er uns versetzt, durch die Erwartungen, die er in uns erregt, kann er unsere Gefühlsprozesse von dem einen Erfolg ablenken und auf einen anderen einstellen und kann aus demselben Stoff oft sehr verschiedenartige Wirkungen gewinnen », [C'est moi qui traduis, I. L.].

Discours esthétique : la folie et l'art

Sérapion, le baron de B., Krespel, Cardillac ou Zacharias Werner sont, certes, présentés comme fous, mais leur pathologie fait partie intégrante de leur activité artistique. Le lecteur peut alors se demander si le *spleen* et la mélancolie, l'obsession, la schizophrénie et le délire doivent être perçus comme des principes de création étant donné que, en suivant le raisonnement de Novalis, « folie et enchantement ont beaucoup de ressemblance. Un magicien (sorcier ou thaumaturge) est un artiste de la folie[315] ». La maladie mentale est source de fascination, et il est délicat de tracer une frontière claire entre normalité et anormalité. Le principe sérapiontique consiste précisément à trouver ce juste milieu entre carcan social et folie esthétique. L'art permettrait d'y accéder. Si l'art n'est pas, pour Sérapion, thérapeutique et sert de justification et de fondement à ses idées fixes, Traugott, dans « La Cour d'Artus », Theodor, dans « Le point d'orgue », ou Edmund, dans « Le choix d'une fiancée », font de l'art une quête personnelle. Leur enthousiasme n'est pas une pathologie, mais un trait constitutif de leur personnalité. Ottmar souligne qu'il existe des personnes qui,

> sans marquer vraiment de vaillance, sont elles-mêmes d'un naturel si lourd qu'elles croient devoir attribuer le rapide essor d'une imagination surexcitée à un état d'âme maladif[316].

Or, l'imagination créatrice est innée et n'a nul besoin d'être encouragée par des substances telles que la drogue ou l'alcool. La société philistine et rationnelle occulte le fait que l'art est avant tout issu d'une âme saine. L'enthousiasme n'est donc pas systématiquement associé à la folie. Tout artiste a besoin de cet enthousiasme pour créer. Cependant, l'excès d'enthousiasme peut nuire à la cohérence de l'œuvre. Celle-ci exige bon sens et logique.

Le discours esthétique auquel la relation entre la folie et l'art donne naissance est caractéristique du principe sérapiontique. Les multiples narrateurs renoncent à une glorification de la maladie mentale, car le délire nuit à l'expression artistique. La folie génère une impossibilité de transmettre de manière satisfaisante les œuvres d'art et conduit le plus souvent à l'échec. Le baron de B. est dans l'incapacité de mettre son art en pratique. Seule la théorie s'avère enrichissante. Chez Cardillac, l'art et le génie sont reconnus socialement, mais la transmission échoue du fait que l'orfèvre cherche systématiquement à se réapproprier ses œuvres. Le fait que Cardillac opère la nuit

---

[315] Novalis : *Fragments, Fragmente, op. cit.*, p. 222-223 : « Wahnsinn und Bezauberung haben viel Ähnlichkeit. Ein Zauberer ist ein Künstler des Wahnsinns ».

[316] *SB*, p. 1199 : « Es gibt aber sonst wackre Leute, die so schwerfälliger Natur sind, daß sie den raschen Flug der erregten Einbildungskraft irgend einem krankhaften Seelenzustande zuschreiben zu müssen glauben », [EF, t. 4, p. 293].

a deux significations. D'une part, ce comportement dénote un mal-être au sein de l'existence humaine et un rejet de la vie sociale conventionnelle ; d'autre part, il est la preuve que Cardillac souhaite se réapproprier ses créations sans être arrêté par la police. Sa folie n'est donc pas totale, mais perverse et calculée. L'acte de signer les lettres du pseudonyme « Les Invisibles », au pluriel qui plus est, illustre une volonté de brouiller les pistes et de rester anonyme, « invisible ». Cardillac agit la nuit, tout comme Aurélie, l'héroïne de « Vampirisme », qui ne dépèce jamais ses victimes en plein jour.

Pour assouvir sa soif de possession, Cardillac doit se déposséder de lui-même. Il n'existe et ne se dédouble qu'à travers l'art. La perte d'identité constitue l'un des dangers du dédoublement de la personnalité. De même, Elis, dans « Les mines de Falun », n'est pas capable de décrypter le langage codé de son rêve visant seulement à lui faire prendre conscience de son propre Moi. L'art valorise pourtant l'artiste en lui offrant apparemment un équilibre. Il est néanmoins probable qu'il engendre une maladie mentale lorsque naît un sentiment de supériorité divine ou qu'il y a confusion entre l'objet (l'œuvre) et le sujet (l'artiste ou le modèle qui l'a inspiré dans sa création).

Dans « Le Conseiller Krespel », le personnage éponyme associe Antonie à sa voix magnifique. L'amour ressenti est ainsi sublimé, presque allégorisé, et le père en vient à préférer la voix à la personne elle-même. Sa démarche infructueuse consistant à découvrir le secret de la musique en démontant des violons équivaut à une sorte de transfert. Le personnage souhaite, en effet, trouver dans l'instrument le génie et le mystère contenus dans l'âme de sa fille. Ne pouvant exercer ses talents de machiniste sur un être vivant, Krespel préfère le tenter sur des violons, mais, à la mort d'Antonie, il devient pour lui inutile de s'évertuer à résoudre une énigme qui a disparu avec la jeune femme. Le génie de la musique est inné, il est tellement ancré dans l'inconscient et dans l'âme de l'artiste qu'il ne peut être décelé directement : c'est précisément ce que Krespel ne parvient pas à saisir. Il possède une vision pessimiste de l'idéal artistique. Seule la mort parvient à réconcilier l'artiste et le secret de son génie. Antonie meurt par et pour la musique. Se consacrer à l'art est synonyme d'abnégation, de sacrifice. La folie consiste à vouloir trouver sur terre l'harmonie et le secret artistiques, mais elle est aussi le fruit d'une déception. Le passage du *spleen* au délire total est dû à un constat purement esthétique : la réalité est vécue comme un fardeau qui empêche l'art d'évoluer. Devenir fou signifie refuser la réalité qui est imposée, résister et se révolter face à l'échec. Il s'agit d'un véritable combat esthétique. La folie est l'expression de la souffrance de l'artiste qui n'a réussi que par ce biais à expulser des sentiments refoulés et dont l'âme blessée s'est développée de façon inquiétante.

Dans ce contexte, la folie n'est ni constructive ni productive. La réalité doit servir davantage de fondement à la créativité. En considérant le monde terrestre comme une prison où rien n'est possible, l'homme s'oriente instantanément vers une issue fatale. Dapsul von Zabelthau, dans

« Fiancée de roi », passe ses journées dans une tour astronomique. L'isolement et l'aliénation le guettent. Le poids de la réalité étouffe ses qualités d'artiste et de visionnaire : son amour vain et désespéré envers une sylphide le retient sans cesse dans un monde supérieur qu'il croit, à tort, maîtriser. Dapsul vit en dehors de toute vie sociale tout en renonçant à l'univers de ses rêves ; il ne lui reste alors que des désillusions. De plus, son rapport esthétique à un esprit élémentaire est purement narcissique. Or, l'art, selon Hoffmann, ne résulte pas d'une relation égoïste, sans la moindre volonté de transmission ou de partage. Cardillac, en refusant le partage, est condamné à voir son art mourir avec lui. Il possède une conception de l'art opposée à celle de maître Martin. Tonnelier, ce dernier est un ouvrier artisan qui crée des objets utilitaires. Cardillac, lui, crée pour créer, il se considère comme un créateur qui s'adonne à l'art pour donner un sens à son existence. Animé par le profond désir de sauvegarder ses créations, il reste un fétichiste. Sans ses œuvres, il se sent démuni, amputé et dépossédé de toute identité. Il n'a donc pas de Moi propre. De plus, il ne supporte pas la bourgeoisie qui désire s'approprier ses créations dans le seul but d'être convoitée, de plaire. Ainsi refuse-t-il la société du paraître, le monde des apparences et de l'argent qui ne mérite pas à ses yeux de faire l'acquisition de ses œuvres.

La folie touche aussi bien l'artisanat que les arts en général. Son origine est soit présente en germe dès la naissance, soit développée au sein d'un environnement dans lequel l'individu ne trouve pas les moyens de s'épanouir et de mettre en valeur sa véritable identité. *Les Frères de Saint-Sérapion* mettent en scène un peintre fou (Godefredus Berklinger), un musicien fou (le baron de B.) et un écrivain fou (Zacharias Werner). Chez Berklinger et le baron de B., une certaine forme de transmission semble possible, car leur génie artistique s'avère, d'une manière ou d'une autre, productif. De plus, ils ne sont pas internés et entretiennent des rapports sociaux. Leur pathologie les empêche seulement d'affirmer leur identité propre. Berklinger, par exemple, croit être le peintre de la Cour d'Artus et avoir rencontré le roi Artus à des fins esthétiques. L'artiste fou n'a aucune conscience du temps et de l'espace. Seuls ses sentiments le guident. Le fou s'est égaré, car il n'a pas su retrouver sa véritable identité et a pris ses impressions pour de véritables aspirations.

L'artiste sérapiontique est constamment en quête d'un idéal tout en ayant conscience qu'il ne pourra pas véritablement atteindre son but. Bien souvent, Hoffmann le présente comme un être rongé par une passion dévorante. Ainsi le champ lexical du feu apparaît-il en toile de fond, intimement lié à l'écriture. La folie n'est pas, dans ce cas, une libération, mais plutôt un frein au déploiement du génie.

Le philistin, lui, juge l'art bien qu'il n'ait aucune idée de l'importance émotionnelle de la démarche artistique. Dans « La Cour d'Artus », Elias Roos montre à Traugott son mécontentement et souligne qu'il faut se concentrer sur les responsabilités imposées par la réalité ; quant au docteur

Pyramide dans « Signor Formica », il se plaît à collectionner les œuvres de valeur sans véritablement y prêter attention : seuls le prestige et la quantité lui importent, et c'est précisément contre cet état d'esprit que lutte Cardillac.

La multiplicité des points de vue que le philistin, l'artiste, le narrateur et les autres personnages offrent au lecteur place le fou entre étrangeté et génie, fascination et rejet, harmonie et dissonance. Altrud Dumont parle de la « construction artistique de la polyphonie dissonante[317] » et de sa « possible transformation en polyphonie harmonieuse au sein de la fiction[318] » qui n'est aucunement due à la présence des philistins, mais à la manière dont le récit intègre le lecteur. L'artiste lui confie ses yeux pour qu'il puisse regarder le monde. L'œuvre d'art devient un moyen d'accès à la connaissance, elle éveille l'inconscient du lecteur et le plaisir esthétique qui fonde celui des rêves. Le poète est, en ce sens, proche du divin : la réception de son œuvre déclenche alors un sentiment de quiétude, « une chaleur bienfaisante nous laissant une impression de force et de puissance[319] ». Selon Lothar, une âme d'artiste doit être « tout à fait saine » et « exempte de tout élément maladif tel que peut en engendrer une déficience psychique ou ce que tu appelles un venin congénital[320] ».

Cyprian dresse un portrait élogieux de Zacharias Werner, écrivain à l'âme tourmentée. Ce portrait contient plusieurs problématiques : le rapport entre l'âme poétique et le génie, la folie (héréditaire), le problème de la créativité, la réception et l'interprétation littéraires, la religion et le mysticisme. La folie naît du sentiment d'émerveillement face au vertige. Le poète a, certes, peur du gouffre, mais il se sent attiré par les hauteurs ; tout en craignant d'être happé par le vide, il se laisse choir. Ainsi Waidewuthis, personnage créé par Werner, semble-t-il avoir été « extrait par la vertu de quelque pouvoir magique des horribles profondeurs du royaume des Enfers[321] ».

L'artiste perd parfois le contrôle de son œuvre et engendre un monstre. Zacharias Werner est présenté comme l'exemple du poète qui, ayant créé à partir de ses pulsions et de son inconscient, s'est laissé engloutir par sa création : « [son œuvre] l'a dépassé[322] ». Dans son œuvre, il laisse transparaître ce qui l'obsède et le tourmente. L'écriture devient une thérapie, un exutoire. Dans *La Mère des Macchabées*,

---

[317] Altrud Dumont : *Interimistisches Provisorium. Methodischer Wahnsinn : Das Interessante. Theorie und narrative Praxis bei Friedrich Schlegel und E.T.A. Hoffmann*, Stuttgart, Akademischer Verlag Hans-Dieter Heinz, 1995, p. 183 : « Artistische Konstruktion der dissonanten Polyphonie ».
[318] *Ibid.*, p. 183 : « deren in der Fiktion möglich werdende Umwandlung in harmonische Vielstimmigkeit ».
[319] *SB*, p. 1022 : « [...] uns wohltätig erwärmt, eben so kräftig und stark fühlen », [EF, t. 4, p. 112].
[320] *Ibid.*, p. 1022 : « Ich meine nemlich, daß solch eines Dichters Gemüt unbedingt vollkommen gesund, frei von jedem Kränkeln sein müsse, wie es wohl psychische Schwächlichkeit oder um mit dir zu reden, auch wohl irgend ein mitgebornes Gift erzeugen mag. », [EF, t. 4, p. 112].
[321] *Ibid.*, p. 1024 : « [...] aus der schauervollen Tiefe des unterirdischen Reichs heraufbeschworen zu haben », [EF, t. 4, p. 114].
[322] *Ibid.*, p. 1025 : « Es ist ihm über den Kopf gewachsen », [EF, t. 4, p. 115].

le poète était [...] un être troublé par une illusion obsédante dont il prenait conscience dans certains instants de lucidité ; mais pour apaiser le tourment [...], il essaie, par de faux arguments, de se démontrer à lui-même que c'est précisément dans ces instants d'obsédante illusion que se manifestent ses tendances profondes et le meilleur de son être[323].

La thérapie artistique s'avère une parfaite illusion. Si on peut louer la manière dont Werner fait le lien entre son expérience, comme source de création, et son œuvre de fiction, il faut remarquer que le poète ne reste pas moins victime de ses démons intérieurs et de son enfance refoulée. Force est de reconnaître que des flux psychiques négatifs, pour reprendre le vocabulaire de Schubert, ont été captés par son inconscient. Le poète a d'emblée une prédisposition à l'imagination et, comme sa mère, « se met à délirer et prend sa vie elle-même pour le rêve qu'il fait éveillé d'une autre existence[324] ». Mysticisme et folie se rejoignent : la maladie mentale est qualifiée de diabolique, on la suppose manipulée par des forces occultes et obscures :

Et si la vive imagination de cet homme, nourrie dès l'enfance de la folie de sa mère, avait en même temps absorbé le germe de cette extravagante idée de sainteté[325].

Les influences extérieures conditionnent la folie : « [son fils] croit entendre des prophéties venues d'un autre monde, et sent poindre en lui une certitude qui détruit ses facultés de jugement[326] ». Le psychisme de l'enfant absorbe donc les délires religieux de la mère et l'enfant finit par y croire à force de les entendre. Tout « excès de mysticisme[327] » ou, simplement, tout enthousiasme mystique représentent un danger pour la santé mentale de l'artiste. Le poète, livré aux fantômes intérieurs qui le hantent depuis son plus jeune âge, ne peut être un modèle sérapiontique.
Les amis sérapiontiques ne restent pas figés, assujettis à des règles préalablement établies. La folie, sans qu'ils la cautionnent, n'est pas irrecevable à leurs yeux, mais constitue une entrave à l'art absolu et freine le processus de création, qui repose à la fois sur la fantaisie, la liberté d'imagination

---

[323] *Ibid.*, p. 1027 : « Der Dichter erschien mir, wie der vom fixen Wahn Verstörte, der im hellen Augenblick sich des Wahns bewußt wird, aber den trostlosen Gram dieses Bewußtseins beschwichtigend sich selbst mit erkünstelten Sophismen zu beweisen trachtet, in jenem Wahn rühre und rege sich sein eigentliches höheres Wesen, und dieses Bewußtsein sei nur der kränkelnde Zweifel des im Irdischen befangenen Menschen », [EF, t. 4, p. 117].
[324] *Ibid.*, p. 1031 : « [...] der Mensch in dem Delirium dieser Krankheit den Traum eines andern Seins für das wache Leben selbst nimmt. », [EF, t. 4, p. 121].
[325] *Ibid.*, p. 1032 : « Wie, wenn nun des zum Manne gereiften Jünglings glühende Einbildungskraft, die in früher Kindheit aus dem Wahnsinn der Mutter den Keim jenes exzentrischen Gedankens des Heiligtums einsog », [EF, t. 4, p. 122].
[326] *Ibid.*, p. 1031 : « [...] er glaubt Verkündigungen aus einer andern Welt zu hören, und fühlt lebhaft wie im Inneren sich der Glaube entzündet, der den richtenden Verstand zu Boden tritt », [EF, t. 4, p. 121].
[327] *Ibid.*, p. 1033 : « Hypermystik », [EF, t. 4, p. 123].

et l'entendement. Ainsi respectent-ils tous les artistes, pourvu qu'ils émeuvent le vrai poète, soient sincères et hostiles à toute forme de rigidité sociale et d'étroitesse d'esprit. Ils ont donc conscience de la difficulté que rencontre l'artiste dans son environnement quotidien. Toujours en exil intérieur, sa seule référence est celle qu'engendrent ses images mentales, ses visions et ses rêves. Le rêve incarne précisément un idéal romantique indispensable à la quête esthétique.

« Notre vie doit devenir un rêve[328] »

Dans son projet encyclopédique, Novalis insiste sur la fonction du rêve., lequel « nous instruit remarquablement de la facilité qu'a notre âme à pénétrer l'intérieur de tout objet – à se métamorphoser en lui aussitôt[329] ». Souvent « significatif et prophétique [...], fondé sur l'ordre des associations », le rêve est « *absolument* libre[330] ». L'univers onirique aide ainsi l'artiste à rompre les chaînes qui font de lui un être social régi par l'autocensure. Tout acte de création s'accompagne d'une phase nécessaire de transgression. Il est issu d'une période de maturation, d'attente qui subit les influences extérieures et ne doit pas sa réussite à sa seule individualité, mais bien à la façon dont cette dernière est implantée dans le monde. L'artiste met l'accent sur la mise en perspective du processus de métamorphose constituant un devoir moral, une nécessité spirituelle et humaine.

Si la vie ne peut « être » selon sa forme courante et aspire au changement, la transformation de la réalité en lieu onirique reste propre à chaque être ; et c'est dans la multitude des individualités que s'ancrent le Tout et l'Infini. La lourde tâche du sujet créateur consiste ensuite à transmettre l'œuvre. Non seulement la création, mais aussi la réception impliquent que l'artiste ait recours à son imagination. Et si Novalis reproche à l'homme son manque de productivité créatrice, il ne peut nier que l'art naît de la potentialité onirique du sujet. Le rêve, prenant sa source dans l'inconscient, ne devient objet esthétique que lorsque le rêveur comprend comment le retranscrire. Enfin, il participe au discours littéraire puisqu'il s'intègre dans la narration et vient souvent la troubler. Il forme donc un désordre relatif, car les événements ne se succèdent pas nécessairement de manière logique et chronologique. Le lecteur assiste à une volonté d'intégrer, au sein de l'écriture, la structure hétérogène et désordonnée du rêve. Idéalement, une œuvre, à l'image du rêve et de la composition musicale, est changeante et fluide, libre, chaotique, infinie et fragmentaire. Si le narrateur est celui qui écrit la partition, c'est au lecteur qu'il appartient de savoir lire les notes pour interpréter le

---

[328] Novalis : « Aus dem allgemeinen Brouillon », *op. cit.*, p. 456 : « Unser Leben [...] soll [ein Traum] werden ».

[329] Novalis : *Fragments, Fragmente, op. cit.*, p. 166-167 : « Der Traum belehrt uns auf eine merkwürdige Weise von der Leichtigkeit unsrer Seele in jedes Objekt einzudringen – sich in jedes sogleich zu verwandeln ».

[330] *Ibid.*, p. 198-199 : « Der Traum ist oft bedeutend und prophetisch [...] und also auf Assoziationsordnung beruht [...] *durchaus* frei ».

morceau. Le lecteur n'est pas un contemplatif, et celui de Novalis pourrait très bien s'appliquer, dans ce cas, à celui d'Hoffmann accordant au spectateur le droit de créer, de rendre possible et plausible une réalité fictionnelle. Dans cette perspective, le *possible* s'inscrit au sein de trois discours déjà évoqués : les discours scientifique, esthétique et littéraire, qui offrent au rêve un statut privilégié dans la création de l'œuvre d'art et sa transmission.

Discours scientifique

Hoffmann a sans nul doute pris connaissance des écrits théoriques et poétiques sur le rêve et, plus particulièrement, des *Fragments*, de *Heinrich von Ofterdingen*, des *Hymnes à la nuit* de Novalis et de *La symbolique du rêve* de Schubert. Ni Hoffmann ni Novalis ne doivent être considérés comme de véritables théoriciens, mais comme des artistes ayant un esprit d'analyse à la fois logique et esthétique.

Dans *Les Hymnes à la nuit*, il n'existe pas d'opposition tranchée entre la lumière et la nuit, la veille et le sommeil, la vie et la mort. La nuit incarne à la fois la mère, la nature et l'amante. Elle place l'individu hors de l'espace-temps et le plonge dans un monde poétique où œuvre l'œil intérieur. Elle fait du poète un voyant. Sans être la non-lumière, elle renvoie à une autre forme de luminosité, visionnaire et créatrice. Le sommeil est, pour ainsi dire, une veille nocturne, une deuxième réalité, plus vraie que l'existence diurne, et c'est à ce moment que s'unissent le « je » et l'être aimé. La nuit a chez Novalis une capacité d'universalité, et au même titre que l'œuvre d'art, elle élève l'être vers un Absolu, vers un Infini mystérieux. C'est aussi la raison pour laquelle Hoffmann choisit les heures tardives pour introduire le travail poétique (les veillées), ainsi que les thèmes de l'étrange et de l'inconscient.

Dans *Heinrich von Ofterdingen*, la nuit ou plus exactement la mine symbolise le lieu suprême de la connaissance et cette sorte d'ascension inversée constituant une recherche de soi, une forme d'introspection quasi mystique que l'on retrouve chez Hoffmann, dans « Les mines de Falun », à travers le personnage d'Elis. L'évasion de la geôle terrestre s'avère toutefois plus pessimiste étant donné qu'elle n'est concevable que par la mort. La nuit, double, les profondeurs et les ténèbres attirent l'individu à la fois vers la richesse intérieure et vers une perte des repères autodestructrice. Dans le récit sérapiontique, le premier aspect symbolise l'inspiration poétique, il est nécessaire et louable ; en revanche, le second ne reflète pas la réussite esthétique et représente un échec individuel et social. Le suicide, en effet, ne constitue nullement une solution adéquate au mal-être de l'homme. Ce dernier n'obtient absolument aucune contrepartie. Il ne peut même pas envisager un semblant de bonheur avec la femme aimée. Ainsi le mariage entre Ulla et Elis ne sera-t-il jamais célébré, l'union outre-tombe étant impossible.

D'un point de vue moins pessimiste, le rêve est susceptible de sceller une union. De ce fait, le mariage symbolique entre Marie et le Casse-Noisette se produit dans l'univers onirique. L'individu sensible tient à rester fidèle au merveilleux (de l'enfance) comme à la nuit, propice au rêve et aux sentiments amoureux. L'union utopique scellée entre les deux êtres remplit une fonction de passerelle, d'entre-deux, montrant la supériorité de la nuit sur le jour, du merveilleux sur la réalité et prépare le passage de la perception individuelle à la perception universelle, du Moi au Tout.

Le lecteur, comme le poète, doit « céder à ce déferlement de paroles ardentes qui, telles des flammes, habitent son propre cœur[331] ». De plus, associées aux vapeurs de drogue ou d'alcool, ces lumières nourrissent l'art, l'inconscient et les rêves :

> Surtout, reprit Lothar, n'attribuez pas la sérénité retrouvée de mon humeur au seul contenu électrisant de ce flacon. Car vous savez qu'il me faut avoir déjà retrouvé quelque entrain pour pouvoir toucher un verre. Mais vous avez raison, c'est maintenant seulement que je commence à me sentir bien, et à l'aise parmi vous[332].

L'acte de trinquer et de boire du *punch* est courant dans la tradition des veillées sérapiontiques. L'alcool donne la clef du « pays des songes » ; « l'automne, l'ouragan, le feu dans la cheminée et le punch se sont curieusement donné le mot pour nous faire frissonner jusqu'au fond de nous-mêmes[333] », affirme Dagobert dans « Le sinistre visiteur ». Hoffmann associe souvent la poésie au champ lexical de la lumière, de la flamme et du feu. Les verbes « entzünden », « herausfunkeln », les substantifs « Strahlen », « Brillantfeuer » ou encore « Lichter », l'adjectif « funkelnd » en sont les exemples les plus emblématiques. L'artiste est toujours là pour nourrir et raviver la flamme de l'imagination, comme le précise Cyprian :

> [...] les pires tempêtes de la vie ne sauraient éteindre une flamme dont le foyer se situe dans le tréfonds de l'âme[334].

---

[331] *SB*, p. 65 : « [...] entzündete, so daß nur die inneren Flammen ausströmen durften in feurigen Worten », [*EF*, t. 1, p. 97].

[332] *Ibid.*, p. 68-69 : « Schreibt nur nicht, nahm Lothar wieder das Wort, mein erheitertes Wesen, lediglich dem begeisternden Inhalt jener Vase zu, ihr wißt ja, daß die bessere Stimmung mir kommen muß, ehe ich ein Glas anrühre. Aber in der Tat, erst jetzt fühle ich mich wieder wohl und heimisch unter euch », [*EF*, t. 1, p. 98].

[333] *Ibid.*, p. 723 : « Traumwelt »/ « Herbst, Sturmwind, Kaminfeuer und Punsch [gehören] ganz eigentlich zusammen, um die heimlichsten Schauer in unserm Innern aufzuregen », [*EF*, t. 3, p. 111].

[334] *Ibid.*, p. 1022 : « daß der wildeste Sturm des Lebens nicht vermag, die Flamme zu verlöschen die wahrhaft aus dem Innersten emporgelodert », [*EF*, t. 4, p. 112].

Dans « Les automates », Ferdinand sent, avec l'effet du *punch*, son « pouls battre fortement dans [ses] veines et [son] sang [lui] embrasait les nerfs comme un fleuve de feu » ; de retour chez lui, il sombre dans « une sorte de rêverie léthargique dans laquelle [il] percevait tout ce qui se passait autour de [lui][335] ». Ce sommeil léger crée chez lui des illusions auditives, son esprit est troublé, comme enveloppé d'un voile et dissocié du corps. De même que l'ivresse, la nuit apparaît comme un leurre qui ouvre la porte d'un univers en trompe-l'œil. Les couleurs troubles, sombres et floues accentuent cet aspect.

La nuit, sous l'angle sérapiontique, n'incarne néanmoins pas seulement une ivresse plus ou moins dangereuse, mais sublime le travail de l'inconscient. Dans « La guerre des Maîtres Chanteurs », elle s'associe au sommeil et au rêve que Madeleine Laval transforme, dans sa traduction, en allégorie, comme en témoigne la majuscule :

Je suis le Rêve [...] j'éveille l'œil intérieur qui contemple les images [...] d'une existence supérieure[336].

Le récit lie la réalité et l'étrange et ne permet pas de savoir réellement si Nasias et Klingsohr viennent directement de l'Enfer ou s'il s'agit seulement d'artistes restés incompris à cause du christianisme traditionnel de la Wartburg. Le rêve, associé à l'intériorité, est une énigme qui contredit toute forme de rationalisme. Dans *Les Frères de Saint-Sérapion*, les trois caractéristiques du rêve que constituent l'association, l'incohérence et l'hétérogénéité sont donc reprises et, comme chez Novalis, l'écrivain y voit l'harmonie inscrite dans le chaos et le lien entre le poète et son œuvre. Ce lien, enrichi et entretenu par l'univers onirique, est rendu visible par l'influence non négligeable de deux écrits de Gotthilf Heinrich Schubert. Hoffmann se réfère aux *Aspects nocturnes de la Nature* dans trois récits. Dans « Les automates » tout d'abord, il est question de l'harmonie originelle entre l'homme et la nature mise en lumière par un « écrivain plein d'esprit » dont les noms et l'œuvre sont cités entre parenthèses[337]. Les commentaires de l'édition historico-critique soulignent qu'Hoffmann plagie quasiment Schubert sur une vingtaine de lignes pour rappeler l'âge d'or et le caractère divin de la poésie comme de la musique des sphères, en parfaite osmose avec le macrocosme. Dans « Le sinistre visiteur », Schubert est cité deux fois : tout d'abord dans

---

[335] *Ibid.*, p. 404 : « alle Pulse in den Adern hämmerten und schlugen, und das Blut wie ein Feuerstrom durch die Nerven glühte. [...] ein träumerisches Hinbrüten, in dem ich alles vernahm, was um mich vorging », [EF, t. 2, p. 102].
[336] *Ibid.*, p. 332 : « das ist der Traum, [...] [der] das innere Auge weckt [...], daß es vermag die [...] Bilder eines höheren Lebens zu erschauen. », [EF, t. 2, p. 32].
[337] *Ibid.*, p. 421 : « eines geistreichen Schriftstellers [...] (Schubert in den Ansichten von der Nachtseite der Naturwissenschaft) ».

l'expression « die Strafe der Mutter[338] » [« la punition de la mère »] car, selon le personnage de Dagobert, l'enfant, au moment de l'âge d'or, ne connaissait pas les sentiments d'angoisse et d'effroi tant il vivait paisiblement avec la nature. Désormais, si les spectres et les esprits se manifestent et se rappellent à l'homme, c'est peut-être pour le punir d'avoir justement gâché cette harmonie en grandissant et en se défaisant peu à peu du lien maternel. Ensuite, Dagobert évoque la « musique aérienne » produite par la nature que Schubert évoque initialement dans le troisième chapitre de *La Symbolique du rêve*, consacré à la symbolique d'un nature ironique et moqueuse, empreinte de dualité[339]. Enfin, pour son récit « Les mines de Falun », l'écrivain se laisse inspirer par Schubert dans son évocation du destin d'Elis Fröböm. Il reprendra l'histoire du marin pour souligner, entre autres, les dangers auxquels s'expose le psychisme humain.

Les théories de Schubert sur le rêve correspondent parfaitement à celles qui sous-tendent les récits sérapiontiques. En effet, si le langage de la veille s'éduque et s'acquiert par l'apprentissage, celui de rêve est codé et inné. Dans sa *Symbolique*, Schubert aspire à faire « découvrir dans la science de son temps les profondes analogies qui unissent rêves, poésie, prophétie et mythe[340] », c'est pourquoi son analyse s'intègre parfaitement dans le discours scientifique. Le rêve a une fonction compensatoire étant donné que l'homme, à l'état de veille, n'a plus accès au langage de la nature. Il sert à expulser tout ce que l'âme ne parvient pas à extérioriser à l'état de veille, et, bien souvent, il remédie à un manque, à une frustration. Il tente donc une réconciliation entre microcosme et macrocosme.

Schubert qualifie l'accès à une vie supérieure d'« éveil » [« Erwachen »], forme d'épanouissement de l'âme correspondant à la connaissance platonicienne [« Erkenntnis »] qui stimule l'âme, la sort de sa torpeur et l'ouvre à la Connaissance. Telles sont les fonctions principales du rêve. D'après Schubert et les romantiques, l'homme doit s'interroger sur sa place ici-bas, sur la vanité des choses et sur sa relation avec l'Infini.

L'être est, comme la nuit, marqué par le sceau de la duplicité. Il possède une première personnalité lorsqu'il est veilleur et une seconde quand il se fait rêveur. Le passage de l'une à l'autre s'effectue, chez Hoffmann, par le biais de l'évanouissement, de la fièvre ou du simple endormissement. Pendant cette phase, le rêveur est plongé dans un « état de délire[341] ». L'imagination est stimulée et chacun, fou ou non, se retrouve dans les mêmes conditions psychologiques, dans un état proche de

---

[338] *Ibid.*, p. 724.
[339] Gotthilf Heinrich Schubert : *Die Symbolik des Traumes*, *op. cit.*, p. 30 : « mit Lust, Fröhlichkeit mit Trauer wunderlich paart, gleich [...] der Luftmusik auf Ceylon, welche im Ton einer tiefklagenden, herzzerschneidenden Stimme, furchtbar lustige Menuetten singt », [EF, p. 79] : « Elle mêle [...] plainte et plaisir, gaieté et tristesse, et nous rappelle la musique de Ceylan où des menuets extraordinairement gais sont chantés d'une voix profondément déchirante et plaintive ».
[340] Gotthilf Heinrich Schubert : *La symbolique du rêve*, *op. cit.*, p. 30 [introduction].
[341] Gotthilf Heinrich Schubert : *Krankheiten und Störungen der menschlichen Seele*, *op. cit.*, p. 2 : « Zustande des Deliriums ».

la mort. Le rêve constitue pour Schubert la « partie honteuse » de l'être et « sait si bien se dissimuler à l'œil non exercé[342] ». Son langage n'est pas articulé, il se compose d'« images mystérieuses curieusement agencées » faites d'associations et de codes beaucoup plus en adéquation avec la nature que notre langage habituel verbalisé. Le rêveur, prophète et voyant, correspond au « poète caché en nous[343] » en harmonie avec la nature. Notre « poète intérieur » associe l'imagination à la conscience, la « partie obscure de la nature humaine », l'« organe du langage » qui « se manifeste sous les traits du poète [...] qui produit nos rêves[344] ».

Le terme de « poète intérieur » fait référence au génie de l'écriture, aussi bien musicale que poétique, et à la puissance de l'imagination. Il désigne, chez Schubert comme chez Hoffmann, la capacité humaine à rêver, le don de créer inconsciemment et involontairement des images au sein d'un monde fictif. Hoffmann réutilise l'expression en l'appliquant à son propre processus de création, car la réalisation d'une œuvre d'art relève, en effet, à la fois d'un talent de visionnaire et d'un génie créatif, mêlant un savoir-faire, une habileté à créer et une part d'inconscient. L'intériorité fait appel à une extériorité et réciproquement.

Le rêve possède donc un pouvoir de création, d'authenticité et de spontanéité. Il révèle l'artiste à lui-même et le soutient dans sa démarche esthétique. Apparemment chaotique et désorganisé, il plonge au contraire l'âme dans un état de « cohérence et d'ordre » qui « représente déjà un degré supérieur[345] ». Néanmoins, cette cohérence ne se superpose pas avec la raison universelle et la norme sociale. Elle incarne une liberté d'action permettant d'expulser tout ce que l'esprit humain garde enfoui en lui durant la veille. Ainsi le rêve est-il souvent « un miroir fidèle[346] » de cet état, une image inversée, bien qu'entretenant une relation directe avec l'expérience vécue :

> L'étrange poète caché en nous paraît trouver un plaisir bizarre à ce qui nous attriste et avoir, par contre, une idée très grave de nos plaisirs, preuve qu'il ne sent pas toujours à son aise dans notre existence actuelle[347].

Cette analyse rappelle tout à fait le conseiller Krespel, dont l'attitude extérieure ne correspond pas à ce qu'il ressent. À la différence de ce que Schubert souligne dans son analyse, cet aspect est propre

---

[342] Gotthilf Heinrich Schubert : *Die Symbolik des Traumes*, *op. cit.*, Vorrede : « partie honteuse » (en français dans le texte) / « der sich dem ungeübten Auge so gut zu verbergen weiß », [EF, p. 59].

[343] *Ibid.*, p. 3 : « der versteckte Poet in uns », [EF, p. 62].

[344] *Ibid.*, p. 56 : « dunklen Gebiet der menschlichen Natur », [EF, p. 94]/ p. 57 : « der versteckte Poet der Träume », [EF, p. 95].

[345] *Ibid.*, p. 5 : « ein höherer Grad », [EF, p. 63].

[346] *Ibid.*, p. 6 : « Spiegel des Wachens », [EF, p. 64].

[347] *Ibid.*, p. 7-8 : « Dem seltsamen versteckten Poeten in uns scheint Manches erstaunlich lustig vorzukommen, was uns sehr traurig macht, und umgekehrt scheint er über viele unsrer Freuden sehr ernste Ansichten zu haben ; ein Zeichen daß er sich überhaupt in unsrem jetzigen Zustande nicht so ganz behaglich befindet », [EF, p. 65].

à l'état de veille. Krespel ressemble à un être tragicomique, incarnant la dissonance et le mal-être. La réalité du personnage renvoie au langage onirique qui a tendance à nous rappeler le « côté funeste de tout notre bonheur terrestre[348] ». Le musicien vit alors, pour ainsi dire, dans un rêve permanent qu'il ne parvient pas toujours à maîtriser, surtout lorsqu'il est visionnaire. En effet, en pressentant la mort de sa fille, Krespel apparaît sous les traits d'un voyant. Il vit dans un univers non ancré véritablement dans une réalité philistine que lui seul comprend et interprète.

Les songes ne sont pas tous prophétiques pour autant, et même si les images oniriques restent énigmatiques, « une grande partie de nos rêves n'est que la répétition de choses passées ou bien le jeu débridé de nos penchants et de nos désirs[349] ». Le lien entre le réel et l'imaginaire est la source d'une poésie qui prend forme à travers les rêves[350].

Communiqué à la conscience éveillée, le rêve, compris et utilisé à bon escient, constitue l'organe de transmission entre l'inconscient et la veille. Lorsqu'il se fait œuvre d'art, son langage redevient la référence absolue, une puissance de révélation dépassant le langage verbal indirect et trop structuré de la veille.

Dans le domaine du rêve, Hoffmann subit également l'influence du Scipion de Cicéron, cité dans « La guerre des Maîtres Chanteurs » et dans « Le choix d'une fiancée ». Dans le troisième chapitre du « Choix d'une fiancée », Tusmann affirme qu'il est indispensable de connaître le « Somnium Scipionis ». Ce rêve prend place dans le livre VI du *De republica*[351], où Scipion Emilien[352], en s'étant rendu digne des Dieux pour avoir veillé sur les hommes, se voit promettre l'immortalité. Dans sa vision, il fait l'éloge de l'harmonie originelle, de la beauté des planètes et de la musique céleste. C'est par l'intermédiaire de la musique, en relation directe avec le cosmos, que l'artiste peut espérer retrouver l'unité perdue, le fameux âge d'or. L'idée de transcendance n'est pas ici de nature chrétienne, le divin apparaît davantage panthéiste, et l'élévation de l'homme vers une entité mystérieuse et supérieure ne s'effectue pas par la prière, par la glorification d'un saint ou par le biais d'une attitude pieuse, mais par l'art et la façon dont on le maîtrise. Dans « La guerre des Maîtres Chanteurs », Nasias chante « en l'honneur des sept Planètes et de la Musique des sphères

---

[348] *Ibid.*, p. 9 : « an die Kehrseite alles unseres irdischen Glückes zu erinnern », [EF, p. 66].
[349] *Ibid.*, p. 12 : « Ein großer Theil unsrer Träume ist demnach ein Reproduciren des Vergangenen, oder ein freyes Spiel unserer Neigungen und Gelüste », [EF, p. 67].
[350] *Ibid.*, p. 204 : « Das magische Dunkel unserer Träume wird nun wieder zu einem hellen Licht von oben, der alte Zwiespalt unserer Natur ist versöhnt, das verlorene Kleinod wird uns wieder », [EF, p. 170] : « L'obscurité magique de nos rêves redevient maintenant une lumière claire d'en haut, l'ancienne ambiguïté de notre nature est levée, le joyau perdu nous est restitué ».
[351] Cicéron : *La République*, Paris, Les Belles Lettres, 2002.
[352] Homme d'État romain, aristocrate, vainqueur à Carthage, il se rattache à la tradition stoïcienne. Il est assassiné à Rome en l'an 129 avant Jésus-Christ, sans doute par des ennemis politiques.

célestes[353] », musique désormais méconnue des hommes qui, trop préoccupés par leur jouissance terrestre égoïste[354], ne savent plus la percevoir.

En se référant à Cicéron, Hoffmann fait allusion à un besoin de réapprendre à écouter et à rêver. L'être humain a désappris au fur et à mesure de son séjour sur terre. Son esprit, trop étroit et confiné dans un carcan social, n'aspire plus à s'évader. Le romantisme hoffmannien peut être considéré comme une tentative de réhabilitation du rêve appelé à agir également au sein de la réalité. D'une part, le rêve, la veille, le sommeil et le réel s'interpénètrent et communiquent, d'autre part, le rêve ne forme pas à lui seul le monde intérieur. L'imagination et l'inspiration artistiques contribuent largement à faire du rêve l'origine d'une œuvre d'art potentielle.

Madeleine Laval, dans son introduction aux *Frères de Saint-Sérapion* qu'elle intitule « Entretiens au crépuscule », dépeint les veillées hoffmanniennes comme des « méditations sur les vertus secrètes de l'imagination, qui nous révèlent presque miraculeusement les mécanismes invisibles de l'imaginaire en action[355] ». Même si *Les Frères de Saint-Sérapion* semblent à première vue accorder une place moins importante au rêve que les *Contes nocturnes*, cet aspect est trompeur : au lieu d'être le lieu privilégié des forces maléfiques et des traumatismes refoulés, le rêve participe de la création littéraire :

> Toutes les images surgissaient avec une telle plasticité [...] que l'on se sentait entraîné, ensorcelé comme par un pouvoir magique, ainsi que dans un rêve[356].

Le talent de conteur de Sérapion incite au rêve. L'ermite atteint l'idéal tant espéré par Schubert : il transforme la veille en sommeil. Les narrateurs sérapiontiques y aspirent eux aussi par le biais de leur récit, par leur façon de vénérer l'art et l'inconscient. Ils métamorphosent les veillées, des moments qui, comme leur nom l'indique, ne correspondent pas au langage onirique, en instants de rêverie, d'abandon de soi et d'extase psychique. Le va-et-vient entre songe et réalité, entre écoute et réflexion, constitue l'oscillation proprement sérapiontique entre la réflexion et la création d'images, la réalité et l'imaginaire, l'entendement et la folie, la cohérence et l'improvisation.

Dans l'entretien qui clôt la première veillée, Theodor fait part de ses dons d'improvisation. « Toute l'œuvre est déjà achevée dans [sa] tête, mais [il] n'en [a] écrit que le début[357] ». Le passage

---

[353] *SB*, p. 369 : « [...] Lied [...] von den sieben Planeten und von der himmlischen Sphären Musik », [EF, t. 2, p. 66].

[354] Cicéron : *La République*, *op. cit.*, p. 111 : « C'est parce qu'elles étaient continuellement remplies par ce bruit que les oreilles humaines y sont devenues sourdes ; aucun de nos sens n'est plus émoussé que celui-là ».

[355] E.T.A. Hoffmann : *Les Frères de Saint-Sérapion*, *op. cit.*, t. 1 (introduction), p. 25.

[356] *SB*, p. 34 : « Alle Gestalten traten mit einer plastischen Ründung, mit einem glühenden Leben hervor, daß man fortgerissen, bestrickt von magischer Gewalt wie im Traum daran glauben mußte », [EF, t. 1, p. 62].

du rêve à l'œuvre correspond à celui d'une dissimulation à un dévoilement, à une mise à nu qui n'est envisageable que si le rêve affleure à la conscience. Dans ce cas, le rêve a une portée universelle, individuelle ou historique, il relève de phénomènes de transgression où tout est possible et marque alors la frontière entre la vie extérieure, terrestre [Außenwelt] et le monde intérieur [Innenwelt]. Contrairement à celui exposé par Freud ou Foucault, le rêve hoffmannien n'a pas systématiquement de signification sexuelle. Sa fonction et son sens sont davantage esthétiques. À travers le rêve, Hoffmann met l'accent sur la problématique de l'inconscient et les problèmes psychiatriques qu'il engendre parfois, vu que le rêveur affirme son identité également dans le songe. La phase d'endormissement qui le précède est un moment où l'âme et l'esprit sont en transit. Le rêve, par la suite, doit être perçu comme une relation privilégiée entre le monde extérieur et soi-même, un outil de connaissance pouvant s'acquérir grâce à un médiateur extérieur (un Autre), à un environnement propice (atmosphère nocturne, veillées) ou à une imagination vive. Même intériorisé, il constitue déjà une œuvre d'art.

Discours esthétique

Il existe une perception consciente et rationnelle, qui est celle de l'organe visuel, et une perception inconsciente et visionnaire, que le rêve conditionne. *Les Frères de Saint- Sérapion* mettent en présence plusieurs catégories de rêveurs. Sérapion, tout d'abord, transpose son univers imaginaire à la réalité. Sa propension à imaginer relève de la maladie mentale et le rêve constitue chez lui une manifestation pathologique. Krespel, Elis et toutes les victimes du magnétisme sont, eux, des visionnaires capables d'offrir à leurs images et à leurs pressentiments une vie propre. Puis viennent les enfants et les artistes proprement dits qui se heurtent systématiquement à l'incompréhension d'autrui. Le rêveur s'oppose au philistin exclusivement attaché à la raison. Toutefois, il existe les rêves dits « réalistes », au sein desquels réel et songe se confondent. À cela s'ajoutent les rêves artistiques où le songe devient œuvre d'art, puis les rêves visionnaires et, enfin, les rêves traumatiques, semblables aux cauchemars. Le rêve naît donc soit de l'esprit de son créateur (fonction artistique), soit des influences extérieures (fonction thérapeutique), soit encore du cœur et de l'âme du rêveur (fonction psychanalytique).

Le récit de « Casse-Noisette », par exemple, peut être identifié comme un rêve « réaliste ». Le personnage du Casse-Noisette, au départ objet inanimé, prend vie dans l'imagination riche de Marie. Il fait découvrir à la fillette un royaume de massepain, féerique et somptueux, peuplé d'êtres

---

[357] *Ibid.*, p. 120 : « Das Werk ist fertig im Innern, aber nur den Anfang schrieb ich auf », [EF, t. 1, p. 152].

merveilleux, puis réapparaît, métamorphosé, dans le réel de la petite fille. Les amis sérapiontiques s'accordent à dire qu'il existe des contes qui attisent l'imagination et d'autres, d'un intérêt véritablement quelconque, qui « paraiss[ent] figés, privés d'âme et incapables de faire vibrer le cœur ou de stimuler l'imagination[358] ». Comme Marie Stahlbaum ou les deux enfants dans « L'enfant étranger », tout être peut pénétrer dans l'univers du merveilleux à condition de le vouloir et d'être prêt à laisser vagabonder son imagination. Entrer dans le royaume du merveilleux relève d'un certain génie et d'une disposition d'esprit particulière :

> Mais n'oublie pas, intervint Ottmar, n'oublie pas, cher Theodor, que nombreux sont ceux qui ne désirent pas escalader cette échelle parce que cela est malséant à un homme posé et de bon sens ; que certains aussi sont pris de vertige dès le troisième échelon ; et que d'autres enfin ne voient jamais l'échelle, même quand elle se dresse au beau milieu de la large route de leur vie et qu'ils passent auprès d'elle chaque jour, et même à chaque heure de la journée[359] !

L'échelle symbolise la montée de l'être vers un monde différent de l'univers terrestre. Marie Stahlbaum aura non seulement trouvé l'échelle dont il est question, mais elle sera parvenue à se saisir de la clé séparant le réel de l'imaginaire. Le Casse-Noisette est transformé en un charmant jeune homme, le neveu du parrain Drosselmeier. Même s'il semble encore garder les caractéristiques de l'objet fonctionnel qu'il était, il n'en est pas moins fort agréable à regarder et avoue à sa future fiancée qu'elle peut « voir à [ses] pieds l'heureux Drosselmeier à qui [elle] [a] sauvé la vie à cet endroit même[360] ». Fiction et réalité se sont superposées. Le rêve n'a pas ici de fonction prophétique, il est le lieu de l'authenticité.

Chez Marie, Felix et Christlieb, le rêve permet d'atteindre l'intériorité absolue alors que chez Elis, il conduit au suicide. En effet, le marin rejoint le monde des ténèbres de la mine, les esprits élémentaires de ses rêves et choisit la mort pour se « libérer » de son poids terrestre. Elis n'est pas un artiste rêveur, mais un individu mélancolique en quête de reconnaissance.

Le rêve artistique, lui, constitue l'alliance heureuse entre la vision et le réel. L'étrange historien au début de « Doge et dogaresse » définit ce rêve de la sorte :

---

[358] *Ibid.*, p. 721 : « Deshalb gerieten aber jene Märchen meistens frostig, gleichgültig und vermochten nicht den innern Geist zu entzünden und die Fantasie aufzuregen », [EF, t. 3, p. 108].

[359] *Ibid.*, p. 721 : « Vergiß, sprach Ottmar, vergiß aber nicht, Freund Theodor ! daß mancher gar nicht die Leiter besteigen mag, weil das Klettern einem verständigen gesetzten Manne nicht ziemt, mancher schon auf der dritten

Sprosse schwindlig wird, mancher aber auch wohl die auf der breiten Straße des Lebens befestigte Leiter, bei der er täglich, ja stündlich vorübergeht, gar nicht bemerkt ! », [EF, t. 3, p. 109].

[360] *Ibid.*, p. 305 : « [...] Sehen Sie hier zu Ihren Füßen den beglückten Droßelmeier, dem Sie an dieser Stelle das Leben retteten », [EF, t. 1, p. 343].

C'est un mystérieux phénomène en effet. Tel artiste rêve un tableau dont les figures, d'abord insaisissables comme des brumes flottant dans l'espace, semblent ne trouver forme que dans son esprit, n'avoir de patrie que dans son imagination : puis il arrive que ce tableau réalisé, se rattachant au passé ou même à l'avenir, ne soit que l'image exacte d'un fait accompli ou qui se produira plus tard[361].

Produite dans un cadre identifiable par tous, donc réel et vraisemblable, la concrétisation d'un rêve annonce ou fait resurgir un événement. En faisant de son rêve une œuvre, l'artiste modèle sa pensée et met en valeur sa personnalité. Le mystère, inhérent à l'imagination, « semble être » et se fonde sur l'apparence.

Plus que visionnaire, le rêve du voyant, lui, mêlé d'appréhension, fait le lien entre deux consciences et s'apparente à une transmission de pensée ou à un état magnétique. Krespel, par exemple, en pressentant la mort de sa fille, est plongé dans un état de somnolence, précédé d'une sorte d'« évanouissement où vinrent se perdre l'image et les sons[362] ». Plus qu'un langage intérieur ou qu'une mise en œuvre artistique, le rêve reflète ici une prédisposition de l'âme à prédire le tragique. C'est d'une manière abrupte, par l'adjectif « morte », que le récit s'achève. Le rêve de Krespel n'a rempli ici qu'une fonction de médiation. En effet, il aurait pu être interprété comme présage si le personnage avait encore pu remédier au décès de sa fille. En revanche, Antonie, elle, apparaît non comme une morte, mais comme une « souriante » rêveuse, ce qui rejoint l'idée, propre à Schubert et à Novalis, d'une mort sublimée. L'enveloppe corporelle ne saurait remplacer l'âme et la langue de l'intériorité.

Le préambule de « La guerre des Maîtres Chanteurs » met en avant l'importance de cette « langue intérieure » qui est, en premier lieu, parlée dans l'univers onirique. De plus, assimilé à un enfant, le rêve rappelle aux hommes la possibilité de retrouver l'harmonie perdue, la sensibilité enfantine à laquelle ils avaient renoncé au profit de leur existence philistine. La rencontre entre le rêve et l'être humain est placée sous le signe de l'amour, de la tendresse et de la délicatesse. L'ange de l'intériorité vise à retrouver l'être dont il s'était séparé afin qu'il redécouvre le merveilleux. Si la nature du rêve découle aussi des conditions extérieures, indépendantes du génie de l'artiste telles que l'état physique et psychique général du sujet, les événements ponctuels de sa vie ou encore les rencontres fortuites, le rêve tend à permettre à l'individu de se libérer des contraintes et des angoisses et à vivre une expérience extra-ordinaire, au sens premier du terme.

---

[361] *Ibid.*, p. 430-431 : « Es ist ein eignes Geheimnis, daß in dem Gemüt des Künstlers oft ein Bild aufgeht, dessen Gestalten, zuvor unkennbare körperlose im leeren Luftraum treibende Nebel, eben in dem Gemüte des Künstlers erst sich zum Leben zu formen und ihre Heimat zu finden scheinen. Und plötzlich verknüpft sich das Bild mit der Vergangenheit oder auch wohl mit der Zukunft, und stellt nur dar, was wirklich geschah oder geschehen wird. », [EF, t. 2, p. 128-129].
[362] *Ibid.*, p. 64 : « eine Art dumpfer Ohnmacht, in der das Bild mit den Tönen versank », [EF, t. 1, p. 93].

Chez Hoffmann, il faut également comprendre les rêves comme des images, des éclairs de joie ou d'angoisse, des impressions brèves, des sentiments qui font plonger progressivement le sujet dans une torpeur temporaire comparable à un état somnambulique. Le songe fait intervenir un vécu refoulé ou conscient que l'acte de création immortalise par écrit, sur la toile, sur une partition ou par une œuvre plastique. Il forme, de ce fait, une sorte de brouillon, de première ébauche artistique. Plus l'individu est sensible, plus le rêve peut être le point de départ d'une œuvre.

En revanche, toute création artistique peut conduire à un échec, à une impasse. Gluck, confronté à sa partition vierge, Berklinger, à sa toile blanche, ou bien encore Tusmann, dans « Le choix d'une fiancée », lecteur monomaniaque prenant des livres au hasard et en grande quantité, prouvent que nul n'est à l'abri de l'improductivité de son univers intérieur. Ainsi le monde onirique est-il aussi le lieu de phénomènes inhabituels dépassant les frontières de la simple intériorité.

Souvent mis en parallèle avec l'étrange, le rêve se rapproche du fantastique. L'entretien qui succède à « Maître Martin » annonce le récit de « L'enfant étranger », perçu comme le « produit » de l'« imagination fantastique[363] » de Lothar. En se référant au registre du fantastique, cette autre facette mystérieuse du réel, les amis sérapiontiques font glisser l'atmosphère nocturne propice au rêve vers une esthétique bien particulière, susceptible de se transformer en cauchemar. Le substantif « Traum » [« rêve »] se comprend alors comme un « Trauma » [« traumatisme »] et conduit sur le chemin de la folie.

Le meilleur ennemi du fou comme du dormeur, c'est lui-même. Cyprian somme l'ermite de se « réveill[er] du rêve néfaste qui [le] fascine[364] », de son « idée fixe », hypnotique et trompeuse. En matière de création artistique, le sommeil porte néanmoins conseil et ne déçoit pas quiconque est en mesure d'apprivoiser son inconscient et d'exploiter ses rêves. Dans « Le Poète et le Compositeur », Ludwig souligne que lorsque sa somnolence nocturne devient un

combat entre la veille et le sommeil, il arrive même que de bons opéras, mieux encore, de vrais opéras romantiques, non seulement [lui] viennent à l'esprit mais prennent réellement forme et se déroulent sous [ses] yeux[365].

Toutefois, son génie n'est pas encore assez développé pour pouvoir, une fois éveillé, coucher sur papier les visions de son œil intérieur. La transcription des rêves en œuvre d'art exige donc un génie

---

[363] *Ibid.*, p. 569 : « Erzeugnis seiner fantastischen Träumerei ».

[364] *Ibid.*, p. 29 : « erwachen Sie aus dem verderblichen Traum », [EF, t. 1, p. 57].

[365] *Ibid.*, p. 99 : « Kampf zwischen Wachen und Schlafen [...] mir nicht allein recht gute, wahrhaft romantische Opern vorkommen, sondern wirklich vor mir aufgeführt werden mit meiner Musik », [EF, t. 1, p. 131].

qui n'est pas donné à tous. Cependant, dans « Les automates », Ferdinand dit avoir travaillé durement et suivi des cours de peinture et de dessin pour être en mesure de fixer l'image mentale qui le poursuivait. L'art s'acquiert donc aussi par le labeur, la pratique et la ténacité. Malgré cela, le lecteur ne saura pas si le portrait de la femme désirée est réussi ou non. Dans ce cas, ce n'est pas tant l'œuvre qui importe, mais plutôt la démarche artistique à fonction thérapeutique.

Dans le rêve, tous les hommes sont placés sur un pied d'égalité. Le rêve encourage la relation à la fois individuelle et dialogique de l'individu et, plus particulièrement, de l'artiste : il constitue « une entreprise de réhabilitation et de reconquête de l'autre[366] ». Cet Autre, un *ersatz* du néant, comble un vide affectif et spirituel. À travers lui, l'artiste se découvre lui-même. Il n'est pas seulement un être intime, mais peut aussi représenter un inconnu qui oriente potentiellement l'âme vers un autre inconscient, une forme d'art différente. Le rêve devient alors double, voire multiple.

Le miroir et le rêve renvoient tous deux au champ lexical de la dualité. Dans « Les mines de Falun », Elis se situe entre l'univers de la mine, solide, et celui de la mer, liquide. Le lecteur n'est plus en mesure de déterminer le moment où Elis rêve et celui où il veille, car plus le récit progresse, plus la frontière est délicate à tracer. Le voyage initiatique s'achève à l'instant où il fusionne avec la roche. L'anorganique prend alors vie et le vivant devient inerte : « il sentit son être se fondre et se mêler aux roches[367] ». La mort d'Elis représente finalement un retour réussi aux origines et un échec dans le monde terrestre. Ce n'est pas sur la terre ferme qu'il renaîtra de ses cendres. Elis est retourné dans le ventre maternel et, si « on avait cru à tort son corps pétrifié », ce dernier finit par « tomber en poussière[368] » lorsqu'il est extrait de la mine.

L'Elis d'Hoffmann rejoint Novalis malgré plusieurs divergences. Dans le récit sérapiontique, la femme tant convoitée n'est pas la fiancée, mais la mère. La mine équivaut à la nuit dont les métaux qui la peuplent seraient les astres. Le ciel est devenu la terre et les profondeurs ont remplacé le ciel. La reine de la mine, comme la nuit chez Novalis, a su attirer le marin dans ses abîmes et dans l'univers des rêves : ce dernier a emprunté l'échelle pour descendre dans l'ouverture béante de sa conscience. Cette interprétation des « Mines de Falun » renforce l'idée de la complexité du monde onirique et des profondeurs de l'âme dépeinte par Hoffmann. Si la nuit apparaît chez Novalis sous les traits d'une extraordinaire bienfaitrice, il en va autrement dans les récits sérapiontiques où elle conduit l'homme tant sur une voie esthétique épanouissante que sur le chemin qui mène aux Enfers. Le rêve ne symbolise pas systématiquement une reconnaissance. Il s'assimile souvent à des

---

[366] Charles Le Blanc, Laurent Margantin, Olivier Schefer (éds) : *La forme poétique du monde. Anthologie du romantisme allemand*, Paris, Corti, coll. « Domaine romantique », 2003, p. 83.
[367] *SB*, p. 218 : « fühlte, daß sein Ich zerfloß in dem glänzenden Gestein », [EF, t. 2, p. 255].
[368] *Ibid.*, p. 239 : « Man bemerkte, daß der Körper […], der fälschlicher Weise für versteinert gehalten, in Staub zu zerfallen begann », [EF, t. 2, p. 275].

éléments malfaisants, à des impressions de déjà-vu ou à de fausses révélations. Freud estime que le rêve naît d'un désir, d'un manque, d'une excitation ou seulement d'un dérèglement du sommeil. Il a, selon lui, une fonction thérapeutique ou peut raviver un souvenir resté jusque-là inconscient. Il existe toujours dans l'être une schizophrénie latente. Cet aspect est souligné par Ludwig dans « Les automates » qui pense que

souvent en rêve une voix étrangère nous apprend des choses que nous ignorions nous-mêmes. [...] Et cependant cette voix, qui paraît nous apporter des renseignements fournis par quelqu'un d'extérieur à nous, ne fait que sortir de notre propre personnalité[369].

Le rêveur est-il visionnaire ou possède-t-il une forte tendance à la schizophrénie ? C'est dans ce questionnement que réside la difficulté du principe hoffmannien où tout est dualité et ambiguïté. Bien souvent, les rêveurs semblent s'endormir en s'évanouissant et revenir à la réalité en ayant la sensation de sortir d'une profonde léthargie. Krespel sombre dans une sorte d'évanouissement qui se transforme en cauchemar et en appréhension. Dans « Casse-Noisette » et dans « L'enfant étranger », le sommeil succède à une perte de connaissance : Marie en est « privée » et Christlieb et Felix la « perdent[370] ». Le rêve correspond, par conséquent, à une forme d'inconscience et, de ce fait, entretient d'étroits rapports avec l'étrange. L'œil du rêveur est capable de voir ou de provoquer l'horreur. Dans « Les mines de Falun », la nuit transforme les contours, renforce parfois la laideur et attise l'angoisse :

[...] maintenant que la nuit venait de tomber et que la lune ne projetait encore qu'une faible clarté, on avait tout à fait l'impression [...] que tout au fond, sur le sol fumant, grouillait et se mêlait une foule innombrable de monstres hideux, horrible engeance infernale dardant vers le jour des yeux flamboyants[371].

Les images que la nuit donne ici à voir sont très éloignées de celles des *Hymnes à la nuit* de Novalis. L'obscurité est le moment propice aux apparitions diaboliques, elle accentue les peurs et

---

[369] *Ibid.*, p. 414-415 : « [...] oft im Traum eine fremde Stimme über Dinge belehrt, die wir gar nicht wußten [...] unerachtet die Stimme, welche uns fremdes Wissen zuzuführen scheint, doch aus nur unserm eignen Innern kommt », [EF, t. 2, p. 111-112].

[370] *Ibid.*, p. 262 : « sank ohnmächtig nieder », [EF, t. 1, p. 299]/ p. 611 : « vergingen ihm auch [...] die Sinne », [EF, t. 2, p. 310].

[371] *Ibid.*, p. 231 : « [...] so war vollends jetzt, da die Nacht eingebrochen und die Mondesscheibe erst aufdämmerte, das wüste Gestein anzusehen als wühle und wälze unten eine zahllose Schar gräßlicher Untiere, die scheußliche Ausgeburt der Hölle [...] blitze herauf mit Flammen-Augen », [EF, t. 1, p. 268].

les craintes et possède, en ce sens, une fonction cathartique. L'imagination exacerbe tout d'abord les phobies humaines et la nuit, telle un miroir, en projette ensuite le reflet. Ainsi, le noctambule et le rêveur solitaire peuvent avoir « les sens troublés par un mauvais rêve » et se croire « entourés déjà des profondes ténèbres du tombeau[372] ». Dans « Une histoire de fantôme », on « attribue naturellement l'apparition [d'Adelgunde] aux illusions du jour déclinant », à la lumière trompeuse du crépuscule[373]. Le personnage est tiraillé entre ses démons intérieurs et ceux qu'engendre la réalité. Il apparaît toujours sous l'emprise d'un cauchemar plus ou moins profond. Chaque individu renferme en lui une bête immonde, un diable parfois désobéissant, voire irrépressible, une violence qu'il lui faut extérioriser dans le rêve. La toile de fond remplit trois fonctions : montrer la folie, donner une impulsion au rêve ou au cauchemar et nourrir l'imagination. Le récit « Apparitions » possède ces trois caractéristiques :

> Un vent nocturne se leva, balayant le brouillard par-delà les monts, et la lune projeta de pâles rayons à travers les déchirures des nuages. J'aperçus alors, non loin de moi, la haute silhouette d'un vieillard à longue barbe et à cheveux d'argent[374].

Cet extrait dépeint un tableau nocturne romantique typique : le paysage est sombre, montagneux et nuageux. Les rayons de lune percent légèrement les nuages. L'ombre longiligne d'un vieil homme, tel un fantôme, surgit. La vue d'Anselme, d'abord voilée par l'obscurité et le brouillard, se dégage soudainement et perçoit non pas un homme, mais sa silhouette. Avant de voir un être, Anselme en distingue, comme le ferait un peintre, les contours. Viennent ensuite les détails physiques – « vieillard », « longue barbe » – et les couleurs – « argent ». Ce paysage nocturne baigné par la lumière de la lune et la présence subite d'un inconnu suscitent l'interrogation. Le lecteur se demande qui est cet homme (question qui est d'ailleurs posée par un personnage peu de temps après), s'il est bon ou mauvais, s'il peut être le fruit de l'imagination d'Anselme, perturbé et fatigué par la guerre. Au fur et à mesure du récit, le lecteur apprend qu'il s'agit d'un mendiant, puis d'un fou aux pulsions meurtrières. Dans ce récit, c'est la réalité qui, perçue sous la forme d'un rêve, s'avère inquiétante. Anselme dit être « parcouru du frisson de l'épouvante et, comme dans un cauchemar, [il] se sen[t] cloué au sol par des semelles de plomb[375] ». Plus oppressante que le rêve,

---

[372] *Ibid.*, p. 564 : « Wessen Sinn jemals ein böser Traum verwirrte » / « in tiefer schwarzer Grabesnacht zu liegen », [EF, t. 2, p. 266].

[373] *Ibid.*, p. 391 : « Was war natürlicher, als daß man die ganze Erscheinung den wunderbaren Täuschungen des dämmernden Abendlichts zuschrieb », [EF, t. 2, p. 87].

[374] *Ibid.*, p. 1043 : « Der Nachtwind erhob sich und trieb den Nebel über die Berge, der Mond warf bleiche Strahlen durch die zerrissenen Wolken. Da gewahrte ich, unfern von mir, die Gestalt eines hohen Greises mit silberweißem Haupthaar und langem Bart », [EF, t. 4, p. 133].

[375] *Ibid.*, p. 1043 : « da überlief mich eiskaltes Grauen und wie vom schweren Traum geängstet vermochte ich, in Bleiangeln festgefußt, mich nicht zu regen », [EF, t. 4, p. 133].

la réalité est, elle aussi, susceptible de provoquer angoisse et illusion. La tombée de la nuit, accentuée par la présence du brouillard, est souvent rendue responsable de cet état de semi-léthargie remplie d'appréhensions. Dès que l'organe visuel est troublé, l'œil intérieur prend le relais. Ce que l'œil ne distingue plus, l'imagination l'invente. Dans l'entretien qui succède au « Bonheur au jeu », il est rappelé que « l'imagination [est] incapable d'inventer rien de plus fou ni de plus étrange que ce que la vie propos[e] d'elle-même[376] ». C'est la raison pour laquelle, dans les écrits sérapiontiques plus réalistes, certains personnages, comme Mademoiselle de Scudéry, sont même tirés de leur sommeil pour être les témoins d'événements angoissants ou étranges. La vieille dame « avait été réveillée à minuit par de légers coups frappés à la porte de sa chambre[377] ».

Si le rêve transforme la réalité et l'enrichit parfois de caractéristiques inquiétantes, le sommeil peut, lui aussi, être interrompu, et le rêveur se voit alors confronté à une réalité peu agréable.

Les fonctions esthétique, thérapeutique, narrative et psychanalytique du rêve présentes chez Hoffmann correspondent bien à celles mises en valeur par Schubert et Novalis. Néanmoins, Hoffmann refuse d'encourager l'abandon total de soi au sein du rêve et ne cautionne pas non plus le suicide comme manière d'échapper au réel. Il se distingue de Novalis par son ironie, aspect que Schubert intègre dans sa *Symbolique* lorsqu'il souligne que

> le monde de la poésie tout entier se trouve dans un rapport plus ou moins ironique avec le monde des aspirations et des besoins quotidiens [et que] le ton de l'ironie [a déjà été] remarqué dans la langue du rêve[378].

Par exemple, dans « Fragment de la vie de trois amis », la tradition des douze coups de minuit comme phénomène déclencheur d'effroi est respectée : « Quand sonna le dernier coup de minuit, les bruits commencèrent », affirme Alexander. Un être arpente la chambre, des soupirs se font entendre, une silhouette blanche sort du mur. La nuit amplifie les sons, la perception se transforme, les bruits de la vie quotidienne provoquent l'angoisse. Alexander se trouve bien en présence d'un fantôme et il est dépeint comme extrêmement angoissé face à ce phénomène. Malgré cela, Hoffmann fait preuve d'un profond sarcasme. Si la scène se déroule comme à l'accoutumée et les conventions du fantastique sont respectées – heure tardive, phénomènes paranormaux et acoustiques, etc –, le comique de situation réside ici non dans la présentation générale, mais dans l'acte du fantôme qui vient hanter la chambre pour absorber ses médicaments. Hoffmann se moque

---

[376] *Ibid.*, p. 894 : « nichts [ist] so toll und wunderlich zu ersinnen, als was sich von selbst im Leben darbietet », [EF, t. 3, p. 282].
[377] *Ibid.*, p. 810 : « [...] war sie durch leises Klopfen an ihrer Stubentüre geweckt worden », [EF, t. 3, p. 200].
[378] Gotthilf Heinrich Schubert : *Die Symbolik des Traumes, op. cit.*, p. 16-18 : « In einem solchen mehr oder minder ironischen Verhältnisse zu der Region des alltäglichen, gemeineren Strebens und Bedürfnisses [...] jener Ton der Ironie, welcher schon in der Sprache des Traumes bemerkt wird », [EF, p. 71-72].

ici de son personnage et du traitement habituel du paranormal. Soit la tante serait consciente de la vanité terrestre, du désespoir de sa condition antérieure de mortelle ou seulement prisonnière des gestes banals de la vie quotidienne, soit elle agirait comme une somnambule, aspect qui est ici impossible étant donné que nous avons affaire à un fantôme. Marzell, lui, dans les mêmes conditions que Severin, c'est-à-dire au cours de la nuit, croit apercevoir un spectre. En réalité, la forme longue et maigre, le visage pâle et grimaçant, n'est autre que Nettelmann, fou paranoïaque et mélancolique qui tente par des gestes étranges et pseudo-magnétiques de lire dans l'âme des individus. La nuit, propice aux rêves et aux cauchemars, est aussi le lieu de l'illusion. L'étrangeté, au sens freudien, provient moins d'un revenant que de notre propre imagination, semble suggérer l'auteur. En d'autres termes, l'homme est l'artisan de son propre mal, la propre incarnation de son cauchemar. Si la nuit est opposée au jour, l'image que beaucoup de personnages donnent d'eux-mêmes ne correspond pas à la réalité. Qui aurait, en effet, soupçonné Cardillac d'être un meurtrier sans vergogne ou la belle Aurélie de se nourrir de chair humaine ?

Le discours esthétique sur le rêve contribue à une distorsion de la réalité. Le va-et-vient entre rêve(s) et réalité(s) sème le trouble dans l'esprit du lecteur. La duplicité du réel conduit inévitablement le lecteur à bâtir une première réalité qu'il déconstruit ensuite pour en former une autre. Le processus de déconstruction s'effectue à travers le rêve, le fantastique et le cauchemar, rejoignant ainsi le concept d'anamorphose utilisé par Gerhard Neumann[379]. Ce dernier l'applique en revanche exclusivement à la narration qui joue le rôle d'un miroir déformant. Il prend pour modèle « Doge et dogaresse », où le narrateur part d'un objet réel (A) [il s'agit d'un tableau de maître, donc appartenant au domaine empirique] pour aboutir à un nouvel objet (B). Le processus de déformation est lié aux principes de perception. Le passage de l'objet (A) à l'objet (B) a permis de dépasser le visible, le réel ordinaire. L'anamorphose contribue à dévoiler ce qui est caché, elle a pour mission de déconstruire pour reconstruire, d'altérer pour recréer, de déformer pour reformer. Dans « Doge et dogaresse », elle marque le passage du tableau à l'acte narratif.

Le procédé mis en évidence par Neumann, pourtant ciblé sur la transposition de l'art pictural à l'art narratif, s'applique parfaitement au passage du rêve à l'œuvre d'art. L'anamorphose incarne le discours esthétique hoffmannien de deux manières différentes : dans la relation d'artiste à artiste et dans celle d'artiste à récepteur. Dans un premier temps, le rêveur est plongé dans une léthargie qui peut s'avérer productive. C'est ce qui se produit lorsqu'une femme inaccessible hante les pensées d'un artiste et le pousse à immortaliser son amour et ses désirs par sa plume, sa toile ou sa musique. La femme désirée et admirée (A) devient une œuvre d'art abstraite (B) qui ne ressemble

---

[379] Gerhard Neumann : « Narration und Bildlichkeit. Zur Inszenierung eines romantischen Schicksalsmusters in E.T.A. Hoffmanns Novelle *Doge und Dogaresse* », in : *Bild und Schrift in der Romantik*, éd. par Gerhard Neumann et Günter Oesterle, *op. cit.*, p. 107-142.

pas nécessairement à l'idéal de départ ; elle est passée au tamis de la subjectivité et de l'interprétation. Dans un second temps, l'œuvre

d'art (B) est transmise. Le lecteur, par le seul fait de lire, déconstruit ce que le narrateur a fondé, il le déforme et crée un autre objet artistique (C). Il a le droit « d'intervenir de façon créative sur la chose lue[380] » et possède donc lui aussi le don de l'anamorphose qui n'est plus le seul privilège de l'artiste : il crée, avec lui, un autre discours, le discours littéraire.

Discours littéraire

Au sein de la production littéraire, le rêve met en avant le thème de l'utopie, qu'il faut comprendre à la fois comme une échappatoire et comme un constat d'échec. Vouloir vivre dans un univers utopique, au sens étymologique de « non-lieu » [u-topos], c'est-à-dire en dehors du temps et de l'espace, est vain. Si Sérapion accuse Cyprian d'être un « enfant du monde[381] » rationnel, il n'est pas, de son côté, un enfant du monde imaginaire. Il est incapable de trouver ce qui sépare la réalité du merveilleux étant donné qu'il vit déjà dans les sphères célestes. Dans « Les mines de Falun », Elis n'est pas non plus en mesure de quitter le monde merveilleux de la mine. Son corps y est préservé alors qu'il tombe en poussière dès qu'il se retrouve au contact de l'air. La richesse intérieure, réceptacle d'images, de rencontres fantastiques et de visions fantasmagoriques, symbolise une existence supérieure, à la différence de la vie hors de la mine, qui représente la réalité. La mine est le lieu de l'u-topie, de l'échappée vers un univers onirique qui n'exige aucun retour. Si retour il y a, il se solde par la mort.

L'intériorité et la fidélité à soi-même sont les composantes majeures du principe sérapiontique. Le bonheur ne peut pas relever de la réalité quotidienne. Elis, comme hypnotisé par les pierres et les êtres qui peuplent la mine, privilégie son rêve et son idéal à l'existence terrestre. Pour atteindre ce nouvel espace, il ne grimpe pas à une échelle céleste, mais descend dans les profondeurs, quasiment jusqu'en enfer. Si le rêve est le seul moyen de retrouver l'âge d'or, si l'imagination doit être sublimée, les narrateurs sérapiontiques insistent bien sur la nécessité de savoir composer avec le réel et la société. En effet, le rêveur est un solitaire et s'il ne peut se satisfaire de cette condition, contrairement à Sérapion, il sombrera dans une mélancolie incurable, comme Nettelmann dans « Fragment de la vie de trois amis ». Propre aux contes et aux rêves, la forêt renvoie, elle aussi, au sentiment de solitude.

Dans « L'ermite Sérapion », Cyprian aperçoit l'ermite en se perdant dans la forêt, donc de manière fortuite. Cette caractéristique est propre au conte, même si le récit n'appartient nullement à

---

[380] Olivier Schefer : *Poésie de l'Infini, op. cit.*, p. 116.
[381] *SB*, p. 34 : « Kind der Welt », [EF, t. 1, p. 61].

ce genre. Lieu propice aux coïncidences étonnantes, la forêt incarne l'inconscient et revêt un caractère particulièrement étrange si la rencontre a lieu le soir. La nuit tombée, les individus adoptent parfois un comportement singulier ou sont victimes d'une angoisse inexpliquée :

> Il m'avait conseillé de choisir une belle matinée, moment où Sérapion a l'esprit le plus libre et se sent le mieux disposé à s'entretenir avec des étrangers, alors que vers le soir, il fuit au contraire toute société humaine[382].

La forêt favorise également l'isolement. Cyprian se retrouve « solitaire » dans « une épaisse forêt » où il n'existe, *a priori*, aucune autre trace de vie humaine que la sienne. Abandonné en pleine nature, le personnage rappelle celui de la peinture romantique de Caspar David Friedrich où l'on voit un homme isolé, souvent recueilli, perdu dans l'immensité du paysage. La rencontre entre l'être humain et la nature est alors profondément mystique et poétique, les deux indications en rapport avec l'ermite allant d'ailleurs dans ce sens. La première fait référence au christianisme et la seconde au peintre Salvator Rosa :

> Et voilà que cet anachorète des premiers âges de l'ère chrétienne m'apparaissait en chair et en os au milieu de rochers sauvages à la Salvator Rosa[383].

L'étrange s'immisce ici dans le réel. Cyprian a le sentiment d'être en présence d'un mirage, puis le retour à la vie réelle se fait brusquement dès lors que le narrateur s'adresse à un paysan et s'entretient avec lui : « Je vis devant moi un paysan [...] Je lui racontai chemin faisant mon aventure[384] ». Les thèmes du promeneur solitaire et de l'anachorète participent eux aussi de l'intrusion de l'étrange dans le réel. L'entrée de cet individu venu de nulle part dans la sphère réelle de Cyprian provoque par exemple une réaction de défense et de peur, qualifiée de « frisson[385] ». Sérapion paraît sortir tout droit d'une toile, ce qui renforce son caractère quasi irréel et fait de la narration sérapiontique le lieu de l'apparence.

Lorsqu'il n'est pas fou ou poète, le rêveur est un enfant candide et créatif. Selon Schubert, le rêve permet de « retrouver le joyau perdu[386] ». Ce joyau incarne l'enfance et ses richesses que l'âge

---

[382] *Ibid.*, p. 27 : « [am] heitern Morgen [sei] Serapion dann am freisten im Geiste und aufgelegt, sich mit Freunden zu unterhalten, wogegen er Abends alle menschliche Gesellschaft flöhe », [EF, t. 1, p. 55].

[383] *Ibid.*, p. 24 : « Da saß nun der Anachoret aus der alten Zeit des Christentums in Salvator Rosa's wildem Gebürge lebendig mir vor Augen », [EF, t. 1, p. 52].

[384] *Ibid.*, p. 24-25 : « [Ich] sah vor mir einen Bauer [...] Ich erzählte ihm unterweges mein Abenteuer », [EF, t. 1, p. 53].

[385] *Ibid.*, p. 24 : « leise Schauer », [EF, t. 1, p. 52].

[386] Gotthilf Heinrich Schubert : *Die Symbolik des Traumes, op. cit.*, p. 204 : « das verlorene Kleinod wird uns wieder ».

adulte renie ou méconnaît. La dichotomie entre l'adulte et l'enfant est traitée dans *Les Frères de Saint-Sérapion* de manière allégorique, car le narrateur, en désirant garder un regard naïf sur les choses, reste attaché à cet Eldorado. Tout artiste ressemble à un enfant et inversement. Il est à la fois sage, voyant et innocent. L'enfant étranger dans le récit éponyme symbolise le Rêve, le Refuge et sauve l'enfant ou l'adulte fantasque d'une existence trop difficile ou monotone, fonction que remplit également le Casse-Noisette.

« Casse-Noisette » s'ouvre, en effet, sur une scène familiale classique de la vie quotidienne : le soir de Noël, moment propice à la rêverie. Le basculement de la réalité vers le rêve a lieu dès que Marie se met à considérer le Casse-Noisette comme un être animé, capable d'éprouver tristesse ou douleur. Le narrateur pénètre petit à petit dans l'univers merveilleux, dans la réalité parallèle à laquelle Marie accède lorsqu'elle se coupe en voulant porter secours au Casse-Noisette. Le sang, symbole de souffrance, est emprunt d'un caractère sacré et le verre évoque pour ainsi dire la clef, le « passe » ouvrant la porte menant dans l'autre monde. La réalité et la fiction se superposent au moment où le Casse-Noisette et le neveu de Marie s'avèrent être la même personne. En faisant coïncider l'homme avec l'objet, Marie refuse de quitter le monde de l'enfance et aspire à conserver précieusement, même à l'âge adulte, la clef du merveilleux, fournie au lecteur dès le premier récit. L'enfance est le lieu par excellence de la formation psychique, le moment où la personnalité se forge et où les traumatismes se créent. Freud fait le lien entre le poète et l'enfant[387] dans leur manière de jouer, d'échafauder un monde imaginaire et de trouver leur inspiration dans le monde réel. Contrairement à l'enfant naïf, l'adulte philistin refuse d'exposer au grand jour son travail d'imagination, il n'aspire nullement à conter ses rêves, rêves qui lui appartiennent, selon lui, en propre et font partie exclusivement de la sphère intime. Or, le poète, comme l'enfant, ne doit pas hésiter à faire connaître ses rêves. En revanche, il ne s'agit pas pour lui d'un jeu. Le poète doit prendre la réalité en considération, car l'humour, la maturité d'esprit et l'autodérision[388] font de lui un être doué de génie :

> Le poète agit comme l'enfant qui joue ; il crée un monde imaginaire qu'il prend très au sérieux [...], tandis qu'il le sépare très distinctement de la réalité. [...] Au lieu de *jouer*, il *imagine* maintenant. Il construit des châteaux en Espagne, crée ce que l'on nomme des rêves diurnes[389].

---

[387] Sigmund Freud : « Der Dichter und das Phantasieren », in : *Bildende Kunst und Literatur*, in : *Freud-Studienausgabe, op. cit.*, tome 10.

[388] Cette autodérision ou autocritique en prenant une forme esthétique peut être qualifiée d'ironie. Elle devient alors créatrice.

[389] Sigmund Freud : « Der Dichter und das Phantasieren », *op. cit.*, p. 172 : « Der Dichter tut nun dasselbe wie das spielende Kind ; er erschafft eine Phantasiewelt, die er sehr ernst nimmt [...], während er sie von der

Si Freud distingue d'un point de vue psychanalytique et médical les rêves nocturnes que l'homme produit dans son sommeil des rêves diurnes, Hoffmann cherche, lui, davantage à imbriquer tous les phénomènes psychiques pour relier la réalité à la fiction, la veille au sommeil, la rêverie mélancolique au rêve profond, l'image mentale à la mise en place d'un processus de création. Il est cependant intéressant de voir comment Freud, bien après Hoffmann, continue de souligner l'importance de l'enfance et la nécessité du travail onirique. Daniel Arasse souligne que

le travail du rêve, les opérations décrites par [le psychanalyste] pour rendre compte de ce travail que fait le rêve, transforment les pensées en images, tout comme un tableau[390].

L'imagination permet de lutter contre une trop grande frustration, elle constitue « un accomplissement du désir[391] ». Chez Elis, l'action de descendre dans la mine, si l'on se réfère au raisonnement freudien, est similaire à celle qui consisterait à entrer dans le vagin de l'amante et de la mère. Elis désire ardemment retrouver celle qui l'a mis au monde et sa recherche constitue une véritable quête de sa sexualité et de son identité. Sur la terre ferme, Elis est présenté comme un être plutôt contemplatif, en proie à des questions existentielles, qui se moque des festivités excessives des marins. Sa rencontre avec Torbern et la relation psychique que le mineur établit avec lui font du récit un voyage initiatique :

Il lui semblait que le vieil homme venait de lui donner accès à un monde inconnu auquel il avait l'impression d'appartenir et dont toute la magie s'était déjà révélée à lui dans sa plus tendre enfance, sous forme de pressentiments mystérieux[392].

Elis accède à son inconscient, à son passé. Suite au récit du mineur, les rêves mélangent les univers maritime (liquide) et minier (solide). L'eau, en se métamorphosant en roche, symbolise de manière organique et naturelle le passage d'un monde à un autre. Le rêve est à la fois réminiscence et prémonition. Rêver, c'est retrouver ce qui avait été oublié, se redécouvrir et, en même temps, aller vers ce qui était jusque-là encore inexploré. Les images mentales provoquées par l'écoute du récit

---

Wirklichkeit scharf sondert [...] ; anstatt zu *spielen*, *phantasiert* er jetzt. Er baut sich Luftschlösser, schafft das, was man Tagträume nennt », [C'est moi qui traduis, I. L.].

[390] Daniel Arasse : *Histoires de peintures*, *op. cit.*, p. 311-312.

[391] Sigmund Freud : « Der Dichter und das Phantasieren », *op. cit.*, p. 174 : « Phantasie ist eine Wunscherfüllung », [C'est moi qui traduis, I. L.].

[392] *SB*, p. 215-216 : « Und doch war es ihm wieder, als habe ihm der Alte eine neue unbekannte Welt erschlossen, in die er hineingehöre, und aller Zauber der Welt sei ihm schon zur frühsten Knabenzeit in seltsamen geheimnisvollen Ahnungen aufgegangen », [EF, t. 1, p. 253].

de Torbern correspondent à ce que Freud nomme les « rêves diurnes » étant donné qu'elles surgissent pendant la veille. Elles donnent à Elis l'accès à ce monde inconnu qu'il avait déjà pressenti auparavant. L'imagination du personnage est en marche, elle lui apprend à « voguer […] sur une mer aussi lisse qu'un miroir[393] » et le prépare à sa descente dans les profondeurs terrestres et spirituelles.

Le rêve et l'existence humaine ici-bas semblent, selon Hoffmann, incompatibles, bien qu'elles entretiennent d'étroites relations et des correspondances évidentes. Sur un plan psychanalytique, le rêve ouvre la porte de l'inconscient, sur un plan plus scientifique, il conduit à l'étude des maladies mentales et, sur un plan esthétique, il représente le berceau de l'imagination. Il est à la fois manque et créativité. Divin ou diabolique, il ressemble sur de nombreux points, comme le fit remarquer Schubert, à une mort passagère :

> La peur et la félicité du rêve et du regard introspectif en général sont le souvenir de l'état originel de l'être humain, le lieu où chacun était un magicien[394].

Sérapion aspire à redevenir ce magicien. Pour ce faire, il cherche à abolir le temps et l'espace, comme dans le rêve. Selon Hilda Meldrum Brown, Sérapion « essaie de perpétuer ce stade d'exaltation et de *connaissance supérieure*, de créer pour lui-même comme pour l'œuvre d'art un éternel âge d'or[395] » et le rêve, en tant qu'état supérieur, rapproche l'homme de cet idéal. Schubert associe « le sentiment qui accompagne l'endormissement » au « bien-être éprouvé par le nourrisson buvant le lait de sa mère[396] ». L'enfant, rêvant ou restant ancré dans le merveilleux, ne quitte donc pas véritablement l'état originel qui le rassure. Ainsi dans « L'enfant étranger », Christlieb et Felix attachent-ils une grande importance à leur univers féerique qui les aide à faire le deuil de leur père. Marie Stahlbaum, elle, reporte sur ses rêves et sur le Casse-Noisette l'affection maternelle qui lui a sans doute fait défaut. Quant à Elis, il retrouve dans le rêve l'amour que sa mère lui témoignait de son vivant. Poussé à l'extrême, puisque le personnage trouve la mort, le rêve lui a permis de retrouver l'identité qui lui avait été dérobée.

---

[393] *Ibid.*, p. 216 : « schwämme […] in einem […] Schiff […] auf dem spiegelblanken Meer », [EF, t. 2, p. 253-256].

[394] Ilse Weidekampf : *Traum und Wirklichkeit in der Romantik und bei Heine*, Leipzig, Mayer und Müller, 1923, p. 19 : « Angst und Seligkeit des Träumens und des inneren Schauens überhaupt sind Erinnerung an den Urzustand des Menschen, in dem jeder ein Magier war ».

[395] Hilda Meldrum Brown : *E.T.A. Hoffmann and the Serapiontic Principle, Critique and Creativity*, Columbia, Camden House, 2006, p. 43 : « to perpetuate that state of exaltation and *höhere Erkenntnis*, to create for himself as in artwork a timeless Golden Age world ».

[396] Gotthilf Heinrich Schubert : *Krankheiten und Störungen der menschlichen Seele, op. cit.*, p. 68 : « Das Gefühl, welches das Einschlafen begleitet, ähnlich dem Wohlbehagen des trinkenden Säuglings an der Brust der Mutter ».

Dans l'entretien qui précède « Le point d'orgue », Cyprian présente la mort comme une sorte de réveil[397]. Vivant déjà dans un monde purement onirique et en dehors de toute réalité, Sérapion ne se sentira pas perdu dans le pays outre-tombe et pourra entrer en communication avec tous les défunts qu'il croyait côtoyer. Au lieu de s'endormir pour l'éternité en quittant la vanité terrestre, l'ermite s'éveille donc à une existence qu'il n'aura jamais véritablement quittée. Si la veille a une influence directe sur le sommeil, dans la mesure où un bon ou mauvais sommeil dépend de l'état psychique et physique du sujet, Sérapion n'a nul besoin d'y attacher une quelconque importance vu son manque de dualité.

Selon Schubert, le somatique agit sur le spirituel, et les problèmes digestifs, physiques et psychiques influeraient sur l'état nerveux de l'individu tout en agissant sur son inconscient. Dans *Heinrich von Ofterdingen*, Novalis ironise sur cet aspect au moment où Heinrich, disant avoir fait des « rêves agités » qui lui ont semblé être « plus qu'un simple songe », s'entend rétorquer par sa mère que tout cela est dû à une mauvaise position ou à un manque de concentration pendant le bénédicité[398]. Hoffmann reprend cette caractéristique pour dénoncer l'attitude philistine des cousins de Christlieb et Felix dans « L'enfant étranger », dépourvus de toute imagination, ou celle de la mère de Marie dans « Casse-Noisette », qui juge sa fille malade. Contrairement à Schubert, Hoffmann explique le rêve d'un point de vue non pas scientifique ou médical, mais exclusivement poétique.

Le rêve est stimulant et constitue une forme de lutte contre la mort et la déchéance. Il résiste au temps qui passe. L'individu fait nécessairement appel à l'imagination pour garder la conviction qu'une vie spirituelle supérieure existe encore au moment où l'organe visuel s'éteint. C'est pourquoi tout mort semble se reposer : Sérapion, « les mains jointes sur la poitrine, était étendu », ce qui donne à Cyprian l'impression qu'il dormait[399]. Comparer le mort à un rêveur ou à un dormeur est une manière de chasser l'angoisse liée à la vue morbide ; c'est aussi une façon d'évoquer la pérennité de l'âme humaine (au sens quasi religieux) comme de l'âme artistique. Le poète ou l'artiste défunt ne voit plus comme le commun des mortels, mais semble accéder à une sérénité, à un autre monde. Si l'œil s'éteint, la flamme de la spiritualité perdure. De ce fait, Antonie peut avoir « les yeux fermés » et, dans le même temps, un regard « souriant ».

Pour symboliser la vie spirituelle, les narrateurs ont recours au champ lexical du feu. Le feu joue un rôle primordial dans le discours littéraire onirique. Il incarne l'esprit, la connaissance et la

---

[397] *SB*, p. 68 : « Dein Leben, lieber Anachoret, war ein steter Traum, aus dem du in dem Jenseits gewiß nicht schmerzlich erwachtest », [*EF*, t. 1, p. 98] : « Ta vie, mon cher anachorète, fut un rêve sans fin après lequel ton réveil dans l'au-delà n'a pas dû te sembler trop pénible ».

[398] Novalis : *Heinrich von Ofterdingen*, Stuttgart, Reclam, 2004, p. 12 : « du hast dich gewiß auf den Rücken gelegt, oder beim Abendsegen fremde Gedanken gehabt ».

[399] *SB*, p. 36 : « [...] lag ausgestreckt die Hände auf der Brust gefaltet [...] glaubte daß er schliefe », [*EF*, t. 1, p. 64].

vie. Dans l'entretien qui succède au récit « Apparitions », Cyprian associe la force de l'imagination de ses amis sérapiontiques à une flamme :

> Bref, la façon dont les choses se sont déroulées reste un mystère bien fait pour enflammer une imagination active et l'entraîner à échafauder toutes sortes d'hypothèses rocambolesques[400].

Le narrateur est parvenu à éveiller l'intérêt de ses interlocuteurs, à allumer la flamme de leur imagination, ce qui implique qu'il ait observé avec l'œil de l'esprit ce qu'il rapporte. Le poète voyant est donc capable de stimuler à la fois son for intérieur (don artistique) et celui d'autrui (don spirituel et ésotérique). L'inconscient et tout ce qui en dépend (rêve, somnambulisme, sommeil magnétique) ont, selon la théorie de Schubert, leur siège dans les « nodules nerveux » et les « ganglions ». La conscience est, quant à elle, localisée dans le cerveau. La médecine romantique se réfère à la fois au mesmérisme (importance des flux magnétiques et influence du macrocosme sur le microcosme) et à la philosophie schellingienne de la nature (immortalité de l'âme).

Le principe sérapiontique fonctionne donc comme un levier propice au travail de l'inconscient de l'artiste visionnaire et du lecteur initié à l'importance du rôle de l'imagination. Souvent en proie à ses discours intérieurs ou aux prises avec une société aux normes figées et étriquées, l'artiste est confronté à la mélancolie, à la schizophrénie ou, dans le pire des cas, à la mort. La réalité hoffmannienne n'est pas universelle et son miroir ne renvoie pas un reflet unique et absolu. Hoffmann livre à son lecteur une vision anamorphique du réel qui se transforme ou se recrée au gré des récits.

L'art est mouvant et démultiplie les points de vue. Le principe sérapiontique, mis au service du rêve, de l'imagination et de la folie, offre des réflexions à la fois esthétiques, scientifiques et littéraires faisant passer l'artiste pour un original, un rêveur ou un aliéné. L'inconscient, complexe et dangereux, est à l'origine des manœuvres de manipulation psychique propres aux relations magnétiques. C'est l'âme que le génie artistique habite et si l'artiste est le créateur de ses propres démons et angoisses, il est également capable de provoquer l'émergence de ces phénomènes étranges chez autrui.

---

[400] *Ibid.*, p. 1050 : « das ist genug um eine lebhafte Einbildungskraft zu allerlei geheimnisvollen und genugsam abenteuerlichen Hypothesen zu entzünden », [EF, t. 4, p. 141].

III.

Art et artifices

L'art et l'illusion : le magnétisme et la manipulation de l'humain

Lors de ses années passées à Bamberg (1808-1813), Hoffmann apprend ce que représente concrètement la médecine romantique imprégnée de la philosophie de la nature, parallèle aux thérapies traditionnelles. Des praticiens tels que Adalbert Friedrich Marcus (1753-1816) ou Friedrich Speyer (1780-1839) montrent à Hoffmann comment recourir au magnétisme pour soigner des maladies psychiques ou encore de quelle manière le somnambulisme prend forme. À cela s'ajoute la réception théorique des écrits de Schubert traitant, eux aussi, de magnétisme et de somnambulisme[401].

Toutefois, Hoffmann ne cherche pas à livrer une vision scientifique poussée des diverses théories et pratiques, mais il en retient essentiellement l'existence de phénomènes psychiques avérés qui nous dépassent, admis par fascination ou encore rejetés par dégoût ou agnosticisme. Ces phénomènes peuvent être maîtrisés par certains privilégiés et mis en pratique pour manipuler autrui et établir avec lui une relation psychique pouvant conduire à la mort de l'un ou de l'autre. Cet aspect, certes simplifié, prouve que l'écrivain se préoccupe bien plus de la magie, de la fascination et du mystère liés au phénomène que des fondements et des analyses scientifiques proprement dits. Il n'est donc pas anodin qu'il préfère se référer à Schubert, dont l'étude est moins scientifique qu'un Mesmer, par exemple[402].

Les réflexions de Schubert constituent un héritage direct de la philosophie de Schelling sur le thème de l'harmonie originelle entre l'homme et la nature et font du magnétisme une science

---

[401] Hoffmann lut également les écrits de Kluge, Nudow, Puységur et Barbarin à propos de l'hypnose, du magnétisme et du somnambulisme.

[402] Franz Anton Mesmer (1734-1815) étudie à partir de 1750 la philosophie et la théologie et, en 1759, il commence à Vienne des études de médecine et de droit. Sa thèse analyse l'existence de flux et d'ondes cosmiques spécifiques qui influencent le psychisme et la santé humains. Il ne s'agit pas d'utiliser l'astrologie ou les sciences occultes comme la voyance, mais de recourir aux sciences naturelles comme aux lois de la gravitation de Newton et de donner une importance décisive à l'attraction terrestre, à la lune et aux phénomènes des marées. Même si la raison est loin d'être rejetée, le mesmérisme se situe dans une autre optique que la pure rationalité. C'est dans l'instinct intellectualisé qu'existent le mystère et la vérité que l'homme est susceptible de déceler grâce à sa persévérance, à son travail acharné et à l'harmonie originelle avec la nature, qu'il essaie de reconstruire sans avoir recours à des moyens chimiques. La médecine « romantique » aspire à soigner l'âme d'une façon moins néfaste. Le mesmérisme, comme les pratiques de Puységur, est utilisé à des fins thérapeutiques et non dans un but de manipulation mentale. On découvre que le malade mental, en état d'hypnose, devient lucide sur son mal et prend conscience de sa fragilité psychique. Confronté à son mal, il est alors en mesure de le détecter et, peut-être, de le guérir. Bien vite, le magnétisme devient sorcellerie, art divinatoire ou manipulation psychique. Utilisé à mauvais escient, il s'avère bien souvent fatal. La médecine côtoie dès lors l'astrologie et la magie.

fondée davantage sur la poésie. Il incarne une sorte de miroir qui renvoie à l'homme un reflet dont il ne connaissait pas ou guère l'existence et qui lui donne la possibilité de s'explorer, de se comprendre et de se découvrir tel qu'il est. Le miroir représente à la fois l'instrument magnétique proprement dit, utilisé à des fins artistiques, l'œil humain et l'Autre, dans un sens plus métaphorique, et le paraître, source de faux-semblants. Dans le domaine du magnétisme, il s'agit ici d'approfondir l'idée du miroir comme symbole de l'inconscient et de sa duplicité.

L'homme, d'après la Bible, représente à la fois l'être vivant majeur et celui qui possède les moyens d'accéder à la vie éternelle. En revanche, rares sont ceux qui ont le courage de se hisser jusqu'aux mystères du macrocosme, de relier harmonieusement le corps et l'esprit et d'emprunter, pour reprendre une expression sérapiontique, « l'échelle menant au ciel ». Avide de plénitude, d'accomplissement intellectuel et spirituel, l'être humain éprouve le besoin de se surpasser, mais apparaît trop souvent contemplatif et satisfait – à tort – de sa condition de mortel. Le pas vers la connaissance qu'effectue le magnétisme animal correspond à une sorte d'éveil psychique, intérieur, conditionné par l'âme. Paradoxalement, c'est en dormant que l'homme accède à la conscience. Pour Schubert, le corps n'est qu'une enveloppe sans intérêt destinée à périr : seule l'âme recèle des richesses que l'être doit découvrir et nourrir, elle seule est promise à l'éternité. Le sommeil symbolise la rencontre entre le corps (le monde extérieur) et l'esprit (le monde intérieur) et, au sens des premiers romantiques, le siège de l'âme. Magnétique, il donne le sentiment que le corps n'appartient plus à l'être. Une sensation de dédoublement submerge alors l'individu. Le corps devient une substance volatile. Dans *Les Frères de Saint-Sérapion*, l'être, visionnaire, est comme plongé dans un état de transe, de folie apparente ou, du moins, de maladie nerveuse et/ou mentale. La « voyance », l'imagination et le sommeil magnétique vont, par conséquent, de pair. Le magnétisme représente « l'initiation d'un corps unique dans la vie intérieure du cosmos, avec tout ce qu'impliquent les rapports entre ce corps et l'univers, ses cycles et ses transformations[403] ». Une nouvelle relation au monde est créée, ainsi qu'un lien psychique entre deux âmes, celle du magnétiseur et celle du patient, par exemple. Il existe un rapport d'égal à égal lorsqu'un individu tente d'initier l'autre aux secrets du macrocosme, de transmettre son don de visionnaire, son héritage psychique. Pour cela, le magnétiseur choisit, comme Dieu, ses disciples : dans « Le sinistre visiteur », le comte de S..i joue le rôle de mentor de Marguerite, comme Alban avec Theobald dans le conte fantastique « Le Magnétiseur ». Mais un rapport de maître à esclave peut s'installer si le magnétiseur décide, par excès d'*hybris*, d'arrogance et de volonté de puissance, d'exercer ses talents pour manipuler un individu ou le mettre sous sa coupe. Ainsi l'âme de la victime est-elle comme dissoute et prisonnière d'un esprit qui la domine. « Je », sans devenir un autre, se met au

---

[403] Gotthilf Heinrich Schubert : *Geschichte der Seele*, Stuttgart, Tübingen, Cotta, 1833, p. 216 : « die Einweihung eines einzelnen Körpers in das innre Leben des Erdganzen, mit allen seinen Verhältnissen zu dem Universum, mit allen seinen Perioden und Wandeln ».

service de ce dernier, ce qui entraîne une perte d'identité et un rapport de soumission fatal parfaitement opposé à l'idéal d'autonomie et d'individualité des Lumières.

Les rapports magnétiques et psychiques sérapiontiques

Hoffmann attire l'attention de son lecteur sur ce qu'il appelle « le principe psychique étranger » [« das fremde psychische Prinzip »] ou « le principe spirituel étranger » [« das fremde geistige Prinzip »]. Il s'agit de forces invisibles que l'homme ne maîtrise pas et qui le contrôlent. Elles peuvent apparaître sous la forme d'esprits élémentaires, de revenants ou faire naître une dépendance psychique.

La troisième veillée, qui regroupe « La guerre des Maîtres Chanteurs », « Une histoire de fantôme », « Les automates » et « Doge et dogaresse », s'ouvre sur la thématique du magnétisme. Cette veillée accueille Sylvester dont les forces en présence (Theodor, Ottmar, Cyprian et Lothar) louent le génie poétique intérieur. Comme toujours lorsqu'il est question de génie et de spiritualité, Hoffmann recourt à la métaphore du feu[404] et de la lumière, indissociable de la création artistique :

Sylvester, dont la poésie intérieure, **brillant** de mille **feux**, **rayonnait** paisiblement de douceur[405].

De plus, sa « simplicité » [« Anspruchslosigkeit »], son innocence enfantine [« ein unschuldiges Kind »], sa sensibilité, sa faculté d'écoute et sa réceptivité aux œuvres d'autrui le rendent digne d'être intégré dans le cercle sérapiontique. Néanmoins, il n'est pas convié à dévoiler ce qu'il pense du magnétisme. Contrairement aux autres, qui ont des avis partagés sur la question, il se contente d'observer.

Le sujet est lancé dès que l'on dépeint un personnage encore absent, mais qui ne saurait tarder à arriver : Vinzenz. Admiré pour sa clarté d'esprit, son humour et ses connaissances solides, il possède une âme passionnée par le mystère. Aussi s'intéresse-t-il à la médecine et aux recherches scientifiques de son époque. Il apparaît comme « le plus zélé défenseur du magnétisme[406] », accepte

---

[404] La métaphore du feu renvoie à la Connaissance (le feu de Prométhée), au Diable (le feu de l'enfer) et à l'un des quatre éléments du cosmos. Elle intervient dans le domaine de l'alchimie. Le magnétiseur pense détenir le savoir et s'adonne volontiers à la magie noire. Dans « Le sinistre visiteur », c'est dans un cerclage de feu et dans une prison de cristal que le comte de S..i retient le psychisme d'Angelika. Le feu établit la communication avec les forces invisibles. Expression de la lumière, des astres et des étoiles, allégorie de l'amour et de la passion (Eros), il entretient une étroite relation avec le spirituel et le mystique et conduit à une autre approche de la science, moins théorique et en osmose avec les forces naturelles.

[405] *SB*, p. 313 : « Sylvester, dessen innere Poesie in **schönen milden Strahlen** gar herrlich **herausfunkelte**, recht von Herzen lieb und wert », [C'est moi qui souligne et qui traduis, I. L.]

[406] *Ibid.*, p. 315 : « der eifrigste Verfechter des Magnetismus », [EF, t. 2, p. 15].

l'idée que des éléments puissent lui échapper et trouve fascinant de chercher à les étudier, même si la tâche s'avère délicate. Le magnétisme est le « système » des rêves alliant la science et le psychisme en faisant intervenir la sphère des pressentiments, donc l'univers de la clairvoyance. Vinzenz s'exerce en accomplissant des passes magnétiques et en use à des fins purement thérapeutiques. Le lecteur apprend que le personnage a fait ses gammes sur Lothar pour guérir ce dernier d'un mal de tête, intervention qui restera toutefois sans succès, et Lothar, même s'il ne « croi[t] aucunement au pouvoir guérisseur du fameux magnétisme[407] », avoue avoir bien ri.

Employé dans le domaine médical pour soigner des douleurs somatiques, le magnétisme est d'emblée présenté comme une source de charlatanisme. Cependant, la patient y a parfois recours par superstition. Partant du principe qu'il ne fera pas de mal ou qu'il n'aura aucun effet, le malade espère ainsi soulager ses souffrances, même s'il n'ose pas ultérieurement reconnaître sa faiblesse, de peur d'être raillé. Lothar, honteux d'en avoir usé, se justifie en invoquant une douleur intenable. La maladie avait fait naître en lui une « démence passagère[408] » l'ayant alors poussé dans ses derniers retranchements[409]. En dépit de cette « faiblesse », Lothar pense qu'exercer le magnétisme est un « sacrilège[410] », car l'homme cherche, à ses dépens, à défier les dieux. Même s'il existe une force unissant l'âme et le corps, il est dangereux d'essayer de la contrôler. Déjà dans le rêve, l'être humain, plongé dans un « état paroxystique[411] », se rend compte de la supériorité de l'esprit sur le corps. Le somnambulisme, une forme extrême du sommeil, n'est pas source de génie : il reflète, selon Lothar, une « anomalie dans la relation établie entre le principe physique et le principe psychique[412] ». Les états les plus impressionnants, les rêves les plus intenses, où la dualité psychique est la plus marquée, sont conditionnés par cette anomalie, véritable maladie de l'âme. Le magnétisme, sauf s'il est utilisé avec prudence comme cure thérapeutique ou dans le cadre de l'automédication, peut donc être source de danger, en particulier lorsqu'un principe spirituel étranger intervient. C'est pourquoi Lothar, sans nier la matérialisation du principe psychique en « fluide », rejette les pratiques magnétiques et préfère les tourner en dérision : un sentiment d'épouvante l'envahit à l'idée de subir une quelconque influence. Dans l'entretien, il importe peu de mettre des termes scientifiques sur les choses. Hoffmann ne cherche pas à réécrire Mesmer, Schubert ou Kluge sous une forme scientifique qu'il adapterait. Il souhaite manifestement établir un

---

[407] *Ibid.*, p. 316 : « Ich bekenne euch bei dieser Gelegenheit, meine würdigen Serapions-Brüder, daß ich an die Heilkraft des sogenannten Magnetismus ganz und gar nicht glaube », [EF, t. 2, p. 16].

[408] *Ibid.*, p. 317 : « momentaner Wahnsinn », [EF, t. 2, p. 17].

[409] *Ibid.*, p. 317 : « Daß ich mich damals, in heftigen Nervenzufällen, zum Magnetismus hinneigte, beweiset meine Schwäche, sonst nichts weiter », [EF, t. 2, p. 17] : « Si je me suis tourné vers le magnétisme à une époque où je souffrais de violents malaises nerveux, cela ne prouve rien – si ce n'est ma faiblesse ».

[410] *Ibid.*, p. 318 : « frevelich », [EF, t. 2, p. 18].

[411] *Ibid.*, p. 318 : « erhöhte Zustände », [EF, t. 2, p. 18].

[412] *Ibid.*, p. 318 : « eine Abnormität in dem Verhältnis des psychischen und physischen Prinzips », [EF, t. 2, p. 18].

constat, donner un florilège des divers comportements et opinions sur la question, à la fois des détracteurs, des adeptes et des praticiens, et mettre en avant l'horreur, la fascination, le rejet ou le scepticisme. Lothar met en doute le fait que le magnétisme puisse être considéré comme une science, étant donné qu'il n'a pas de fondement rationnel et se révèle encore moins exact que la médecine générale. Cyprian, quant à lui, revendique sa foi dans le magnétisme qui « n'est rien d'autre que la force contenue dans le principe psychique[413] » et ne possède rien de chimique. Il fait seulement intervenir la conscience et l'esprit, tout en établissant une communication entre les âmes. Cyprian compare les flux magnétiques à « une mystérieuse musique des sphères, grand et constant principe vital de la nature elle-même[414] ». Le magnétisme tisse, à l'aide de vibrations et de fluides, des liens psychiques qui constituent une véritable musique de l'âme et le miroir de l'harmonie tant recherchée entre macrocosme et microcosme. Cet engouement est perçu par Lothar comme un « enthousiasme mystique[415] », car ce n'est pas à l'homme de découvrir les secrets de la nature, comme l'a déjà montré le cas de Krespel. Dans le magnétisme, on ne décèle pas la vérité, on se laisse bercer par des illusions et de fausses espérances. Cela reviendrait à commettre un nouveau péché originel :

> Il est dit quelque part que le magnétisme est un instrument tranchant et dangereux mis entre les mains d'un enfant : je souscris tout à fait à cette définition[416].

Theodor partage le sentiment de malaise, voire de rejet ressenti devant l'existence de principes psychiques étrangers influant directement sur son esprit. Si le magnétisme est connu pour ses vertus curatives, la manipulation psychique et les troubles qui s'ensuivent ne sont pas à exclure. À travers ce personnage, Hoffmann incite son lecteur à la pondération.

Pour donner du poids à son argumentation, Lothar se réfère à des magnétiseurs célèbres tels que Mesmer et s'appuie sur les recherches scientifiques de l'époque. L'entretien de cette troisième veillée lance des pistes, développe des arguments pour et contre la pratique du magnétisme. Il appartient ensuite au lecteur de se forger sa propre opinion. Theodor, à son tour, relate son expérience livresque (scientifique avec Kluge, littéraire avec Novalis et Schelling) et fait part de deux événements dont il a eu connaissance. Le premier constitue un exemple type de charlatanisme, un subterfuge organisé par une dame pour attirer l'attention. Le second décrit la magnétisation

---

[413] *Ibid.*, p. 317 : « Was ist der Magnetismus, als Heilmittel gedacht, anders als die potenzierte Kraft des psychischen Prinzips », [EF, t. 2, p. 17].
[414] *Ibid.*, p. 318 : « der geheimnisvollen Sphären-Musik, die das große unwandelbare Lebensprinzip der Natur selbst ist », [EF, t. 2, p. 17].
[415] *Ibid.*, p. 318 : « mystischer Schwärmerei », [EF, t. 2, p. 17].
[416] *Ibid.*, p. 319 : « Irgendwo heißt es, der Magnetismus sei ein schneidendes gefährliches Instrument in der Hand eines Kindes, ich bin mit diesem Ausspruch einverstanden », [EF, t. 2, p. 19].

réussie d'une jeune fille de seize ans par un étudiant en médecine. Theodor se fonde ici sur les écrits de Kluge[417] en mettant en avant la relation psychique étroite entre le magnétiseur et le patient : la jeune paysanne, en état extatique, tient un langage beaucoup plus soutenu que d'ordinaire, ayant recours à des expressions « mystiques » et « des tournures […] singulières », et semblant même citer « les *Fragments* de Novalis » et « *L'Âme du monde* de Schelling[418] ». Cet aspect rejoint les analyses de Schubert mettant en valeur un dédoublement de personnalité propre à l'état hypnotique.

Dans cet entretien, Hoffmann, sans procéder à une démarche scientifique, fournit des pistes concrètes à son lecteur. En citant les travaux de l'époque, il le pousse à consulter les œuvres proposées ou, du moins, à se renseigner sur le sujet. Le but n'est pas d'informer scientifiquement, mais d'indiquer l'existence du phénomène et la manière dont il se matérialise. Plusieurs caractéristiques du magnétisme qui se retrouvent dans les récits sont déjà mis en lumière, tels le dédoublement du moi et l'érotisation des sens. Dans le cas de la jeune fille de seize ans par exemple, le médecin choisit un étudiant qui est censé plaire physiquement à celle-ci. La relation magnétique est conditionnée par le désir et peut, par conséquent, pervertir une entreprise de séduction.

Évoquant Novalis et Schelling, Hoffmann parvient à une synthèse harmonieuse entre science et poésie. Le magnétiseur est un homme de l'« art », un terme qu'il faut comprendre aussi dans le sens d'« artifice ». Il manie le psychisme avec habileté et génie, mais souvent pour faire de l'autre sa chose. La relation psychique visant à guérir et à secourir est pervertie, artificiellement érotisée et susceptible de conduire l'un ou l'autre des protagonistes vers une issue fatale. Le magnétiseur exerce son pouvoir par arrogance, égoïsme et soif de puissance. Toutefois, étant donné les sentiments doubles et ambigus que le magnétisme suscite, les amis sérapiontiques lui accordent une importance toute particulière et en font un « levier » pour leurs récits, à même de stimuler des forces mystérieuses. Le magnétisme sert donc la narration, il nourrit l'imagination de l'artiste et attise la curiosité du lecteur. Les domaines de l'étrange, de l'inexplicable et de l'épouvante – propres à la *Schwarze Romantik* – sont clairement désignés comme le terreau de l'inspiration hoffmannienne en matière de poésie et de littérature.

Le magnétisme s'inscrit dans un discours scientifique car, même marginalisé et appartenant à l'occulte, il fait l'objet de nombreuses recherches médicales. Ce champ scientifique peut être élargi aux domaines de la psychanalyse et de la psychiatrie si l'on considère le magnétiseur comme un manipulateur du psychisme d'autrui et le magnétisé comme la marionnette, l'objet du désir et le

---

[417] Il s'agit de l'essai de 1811 intitulé *Versuch einer Darstellung des animalischen Magnetismus als Heilmittel (Essai d'une représentation du magnétisme animal comme remède).* Schubert s'y réfère à de multiples reprises dans le sixième chapitre de *La Symbolique du rêve.*
[418] *SB*, p. 323 : « mystischen Worten », « sonderbaren Redensarten », « Novalis Fragmenten », « Schellings Weltseele », [EF, t. 2, p. 22-23].

faire-valoir du magnétiseur. En outre, le magnétisme relève aussi des discours littéraire et esthétique : il apparaît comme un art(ifice). Le magnétiseur se révèle à la fois médecin, psychanalyste, visionnaire et artiste. Sa personnalité multiple et complexe correspond bien à la forme hétérogène qu'Hoffmann souhaite donner à son œuvre. Le magnétiseur constitue, à lui seul, une « œuvre totale » : il fait intervenir le pouvoir hypnotique de son regard perçant, envoûte de sa voix pénétrante, impose les mains pour procéder à des passes magnétiques, ou encore côtoie les forces supérieures et invisibles qui régissent l'être. La vue, l'ouïe, le toucher et le sixième sens (la clairvoyance, l'intuition) sont les quatre chemins qu'il emprunte pour parvenir à son but.

Dans un premier temps, plusieurs cas de magnétisme mettent l'accent sur la manifestation du rapport psychique entre les personnages, sur la façon dont l'individu est manipulé par son magnétiseur et sur l'échec potentiel de la manipulation. Dans un deuxième temps, l'objet et le sujet, l'humanisation de l'inerte et l'automatisation de l'humain apparaissent sous plusieurs aspects : le rapport de maître à esclave qui s'établit entre l'enfant et son jouet, les différentes formes de construction du Moi esthétique telles qu'elles ressortent des objets de création de l'artiste et de la manière dont ils prennent possession de ce dernier. Enfin, à travers l'autonomie ou l'émancipation de l'objet *via* la relation psychique, l'être artificiel est largement représenté dans les récits sérapiontiques : l'œuvre littéraire symbolise alors une sorte de production autonome et d'unité artistique manipulant le lecteur. Hoffmann tente donc de montrer sa capacité à faire des *Frères de Saint-Sérapion* le réceptacle vivant de multiples courants de pensée et de diverses formes artistiques et à mettre à contribution un lecteur universel. L'écrivain devient ce grand magnétiseur qui influence et s'approprie le psychisme du lecteur, autrui intemporel.

Les Frères de Saint-Sérapion soulignent la complexité de l'existence du rapport psychique et des différentes formes de clairvoyance. L'entretien de la troisième veillée n'est qu'une entrée en matière. Il existe trois principes psychiques différents : le premier s'applique au rêveur clairvoyant ou au poète en quête de connaissance, il est enfoui dans le for intérieur, le deuxième, le principe étranger, tend à guérir (le médecin magnétiseur) ou à manipuler autrui, tandis que le troisième se trouve au sein même de la nature et communique avec l'être. Le magnétiseur devient un extralucide qui converse avec les morts ou voit l'avenir. Dans la majorité des cas, le rapport psychique est fondé sur une relation érotique avouée ou non où se manifestent la volonté de puissance et le désir de posséder l'autre à la fois en tant qu'être et en tant qu'objet sexuel. La possession érotique peut être directe, comme dans le rapport évoqué dans « Le sinistre visiteur » entre le comte de S..i et Angelika. Ensuite, il est parfois question de plusieurs rapports psychiques mêlés, érotiques ou non qui impliquent, dans « Les automates », Ferdinand, Ludwig, le professeur X et la chanteuse. Par ailleurs, la relation psychique peut correspondre à une initiation sexuelle. Le comportement entre Drosselmeier et Marie dans « Casse-Noisette » l'illustre très bien.

Le magnétisme sert également à repousser de potentiels rivaux. Il constitue alors une dépossession forcée : le comte de S..i, par l'intermédiaire de Marguerite et de son oncle, met tout en œuvre pour que Moritz oublie sa fiancée. Marguerite exerce aussi ses talents sur Angelika afin que cette dernière désapprenne à aimer son futur époux. Enfin, la relation magnétique se révèle être une forme d'inceste non avoué : le Conseiller Krespel maintient le lien érotisé avec Antonie par l'intermédiaire du violon et Elis celui avec sa mère par le biais de Torbern, sorte de messager des rêves.

Si Hoffmann dresse plusieurs sortes de portraits de magnétiseurs – ceux qui appartiennent à l'école de Mesmer (l'Alban du « Magnétiseur ») ou à celle de Puységur (le comte de S..i du « Sinistre visiteur ») –, leurs objectifs restent les mêmes : dominer le psychisme et créer une relation érotique. Dans « Le Magnétiseur », l'état magnétique est considéré comme un « état d'exaltation[419] » et de sommeil factice, comme une « existence sans conscience [...] pourtant supérieure à la vie réelle[420] ».

« Le sinistre visiteur » : la possession érotique directe

La traduction française du récit « Der unheimliche Gast » [« Le sinistre visiteur »] fait perdre au titre sa saveur originelle. Il eût été possible de traduire « Gast » par « hôte » ou « convive » et « unheimlich » par « inquiétant » ou « étrange ». Le titre allemand souligne deux aspects majeurs : le terme de « Gast » signifie qu'un individu n'appartenant pas au cercle familial est entré dans la sphère du familier. Il va, en tant qu'invité, partager un moment d'intimité plus ou moins bref avec la famille qui le reçoit. S'il a été invité, cela signifie qu'il est à première vue apprécié, que sa présence est ressentie comme agréable et attendue. Or, l'adjectif « unheimlich » contraste fortement avec tout ce que le mot « Gast » implique. L'« infamilier », pour reprendre le néologisme de Philippe Forget[421], crée un sentiment de malaise. L'invité n'est pas celui auquel on s'attendait, il devient un intrus. La dualité est donc inhérente au titre même. D'emblée, le lecteur s'attend à voir le personnage principal jouer un rôle particulier. Il ignore encore s'il vient de l'au-delà, s'il s'agit d'une vision hallucinatoire ou si c'est son comportement ou sa personnalité entière qui est énigmatique.

---

[419] E.T.A. Hoffmann : *Fantasie- und Nachtstücke*, Stuttgart, Deutscher Bücherbund, 1964, p. 165 : « in einen exaltierenden Zustand ».
[420] *Ibid.*, p. 166 : « bewußtlosen und doch höher lebenden Zustand ».
[421] E.T.A. Hoffmann : *Tableaux nocturnes*, présentés, traduits et annotés par Philippe Forget, Paris, Imprimerie nationale, 1999, p. 7.

On peut comprendre que Madeleine Laval ait choisi « visiteur » pour la simple et bonne raison que l'individu en question n'apparaît que quelques pages après le début du récit. Seuls la colonelle von G., sa fille Angelika, la demoiselle de compagnie de celle-ci, Marguerite, le capitaine Moritz von R. et le jeune juriste Dagobert sont au départ présents. Le colonel von G. et cet invité surprise – le comte de S..i – manquent à l'appel. Le récit s'ouvre sur un temps de tempête qui marque la fin imminente de l'automne. Les éléments qui se déchaînent et le ciel qui s'assombrit semblent eux-mêmes « annoncer » cette venue impromptue et menaçante. Cependant, l'atmosphère de la maison est empreinte d'un caractère familier. Les personnages sont rassemblés devant le feu de cheminée, la réunion est intime et familiale, même s'il s'agit d'une famille aristocratique de militaires de carrière, si peu chers à Hoffmann, ce qui pourrait laisser croire à une compagnie rigoureuse et cloisonnée. « Le punch fum[e] », le feu crépite doucement dans l'âtre et réchauffe les convives. Les cinq personnages, autour de la table à thé, sont confortablement assis, à l'abri du froid.

L'atmosphère chaude et familière est, une première fois, perturbée par les voix « mystérieuses » qui surgissent de la cheminée :

> Tous grelottaient. Si la conversation avait été d'abord animée, pendant que les uns et les autres allaient et venaient dans la pièce, il y eut un moment de silence et les voix mystérieuses que la tempête avait réveillées dans les cheminées se mirent fort distinctement à siffler et à mugir[422].

L'alcool, la tempête et le son étrange des flammes appellent alors au fantastique, à une autre perception du sensible. Le lecteur assiste ici à l'intrusion de l'« infamilier » [« unheimlich »] dans la sphère du « familier » [« heimlich »]. La porte des rêves s'ouvre et se referme à l'envi, l'imagination est en marche et chacun peut, selon Dagobert, y jeter un coup d'œil, même furtif. L'angoisse devient latente, les esprits s'échauffent et recherchent l'ivresse de l'épouvante :

> Mais je les trouve charmantes, ces voix ! [...]. Pour moi je ne connais pas de sensation plus agréable que le léger frisson qui vous parcourt tous les membres, en même temps que, les yeux grands ouverts, on jette, Dieu sait comment, un regard dans le monde des rêves[423], dit Angelika.

---

[422] *SB*, p. 723 : « Da fröstelten und schauerten alle, und so munter und laut man erst im Saal auf und niedergehend gesprochen, entstand jetzt eine augenblickliche Stille, in der die wunderlichen Stimmen, die der Sturm in den Rauchfängen aufgestört hatte, recht vernehmbar pfiffen und heulten », [EF, t. 3, p. 111].

[423] *Ibid.*, p. 723 : « Die [heimlichsten Schauer] aber gar angenehm sind. [...] Ich meinerteils kenne keine hübschere Empfindung, als das leise Frösteln, das durch alle Glieder fährt, und in dem man, der Himmel weiß wie, mit offnen Augen einen jähen Blick in die seltsamste Traumwelt hineinwirft », [EF, t. 3, p. 111].

Dagobert partage cette opinion et qualifie d'« agréable » le « frisson[424] » que lui procure l'intrusion du fantastique. Selon lui, il faut se mettre en condition pour être pleinement disposé à entendre un récit empli d'étrangeté. Ici, les éléments atmosphériques jouent un rôle prépondérant pour éveiller la peur :

> On dirait que l'automne, la tempête, le feu dans la cheminée et le punch se sont curieusement donné le mot pour nous faire frissonner jusqu'au fond de nous-mêmes[425].

Dagobert souligne ici le rôle majeur de la réception, liée à l'atmosphère dans laquelle l'histoire est contée. Tout récit cherche à susciter l'effroi, le sentiment amoureux ou la tristesse. Si le narrateur parvient à produire l'effet escompté, l'histoire sérapiontique s'avère optimale. Néanmoins, pour pénétrer dans le monde des esprits, l'auditeur doit avoir une prédisposition à cela qui plonge ses racines dans les souvenirs d'enfance :

> Jamais ces contes qui, avouons-le, étaient les préférés de nos jeunes années, ne retentiraient si durablement et si profondément en nous s'ils n'avaient touché des cordes de résonance qui sont cachées au plus profond de notre âme[426].

Moritz, lui aussi, aime se plonger dans l'univers onirique et demande à y rester un moment[427]. Son souhait est exaucé et la conversation quitte alors le réel pour déboucher rapidement sur le thème des revenants. Dagobert, fasciné par ce monde inconnu et impénétrable, montre qu'il croit aux esprits, à leur existence et à leur possible apparition[428] et annonce la venue probable d'un être appartenant au royaume des morts. Si la peur des revenants, selon la colonelle, provient peut-être des récits qui étaient jadis contés et si l'épouvante n'est pas un sentiment naturel, mais le produit de la civilisation, elle est, d'après Dagobert, ancrée en l'être, au plus profond de son âme et le fait vibrer comme l'archet sur les cordes d'un violon. Le for intérieur humain est perçu comme un instrument

---

[424] *Ibid.*, p. 723 : « angenehme Frösteln », [EF, t. 3, p. 111].
[425] *Ibid.*, p. 723 : « es ist nun einmal ausgemacht, daß Herbst, Sturmwind, Kaminfeuer und Punsch ganz eigentlich zusammen gehören, um die heimlichsten Schauer in unserm Innern aufzuregen », [EF, t. 3, p. 111].
[426] *Ibid.*, p. 724 : « Nie würden jene Geschichten, die uns als Kinder doch die allerliebsten waren, so tief und ewig in unserer Seele widerhallen, wenn nicht die wiedertönenden Saiten in unserm eignen Innern lägen », [EF, t. 3, p. 112].
[427] *Ibid.*, p. 723 : « "Ei, [...] ei, wenn du, so wie das Fräulein, so wie ich selbst, alle Süßigkeit jener Schauer, jenes träumerischen Zustandes empfindest, warum nicht gerne darin verweilen ?" », [EF, t. 3, p. 111].
[428] *Ibid.*, p. 724 : « Nicht wegzuleugnen ist die geheimnisvolle Geisterwelt, die uns umgibt, und die oft in seltsamen Klängen, ja in wunderbaren Visionen sich uns offenbart », [EF, t. 3, p. 112] : « Il est impossible de nier l'existence de ce monde des esprits qui nous entoure et souvent se manifeste à nous par des bruits bizarres, par des apparitions même ».

de musique : l'homme vibre et dégage une musique céleste intérieure, son corps, tel l'instrument, constitue une caisse de résonance, l'âme équivaut aux cordes, l'humeur et la conduite en sont les accords. La personnalité et les variations de comportement constituent la composition, la partition. Si celle-ci est jouée par un interprète et non par le créateur lui-même, un principe psychique étranger intervient et prend possession de la création comme du créateur. Un son résonne, par exemple, de manière « dissonante » dans le « for intérieur » d'un individu si une corde sensible a été touchée. Tel est le cas de Krespel lorsqu'on aborde sa relation avec sa fille[429]. Dans « Le Poète et le Compositeur », Ferdinand, lui, assure à Ludwig que les « cordes qui vibraient si souvent dans [son] âme et dont les accents [le] touchaient sont toujours intactes[430] » et Ludwig, dans « Les automates », évoque les « cordes intérieures[431] » que les forces psychiques font vibrer ou que les histoires d'antan savaient si bien pincer. C'est ce que souligne justement Dagobert dans « Le sinistre visiteur ».

Dagobert est qualifié de « visionnaire » puisqu'il croit en la rencontre entre la vie réelle et le monde des esprits. Il relate la musique aérienne des sphères, à la fois voix de la nature et voix du diable, lequel se réjouit d'avoir séduit le lecteur pour mieux l'épouvanter par la suite. La nature, elle, souffre et gémit d'avoir perdu l'Homme. Peuplée de voix qui ne sont pas humaines, elle crée la « folle musique » que les personnages comme Marguerite redoutent. Contrairement à Dagobert, fin connaisseur en matière de magnétisme, de somnambulisme et d'hypnose, la jeune femme, effrayée par la tournure que prend la conversation, laisse subitement tomber son verre de *punch* qui se casse en mille morceaux. Quant à Angelika, elle paraît tout à fait disposée à être hypnotisée, en raison de sa grande sensibilité et de ses rêves prémonitoires, et la colonelle s'applique à mettre sur un pied d'égalité le somnambule, l'hypnotisé et le revenant. Selon elle, tous ces individus appartiennent au domaine du paranormal. Le terrain est désormais propice à une apparition, d'autant plus que Schubert a été cité dans le récit, ce qui donne un poids scientifique et objectif aux arguments exposés.

Outre les réflexions de Dagobert, Moritz raconte, à son tour, un événement extraordinaire qu'il a vécu avec un camarade militaire et qui ne sera élucidé qu'à la toute fin du récit. Le lecteur et les forces en présence sont plongés d'emblée dans un état de tension dont le paroxysme est atteint avec l'arrivée du fameux comte :

---

[429] *Ibid.*, p. 44 : « Der Professor kam schnell heran ; in dem strafenden Blick, den er der Nichte zuwarf, las ich, daß sie eine Saite berührt hatte, die in Krespels Innerm widrig dissonieren mußte », [EF, t. 1, p. 73] : « Le professeur s'avança vivement. Dans le regard sévère qu'il lança à sa nièce je lus qu'elle avait touché là une corde qui devait résonner de manière discordante dans le cœur de Krespel ».
[430] *Ibid.*, p. 98 : « Ludwig ! die Saiten, die so oft in meinem Innern erklungen, und deren Töne so oft zu dir gesprochen, sind noch unverletzt », [EF, t. 1, p. 130].
[431] *Ibid.*, p. 414 : « die Saiten in unserm Innern ».

Un coup formidable retentit…Au même instant, la porte de la pièce s'ouvrit avec un fracas assourdissant… (arrivée impromptue du comte)

Juste au moment où Ottmar lisait sa phrase, la porte de la vérada, elle aussi, s'ouvrit avec fracas. (arrivée impromptue de Cyprian)[432]

Il y a là une double rupture narrative : celle du récit-cadre et celle du récit proprement dit. L'arrivée du comte (réalité du récit de fiction) est mise sur le même plan que celle du personnage sérapiontique (réalité du récit-cadre). Si, dans un premier temps, Cyprian effraie l'auditoire en apparaissant « tel un fantôme », il apaise vite les tensions. En revanche, le malaise suscité par l'entrée du comte ne s'estompe pas : les convives restent mal à l'aise. Cette superposition de deux réalités crée d'une part une des facettes du *Witz* mettant en action le principe de l'analogie et, d'autre part, elle introduit une dimension parodique (facilité à berner le lecteur, à railler les histoires de fantôme et ceux qui les craignent) et une distanciation critique (le récit reste une œuvre littéraire esthétique et non un plaidoyer scientifique en faveur des nouvelles théories magnétiques). De plus, l'interruption du fil de la narration permet au narrateur de recentrer son récit sur le comte, sur sa personnalité et sur la manière dont il est décrit, dont il hypnotise par la suite Angelika, initie Marguerite à l'hypnose et cherche à neutraliser Moritz. Analyser ce personnage central revient à mettre en lumière les mécanismes récurrents du magnétisme et les états psychologiques qui en découlent. De structure complexe, « Le sinistre visiteur » laisse la plupart des mystères s'imbriquer au fur et à mesure et ne les dévoile qu'en dernier lieu : le comte de S..i, par exemple, a été invité par le colonel von G. Ce n'est donc pas un étranger. S'il apparaît sous les traits inquiétants d'un revenant, c'est pour tromper le lecteur, maintenir la tension dramatique et venir semer le trouble sur son origine[433].

À ce titre, il paraît utile de proposer un tableau explicatif des personnages en présence, avant de tendre à une synthèse des quatre niveaux de narration décelés :

---

[432] *Ibid.*, p. 735 : « Nun geschah ein gewaltiger Schlag. – In dem Augenblick sprang die Türe des Saals auf mit dröhnendem Gerassel. – So wie Ottmar dieses Wort las, sprang auch die Türe des Gartensaals wirklich dröhnend auf », [EF, t. 3, p. 121].

[433] La question de l'origine est sans cesse présente dans l'œuvre. En posant le problème de l'identité, le narrateur sérapiontique désoriente son lecteur. D'une part, il rend son personnage mystérieux, voire inquiétant. D'autre part, le héros de son récit, en quête de son Moi, est susceptible de sombrer dans la folie.

(1) Les personnages

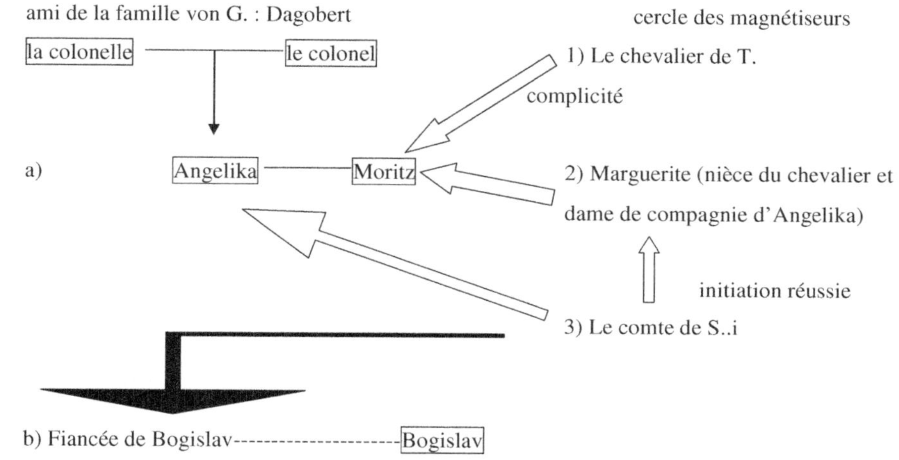

ami de la famille von G. : Dagobert
cercle des magnétiseurs
la colonelle
le colonel
1) Le chevalier de T.
complicité
a)
Angelika
Moritz
2) Marguerite (nièce du chevalier et dame de compagnie d'Angelika)
initiation réussie
3) Le comte de S..i
b) Fiancée de Bogislav---------------------Bogislav

Légende

----	échec de l'union
___	union déjà célébrée ou qui le sera
→	fruit de l'union
(flèche blanche)	relations magnétiques momentanément réussies
(flèche noire)	échec de la relation magnétique

(2) Le récit :

A représente le temps du récit-cadre et A' celui du récit principal :

Hors temps narratif :
interférence du récit A
récit C
x
récit B'
récit B
venue du comte de S..i
récit A'
superposition des récits A' et C
élucidation des récits B et B'

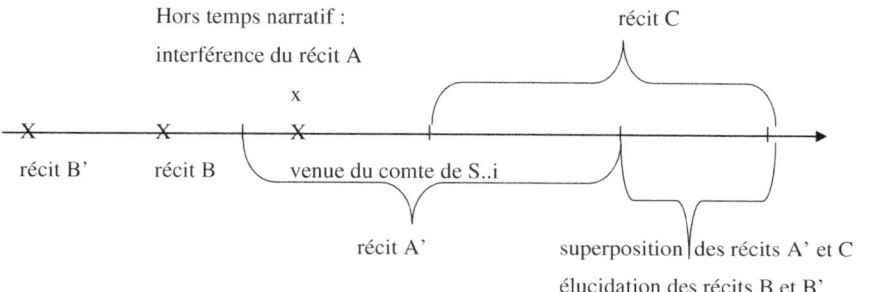

L'ordre des récits au sein de la narration : A' – B – B' – A – A' – C – A' – C/A' – C/A'/B/B'

Voici, sous forme de tableau, les différents contenus des récits :

récit A	Le récit-cadre des veillées sérapiontiques
récit A'	Angelika, Marguerite, la colonelle, Dagobert et Moritz, attablés, se racontent des histoires de revenants.
récit B (à l'intérieur du récit A')	Moritz raconte comment Bogislav et lui ont entendu une voix de revenant, la nuit, après une journée passée au front / récit B' : Bogislav raconte à Moritz – qui le rapporte ici dans le récit A' – son amour avec sa fiancée, gâché par un homme qu'il croit tuer en duel. Il est hanté par le revenant. Mort de la fiancée.
récit A	Entrée de Cyprian, rupture narrative : épouvante des auditeurs sérapiontiques.
récit A'	a) Entrée du comte mise sur le même plan que celle de Cyprian : épouvante des convives. b) Arrivée du colonel et présentation du comte. *[…] Le temps s'écoule. Le comte reste.* c) Attitude étrange de Marguerite / Le colonel von G. veut marier sa fille au comte, mais Angelika montre son désarroi devant l'amour (réciproque) qu'elle éprouve pour Moritz/ amour troublé. Marguerite est sauvée par le comte après avoir tenté de se suicider avec de l'opium. Passes magnétiques effectuées.
récit C	Moritz est appelé au front, fait prisonnier, puis déclaré mort.
récit A'	Angelika, désespérée, se résigne à épouser le comte. a) Fuite de Marguerite b) Mort du comte c) Retour de Moritz
récit A' et récit C	Moritz raconte son histoire : il a été retenu prisonnier par le chevalier de T. qui, après l'avoir sauvé, l'a séquestré pendant plusieurs mois à la demande du comte. Marguerite, nièce du chevalier et complice du comte, aurait joué un double jeu : elle aurait essayé d'influencer Angelika pour qu'elle succombe au comte et Moritz pour qu'il oublie sa bien-aimée. Bogislav est parvenu à délivrer Moritz.
	Fin des récits B et B'. Dernières révélations : l'homme « tué » en duel et qui voulait posséder la fiancée de Bogislav était finalement le comte de S..i. Tout n'était que machination.

Le comte apparaît d'abord de manière fort soudaine : il entre avec fracas et épouvante tous les personnages en présence, déjà nerveux et échauffés par la conversation sur les phénomènes paranormaux. Habillé de noir, le teint blafard, il s'exprime avec un accent indéfinissable et se montre relativement obséquieux. Il est, dans un premier temps, « l'étranger » [« der Fremde »] qui met les autres mal à l'aise, les paralyse. La colonelle est incapable de parler, un sentiment d'étrangeté l'envahit, comme le prouvent les expressions en rapport avec l'angoisse[434]. Seule Marguerite est joviale, chante et se meut sans cesse, ce qui peut paraître révélateur d'un événement particulier. Moritz, lui, voit dans le comte un individu diabolique. Il n'apparaît « pas seulement étrange », il est « sarcastique » et sourit d'une curieuse façon. Moritz ressent une véritable aversion mêlée de pressentiments épars. D'après lui, le personnage cache de sombres mystères susceptibles de troubler son bonheur avec Angelika.

Outre cet aspect extérieur assez terrifiant, le comte s'avère un très bon conteur et sait se rendre indispensable. Le magnétiseur « attire » ou « repousse » autrui, tel un aimant. Il maîtrise les forces physiques, les flux et les ondes et trompe pour mieux envoûter. Ainsi ne dévoile-t-il son identité que pour mieux la démentir ensuite :

> Serait-ce […] que j'aurais quelque chose d'un spectre ? On parle tant, aujourd'hui, de gens capables, par un charme psychique, d'envoûter les autres et de les démoraliser complètement. Peut-être ai-je ce pouvoir… […] Aujourd'hui, également, […] on se rend malade à force de contes de nourrice et de ridicules chimères. Il faut se garder soigneusement de ce genre d'épidémie[435].

Comme le comte le laisse entendre, la force première du magnétiseur consiste à s'infiltrer dans la sphère du familier, à devenir un ami de la famille, une sorte de charmeur de serpents. Même perçu comme maléfique et antipathique, il est capable d'être doucereux et de s'attirer les bonnes grâces d'autrui. Il a le don de guérir, tout en créant l'illusion. Ainsi a-t-il le pouvoir de sauver Marguerite qui s'est empoisonnée avec de l'opium. Sa force est contenue à la fois dans son regard et dans sa voix.

---

[434] *Ibid.*, p. 737 : « Schreck », « stammelte », « wie gelähmt », « das unheimliche Gefühl » ou encore « von seiner Gegenwart beängstigt ».

[435] *Ibid.*, p. 739 : « Sollte ich vielleicht etwas Gespentisches an mir tragen ? – Man spricht ja jetzt viel von Menschen, die auf Andere vermöge eines besondern psychischen Zaubers einzuwirken vermögen, daß ihnen ganz unheimlich zu Mute werden soll. Vielleicht bin ich gar solchen Zaubers mächtig […] So wie man überhaupt wieder an Ammenmärchen und wunderlichen Einbildungen kränkelt. Ein jeder hüte sich vor dieser sonderbaren Epidemie », [EF, t. 3, p. 127].

Il magnétise aussi les individus à distance, comme lorsqu'il s'éprend, pour la première fois, du portrait d'Angelika. En effet, lors d'une mission militaire, il se lie d'amitié avec le père de la jeune femme et un beau jour, en entrant dans la chambre du colonel, il en aperçoit le portrait :

> Dès qu'il l'eut **regardée** plus attentivement, il se troubla d'étrange façon. Incapable de me parler, il **contemplait** le portrait d'un **regard** fasciné. [...] Mais il me jura, avec tous les signes de l'égarement le plus passionné [...], qu'il aimait Angelika au-delà de toute expression et [...] que je devais l'autoriser à conquérir le cœur d'Angelika, à lui faire la cour[436].

Au moment où le comte fixe l'image de la jeune fille, il s'immisce déjà dans son esprit. Il devine aussitôt les prédispositions psychiques et l'hypersensibilité de la jeune femme et la facilité qu'il aura à établir avec elle un rapport psychique quasi immédiat. La première étape du processus de dépendance psychique se fait grâce au regard. S'ajoutent ensuite la force mentale et la concentration nécessaires pour communiquer directement avec Angelika et lui donner l'impression qu'elle le connaît depuis bien longtemps. Le magnétiseur n'apparaît pas clairement à la conscience, il tisse sa toile dans l'inconscient de sa victime afin que sa présence devienne familière, puis obsessionnelle. Il habite peu à peu son intériorité, en décèle les secrets et les pensées les plus insoupçonnés.

Dans ce récit, plusieurs relations magnétiques sont à l'œuvre et en matière de possession érotique directe, le rapport entre le comte et Angelika constitue le cœur du moteur narratif et esthétique.
Le colonel déclare à sa femme que le comte s'est épris de leur fille – ou plutôt de son portrait – quelques années auparavant. Angelika, à son tour, relate un rêve qui revient à sa mémoire, qu'elle avait fait à la même époque, quatre ans plus tôt, dans la nuit de son quatorzième anniversaire et qui l'avait plongée dans une peur panique. Selon les théories de l'époque, le rêveur et surtout le somnambule ne peuvent restituer fidèlement leurs rêves. Voici toutefois les faits :

> [...] Es war mir, sprach Angelika, als **durchwandle** ich einen sehr **anmutigen** Garten, in dem **fremdartige** Büsche und Blumen standen. Plötzlich stand ich vor einem **wunderbaren** Baum mit dunklen Blättern und großen, seltsam duftenden Blüten,

---

[436] *Ibid.*, p. 742-743 : « So wie er es schärfer **anblickte**, geriet er auf seltsame Weise außer aller Fassung. Nicht vermögend, mir zu antworten, **starrte** er es **an**, er konnte den **Blick** nicht mehr davon abwenden. [...] Nun schwor er aber mit Heftigkeit, ja mit allen Zeichen des leidenschaftlichen Wahnsinns [...], daß er Angelika unaussprechlich liebe und daß ich [...] ihm erlauben müsse, sich um Angelikas Liebe, um ihre Hand zu bewerben », [EF, t. 3, p. 130], [C'est moi qui souligne, I. L.].

beinahe dem Holunder ähnlich. Der rauschte mit seinen Zweigen so **lieblich**, und winkte mir zu, wie mich einladend in seine Schatten. Von **unsichtbarer** Kraft **unwiderstehlich** hingezogen, sank ich hin auf die Rasen unter dem Baume. [...] Mich befing ein unbeschreibliches **Weh**, ein tiefes Mitleid regte sich in meiner Brust, selbst wußte ich nicht weshalb. Da fuhr plötzlich ein brennender **Strahl** in mein Herz, wie es **zerspaltend** ! [...] Der Strahl, der mein Herz durchbohrt, war aber der **Blick** eines menschlichen Augenpaars, das mich aus dem dunklen Gebüsch **anstarrte**. In dem Augenblick standen die **Augen** dicht vor mir, und eine schneeweiße Hand wurde sichtbar, die **Kreise** um mich her beschrieb. Und immer enger und enger wurden die Kreise und umspannen mich mit **Feuerfaden**, daß ich zuletzt in dem dichten Gespinst mich nicht regen und bewegen konnte. Und dabei war es, als erfasse nun der furchtbare **Blick** der **entsetzlichen Augen** mein innerstes Wesen und **bemächtige** sich meines ganzen Seins ; der Gedanke, an dem es nur noch, wie an einer schwachen Faser, hing, war mir marternde Todesangst. Der Baum neigte seine Blüten tief zu mir herab und aus ihnen sprach die liebliche Stimme eines Jünglings : "Angelika, ich rette dich – ich rette dich !"– Aber [...] Ach, mein Vater ! – mein geliebtester Vater, jene **entsetzlichen Augen**, die mein Innerstes erfaßten, es waren die Augen des Grafen, *seine* gespenstische Hand umwob mich mit dem **Feuergespinst** ! – Aber die tröstende Jünglingsstimme, die mir zurief aus den duftenden Blüten des wunderbaren Baums – das war Moritz – mein Moritz[437] !

Ce n'est pas un hasard si le comte choisit le jour de l'anniversaire d'Angelika pour se manifester. Il s'attaque ainsi directement à ses origines, à sa vie terrestre proprement dite. Il désire la plonger dans une autre existence, la faire naître à nouveau, mais au milieu du royaume sombre des forces

---

[437] *Ibid.*, p. 744-747, [EF, t. 3, p. 132-134] : « J'avais l'impression, expliquait-elle [...], de me promener dans un très beau jardin, garni de fleurs et de plantes inconnues. Je me trouvai soudain devant un arbre étrange : il avait des feuilles sombres et de grandes fleurs qui dégageaient un parfum singulier. On aurait dit une sorte de sureau. Venant des branches, un bruissement extrêmement agréable semblait m'inviter à venir me mettre sous leur ombre. Attirée par une force irrésistible, je tombai sur le gazon, au pied de l'arbre. [...] Sans que je comprenne pourquoi, une souffrance indicible s'empara de moi, une compassion sans fond m'étreignit. Puis, brusquement, un éclair de feu m'atteignit au cœur, comme si on me l'avait tranché en deux ! [...] Mais l'éclair qui m'avait transpercé le cœur, je l'avais vu : c'était le regard de deux yeux humains qui de la sombre épaisseur d'un buisson étaient braqués sur moi. Instantanément les yeux furent tout près de moi, une main blanche comme de la neige apparut : elle décrivait des cercles autour de moi. Les cercles de plus en plus pressés m'entouraient de rais de feu. À la fin, emprisonnée dans ce réseau, j'étais incapable de faire le moindre mouvement. En même temps, je sentais le regard de ces abominables yeux pénétrer au plus profond de mon âme. La pensée que tout de moi ne tenait plus qu'à un fil me torturait. Mais à ce moment, l'arbre abaissa ses fleurs tout près de moi, et au sein des branches j'entendis la voix enchanteresse d'un jeune homme : " Angelika, je suis venu te sauver... je te sauve... mais..." [...] Ah ! père... mon père chéri ! [...] ces yeux abominables, qui m'envoûtaient tout entière, c'étaient les yeux du comte ! C'était aussi sa main de spectre qui m'enveloppait dans ce réseau de feu ! Au contraire, le voix juvénile qui me consolait, qui m'appelait du sein des fleurs parfumées de l'arbre, c'était Moritz, mon bien-aimé Moritz ! », [C'est moi qui souligne, I. L.].

occultes. L'hypnose, la léthargie et le sommeil se ressemblent. Dans le cas présent, la réalité rejoindra le rêve.

Angelika est ici plongée dans un état somnambulique [« durchwandeln »]. Elle déambule seule dans une nature non hostile [« angenehm », « lieblich », « duftend »], mais inconnue et étrange [« fremdartig », « seltsam », « wunderbar »]. Une force supérieure et invisible, qu'elle ne maîtrise pas, cherche à la charmer, à l'attirer – ce que soulignent le verbe « zuwinken », le participe I « einladend » ou le participe II « hingezogen ». Angelika n'oppose aucune résistance [« von unsichtbarer Kraft unwiderstehlich hingezogen »]. Le comte, doté d'un pouvoir naturel et magique, parvient à s'emparer de son psychisme : il vise désormais à l'hypnotiser pour en faire son esclave. Le processus consiste à contrôler sa victime par le simple biais du regard et de la conscience. Le magnétiseur hypnotise dans le cas présent sans imposer les mains : le regard agit comme un rayon qui transperce le cœur et le scinde en deux [« wie zerspaltend »]. Angelika est à ce moment précis comme dépossédée d'une partie d'elle-même. La douleur est physique : l'hypnose parvient à guider aussi bien le psychisme que le corps. Elle ne peut crier, seul un son étouffé sort de sa bouche. Après avoir réussi à paralyser sa victime, le comte, qui contrôle tout, lui permet de voir ses yeux, terribles et épouvantables [« furchtbar », « entsetzlich »], qui la fixent [« anstarren »][438]. L'être magnétisé n'est aucunement plongé dans un sentiment de bien-être et de félicité. L'angoisse, la souffrance et la paralysie physique agissent désormais comme une expérience traumatique. La relation psychique est poussée à l'extrême. Inconsciemment, Angelika, prédisposée aux rêves prémonitoires et pourvue d'une profonde sensibilité, lutte pour ne pas être dominée : même hypnotisée, elle représente pour le magnétiseur un adversaire redoutable que la nature cherche à protéger.

Le rêve correspond à la fois à une immixtion volontaire du comte et à un songe prémonitoire. Le processus magnétique, outre l'intervention des yeux perçants et magiques qui se posent sur la victime, consiste à dessiner des cercles autour de cette dernière. Le regard qui fige et les gestes circulaires sont les deux caractéristiques principales d'un magnétisme réussi. Les cercles, dont le diamètre se rétrécit progressivement, prouvent la mainmise progressive du comte sur Angelika : il cerne de mieux en mieux sa personnalité et l'enveloppe de son pouvoir, matérialisé par un cerclage de feu. Il réussit ainsi à envahir l'inconscient de la jeune femme et, même s'il ne reste pour elle qu'une arrière-pensée, un vague souvenir, il saura le faire resurgir le moment venu.

Par conséquent, quatre ans plus tard, l'arrivée du comte, telle une apparition fantomatique sortie du royaume des morts, est un événement qui déplaît fortement à Angelika. Sans d'abord en connaître la cause, elle est épouvantée. Cependant, le charme opère et le colonel remarque que la compagnie de son ami devient même agréable à sa fille. Angelika avoue que le comte lui est devenu

---

[438] Dans « Le Magnétiseur », Maria, endormie, voit apparaître Alban ; elle est également incapable de soutenir son regard. Même son « sourire [est] singulier, effrayant », in : E.T.A. Hoffmann : *Die Fantasie- und Nachtstücke*, *op. cit.*, p. 160 : « sein seltsames, furchtbares Lächeln ».

sympathique : ce dernier semble avoir perdu son aspect étrange et inquiétant. La puissance du magnétisme passe donc aussi par la parole. Le magnétiseur ne s'invite pas seulement pendant le sommeil, mais exerce également son pouvoir pendant l'état de veille. Il sait donc maîtriser la conscience, même si ce n'est chez Angelika, que de manière passagère. Cette dernière, en effet, est au comble du désespoir lorsqu'elle apprend que son père désire l'unir au comte. Son rêve d'enfant refait alors surface et lui fait prendre conscience de son aversion pour l'homme que son père lui a désigné : « Ah, ces yeux ! », soupire-t-elle.

La méthode employée par le magnétiseur consiste à ne pas dévoiler ses intentions, à dissimuler la force de son pouvoir magnétique. Ainsi semble-t-il se résigner à ce qu'Angelika épouse Moritz. Il lui déclare qu'elle est « libre » de choisir[439]. Cependant, il lui répète à demi-mot qu'elle demeure sous son joug : « Vous êtes toute pâle, mademoiselle ! [...] comme le jour où j'ai pénétré pour la première fois dans le cercle [de vos amis][440] ». En employant le terme de « cercle », le comte ne fait nullement allusion à son arrivée chez la colonelle von G., mais à son intrusion dans la sphère onirique d'Angelika. Il emploie, pour la convaincre de l'ardeur de son amour, le terme de « feu » et lui rappelle, dans le même temps, comment il l'a, autrefois, encerclée et effrayée. Toujours pour raviver ses souvenirs, il ajoute qu'elle n'aura plus à se souvenir de son regard et de son apparence. Mais le charme n'est pas rompu : le son inarticulé qu'il murmure équivaut à une incantation et ses « yeux de fantôme » trahissent son appartenance à des sphères supérieures. C'est un être quasi surnaturel, comparé à un revenant construisant une sorte d'automate, doté d'une enveloppe humaine.

Le comte fait également intervenir Marguerite pour intensifier la dépendance psychique et convaincre Angelika, à son insu, de l'épouser. Conscient de l'échec partiel de son rapport magnétique, le comte cherche à le consolider. Aussi profite-t-il du départ de son rival Moritz pour laisser libre cours à ses actes maléfiques.

Son action se déroule en trois temps. Tout d'abord, il se rend indispensable comme Alban dans « Le Magnétiseur ». Ensuite, il se montre très agréable aux yeux d'Angelika et de sa mère ; enfin, il initie Marguerite au magnétisme et s'en fait une complice pour détourner Angelika de Moritz. Il fait donc retenir Moritz prisonnier par l'oncle de Marguerite, adepte des théories de Puységur, afin que le jeune homme tombe artificiellement amoureux de cette dernière et oublie sa fiancée. Il se charge personnellement d'apporter les nouvelles du front militaire et devient aux yeux de la colonelle et de sa fille « un messager du ciel ». L'amant maléfique se cache donc derrière les traits d'un substitut de père, ce qui lui permet de gagner plus aisément la confiance d'Angelika. Une

---

[439] *SB*, p. 748 : « Sie sind frei, mein Fräulein ! », [*EF*, t. 3, p. 136].
[440] *Ibid.*, p. 748 : « Sie verblassen, [...] mein Fräulein, wie damals, als ich zum erstenmal in diesen Kreis trat », [*EF*, t. 3, p. 136].

fois son objectif atteint, il montre à nouveau son vrai visage et pousse la jeune femme à accepter leur union en lui faisant croire à la mort de son bien-aimé. À la fin du récit, le lecteur apprend de la bouche de Dagobert le travail de sape effectué sur Angelika pendant son sommeil :

> À plusieurs reprises, le comte lui-même, à minuit, s'était placé dans l'encadrement de la porte, avait, des minutes entières, regardé fixement Angelika endormie, puis s'était retiré[441].

Le rapport magnétique se fait donc à la fois par la voix et le regard. Il s'avère fort efficace pendant le sommeil paradoxal, moment où le sommeil est le plus profond. Si l'on se réfère au tableau de Füssli, *Der Nachtmahr*, on peut considérer que la femme allongée est Angelika, que la créature ricanante symbolise Marguerite, susurrant à l'oreille de la dormeuse le nom du comte, et que le cheval au regard hypnotique incarne le comte lui-même et les mauvais rêves qu'il engendre. Ses yeux représentent les cercles entourés de feu qui se resserrent autour de la victime. Semblables à des soucoupes, ils créent un halo imaginaire qui la paralyse. Ils neutralisent ainsi le reflet du miroir posé devant le lit et imposent leur propre reflet. Dans « Le Magnétiseur », le peintre Franz Bickert fait indirectement allusion au tableau de Füssli, puisqu'il en dessine le motif[442].

Dans « Le sinistre visiteur », contrairement au tableau de Füssli où la dormeuse fait un cauchemar, Angelika rêve agréablement du comte, comme le relate sa mère. Le travail magnétique très fructueux du comte et de sa complice Marguerite ne laisse pas à Angelika la possibilité de se douter de quoi que ce soit. Elle ne s'explique donc pas ce qui la pousse à désirer épouser son magnétiseur. Or, son rapport à ce dernier représente un lien vital. Angelika, irrémédiablement liée à son magnétiseur, est incapable d'exister sans lui. Son âme, comme son corps, en dépend. Par conséquent, elle n'agit ni ne pense librement, et la rupture du lien entre les deux personnages entraînerait la mort de l'un ou de l'autre :

> Mais je sens que je ne pourrais pas vivre sans lui, il me semble que je ne puis rien penser ni éprouver que par lui ! Une voix d'outre-tombe ne cesse de me répéter que je dois devenir son épouse[443].

---

[441] *Ibid.*, p. 767 : « Der Graf selbst sei manchmal um Mitternacht in die Türe getreten, habe Minuten lang den starren Blick auf die schlafende Angelika gerichtet, und sich dann wieder entfernt », [EF, t. 3, p. 154].

[442] E.T.A. Hoffmann : *Die Fantasie- und Nachtstücke*, *op. cit.*, p. 175 : « Sehr oft wiederholt war eine häßliche Teufelsgestalt, die ein schlafendes Mädchen belauschte », [« Très souvent il y avait une affreuse silhouette diabolique qui regardait une jeune fille en train de dormir », C'est moi qui traduis, I. L.].

[443] *SB*, p. 755 : « aber es ist mir, als könne ich ohne ihn gar nicht leben, ja nur durch ihn denken – empfinden ! Eine Geisterstimme sagt es mir unaufhörlich, daß ich mich ihm als Gattin anschließen muß », [EF, t. 3, p. 142].

Angelika avoue ici sa faiblesse et se voit dépossédée de son Moi. Le désir du comte est à la fois érotique et narcissique. Il jubile de faire de cette femme sa propriété, de pouvoir la contrôler totalement et d'en manipuler le reflet. Il symbolise à la fois son miroir, sa conscience et son âme : Angelika dit d'ailleurs obéir à une « voix d'outre-tombe » et interprète la voix, qui est en fait celle de Marguerite, comme un appel divin. Il y a donc méprise, et c'est une des raisons pour lesquelles le magnétisme et l'hypnose constituent un art aux « artifices démoniaques ». Le magnétiseur use de ses dons pour préparer une sorte d'élixir, de philtre d'amour qui n'envoûte qu'artificiellement l'être convoité ; le bonheur sensuel et la relation amoureuse sont acquis au prix d'une manipulation psychique. Son désir ainsi forcé, Angelika se trouve envoûtée au plus profond de son être, même si, finalement, l'amour qu'elle éprouve pour Moritz semble encore supérieur à la supercherie magnétique.

Comme dans « Le Magnétiseur », c'est aussi par l'intermédiaire d'une lettre écrite par le comte et destinée à Marguerite que le lecteur apprend clairement les faits :

[Marguerite] me donna une lettre du comte, reçue hier à minuit. La voici. Dagobert la tira de sa poche, l'ouvrit et lut [...]. Quant Dagobert eut achevé la lecture de cette lettre, ils étaient tous saisis d'une profonde épouvante[444].

Le comte supplie sa complice de renoncer à la dangereuse magie noire sous peine de voir la nature et les forces supérieures se retourner contre elle :

[...] vous avez été la digne élève d'un maître souverainement expérimenté. Vous m'avez secondé. [...] J'ai exécuté des opérations qui souvent me faisaient frissonner d'épouvante. À quoi bon ?... Fuyez ! Autrement votre perte est certaine[445].

Dans « Le Magnétiseur », Alban se montre plus combatif. Il reproche à son apprenti Theobald de mener une vie trop contemplative et lui vante les mérites du magnétisme : « Toute existence est un combat et naît d'un combat[446] ». Le magnétiseur apprécie « l'assujettissement moral à une individualité étrangère » et la « domination absolue sur le principe intelligent que ce talisman

---

[444] *Ibid.*, p. 766 : « [Marguerite] gab mir einen Brief, den sie von dem Grafen gestern um Mitternacht erhalten. Hier ist er ! Dagobert zog einen Brief hervor ; schlug ihn auseinander und las [...] Als Dagobert den Brief gelesen, fühlten sich Alle von innerm Schauer durchbebt », [EF, t. 3, p. 152-153].
[445] *Ibid.*, p. 766 : « [Sie] waren eine würdige Schülerin des tief erfahrnen Meisters. Sie haben mir beigestanden. [...] [Ich] begann Operationen, vor denen ich oft mich selbst entsetzte. Umsonst ! – Fliehen Sie, sonst ist Ihr Untergang gewiß. », [EF, t. 3, p. 153].
[446] E.T.A. Hoffmann : *Die Fantasie- und Nachtstücke, op. cit.*, p. 169 : « Alle Existenz ist Kampf und geht aus dem Kampfe hervor ».

puissant [lui] assure[447] ». L'amour s'obtient selon lui par la force, et l'hypnose représente le moyen le plus efficace, dans ce contexte, de s'infiltrer dans le psychisme d'autrui. Alban dit « absorber l'esprit de Maria ». « L'intellect d'autrui ne doit plus exister qu'en nous et par nous[448] ». Le magnétisme appartient à une « Église invisible[449] » qui plonge l'autre dans un état de sympathie dévote et soumise, il tend vers le divin et offre un sentiment de puissance. Il ressemble à la musique, à la fois impalpable et sacrée, et s'acquiert par un long travail d'initiation, traduisant une union mystérieuse entre l'esprit et le corps. Le magnétiseur accède à la vie spirituelle en pénétrant les secrets de la vie organique. Il parvient à escalader la « pyramide de feu[450] » où nul être ne se risque. Sûr de lui, il cherche à fusionner avec sa victime. Alban dit par conséquent vouloir s'imprégner de la vie intérieure de Maria, puis l'emprisonner, tout comme le comte avec Angelika. Il désire capter le reflet de sa bien-aimée afin de le contrôler et de devenir son seul amant et confident. Pour plus d'efficacité, il envahit la vie nocturne de sa victime et lui ordonne « d'examiner [son] intérieur et de lui dire tout ce qu'[elle] voit[451] », « il occupe [...] le foyer de [son] être qu'il dirige », il est « [son] seigneur et maître[452] ». Maria, comme Angelika, vit pour ainsi dire par procuration, elle ne mène qu'un simulacre de vie. Se sentant sous l'emprise du magnétisme, Maria craint de devenir un fantôme et de redouter sa propre image ou, plutôt, son reflet. Le magnétiseur lui tend un miroir déformant qui l'empêche de pouvoir capter sa véritable image. L'être magnétisé, sous influence psychique, devient un « jouet », une « poupée », voire un « esclave ». La dépendance sentimentale et psychique est ici comparable à une mort spirituelle. Devenu impuissant, l'individu est plongé dans une sorte de léthargie incontrôlable.

Toutefois, le comte et Alban se heurtent à une difficulté majeure : Maria et Angelika sont toutes deux fiancées, donc attachées sentimentalement à un autre. La tâche se transforme en un véritable défi où tous les dangers et toutes les transgressions sont permis. De ce fait, le magnétiseur est perçu comme une créature satanique et malfaisante dont le but est de détruire un bonheur terrestre. Que ce soit dans « Le sinistre visiteur » ou dans « Le Magnétiseur », aucun individu ne nie l'existence de forces supérieures invisibles venues explorer l'univers organique. Ainsi les fantômes et les rêves vont-ils systématiquement de pair avec le magnétisme. C'est ce que souligne Ottmar dans « Le Magnétiseur ». Prisonnier du carcan terrestre, l'homme doit savoir s'en « détacher » pour

---

[447] *Ibid.*, p. 170 : « Die geheimnisvolle geistige Übermacht »/ « Es ist die unbedingte Herrschaft über das geistige Prinzip des Lebens, die wir, immer vertrauter werdend mit der gewaltigen Kraft jenes Talismans, erzwingen ».
[448] *Ibid.*, p. 172-173/ 170 : « Marien ganz in mein Selbst zu ziehen » / « Das [...] fremde Geistige muß nur in *uns* existieren und mit seiner Kraft *uns* nähren ».
[449] *Ibid.*, p. 169 : « eine unsichtbare Kirche ».
[450] *Ibid.*, p. 170 : « Feuerpyramide ».
[451] *Ibid.*, p. 166 : « Ja oft gebietet er mir mein Inneres zu durchschauen und ihm alles zu sagen, was ich darin erblicke ».
[452] *Ibid.*, p. 168/166 : « wie ich ihn selbst mir gebildet, denn er lebt ja in meinem Innern [...] [Er ist] mein Herr und Meister ».

atteindre un état psychique supérieur. Le magnétisme représente l'acte permettant de contrôler tout ce système, le flux magnétique deviendra capiteux comme le vin.

Les rêves, comparables à une ivresse de l'âme, reflètent l'essence spirituelle, libérant le Moi de sa prison terrestre. Aériens, volatiles et éphémères, ils permettent à l'homme d'accéder à un monde intelligible atemporel et utopique. Selon Franz Bickert, dans « Le Magnétiseur », l'homme devient en rêvant acteur et metteur en scène, il conditionne et prépare ses rêves. De ce fait, dérober la liberté onirique revient à empêcher l'être de devenir ce qu'il est réellement, cela faisant obstacle à l'épanouissement de sa personnalité, et il lui est impossible d'expulser ses craintes, d'assouvir ses fantasmes et de faire vivre ses idéaux. Si le cauchemar est conditionné par des éléments extérieurs et n'est pas uniquement le produit d'un psychisme tourmenté, le magnétiseur incarne à lui seul un de ces éléments. De plus, grâce à l'aide de Theobald et de Marguerite, l'entreprise d'Alban et du comte de S..i s'avère moins délicate. La relation magnétique établie est parfaitement malsaine et pervertie : fondée sur un semblant de sensualité et d'*éros*, elle développe un désir de domination et de possession psychiques et sexuelles. La femme, considérée sans doute comme étant d'un naturel plus sensible, constitue une proie facile. Curieuse et rêveuse comme le poète, elle se laisse fasciner par l'inconnu. Appartenant à des sphères supérieures, le magnétisme nourrit la soif de pouvoir de l'homme visant à sculpter le corps et l'âme d'autrui à sa guise et à le transformer ainsi en un pantin désarticulé et dépersonnalisé. Le magnétiseur veut faire valoir sa supériorité, son aspect divin et intouchable. Aussi ressent-il une incommensurable fierté lorsqu'il parvient à ses fins et voit, comme dans « Les automates », sa quête de possession couronnée de succès.

« Les automates » ou la quête de possession

Le récit « Les automates » raconte la confrontation de Ferdinand et de Ludwig à l'art artificiel et aux différentes constructions d'un être étrange et mystérieux, le professeur X, auquel ils rendent visite pour comprendre le fonctionnement du fameux « Turc parlant ». Cet automate, qui saurait lire dans les pensées d'autrui, provoque la curiosité de tous les habitants crédules. En dépit de son manque de conviction, Ferdinand se laisse aussi prendre au jeu et interroge la fameuse machine sur son sort. Ce qu'elle lui révèle l'angoisse, car elle lui soutient que la femme qu'il convoite lui échappera irrémédiablement. Or, il s'agit d'une chanteuse à la voix bouleversante qui symbolise sa muse et le révèle à l'art.

Finalement, la malédiction de l'automate s'avère exacte, car, lorsque Ferdinand revoit la chanteuse, celle-ci avance en robe de mariée vers un autel. La relation psychique semble prendre fin au moment où leurs regards se croisent, et Ferdinand la perd effectivement à tout jamais.

Le récit, assez complexe sur les plans événementiel et interprétatif, met en avant une triple relation magnétique : entre Ferdinand et la chanteuse, entre la chanteuse et le professeur X et, par l'intermédiaire du « Turc parlant », entre le professeur X et Ferdinand. Elle se crée à l'aide du sens artistique le plus développé. Chez Ferdinand, sensible à l'art musical, il s'agit de l'ouïe. Art aérien, impalpable et insaisissable, la musique ouvre directement la porte du monde des esprits. De plus, compte tenu des dons magnétiques que le personnage ignore posséder, il apparaît réceptif à la sphère de l'inconscient.

Au début du récit, Ferdinand rapporte à son ami Ludwig un événement de son passé qui ne cesse de l'obséder et lui raconte la nuit qui changea le cours de sa vie d'homme et d'artiste où, d'abord hypnotisé par une superbe voix qui le transporta dans un univers esthétique, il se vit plonger dans un état extatique dans lequel il ne contrôla plus son corps. Contrairement à Angelika dans « Le sinistre visiteur », il ressent à ce moment précis, en dépit d'une douleur physique intense, un sentiment de volupté, de nostalgie et de bonheur :

> Je sentais un ravissement [sans nom] agiter mon être, la douleur d'un désir infini étreindre douloureusement ma poitrine, ma respiration s'arrêter et tout mon être s'anéantir dans une volupté ineffable et [céleste]. Je n'osais bouger ; toute mon âme, tout mon esprit n'étaient qu'oreille[453].

La synecdoque qui clôt ce passage montre bien que Ferdinand est littéralement envahi par l'amour, mais il s'agit là d'un amour de la musique, tout d'abord esthétique et intellectualisé. C'est pourquoi le personnage n'est pas en mesure de le nommer. Plus qu'un simple sentiment érotique, la passion est ancrée dans l'individu, elle est comme innée et ne deviendra désir charnel que lorsqu'elle aura pris forme humaine. La jeune femme ressemble ainsi à une « vision[454] ». Le lecteur ne peut véritablement déterminer si elle est simple apparition, figure onirique – comme Ferdinand le prétend fermement – ou si elle pénètre réellement dans la pièce. Quoi qu'il en soit, ce dernier projette sur elle son Moi esthétique[455]. La voix de la chanteuse aux sons cristallins et le sentiment de

---

[453] *SB*, p. 405 : « dann fühlte ich, wie ein unnennbares Entzücken mein Innerstes durchbebte, wie der Schmerz der unendlichen Sehnsucht meine Brust krampfhaft zusammenzog, wie mein Atem stockte, wie mein Selbst unterging in namenloser, himmlischer Wollust. Ich wagte nicht, mich zu regen, meine ganze Seele, mein ganzes Gemüt war nur Ohr », [EF, t. 2, p. 103], [Traduction modifiée, I. L.].

[454] *Ibid.*, p. 406 : « Traumbild », « der Blick des himmlischen Auges fiel auf [Ferdinand], und es war [ihm], als träfe der Strahl eines Krystalltons [seine] Brust wie ein glühender Dolchstich », [EF, t. 2, p. 104] : « Le regard de cet œil céleste se fixa sur [sa] personne et il [lui] sembla que le rayon d'un accord cristallin pénétrait [sa] poitrine comme un coup de poignard brûlant ».

[455] *Ibid.*, p. 406 : « So konntest du mich dann wieder erkennen, lieber, lieber Ferdinand ! aber ich wußte ja wohl, daß ich nur singen durfte, um wieder ganz in dir zu leben […] Welches *unnennbare* Entzücken durchströmte mich, als ich nun sah, daß es die Geliebte meiner Seele war, die ich schon von früher Kindheit an im Herzen getragen », [EF, t. 2, p. 103] : « Ainsi tu m'as reconnue, ô mon cher Ferdinand, mon Ferdinand

« déjà-vu », de « reconnaissance » fondent la relation psychique, caractérisée par le cristal, synonyme de pureté, de transparence et de fragilité, et par l'impression de reconnaître l'âme sœur, recherchée depuis l'enfance. La chanteuse devient une quête permanente, voire une obsession que Ferdinand aspire à posséder par un amour terrestre. Il ne peut se contenter de penser à la chanteuse, il a besoin d'extérioriser l'image intérieure de la jeune femme qu'il garde enfouie en lui, et son œil intérieur le guide dans cette tâche :

> C'est en secret et les portes fermées que j'y travaillai. Aucun humain ne l'a jamais vue, car je fis sertir dans un médaillon un autre portrait de même grandeur et c'est moi-même qui, ensuite, avec beaucoup de peine, enchâssai dans le médaillon l'image de ma bien-aimée, que depuis j'ai portée à même mon cœur[456].

L'impalpable doit devenir palpable. En apprenant l'art du dessin afin de traduire fidèlement les traits de sa muse, Ferdinand peut porter ensuite le portrait caché de la chanteuse dans un médaillon, sur sa poitrine[457]. Involontairement, il capte de cette façon son inconscient. Le rapport psychique avec la chanteuse est entretenu par le biais du médaillon et devient plus érotique qu'intellectuel, puisqu'il dissimule une volonté de possession affirmée. En revanche, la relation est créée à l'insu de Ferdinand. Le « Turc parlant » fait directement allusion au rapport psychique étroit entre les deux personnages lorsqu'il dit être gêné par le portrait. L'automate apprend à Ferdinand qu'au moment où il reverra la chanteuse, il la perdra définitivement. Le propre du rapport psychique est d'établir une dépendance sentimentale et physique entre deux êtres de manière définitive et vitale, et Ferdinand ne peut justement concevoir d'être dépossédé de sa muse, son être entier lui étant lié.

L'originalité du récit est de mettre en valeur le rapport magnétique entre Ferdinand et la chanteuse, perçue comme un danger aux yeux du professeur X, vu que la femme en question est déjà en son pouvoir. Le professeur possède les attributs physiques typiques des êtres qui entretiennent des relations avec le paranormal ou l'inconscient et pratiquent la magie noire. Il s'agit d'un « homme de grand âge, vêtu à la vieille mode franconnienne », ses « petits yeux gris » sont perçants et ont une

---

chéri ! Oui, je le savais bien, je n'avais qu'à chanter pour revivre entièrement en toi […] Quelle extase inexprimable s'empara de moi lorsque je vis que c'était là l'adorée de mon âme, celle dont j'avais porté, depuis ma tendre enfance, l'image dans mon cœur ».

[456] *Ibid.*, p. 407 : « Heimlich, bei verschlossenen Türen, malte ich das Bild. Kein menschliches Auge hat es jemals gesehen, denn ein anderes Bild gleicher Größe ließ ich fassen, und setzte mit Mühe dann selbst das Bild der Geliebten ein, das ich seit der Zeit auf bloßer Brust trug », [EF, t. 2, p. 105].

[457] Cela rappelle le comportement de Bogislav dans « Le sinistre visiteur » qui porte, lui aussi, le portrait de sa bien-aimée en médaillon. Celle-ci, sous l'influence magnétique du comte de S..i, meurt et Bogislav la perd à jamais.

« expression des plus désagréables », son « sourire sarcastique » n'a « rien de plaisant[458] ».
Toutefois, cet aspect peu avenant n'est qu'une façade. En effet, Ferdinand et Ludwig, qui
parviennent à l'observer dans un jardin, sous un arbre, découvrent un être qui communique avec la
nature et a même le pouvoir de l'animer. Il apparaît sous les traits d'un être mystérieux, interrogeant
les astres et entretenant une relation privilégiée avec les sphères supérieures[459]. Le professeur X est
le maître des lieux. Le mouvement ascensionnel et la présence du feu qui renvoie au magnétisme et
à la sorcellerie soulignent sa proximité avec le divin. Ferdinand et Ludwig assistent à une sorte de
concert organique au sein duquel la nature symbolise l'artiste et le compositeur. Le professeur X
joue, en quelque sorte, le rôle du chef d'orchestre qui dirige les éléments naturels. La représentation
prend fin avec le crépuscule, lorsque l'homme disparaît dans les buissons.

Doué dans le domaine du magnétisme, le professeur X ne supporte pas de voir Ferdinand
influencer, à son tour, celle qu'il « possède ». « Les automates » relatent donc un véritable travail de
sape de la part du constructeur d'automates qui a trouvé en la personne de Ferdinand un rival de
taille. Étant donné qu'il ne peut s'emparer entièrement de son for intérieur, un combat s'engage
entre les deux hommes. Ludwig est persuadé que

> le professeur X exerce une action sur [la] vie [de son ami], ou plus exactement sur la
> mystérieuse relation psychique qui [le] lie à [la] femme inconnue. Il se peut aussi que,
> contre sa volonté – par l'intervention d'un principe ennemi qui s'y trouve enlacé et lutte
> contre lui –, il fortifie ce rapport dont la solidité s'accroît dans la lutte même[460].

Le génie manipulateur du professeur X constitue, selon Ludwig, une certitude. Non seulement il
habiterait le psychisme de la chanteuse, mais il puiserait aussi dans d'autres psychismes des forces
qui, comme dans le cas de Ferdinand, lui résistent. La jeune femme se trouverait alors
complètement sous le joug de son maître. La voix masculine entendue par Ferdinand au début du

---

[458] *SB*, p. 416 : « Sie fanden an ihm einen hochbejahrten, altfränkisch gekleideten Mann muntern Ansehens, dessen kleine graue Augen unangenehm stechend blickten, und um dessen Mund ein sarkastisches Lächeln schwebte, das eben nicht anzog », [EF, t. 2, p. 113].

[459] *Ibid.*, p. 425 : « In seiner Bewegung wurde alles um ihn her rege und lebendig, und überall flimmerten kristallne Klänge aus den dunklen Büschen und Bäumen empor und strömten, vereinigt im wundervollen Konzert, wie Feuerflammen durch die Luft, ins Innerste des Gemüts eindringend und es zur höchsten Wonne himmlischer Ahnungen entzündend », [EF, t. 2, p. 121] : « [...] tandis qu'il marchait, tout autour de lui s'animait, devenait vivant. Partout des sons cristallins jaillissaient des arbres et des massifs sombres, s'harmonisant en un magnifique concert : on eût dit des flammes de feu qui s'élevaient du ciel, pénétrant l'âme en son tréfonds et l'embrasant des plus hauts délices ».

[460] *Ibid.*, p. 423 : « denn auch ich ahne es deutlich, daß auf irgendeine Weise, die uns nun freilich wenigstens jetzt ein unauflösliches Rätsel bleibt, der Professor in dein Leben oder besser gesagt, in das geheimnisvolle psychische Verhältnis, in dem du mit jenem unbekannten weiblichen Wesen stehst, eingreift. Vielleicht verstärkt er selbst wider seinen Willen, als feindliches Prinzip darin verflochten und dagegen ankämpfend, den Rapport, dessen Kraft eben im Kampfe wächst », [EF, t. 2, p. 122].

récit et qui sommait la chanteuse de dormir et de se sentir prête le moment venu pourrait donc bien être celle du professeur magnétiseur. L'homme dirige ici les faits et gestes de la femme qui semble incapable de chanter autre chose que ce refrain qui ensorcèle Ferdinand et évoque un amour fidèle au-delà de la mort : « Mio ben ricordati s'avvien ch'io mora, quanto quest'anima fedel t'amo[461] ». Le recours à un extrait du livret d'opéra *Alexandre en Inde* du poète et dramaturge italien Métastase (1698-1782)[462] marque ici moins l'importance des Lumières que celle de la langue et du contenu. L'italien renvoie au pays de l'art et du sentiment. La fidélité posthume à l'être cher souligne à la fois l'idéal romantique, proche de Novalis, qui voyait la mort comme le lieu de retrouvailles éternelles, et la marque d'une dépendance psychique complexe. En effet, la chanteuse s'adresse soit à Ferdinand (ou à un amant potentiel qu'elle aime, a aimé ou qu'elle n'aurait pu conquérir), soit à son magnétiseur (le professeur X ?), qui lui impose un amour éternel, donc y compris après la mort. Elle est donc comme prisonnière, à moins qu'elle ne soit qu'un automate de la même trempe que l'Olimpia de Spalanzani dans « Le marchand de sable », auquel cas Ferdinand ne serait que la victime de l'humanisation de l'inerte, au même titre que Nathanaël. Sans retenir l'hypothèse d'un être artificiel, mais celle d'un être humain, on peut affirmer que, sous influence psychique et dépendant totalement de son maître, la chanteuse n'a guère que la musique comme moyen d'expression.

Le lecteur est amené à se poser deux questions : est-ce que, grâce à sa sensibilité musicale, Ferdinand a réussi à entrer en communication psychique avec la chanteuse ou est-ce que le professeur X a volontairement magnétisé Ferdinand ? Ludwig est favorable à la première analyse, mais le mystère du récit reste entier. La chanteuse représente à la fois l'idéal artistique et l'idéal féminin. Elle constitue l'allégorie du Beau, intellectuel et sensuel.

Dans ce récit, les relations psychiques s'interpénètrent. Il existe un rapport d'érotisation (Ferdinand et la chanteuse), de complicité (Ferdinand et Ludwig), de force (Ferdinand et le professeur X) et de domination (le professeur X et la chanteuse). Le champ lexical de l'air renvoie systématiquement aux sphères supérieures, célestes et divines et celui du feu en souligne l'aspect maléfique et occulte. S'y ajoutent ensuite le *leitmotiv* du rêve, comparé à une léthargie, les domaines de l'illusion et du faux-semblant, enfin l'art musical, céleste et aux accents angéliques.

Malveillant et mystérieux, le magnétiseur, lui, se caractérise ici par sa volonté de puissance et de destruction. Le magnétisme n'est aucunement mis en valeur pour ses facultés potentiellement curatives. Si, dans « Le sinistre visiteur », le comte de S..i sauve Marguerite qui tente de se suicider

---

[461] E.T.A. Hoffmann : *Les Frères de Saint-Sérapion*, *op. cit.*, t. 2, p. 103 : « Souviens-toi de moi/ Quand je mourrai/ Et combien mon âme/ T'aime fidèlement ».
[462] Il fut l'auteur de drames musicaux et devint en 1725 le poète officiel de la cour de Vienne. Théoricien, il mit aussi en avant le lien inaltérable et nécessaire entre la poésie et la musique et symbolisa parfaitement les valeurs et les idéaux du XVIIIe siècle.

à l'opium et si Alban, dans « Le Magnétiseur », est appelé pour soigner Maria, le professeur X, dans « Les automates », apparaît sous les traits d'un scientifique pur ne s'intéressant qu'aux phénomènes naturels et qu'aux forces occultes. Il se passionne pour les automates et pour l'inerte, et le lecteur peut s'interroger sur ses pratiques : n'envisage-t-il pas de transformer les êtres humains en automates ? Obsédé par l'image de la chanteuse et par sa voix, Ferdinand, comme mû par un mécanisme, a vu sa volonté de possession se retourner contre lui. En voulant garder l'image de la femme désirée, il en est devenu, pour un temps, l'esclave. La femme n'apparaît pas toujours sous les traits d'une victime : même si elle est manipulée, l'imagination et la créativité font d'elle un être souvent supérieur au magnétiseur, comme le personnage de Marie dans « Casse-Noisette ».

« Casse-Noisette » ou l'initiation sexuelle

Marie Stahlbaum possède les dehors d'une jeune fille vertueuse. Le prénom « Marie », empreint de virginité et de pureté, et le nom de famille « Stahl-baum » [« arbre d'acier »] renvoient à des valeurs à la fois chrétiennes et rationnelles. Cette sphère apparemment inébranlable sur le plan éthique s'avère toutefois perturbée par la présence d'un parrain plus que fantaisiste. Ce personnage à l'accoutrement fort étrange susceptible d'effaroucher les enfants apparaît comme un trouble-fête capable de raconter des histoires effrayantes qui suscitent l'enjouement de Marie et l'encouragent à pousser les portes d'un univers imaginaire qui auraient dû, en raison de son éducation stricte, voire étriquée, rester closes.

Le récit débute un soir de Noël, synonyme de naissance du Christ et de fête des enfants. La jeune Marie vient d'avoir sept ans. Plusieurs aspects qui pourraient à première vue passer pour anodins se révèlent en réalité primordiaux. Sept ans caractérisent, dans la tradition populaire, l'âge de raison, le moment où l'enfant quitte (progressivement) le monde pur de l'enfance. Marie se situe désormais entre deux mondes. N'oublions pas non plus que la Vierge enfante un 24 décembre et qu'elle change donc de statut en devenant mère.

Drosselmeier n'est pas insensible à la métamorphose symbolique de Marie et profite de la circonstance pour l'initier, à son insu, à la sexualité. L'initiation repose sur une magnétisation à distance, raison pour laquelle Marie sera qualifiée par Ottmar de « petite somnambule ». L'habileté manuelle de Drosselmeier en matière de mécanique est révélée par son travail qui exige une précision d'orfèvre : il répare des montres sous les yeux émerveillés de Marie qui ne se doute de rien. Or, plusieurs éléments indiquent que l'on peut interpréter cet acte comme un viol résultant d'une hypnose. Le parrain utilise des instruments pointus, assimilables à un phallus, pour raccommoder la montre, et sa filleule est prise, à ce moment précis, d'une douleur physique intense : elle semble prendre la place de l'objet « malade ». Elle est comme sous l'emprise de son parrain qui la manipule à distance, la déshumanise afin de mieux fouiller dans son for intérieur comme dans le mécanisme d'une horloge. La scène, à forte connotation sexuelle, pourrait donc renvoyer à un viol. Néanmoins, la relation semble consentie, ce que l'on remarque en remplaçant le substantif « pendule » par « Marie » :

> Cependant [la pendule] **Marie** ne semblait pas s'en plaindre ; au contraire, elle reprenait vie et se mettait bientôt à ronronner gaiement, à battre, à chanter[463].

Si l'on part du principe qu'il y a bien relation sexuelle, la scène apparaît aussi blasphématoire. En effet, nous ne pouvons perdre de vue qu'elle a lieu un soir de Noël et qu'elle met ainsi en parallèle l'Immaculée Conception et Marie Stahlbaum qui, magnétisée à distance, n'est que symboliquement déflorée, même si elle est plongée dans un état extatique. Le divin reproducteur est, en revanche, un être plus artificiel qu'artistique, mais qui connaît les beautés du jardin d'Eden abritant un grand lac sur lequel nagent des cygnes « à collier d'or » qu'une petite fille nourrit de « massepain[464] ». C'est à Marie qu'il appartient de voir les images mentales suscitées par cette description qui, ponctuée d'éléments inhabituels (les colliers d'or et le massepain), pique son imagination. Drosselmeier cherche à séduire l'enfant en faisant vibrer la corde de son inventivité et de sa sensibilité. Il sait que Marie apprécie les histoires extraordinaires et que son royaume onirique est richement peuplé, qu'elle sait faire vivre ses jouets et les animer à son gré. Voyant que le recours au merveilleux agit très efficacement sur le psychisme de Marie, Drosselmeier décide d'utiliser un objet qui sera l'intermédiaire entre elle et lui : le Casse-Noisette. Qualifié de « phallomate » par Peter Gendolla[465], le Casse-Noisette entretient avec la jeune enfant une relation fortement érotisée.

Si Marie n'éprouve pas encore le besoin de séduire en portant immédiatement la nouvelle robe qu'on vient de lui offrir, elle fait cependant preuve d'une attitude contemplative qui ne dure pas. Elle humanise immédiatement son Casse-Noisette en lui prêtant des sentiments et des sensations de bien-être ou de souffrance. Lorsqu'elle évoque le nom de Drosselmeier, il lui semble que son

---

[463] *SB*, p. 242 : « aber es verursachte [der Uhr] **Marie** gar keinen Schaden, sondern sie wurde vielmehr wieder lebendig und fing gleich an recht lustig zu schnurren, zu schlagen und zu singen », [EF, t. 1, p. 280], [C'est moi qui souligne, I. L.].

[464] *Ibid.*, p. 242 : « Marzipan »/ « darin ist ein großer See, auf dem schwimmen sehr herrliche Schwäne mit goldnen Halsbändern herum und singen die hübschesten Lieder. Dann kommt ein kleines Mädchen aus dem Garten an den See und lockt die Schwäne heran und füttert sie mit süßem Marzipan », [EF, t. 1, p. 280].

[465] Peter Gendolla : *Anatomien der Puppe. Zur Geschichte des Maschinenmenschen bei Jean Paul, E.T.A. Hoffmann, Villiers de l'Isle-Adam und Hans Bellmer*, Heidelberg, Carl Winter, 1992, p. 191 : « Phallomate ».

Casse-Noisette change de visage et devient effrayant[466]. Deux hypothèses peuvent être ici émises : soit Marie, déjà plongée dans son univers onirique, invente ce qu'elle voit et transpose sur l'objet sa peur ou sa rancune vis-à-vis de son parrain qui aurait abusé d'elle, soit – et c'est cette hypothèse que nous retenons – Drosselmeier parvient à communiquer avec Marie par l'entremise d'un objet inerte qu'il animerait au moyen d'une relation magnétique. Dans ce sens, Drosselmeier est aussi capable de provoquer des hallucinations visuelles et auditives. Il peut être comparé au professeur X des « Automates » qui dirige l'inanimé et l'inerte, comme le « Turc parlant », tout en sachant s'immiscer dans le psychisme d'autrui. Drosselmeier contrôle la mécanique, les horloges et, de manière allégorique, le temps qui passe. Or, le Casse-Noisette parvient à l'arrêter en terrassant le monstre à sept têtes, porteur de sept couronnes et symbole de l'âge fatidique de Marie. La destruction de cet être abominable équivaut à une suspension temporelle. Toutefois, c'est seulement dans le royaume des rêves qu'une enfance éternelle paraît envisageable.

L'image du monstre aux sept têtes marque à la fois l'entrée de Marie dans un royaume féerique nouveau et le refus de quitter l'enfance. Lorsque la petite fille se blesse au bras à la porte de verre de la commode, elle perd du sang, lequel peut s'assimiler à la rupture de l'hymen, donc à la perte de la virginité. La douleur qu'elle éprouve est d'une telle intensité qu'elle s'évanouit. De plus, l'acte de rébellion qui consiste à lancer sa chaussure[467], pour protéger le Casse-Noisette, sur les créatures imaginaires qui appartiennent à une autre réalité peut être assimilé à une volonté de sortir de l'enfance. Elle grandit à ce moment précis, même si elle reste encore une enfant dans le monde des adultes.

Marie a atteint un nouvel état psychique. Sa « blessure » l'empêche de lire des livres d'images et de jouer, elle ne peut plus se comporter comme avant[468]. La perte symbolique de la virginité entraîne chez elle une prise de distance par rapport à ses habitudes enfantines. Se doutant pertinemment que Drosselmeier a une part de responsabilité, elle l'accuse d'être la cause de ses maux[469]. Magnétisée, elle devient une sorte d'objet sexuel entre ses mains, elle représente la « petite poupée » pour

---

[466] *SB*, p. 253 : « Aber nicht ausreden konnte Marie, denn indem sie den Namen Droßelmeier nannte, machte Freund Nußknacker ein ganz verdammt schiefes Maul, und aus seinen Augen fuhr es heraus, wie grünfunkelnde Stacheln », [EF, t. 1, p. 291] : « [...] à peine eut-elle prononcé le nom de Drosselmeier que son ami Casse-Noisette fit une affreuse grimace, tandis que ses yeux verts dardaient des [éclairs] ».

[467] *Ibid.*, p. 261 : « [...] [Sie] warf [den Schuh] mit Gewalt in den dicksten Haufen der Mäuse hinein auf ihren König », [EF, t. 1, p. 299] : « Elle [...] jeta [sa chaussure] de toutes ses forces au milieu des rats, juste sur le roi ».

[468] *Ibid.*, p. 263 : « Spielen konnte Marie gar nicht recht wegen des wunden Arms, und wollte sie lesen oder in den Bilderbüchern blättern, so flimmerte es ihr seltsam vor den Augen, und sie mußte davon ablassen », [EF, t. 1, p. 301] : « Avec son bras blessé, Marie ne pouvait jouer qu'avec difficulté. Et quand elle voulait lire ou feuilleter ses livres d'images, elle avait d'étranges petites lueurs devant les yeux et devait y renoncer ».

[469] *Ibid.*, p. 264 : « Bist du denn nicht allein schuld, daß ich verwundet und krank im Bette liegen muß ? », [EF, t. 1, p. 302] : « Tu sais bien que si je dois rester dans mon lit, blessée et malade, c'est à toi seul qu'en revient la faute ».

laquelle il entonne la chanson de l'horloger[470] et s'objective en prenant les traits d'une marionnette dont on tire les ficelles[471]. Le parrain maîtrise l'inanimé à la perfection, il confectionne, répare et actionne les objets. Agissant de même avec Marie, il guide son inconscient, la place sous sa coupe et cherche à gagner sa confiance en lui rapportant le Casse-Noisette qu'il a réparé.

Outre ce talent de réparateur et de manipulateur, Drosselmeier possède celui de conteur lorsqu'il narre à sa filleule et à Fritz « le conte de la noix dure ». Au sein même du récit, il souligne que l'animé se démonte comme l'inanimé :

> Drosselmeier **démonta** très adroitement la petite princesse Pirlipat, **dévissa** ses petites mains et ses pieds et examina même sa **structure intérieure** ; il constata malheureusement que plus la petite princesse grandirait, plus elle serait difforme [...]. Il **reconstitua** la princesse avec précaution[472].

La princesse est comparable à Marie. Drosselmeier explore son intérieur comme celui de sa filleule. Il se rend compte que plus elle grandit, plus elle risque de lui échapper. Une fois adultes, la plupart des êtres perdent leur candeur et ne sont plus disposés à se laisser envahir par leurs rêves. Aucune machine n'arrête le temps, seule l'imagination en semble capable. La vanité terrestre n'est freinée que par une richesse intérieure que l'on est toujours enclin à explorer. En ce sens, « le conte de la noix dure » soulève les problèmes du paraître, de l'égocentrisme humain et réaffirme l'importance de l'onirisme. Il relate les malheurs de Pirlipat qui, enlaidie par la reine des souris, ne retrouvera sa beauté d'antan que si un jeune homme imberbe et n'ayant jamais porté de bottes parvient à casser la noix Krakatuk trouvée par Drosselmeier chez son cousin de Nuremberg et donne le fruit à la jeune femme. De manière symbolique, il s'agit d'initier la princesse aux joies de l'amour en s'offrant à lui. Seul le neveu du cousin Drosselmeier, habillé en Casse-Noisette les soirs de Noël, parvient à faire preuve de virilité et de courage et à rompre le sortilège affectant la princesse Pirlipat. C'est lui néanmoins qui devient difforme et laid. Il est donc expulsé, la princesse ne concevant pas d'épouser un être aussi repoussant. Drosselmeier est, comme le Casse-Noisette, d'une laideur relative, mais Marie passe outre à cette caractéristique extérieure. Son parrain fait ici indirectement allusion à la pureté d'âme et à la bonté de sa filleule qui sait juger au-delà des apparences. Le récit se fait, par conséquent, moralisateur, comme la plupart des contes pour enfants :

---

[470] *Ibid.*, p. 264 : « Puppenmädel », « Uhrmacherliedchen ».

[471] *Ibid.*, p. 264 : « als würd' er gleich einer Drahtpuppe gezogen ».

[472] *Ibid.*, p. 264 : « Drosselmeier **nahm** Prinzeßchen Pirlipat sehr geschickt **auseinander, schrob** ihr Händchen und Füßchen **ab** und besah sogleich die **innere Struktur**, aber da fand er leider, daß die Prinzessin, je größer, desto unförmlicher werden würde. [...] Er **setzte** die Prinzessin behutsam **wieder zusammen** », [EF, t. 1, p. 310], [C'est moi qui souligne, I. L.].

Tu es, une vraie princesse, comme Pirlipat, car tu règnes sur un beau royaume pur. [...]. Pourtant ce n'est pas moi, c'est toi seule qui peux le sauver ! Sois persévérante et fidèle[473] !

Le ton railleur se mêle ici à la nostalgie de l'enfance. En effet, Hoffmann se moque de l'aspect éducatif et pédagogique qui sous-tend systématiquement ce type de contes. De plus, du fait de l'influence psychique malsaine que Drosselmeier exerce sur Marie, le caractère édifiant de ses histoires n'en apparaît que plus sournois. L'illusion fonde, en effet, le principe psychique et noue un lien magnétique artificiel et trompeur. Propre au magnétisme, l'illusion permet de construire un rapport d'érotisme factice, rapport que l'on retrouve dans « Le sinistre visiteur ».

« Le sinistre visiteur », lien érotique artificiel

Outre la relation principale entre Angelika et le comte, le lecteur est mis en présence de relations plus atypiques. Si le comte de S..i apparaît sous les traits d'un démon, ses complices possèdent tous les mêmes caractéristiques : ils ont le regard perçant, le verbe spirituel et le mystère prégnant. Outre le rôle d'initiateur du comte, le lecteur apprend plus tard la manipulation que le chevalier de T. et Marguerite exerçaient sur Moritz et Angelika. Le chevalier, complice du comte, fait en sorte que Moritz se détache de sa bien-aimée et se tourne vers Marguerite. Il se sert ainsi d'un portrait de sa nièce pour charmer Moritz et le pousser à reconnaître cette image comme la représentation de celle qu'il aime. La manipulation du psychisme s'opère ici par le biais de l'iconographie : Moritz est plongé dans un état second dont le but est de le séparer d'Angelika :

Je voyais Angelika, mais son apparition semblait se volatiliser en un frémissement lumineux dont je m'efforçais vainement de retenir la consistance. [...] Or, sitôt que je voulais, en rêve ou éveillé, évoquer Angelika, c'était Marguerite qui se trouvait devant moi. Je me sentais comme dépossédé de moi-même, une puissance étrangère disposait de mon être, et dans la profonde horreur qui m'avait saisi, j'avais le sentiment de ne pouvoir me séparer de Marguerite[474].

---

[473] *Ibid.*, p. 264 : « du bist, wie Pirlipat, eine geborne Prinzessin, denn du regierst in einem schönen blanken Reich. Doch nicht ich – du, du allein kannst ihn retten, sei standhaft und treu ! », [EF, t. 1, p. 321].
[474] *Ibid.*, p. 762 : « Ich sah Angelika, aber es war, als verginge die Gestalt in zitternden Schimmer, und vergebens ränge ich darnach sie festzuhalten [...]. So wie ich nun Angelika, wachend, träumend erschauen wollte, stand Marguerite vor mir. Mein eignes Ich schien mir entfremdet, eine fremde Macht gebot über mein Sein, und in dem tiefen Entsetzen, das mich erfaßte, war es mir, als könne ich Margueriten nicht lassen », [EF, t. 3, p. 149].

Moritz a conscience qu'il n'est plus maître ni de ses sentiments ni de ses pensées. Marguerite, « initiée » par le comte aux « mystères[475] » du magnétisme, envahit de force l'âme du fiancé d'Angelika et devient son obsession. Un lien érotique et artificiel est alors créé et renforcé par le portrait accroché juste au-dessus du lit du jeune homme et dont les yeux noirs le fixent intensément. Le regard du magnétiseur veille ainsi sur le dormeur et dirige ses rêves. Moritz est ici bien incapable de lutter contre les forces supérieures qui contrôlent son être. La relation entre le comte et Marguerite est fondée à la fois sur la complicité et sur le calcul. Marguerite désire posséder Moritz et le comte aspire à s'unir à Angelika. Leur amitié magnétique, contrairement à celle de Moritz avec Dagobert ou Bogislav, est intéressée et a pour fonction d'atteindre le bonheur terrestre en bravant le hasard. Le comte est un maître parfait prêt à dévoiler tous les mystères de la vie psychique et à prendre de multiples risques pour arriver à ses fins. Il apprend à déléguer ses pouvoirs et à se faire aider par des complices. Marguerite, néophyte assidue, et le chevalier de T., connaisseur et adepte du magnétisme, sont d'accord pour le soutenir dans sa lourde tâche. La dépossession est ici forcée, car le magnétisme agit à l'inverse d'un philtre d'amour. Le rapport triangulaire entre le chevalier de T., Marguerite et le comte de S..i tend à détruire une histoire d'amour et s'effectue essentiellement par le visuel et l'auditif. En effet, Marguerite vient susurrer à l'oreille d'Angelika endormie le prénom du comte.

La fin de la relation magnétique est caractérisée par un évanouissement profond et soudain. Les traits du visage d'Angelika ne sont nullement déformés par la douleur, mais expriment au contraire la béatitude et la joie. Le médecin dévoile alors son diagnostic : Angelika est plongée « dans un état magnétique ». Elle est, dans le même temps, libérée de tout joug psychique. Son âme, jusque-là prisonnière, revit, elle peut aimer sans plus rien redouter. Moritz lui avoue s'être retrouvé dans la même situation. Marguerite, le comte et le chevalier ont exercé sur eux des artifices sataniques, leur talent malfaisant et diabolique en matière de magie noire. Mettre fin à ce genre de pacte paraît difficile, mais possible. La fin du sortilège, de ce lien étroit entre le magnétiseur et la victime, s'accompagne d'une rupture au sens propre :

Je le sais, au moment où il est mort, j'ai perçu en moi, d'une façon indubitable, comme l'éclatement sonore d'un cristal[476].

Le cristal, élément noble, pur et fragile, est souvent synonyme d'une relation magnétique. Selon Novalis, tout corps transparent appartient à une sphère supérieure et semble ainsi doté d'une

---

[475] *Ibid.*, p. 766 : « in Geheimnisse eingeweiht », [EF, t. 3, p. 153].
[476] *Ibid.*, p. 759 : « Ich weiß es, in demselben Augenblick, als er starb, war es mir, als bräche in meinem Innern ein Crystall klingend zusammen », [EF, t. 3, p. 146].

conscience[477]. Brisé, il achève une domination psychique, et le sommeil qui en résulte doit être respecté pour que l'âme ne sombre pas dans une maladie dangereuse[478]. Si l'inconscient de la victime est manipulé, cette dernière est néanmoins susceptible d'exercer une opposition, de résister aux tentations, comme Moritz et Angelika qui tentent de ne jamais renoncer à l'amour qui les unit. Cet amour, en revanche, s'il conditionne le rapport psychique, apparaît parfois malsain et impur lorsqu'il incarne, par exemple, le fruit d'un désir incestueux.

Krespel et Elis, relation incestueuse non avouée et non accomplie

Si Krespel maintient le lien érotisé avec sa fille par l'intermédiaire du violon, Elis perd le lien qui le rattachait à sa mère. À la mort de celle-ci, il essaie vainement de la retrouver en descendant dans la mine. L'existence de la relation érotique entre Antonie et son père naît du fait que ce dernier ne l'a jamais vue à sa naissance. Il a été immédiatement confronté à son image de femme. Quant à Elis, il perçoit sa mère comme un absolu. Les deux personnages sont victimes d'une relation érotique qui ne s'accomplit pas, mais dont ils se libèrent : Elis par sa mort, suicide non avoué, et Krespel, par le décès de sa fille, mort inconsciemment souhaitée.

Krespel et Antonie

Un jour, sous le coup de la colère, Angela, chanteuse au caractère difficile, brise le violon de Krespel. Elle détruit donc l'objet avec lequel son époux l'avait séduite et qui faisait vibrer sa sensibilité. Cette attaque personnelle est vécue par Krespel comme une atteinte à son individualité et à sa raison de vivre. Furieux, il jette sa femme par la fenêtre et s'enfuit en Allemagne. Il apprend toutefois qu'Angela est, à l'époque, enceinte. Plusieurs années après, Angela annonce à Krespel que leur fille a grandi. Elle est désormais en âge d'aimer et excelle, comme elle, dans le chant. Krespel redoute de faire la connaissance du fruit de leur union qui a échoué et se contente d'une image lointaine, idéalisée et chimérique. En cultivant intérieurement une image erronée de sa fille, Krespel ne développe nullement un amour paternel, mais plutôt une passion érotiquement intellectualisée. Il n'a pas encore vu sa fille de ses propres yeux, il lui a simplement attribué une existence quasi factice, c'est pourquoi il ne voit pas d'inconvénient à ce qu'elle se marie. Or, étant donné qu'Angela meurt pendant la nuit précédant les noces, l'union est suspendue et ne sera d'ailleurs plus

---

[477] Novalis : *Fragments*, traduction de Maurice Maeterlinck, Paris, José Corti, 1992, p. 162.
[478] *SB*, p. 759 : « Der Arzt meinte, daß nichts wohltätiger über sie kommen könne, als dieser Schlaf, der die bis zur Überspannung gereizten Lebensgeister wieder beruhige. So entgehe sie gewiß bedrohlicher Krankheit », [EF, t. 3, p. 147] : « De l'avis du médecin, rien ne pouvait lui faire autant de bien que ce sommeil. Ses nerfs surexcités allaient pouvoir se calmer. Elle échapperait certainement, de cette façon, à une dangereuse maladie ».

jamais célébrée. Libéré du regard inquisiteur et critique de sa femme désormais défunte, Krespel peut vivre pleinement ses amours musicale et paternelle. Sa rencontre avec Antonie ne se déroule néanmoins pas comme prévu. Elle est comparable à un véritable coup de foudre, ce que souligne le vocabulaire érotisé qui surprend pour décrire une relation filiale :

> [...] Vous ne sauriez croire de quelle manière **déchirante** le conseiller me décrivit l'instant où il vit Antonie. Il y avait dans l'**étrangeté** même de ses termes une puissance d'expression extraordinaire [...] – Antonie avait hérité de tout le **charme**, de toute la **grâce** d'Angela, sans avoir pris aucun de ses vilains défauts[479].

Antonie est dépeinte comme un ange, comme une femme divine à la voix surnaturelle et d'une pureté exceptionnelle. Il ne s'agit pas d'un émerveillement de père, mais d'homme épris. À partir de cet instant, le violoniste ne supporte plus l'idée de partager sa fille, que ce soit avec un public ou avec un autre homme. D'emblée, il lui marque son attachement exclusif et éconduit énergiquement tout intérêt potentiel venu d'un tiers[480] et toute marque de possession, à plus forte raison lorsqu'il s'agit d'un prétendant[481]. Leur relation repose sur un « secret[482] » qui n'est toujours pas dévoilé. Le mystère qui lie les deux individus fait penser à un rapport magnétique au sein duquel sévit une dépendance psychique d'importance, comme celle qui existe entre le magnétiseur et son patient. La manière dont l'artiste considère son rapport à la musique équivaut à celle qu'il établit avec sa fille. L'acte de démonter les instruments repose sur une recherche infatigable et incessante du secret de l'art. Tel l'alchimiste en quête de la pierre philosophale, Krespel aspire à devenir le maître de la musique et à savoir la dominer comme sa fille. Il tient toutefois à souligner l'importance d'un violon en particulier dont il ne compte pas explorer la structure interne. Cet instrument semble, en effet, lui parler, comme s'il était un être vivant[483]. C'est justement par l'intermédiaire du violon et

---

[479] *Ibid.*, p. 59-60 : « [...] Ihr könnt nicht glauben, wie **herzzerreißend** mir der Rat den Moment schilderte, als er Antonien sah. Selbst in der **Bizarrerie** seines Ausdrucks lag eine wunderbare Macht der Darstellung [...] – Alle **Liebenswürdigkeit**, alle **Anmut** Angelas wurde Antonien zuteil, der aber die häßliche Kehrseite ganz fehlte », [EF, t. 1, p. 89], [C'est moi qui souligne, I. L.].
[480] *Ibid.*, p. 44 : « "Unsere ? Unsere liebe Antonie ?" frug er mit gedehntem, unangenehm singendem Tone », [EF, t. 1, p. 73]. Ainsi l'emploi du possessif « notre » dans la bouche de la nièce du professeur lui déplaît-il fortement : « "Notre ? Notre chère Antonie ?" demanda-t-il d'une voix traînante, au timbre désagréablement chantant ».
[481] *Ibid.*, p. 46-47 : « Auch sei ein junger Mann mitgekommen, der sehr zärtlich mit Antonien getan, und wohl ihr Bräutigam sein müsse. Der habe aber, weil es der Rat durchaus gewollt, schnell abreisen müssen », [EF, t. 1, p. 74] : « [...] un jeune homme les avait accompagnés, [...] ce devait être son fiancé, car il se comportait fort tendrement avec elle, mais [...] le Conseiller avait exigé qu'il s'éloignât de la ville sur-le-champ ».
[482] *Ibid.*, p. 47 : « In welchem Verhältnis Antonie mit dem Rat stehet, ist bis jetzt ein Geheimnis ».
[483] *Ibid.*, p. 48 : « Dies **tote** Ding, dem ich selbst doch nur erst **Leben** und Laut gebe, **spricht** oft aus sich selbst zu mir auf wunderliche Weise, und es war mir, da ich zum ersten Male darauf spielte, als wär' ich nur der Magnetiseur, der die **Somnambule** zu **erregen** vermag, daß sie **selbsttätig** ihre innere Anschauung in

de sa relation magnétique avec lui que le conseiller prend possession d'Antonie et la retient auprès de lui. La jeune femme écoute volontiers le son mélodieux de l'instrument. En jouant, Krespel conquiert sa fille comme, jadis, sa femme Angela. Son pouvoir magique et hypnotique de violoniste lui permet de donner vie à l'instrument et de pénétrer ainsi dans le psychisme de sa fille. La relation incestueuse indirecte ne prendra fin qu'à la mort de cette dernière.

Si Antonie n'avait plus le droit de chanter à cause d'une malformation dans la poitrine, son père se sert de cet argument médical comme d'un prétexte. Il est certes empli de ravissement en écoutant sa fille chanter, mais craint une séparation. Il ne redoute pas de la voir mourir, mais de la voir quitter le cocon familial pour rejoindre un autre être. En l'empêchant de chanter, il la rend moins attirante et lui dérobe un atout majeur de séduction. Antonie n'oppose apparemment aucune résistance et consent à rester auprès de son père. Leur complicité est plus que filiale. La jeune femme devient une vraie collaboratrice et accepte toutes les facéties de Krespel. Elle lui obéit et lui appartient corps et âme, elle « ne veu[t] plus chanter, mais seulement vivre pour [lui][484] ». Elle renonce à sa passion pour le chant et se résigne à voir son âme d'artiste remplacée par les sons mélodieux d'un violon avec lequel elle entretient une relation quasi magnétique. La musique vit ainsi en elle et, simultanément, son âme anime l'instrument. Il s'agit ici d'un transfert esthétique. De cette manière, Krespel désacralise dans un premier temps l'art en animant le violon et en le faisant vivre comme un véritable être humain (puisqu'il est une sorte d'*ersatz* de sa fille) et, dans un second temps, il déshumanise Antonie en acceptant son dédoublement de personnalité (affectif et artistique). Si, en fabriquant des violons, Krespel essaie de construire son propre Moi, Antonie, en revanche, dans sa relation schizophrénique à l'instrument, procède à une véritable déconstruction entraînant chez elle une perte d'identité. Par conséquent, « quand elle est morte, l'âme de ce violon s'est brisée avec un claquement sonore et la table d'harmonie a volé en éclats[485] ». Sa personnalité était, de fait, déstructurée comme les violons que son père démontait : c'est le passage de la construction à la déconstruction définitive qui est susceptible de mener l'artiste à la folie ou à la mort.

En revanche, Antonie ne refuse pas le bonheur terrestre et supplie son père de lui laisser revoir une dernière fois l'homme qu'elle aime : « Le voir une fois encore, et puis mourir[486] ». La

---

Worten verkündet », [EF, t. 1, p. 77] : « Cet objet inanimé que je suis pourtant le seul à savoir faire **vivre** et chanter, me tient souvent un étrange **langage** ; la première fois que j'en jouai, je crus n'être que le magnétiseur capable d'inciter un **somnambule** à **exprimer** de lui-même ses **pensées** secrètes », [C'est moi qui souligne, I. L.]

[484] *Ibid.*, p. 62 : « Ich will nicht mehr singen, aber für dich leben », [EF, t. 1, p. 92]. [L'édition française, qui traduit « für » par « avec », nous semble, dans ce cas, dénaturer le texte original, car il ne s'agit pas d'une cohabitation, mais d'un don de soi.]

[485] *Ibid.*, p. 53 : « Als sie starb [...] zerbrach mit dröhnendem Krachen der Stimmstock in jener Geige, und der Resonanzboden riß sich auseinander », [EF, t. 1, p. 82].

[486] *Ibid.*, p. 61 : « Nur einmal ihn sehen und dann sterben », [EF, t. 1, p. 91].

relation quasi magnétique entre Antonie et son père prend fin lors de la rencontre nocturne et secrète entre la jeune femme et son musicien. Krespel, en croyant entendre jouer du piano, « voulut se lever », mais comme dominé par une force supérieure, par « des liens de fer qui l'empêchaient de faire le moindre mouvement, il « sombr[e] [ensuite] dans une sorte d'évanouissement[487] » et retrouve, à son réveil, sa fille sans vie sur le canapé. Malgré l'effroi de cette découverte, le décès le soulage. Cet événement a libéré sa conscience et Krespel ne construira désormais plus de violons : ni pour découvrir le secret caché de l'art, ni pour trouver un substitut à la voix de son enfant. Le rapport incestueux n'aura existé que comme idéal artistique et sexuel, vain et inassouvi, mais, dans d'autres situations, il se révèle encore plus pernicieux, surtout lorsque l'ennemi s'avère être le propre Moi incitant à se replier sur soi-même, à se réfugier dans un profond narcissisme correspondant à une véritable descente en enfer.

Elis et sa mère

En perdant sa mère, Elis est, en quelque sorte, dépossédé de la seule femme de sa vie. Il n'a plus goût à exister, il se sent seul et inutile. Il n'avait qu'elle comme point de repère, elle était son unique but, le seul être qu'il chérissait et qui le rattachait à son enfance. Cette mort entraîne un bouleversement psychique l'obligeant à se détourner du passé. Cela provoque chez lui une désorientation aussi bien individuelle que géographique, une perte des repères, de l'identité, voire de la virilité. Ce n'est pas le fait de vouloir rester auprès de sa mère ou d'aimer sa compagnie qui semble étrange ici, mais l'exclusivité de la relation. Si celle-ci, sans être malsaine, peut surprendre, le fait de mettre sur un même plan la prostituée qu'Elis rencontre et la mère étonne davantage :

La prostituée

Il sortit de sa poche deux **ducats** tout neufs, tira de son sein un beau **châle** des Indes et donna le tout à la fille[488].

La mère

Il m'était facile d'être gai au hönsning, lorsque j'avais versé mes **ducats** sur les genoux de la bonne vieille et que je lui avais offert les beaux **châles** et autres pièces rares que je lui rapportais des lointaines contrées[489].

---

[487] *Ibid.*, p. 63-64 : « Er wollte aufstehen [...] wie mit eisernen Banden gefesselt vermochte er sich nicht zu regen und zu rühren [...] [Er] fiel nun in eine Art dumpfer Ohnmacht », [EF, t. 1, p. 93].

[488] *Ibid.*, p. 211: « Damit nahm er zwei blanke **Dukaten** aus der Tasche, zog ein schönes ostindisches **Tuch** aus dem Busen und gab beides der Dirne », [EF, t. 1, p. 249], [C'est moi qui souligne, I. L.].

[489] *Ibid.*, p. 213 : « da konnt' ich wohl jubeln auf dem Hönsning, wenn ich dem Mütterchen die **Dukaten** in den Schoß geschüttet, wenn ich ihr die schönen **Tücher** und wohl noch manch anderes Stück seltner Ware aus dem fernen Lande hingereicht », [EF, t. 1, p. 251], [C'est moi qui souligne, I. L.].

Elis offre à la prostituée les mêmes présents qu'à sa mère : de l'argent pour subsister et de beaux tissus, de rares marchandises exotiques pour lui prouver le caractère extraordinaire et inconsciemment libidineux de leur relation. Le personnage ne semble pas distinguer la figure maternelle de l'amante potentielle. Il n'a aucune expérience en ce domaine.

Après cet événement tragique qui l'a rendu veuf et orphelin, Elis rencontre trois femmes : la prostituée, donc, pour laquelle il éprouve de la tendresse, la fille du mineur, Ulla, qu'il voudra épouser, et la reine de la mine, qui deviendra son obsession. Sa grande timidité et son ignorance en matière d'érotisme conduisent notre héros à préférer se mettre inconsciemment en quête de son identité perdue, car, auparavant, seul l'amour de sa mère comptait à ses yeux.

Toutefois, le bonheur terrestre ne va pas de pair avec la quête de soi. Cette recherche se fait en solitaire. Torbern, qui représente une sorte de messager de l'au-delà, souligne le mépris des hommes pour ce long et périlleux chemin vers la Connaissance : les gens « méprisent ce qu'ils sont incapables de comprendre[490] ». Avec ses récits et son pouvoir de fascination, le vieux mineur attire Elis dans l'univers de la mine au moment où il est le plus fragile, le plus influençable. Une relation psychique naît entre cet être venu d'ailleurs et le marin. C'est aussi par le langage des yeux que Torbern envoûte Elis. Ses yeux perçants facilitent la manipulation psychologique et l'élaboration d'images mentales. Torbern, après avoir donné à Elis « accès à un monde inconnu auquel il avait l'impression d'appartenir[491] », disparaît comme par magie, puis hante son inconscient et ses rêves. L'acte de narration apparaît indissociable du principe sérapiontique. Le mineur, par son don de conteur et son regard, envoûte ses interlocuteurs et sait solliciter leur œil intérieur. Ses paroles et son récit auront donc fait leur chemin dans l'inconscient d'Elis et se seront « empar[és] de tout son être[492] ». Ils auront transformé ses images mentales en rêve et son univers imaginaire en réalité. Le principe sérapiontique permet cette transformation, et l'impact des récits sur l'inconscient prouve son efficacité : narrer captive et stimule l'auditoire.

En descendant dans la mine, Elis espère peut-être inconsciemment rencontrer l'autre monde et revoir sa mère. L'inconnu de la mine lui ouvre l'accès à la magie perdue de son enfance. Torbern aide l'ancien marin à procéder à son introspection. S'il ne s'agit que d'une illusion, le rapport psychique est établi avec succès, et Torbern a alors pour rôle de faire le lien entre le terrestre et l'inconnu. Le marin finit par rompre définitivement avec la société et, à son tour, se métamorphose en minerai. Insaisissable, il n'appartient plus à personne et se renferme sur lui-même : il n'est plus qu'intériorité et abstraction. L'eau cristallisée qui marque le passage de l'univers marin à celui de la mine « renvoie au danger d'un raidissement de l'âme issu de la rupture du personnage avec

---

[490] *Ibid.*, p. 214 : « So ist, rief der Alte erzürnt, so ist nun das Volk, es verachtet das, was es nicht zu erkennen vermag », [EF, t. 1, p. 292].
[491] *Ibid.*, p. 215 : « habe ihm eine neue unbekannte Welt erschlossen », [EF, t. 1, p. 253].
[492] *Ibid.*, p. 215 : « erfaßte sein ganzes Ich ».

l'ensemble des contacts sociaux[493] ». Isolé, Elis perd tout repère, ses propos deviennent « si étranges et si incompréhensibles[494] ».

Sa seule référence féminine étant sa mère, il voit dans chaque femme un symbole à la fois maternel (*ersatz*) et extrêmement séduisant (inceste non assouvi). Bridé jadis par la relation maternelle, Elis concrétise d'une façon disparate et chaotique tous les fantasmes et désirs qu'il avait jusque-là intériorisés. Sa quête se meut en une recherche d'identité sexuelle et ses rêves se peuplent d'images sensuelles et érotiques qui libèrent ses refoulements. Le monde de la mine symbolise l'âme du marin, ses angoisses, ses frustrations, ses peurs, ses doutes et ses plaisirs inavoués. Ce monde intérieur qu'il extériorise et anime représente un exutoire fatal dont Torbern est le « levier » et l'initiateur. Néanmoins, la mauvaise conscience d'Elis vis-à-vis de sa défunte mère le ronge. Désirer une autre femme constituerait à ses yeux une trahison. Délice et ravissement, chez lui, sont donc mêlés d'angoisse[495].

Elis ne réussit donc pas à faire le deuil de sa mère. Il n'a pas vu le corps de sa mère morte et continue à l'apercevoir autour de lui. Elle erre avec nostalgie dans son souvenir. Du fond de la mine, il croit entendre sa voix qui le rappelle à elle. Elle représente une sorte d'âme protectrice et, même s'il y a méprise sur la personne, l'omniprésence de son visage prouve combien il est difficile à Elis de se reconstruire. Que ce soient la prostituée, Ulla ou la reine de la mine, tous les visages de femme symbolisent une facette de l'être maternel : la femme vénale, mais tendre (Elis aide sa mère à subvenir à ses besoins), la femme séduisante et protectrice (finalement, la femme qu'il croit entendre est Ulla) et l'être venu d'ailleurs (on peut penser à la mère décédée voulant récupérer son fils). Ici, la femme qui appelle Elis, qu'elle soit sa mère ou Ulla, apparaît sous les traits d'une « instance médiatrice » cherchant à tirer Elis des « griffes de son monde intérieur » qui le retiennent prisonnier. Elle désire le libérer et le voir « réintégrer la sphère de la communauté des hommes[496] ». La présence féminine et maternelle a ici une fonction salvatrice et de prévention. Ulla aurait pris le relais, sur terre, de la mère décédée. Hormis la reine de la mine et les créatures élémentaires, les femmes terrestres sont présentées comme des êtres bienfaisants, qu'il s'agisse de la prostituée ou

---

[493] Thorsten Valk : « "Die Bergwerke zu Falun". Tiefenpsychologie aus dem Geist romantischer Seelenkunde », in : *Interpretationen E.T.A. Hoffmann. Romane und Erzählungen*, éd. par Günter Saße, Stuttgart, Reclam, 2004, p. 173 : « Das kristallisierte Wasser verweist auf die Gefahr einer seelischen Erstarrung angesichts des Abbruchs sämtlicher Sozialkontakte ».
[494] *SB*, p. 235 : « in solch' wunderliche unverständliche Reden », [EF, t. 1, p. 271].
[495] *Ibid.*, p. 217 : « Ein unbeschreibliches Gefühl von Schmerz und Wollust ergriff den Jüngling, eine Welt von Liebe, Sehnsucht, brünstigem Verlangen ging auf in seinem Innern », [EF, t. 1, p. 254] : « Un sentiment ineffable, fait de douleur et de volupté, s'empara du jeune homme ; au fond de son âme s'ouvrit un monde d'amour, de nostalgie et d'ardents désirs ».
[496] Thorsten Valk : « Die Bergwerke zu Falun », *op. cit.*, p. 174 : « Die Mutter und ihre Stellvertreterin Ulla fungieren in der Bilderlogik des Traumes als letzte Vermittlungsinstanzen : Sie allein scheinen Elis aus den ruinösen Fängen seiner Innenwelt befreien und in die Sphäre menschlicher Gemeinschaft reintegrieren zu können ».

d'Ulla. Dans le monde réel, Elis, repensant à sa mère avec une profonde mélancolie, espère revoir la prostituée afin de trouver du réconfort. Il aspire ainsi à (re)trouver une présence féminine protectrice. Dans ses rêves, il rencontre la reine de la mine et lui promet, dans un acte de faiblesse et d'extase onirique, dévouement et fidélité.

Dans tous les cas, la femme, réelle ou sublimée, lui inspire un sentiment profond de nostalgie et de respect et lui offre la reconnaissance et l'affection dont il a besoin. De ce fait, le jeune marin pénètre définitivement dans l'univers des mineurs au moment où Ulla l'invite à franchir le seuil de sa porte. Le franchissement du seuil (de l'intime) est ici synonyme de libération et d'affirmation du Moi. En faisant le premier pas pour se défaire des chaînes maternelles, puis en désirant Ulla, Elis transforme sa relation incestueuse en relation sexuellement affirmée. Deux sentiments antagonistes le submergent alors : le désir éprouvé et le besoin de le réprimer sans doute par crainte d'être infidèle à sa mère :

> Elis se croyait transporté dans le paradis enchanté d'un rêve magnifique dont il ne tarderait pas à s'éveiller pour se sentir indiciblement malheureux. Il vida son pot machinalement[497].

La manière mécanique dont il vide son pichet traduit à quel point il ne contrôle plus ni ses gestes ni ses sentiments. C'est cette faiblesse dont Torbern profite pour le pousser à pactiser, comme lui, avec l'univers souterrain.

Mineur, Elis se lie pour ainsi dire avec les forces du mal qui symbolisent ses démons intérieurs. Il lui faut renoncer à tout amour terrestre et n'aimer que la reine de la mine. Une fois entré dans le royaume du mystère narcissique, il lui est impossible de se lier à une femme dans le monde des vivants. Il appartient désormais aux esprits élémentaires, puisqu'il a promis fidélité à la reine[498]. C'est dans la mine qu'il croit trouver son identité véritable et se révéler à lui-même. L'amour authentique n'appartient pas à ce monde. D'un côté, le personnage est prisonnier de son intériorité et de son amour incestueux pour sa mère, et, de l'autre, il ne demande qu'à se défaire de sa culpabilité pour trouver l'âme sœur.

---

[497] *SB*, p. 224 : « Dem Elis war es, als läge er in dem wonnigen Paradiese eines herrlichen Traums, aus dem er gleich erwachen und sich unbeschreiblich elend fühlen werde. Mechanisch leerte er den Krug », [EF, t. 1, p. 261].
[498] *Ibid.*, p. 234 : « Mitten in aller Wonne war es dem Elis manchmal, als griffe auf einmal eine eiskalte Hand in sein Inneres hinein, und eine dunkle Stimme spräche : "Ist es denn nun noch dein Höchstes, daß du Ulla erworben ? Du armer Tor ! – Hast du nicht das Antlitz der Königin geschaut ?" », [EF, t. 1, p. 270] : « Au milieu de tant de félicité, il semblait parfois à Elis qu'une main de glace plongeait tout à coup dans son cœur et qu'une voix sourde lui disait : "Est-ce vraiment toujours pour toi le bonheur suprême que d'avoir obtenu Ulla ? Pauvre fou ! … N'as-tu pas contemplé le visage de la Reine ?" ».

Sensible et fragilisé, Elis apparaît malléable et influençable. Dans la mine, le marin ne retrouvera ni sa mère ni son identité. En effet, la reine ne fait pas partie du royaume des morts dans lequel sa mère se trouve désormais, son univers irréel ne côtoie nullement celui des hommes. Elis a vraisemblablement perdu son identité de façon irréversible en s'égarant dans un monde atemporel, utopique et narcissique. Si la mine a un aspect religieux et mystique chez Novalis, elle s'avère dangereuse et fatale chez Hoffmann. Elle est l'allégorie de l'intériorité et des angoisses humaines. Elis n'accomplira pas sa quête et Torbern survivra. Toutefois, le magnétiseur (ou, tout simplement, l'être qui influence le psychisme d'un tiers) n'atteint pas systématiquement le but qu'il s'est fixé.

Échec de la manipulation ?

Dans *Les Frères de Saint-Sérapion*, tout magnétiseur est confronté à l'échec de la relation psychique qu'il avait établie. Hoffmann cherche ainsi à fustiger les abus de la science : l'être humain n'a pas le droit divin de décider du sort de ses semblables. Le magnétiseur ressemble à un ange déchu qui s'est brûlé les ailes en voulant toucher les sphères divines. Il est donc condamné, mais ne meurt pas consumé par les flammes, sur le bûcher. Il est contraint de périr, victime de son propre génie. Le manipulateur apparaît comme un être hybride, comme une entité venue d'ailleurs et une incarnation de Satan. « Personne n'a dénoncé l'aspect violent des traitements magnétiques et des moments de manipulation et d'abus d'une manière aussi pointue qu'Hoffmann[499] », affirme à juste titre Jürgen Barkhoff dans son ouvrage *Magnetische Fiktionen*.

Le magnétisme, aspiration vaine de l'homme à s'élever au rang d'être supérieur, représente une forme de narcissisme et de mégalomanie. *Les Frères de Saint-Sérapion* critiquent la propension romantique à accepter le magnétisme sans distance critique, même si un sentiment de fascination demeure concevable. Ce n'est donc pas un hasard si, dans la troisième veillée, les séances magnétiques, qui devaient être médicales et sérieuses, se transforment en véritable lieu social, en salon de thé esthétique et attirent tous les curieux des alentours : la médecine s'est laissée prendre au jeu de la notoriété et du voyeurisme, elle est désormais victime d'avoir accepté l'entrée de l'étrange et de la magie noire dans son univers. Hoffmann se fait ainsi le témoin des changements de mentalité de son époque. La science et la magie se rapprochent historiquement, le médecin devient technicien et magicien, l'homme manipule et se laisse manipuler. De la sorte, l'écrivain fait part de son angoisse face à cette intrication des sphères qui n'auraient jamais dû se rencontrer. Les amis sérapiontiques diagnostiquent ainsi cette évolution scientifique et technique.

---

[499] Jürgen Barkhoff : *Magnetische Fiktionen, Literarisierungen des Mesmerismus in der Romantik*, Stuttgart/ Weimar, Metzler, 1995, p. 197 : « [...] niemand hat den Gewaltaspekt der magnetischen Behandlungen, ihre Momente der Manipulation und des Mißbrauchs so pointiert herausgestellt wie Hoffmann ».

Néanmoins, la relation psychique ne consiste pas uniquement à manipuler l'inconscient d'autrui. Symboliquement, elle met en scène l'être humain démuni en proie à une force supérieure incontrôlable, issue de son imagination, de sa folie latente ou d'un monde qui lui est étranger. En effet, il est question du rapport entre un individu et une force qui s'avère être le diable en personne dans « Le Diable à Berlin », un esprit élémentaire dans « Les mines de Falun » et dans « Fiancée de roi » ou un individu ayant symboliquement vendu son âme au diable pour déceler les mystères du chant céleste dans « La guerre des Maîtres Chanteurs ». Hoffmann insinue ainsi le trouble chez son lecteur qui ne sait plus si les êtres malfaisants existent réellement ou non. L'influence psychique est proche de l'influence diabolique que l'on retrouve à plusieurs reprises sous les traits de Nasias ou de Klingsohr dans « La guerre des Maîtres Chanteurs », de Satan dans « Le Diable à Berlin » et d'Aurélie dans « Vampirisme ».

De même, la nuit revêt parfois la figure allégorique du diable ou d'une créature de cauchemar qui apparaît soit en rêve soit en être de chair et de sang. Le véritable diable reste toutefois celui qui manipule l'inconscient, s'en sert pour détruire ou anéantir un autre être et a recours, pour arriver à ses fins, au magnétisme et à l'hypnose. Le rêveur devient donc un somnambule, un magnétisé, une victime. L'ironie de l'interrogation présente dans « Casse-Noisette » « Qu'est-ce que l'homme ? » [« Was ist der Mensch ? »] souligne, outre l'allusion directe à la philosophie kantienne, que l'Autre est porteur de conséquences fatales, voire tragiques : l'homme doit sortir seul des difficultés qui lui échoient et ne se fier qu'à sa propre personne, si tant est que son esprit soit sain. S'il n'est pas directement assimilé au diable, le magnétiseur passe pour y être au moins attaché, comme Torbern dans « Les mines de Falun ». Dans « Le sinistre visiteur », Marguerite, au même titre que Theobald dans « Le Magnétiseur », est complice de la magie noire exercée par le comte de S..i. Quant à Nasias, dans « La guerre des Maîtres Chanteurs », il apparaît sous les traits d'un être surnaturel, tout droit sorti de l'enfer. Il en va de même de Klingsohr et de ses acolytes. Lorsque Heinrich von Ofterdingen, ayant décidé de quitter la Wartburg après avoir avoué à Wolfframb von Eschinbach qu'il brûlait d'une passion dévorante pour Mathilde, se retrouve dans la forêt, lieu du merveilleux et des rencontres nocturnes effrayantes dans la tradition des contes de fées et du romantisme, il fait la connaissance d'une « grande forme noire » coiffée d'un « chapeau aux plumes sombres ». L'inconnu au « somptueux vêtement noir » a un « rire sardonique » et « strident », un « rictus moqueur », une « voix méchante ». Outre ce rire diabolique, son aspect physique le rend aussi angoissant : les « joues creuses », la « barbe rougeâtre », une

« lueur sauvage[500] » dans les yeux. Les personnages inquiétants d'Hoffmann possèdent systématiquement les attributs du diable. Dans « Le Diable à Berlin », la représentation du Malin s'inscrit dans un héritage commun, dans lequel chacun peut se reconnaître. Ottmar souligne cet aspect par le biais d'expressions caractéristiques telles que « notre Diable germanique », « le caractère du Satan germanique », « l'art de représenter le Diable de cette manière bon enfant », « la manière dont les Allemands représentent cet exécrable Satan », « les histoires récentes qui le font apparaître[501] ». En aiguillonnant l'imagination du lecteur, le narrateur « rend possible[502] » et stimule la perception de ce dernier. Dans l'entretien qui précède « Doge et dogaresse », Theodor déclare qu'« il suffit que l'imagination du lecteur soit secouée tant soit peu énergiquement pour qu'ensuite elle s'en donne à cœur joie » et vole alors « de ses propres ailes[503] ».

Pour stimuler l'imagination du lecteur, l'accent est également mis sur le regard, la voix ou le sourire grimaçant. La venue des personnages est semblable à une apparition, qu'il s'agisse des arrivées impromptues du comte dans « Le sinistre visiteur », de Torbern dans « Les mines de Falun » ou, dans « La guerre des Maîtres Chanteurs », de cet inconnu qui met en garde son interlocuteur en lui recommandant de « [faire] bien attention à [ses] paroles : elles peuvent être de bon conseil[504] ». Les prédications et les oracles ne sont pas réservés à des êtres toujours bienfaisants. Même si l'inconnu, dans « La guerre des Maîtres Chanteurs », ne semble pas magnétiseur, Heinrich subit les mêmes symptômes qu'un patient magnétisé : l'étranger éveille en lui un « frisson d'horreur », ses « yeux dardaient un feu insolite » et Heinrich « sentait tous ses membres paralysés », car « chaque parole suscitait des éclairs[505] ». Le *leitmotiv* de la lumière et du feu révèle le caractère mystérieusement diabolique des personnages. Le discours de l'inconnu sur l'art véritable du chant crée pareilles images mentales chez Heinrich qui se laisse influencer et accepte le marché : « je serai votre disciple studieux et attentif[506] ». Le pacte avec le Malin est ici scellé. En gage de fidélité, Heinrich est invité à se rendre en Transylvanie afin de suivre les enseignements de maître Klingsohr et il

---

[500] *SB*, p. 345 : « eine große finstere Gestalt », « das schwarzbefiederte Barett », « die schwarze reiche Kleidung », « mit recht häßlichem höhnenden Ton », « ein gellendes Gelächter », « grinsenden Lachen », « die eingefallnen Wangen », « den rötlichen Bart », « die wildfunkelnden Augen », [EF, t. 3, p. 44-45].
[501] *Ibid.*, p. 637 : « teutschen Satans […] die wahrhafte teutsche Gemütlichkeit […] wie der leidige Satan dargestellt wird im menschlichen Leben handierend […] die Kunst, den Teufel ganz auf diese deutsch gemütliche Weise darzustellen […] in den neuen Teufelsspukgeschichten », [EF, t. 3, p. 31].
[502] Christophe Bouriau : *Qu'est-ce que l'imagination ?*, Paris, Vrin, 2003, p. 56 : « C'est l'imagination qui rend possible la perception et non l'inverse. […] L'imagination ne dérive pas de la perception, mais la rend possible ».
[503] *SB*, p. 427-428 : « Ich meine, die Fantasie des Lesers oder Hörers soll nur ein paar etwas heftige Rucke erhalten und dann sich selbst beliebig fortschwingen » / « [Fantasie] […] die eignen Schwingen », [EF, t. 2, p. 126].
[504] *Ibid.*, p. 346 : « Horcht auf meine Worte, sie können Euch lehrreich sein », [EF, t. 2, p. 45].
[505] *Ibid.*, p. 346 : « des tiefen Grauens », [EF, t. 2, p. 45]/ « Dann fühlte er sich aber wieder gelähmt an allen Gliedern », [EF, t. 2, p. 46]/ p. 347 : « Jedes Wort des Fremden entzündete Blitze », [EF, t. 2, p. 46].
[506] *Ibid.*, p. 347 : « Ihr werdet mich wohl als Euern fleißigen, wißbegierigen Schüler annehmen », [EF, t. 2, p. 46-47].

reçoit à cette fin un « petit livre rouge » d'initiation. Le récit ne retrace aucunement le voyage de Heinrich et sa rencontre avec Klingsohr. Le lecteur voit seulement la métamorphose qui s'est opérée à son retour. Heinrich revient à la Wartburg plus arrogant que jamais, ses chants semblent ne pas pouvoir « jaillir d'une simple poitrine humaine », mais être l'« œuvre de puissances étrangères[507] ». Ce changement brusque de personnalité conduit le lecteur à croire à une manipulation psychique. Initié aux mystères de l'occulte, Heinrich parvient même à éveiller chez Mathilde des sentiments inespérés. « La pauvre ensorcelée » est aussi tombée sous le charme et devient méprisante envers les autres chanteurs qui décident avec le landgrave de mettre fin à cet envoûtement en invitant Klingsohr à se mesurer à leur savoir-faire. Il s'agit là d'une sorte de bataille manichéenne entre le Bien et le Mal, entre le naturel et l'artificiel, entre l'art qui vient du cœur et de l'âme d'un côté et l'art intellectualisé et hautement travaillé de l'autre. « La guerre des Maîtres Chanteurs » est le récit qui dépeint le plus clairement la manière dont l'adepte des sciences occultes côtoie les sphères supérieures. Le magnétiseur n'est plus ce médecin guérisseur avide de gagner le cœur de la femme qu'il convoite par de méchants artifices. C'est l'art qui est ici en jeu. Klingsohr n'éprouve nullement le besoin, contrairement à Krespel, de démonter des violons pour percer les mystères de l'art, car même les forces du mal se soumettent à ses ordres. Venu pour le concours, il avoue à Wolfframb, lors de sa visite, que sa « science commande à des puissances occultes[508] ». La chambre dans laquelle il loge est « remplie de livres et [...] d'instruments étranges[509] ». Tout semble magie et sorcellerie : les livres laissent échapper « un râle profond de moribond », les « bizarres racines » qu'il saisit « frétill[ent] comme des bras et des jambes » et « d'étranges bruits [viennent] [...] des armoires[510] ». Le pouvoir de Klingsohr paraît résider dans une simple pierre brillant de mille feux, qu'il « tir[e] d'un étui », s'ensuit « un profond silence » et « Wolfframb ne [voit] ni n'enten[d] plus rien de ce qui l'[a] d'abord rempli d'épouvante[511] ». Étant donné que Klingsohr détient de grands pouvoirs, il ne supporte pas de se voir vaincu au chant. Par conséquent, il laisse éclater sa colère en décidant d'envoyer Nasias, un concurrent redoutable, présenté comme le Mal en personne. Ce dernier apparaît « environné d'un flamboiement écarlate », ses « yeux sournois et étincelants » sont terrifiants. Il n'est d'ailleurs pas décrit comme un être humain, mais comme une apparition dont « l'auréole de feu qui [l'] entour[e] faibli[t], et sa taille se rapetiss[e][512] » au fur et à mesure que Wolfframb progresse dans son chant. Vaincu, il disparaît

---

[507] *Ibid.*, p. 354-355 : « nicht herausströmen aus der rein menschlichen Brust », « das Erzeugnis fremder Kräfte », [EF, t. 2, p. 53].

[508] *Ibid.*, p. 367 : « über finstre Mächte gebietet meine Wissenschaft », [EF, t. 2, p. 64].

[509] *Ibid.*, p. 361 : « mit Büchern und allerlei wunderlichen Gerätschaften angefüllt », [EF, t. 2, p. 59].

[510] *Ibid.*, p. 365 : « wie ein tiefer Todesseufzer », « die wunderlichen Wurzeln [...] zappelten [...] wie Armen und Beinen », « dabei wurd' es in den Schränken ringsumher unruhig », [EF, t. 2, p. 62-63].

[511] *Ibid.*, p. 365 : « aus einer Kapsel einen Stein hervor », « alles wurde still und Wolfframb sah und hörte nichts mehr von dem, was ihm erst Entsetzen erregt », [EF, t. 2, p. 63].

[512] *Ibid.*, p. 370 : « desto mehr schrumpfte seine Gestalt zusammen », [EF, t. 2, p. 67].

« avec un fracas d'ouragan » en laissant derrière lui « une odeur suffocante de soufre[513] ». De même, lors de la bataille publique entre Wolfframb et Heinrich, il semble que Nasias ait usurpé la place du second et, se voyant encore perdant et menacé de mort, le personnage disparaît dans « un nuage de fumée noire ». Cette disparition soudaine ressemble à celle de Barbara Rollofin dans « Le Diable à Berlin » qui, au moment d'être brûlée vive pour avoir « ensorcelé la pauvre Madame Lütkens et substitué un horrible monstre à l'enfant qu'elle portait[514] », sollicite l'aide du Malin : « une énorme chauve-souris noire s'élança [...] jusqu'au milieu des flammes, puis s'éleva en piaillant dans les airs avec la pelisse de la vieille[515] ». Klingsohr, lui aussi, a vraisemblablement pactisé avec le diable, lui aussi sait exploiter les métaux précieux et possède le talent du mineur Torbern dans « Les mines de Falun ». De plus, il sait lire l'avenir dans les astres. Astrologue, minéralogiste, voire alchimiste, chercheur scientifique et chanteur érudit, il dispose d'un génie multiple qui ressemble à celui de Dapsul, dans « Fiancée de roi ». Toutefois, si ce dernier sauve sa fille des mains d'affreux gnomes, il est présenté d'une manière parfaitement ridicule et suscite plus le rire que l'effroi. Klingsohr, lui, apparaît inquiétant et relativement puissant. En revanche, il ne maîtrise que l'artifice et ne détient pas l'art pur. En conséquence, il échoue face à Wolfframb. L'art du chant provient avant tout du cœur et non des sciences, il ne suffit pas d'en maîtriser la technique. Il devient un art véritable lorsqu'il est intérieur, pur et dénué de tout artifice. Si la musique est créée dans un but de conquête de l'autre et de manipulation psychique ou dans un esprit de supériorité, et non pour louer la beauté naturelle, elle perd alors son statut sacré. C'est la raison pour laquelle Klingsohr ne parvient pas à transformer Heinrich qui « n'a fait que grignoter l'écorce amère, sans goûter la douceur du fruit[516] ». L'âme du chanteur n'est pas, en ce sens, promise à une damnation éternelle.

L'être malfaisant, qu'il soit magnétiseur, suppôt de Satan ou Satan lui-même, échoue : le comte de S..i, dans « Le sinistre visiteur », voulant acquérir le bonheur par une machination psychique, meurt foudroyé par une attaque d'apoplexie. Dans « Le Diable à Berlin », la réussite de la relation psychique entre Barbara et madame Lütkens n'est que de courte durée et, dans « La guerre des Maîtres Chanteurs », Wolfframb remporte trois fois la victoire : la première fois contre Klingsohr, la deuxième contre Nasias et la troisième contre celui qu'il tient pour Heinrich von Ofterdingen, mais qui n'est autre que Nasias en personne. Dans « Doge et dogaresse », les

---

[513] *Ibid.*, p. 371 : « Wie der Sturm brauste er fort und ein erstickender Schwefeldampf erfüllte das Gemach », [EF, t. 2, p. 68].
[514] *Ibid.*, p. 630 : « Sie hätte die arme Frau Lütkens verhext und ihr die abscheuliche Mißgeburt untergeschoben », [EF, t. 2, p. 24].
[515] *Ibid.*, p. 631 : « eine große schwarze Fledermaus rauschte auf, fuhr in die Flammen hinein, erhob sich kreischend mit dem Pelz der Alten in die Lüfte », [EF, t. 2, p. 25].
[516] *Ibid.*, p. 375 : « nur an der bittern Schale nagte er, ohne die Süßigkeit des Kerns zu schmecken », [EF, t. 2, p. 73].

prédictions de Margaretha ne se réalisent pas non plus. Mais si le génie magnétique accouche, là encore, d'un échec, la personnalité de Margaretha, la manière dont elle est dépeinte et son rôle dans l'économie même de la narration importent davantage.

Margaretha apprend d'abord à Antonio qu'elle a été sa nourrice après le décès de sa mère au moment de l'accouchement. Enfant meurtri, orphelin, arraché à ses racines et envahi seulement de souvenirs lointains, Antonio est gondolier à Venise. La femme, vieille en apparence, se voit d'abord décrite comme mauvaise, comme possédant un « ricanement diabolique » et ponctuant ses phrases d'un « rire déplaisant » et de l'interjection « Hi, hi, hi, hi ». La traitant de « sorcière », Antonio la redoute et la somme de « cesser [...] de [l'] ensorceler par [ses] détestables artifices[517] ». Cependant, son influence n'est aucunement néfaste. Fille d'un chirurgien, férue de sciences occultes, elle développe le don de guérir par des passes magnétiques et des onguents naturels soigneusement préparés. Visionnaire, elle pressent l'avenir. Ses talents de guérisseuse, très appréciés, sont néanmoins perçus d'un fort mauvais œil par la médecine traditionnelle. Taxée de sorcière et de suppôt de Satan, elle est d'abord torturée. Son corps meurtri, abîmé prématurément, lui donne l'allure d'une vieille femme. Condamnée à être brûlée vive, elle échappe de justesse à la mort.

Dans le récit, elle cherche surtout à aider Antonio dans sa quête du bonheur en essayant de lui offrir la femme de ses rêves, celle qu'il avait rencontrée dans sa jeunesse et qu'il avait depuis gardée enfouie dans son cœur. Cette jeune femme n'est autre qu'Annunziata, la dogaresse de dix-neuf ans, fille de Bertuccio Nenolo, jadis lui-même père adoptif d'Antonio, et épouse du doge Marino Falieri, de près de soixante ans son aîné, foncièrement jaloux. Si les intrigues politiques et amoureuses s'entremêlent, c'est la relation psychique entre Margaretha et Antonio qui est intéressante. La vieille dame a beau agacer et effrayer le jeune homme, ce dernier éprouve pour elle une attirance et une affection inexplicables. Il est, pour ainsi dire, lié à elle. Ce lien s'explique par le souvenir, par l'amour filial qu'elle lui a prodigué pendant ses jeunes années et par la puissance magnétique qu'elle détient. Même si le magnétiseur est ici – ce qui est fort inhabituel chez Hoffmann – une femme et, qui plus est, bienfaisante, elle ne réussit pas à arriver à ses fins. Antonio et Annunziata s'avouent certes leur amour pur et réciproque, le doge est décapité pour avoir fomenté une intrigue politique contre la seigneurie et laisse sa femme veuve et donc libre d'aimer à nouveau. En dépit de tout cela, les deux amants et Margaretha meurent noyés. Malgré ses théories et prédictions, la nourrice ne parvient pas à prévenir sa mort et celle d'Antonio et d'Annunziata. Tout en ayant aspiré à réunir ces derniers, elle a toujours cherché à faire prendre conscience à son « fils » de la menace que les fantômes du passé représentent. Chez Hoffmann, le rapport au passé est source, en effet, de

---

[517] *Ibid.*, p. 455 : « deiner dunklen Worte bedarf es nicht mehr, mich mit verruchter Kunst zu verlocken », [EF, t. 2, p. 152].

danger. D'une part, si les souvenirs sont nécessaires d'un point de vue identitaire, ils constituent parfois une obsession destructrice (Elis dans « Les mines de Falun »). D'autre part, l'acte de faire surgir le mystère (événement du passé non transmis à la conscience) implique systématiquement un risque (« Doge et Dogaresse »). Le drame de nombreux personnages hoffmanniens réside alors soit dans le fait d'accepter de se laisser dominer par leur passé soit dans leur obsession d'en découvrir les moindres détails. Dans le premier cas, le Moi ne trouve aucune compensation, il est emprisonné par sa propre histoire ; dans le second, il se voit placé face à une réalité (parfois tragique) qu'il n'est pas en mesure d'accepter, d'identifier véritablement et d'intégrer à sa conscience. C'est la raison pour laquelle Sérapion, par exemple, préfère un passé factice et rêvé à un passé auquel il ne peut plus s'identifier. Dans le cas de la noyade de « Doge et dogaresse », le passé est, lui aussi, à tout jamais englouti : on peut néanmoins penser que les deux jeunes gens périssent dans une étreinte qui les unira au-delà de la tombe. Un avenir idéalisé aura eu potentiellement raison d'une réalité dramatique. Cependant, les dons de Margaretha n'auront servi strictement à rien : les éléments (ici l'élément aquatique) apparaissent supérieurs, l'homme ne peut prétendre à les dominer. Hoffmann fustige là avec violence les limites du magnétisme et de toute science occulte : poète ou artiste, le génie côtoie les sphères célestes et supérieures, mais malheur à lui s'il désire changer le cours de la destinée, s'il souhaite allier ce qui ne peut être uni ou désunir ce qui a été célébré devant une instance divine, chrétienne ou panthéiste. Si le magnétisme et la médecine naturelle sont capables de guérir des maux terrestres, y compris de manière spectaculaire, ils n'ont aucun impact sur le macrocosme. La mer a repris ses droits et s'est vengée de l'infidélité d'Annunziata. En effet, jadis, le doge avait épousé l'élément marin dans son ensemble[518], comme il est gravé en italien dans le cadre du tableau : « Ah ! senza amare/ Andare sul mare/ Col sposo del mare/ Non può consolare[519] ». L'inscription, apparemment anodine, s'avère donc fondamentale pour la juste compréhension du récit. Qu'il appartienne à l'art (ici pictural) ou à la narration (récit-cadre, titre de chapitres au sein d'un récit, adresses au lecteur, etc.), le cadre, au sens large, reste un outil de révélation et de connaissance décisif pour le récepteur qui ne doit négliger aucun détail. De plus, si, dès le début, le lecteur dispose de multiples éléments pour interpréter la toile, il a également besoin, comme les deux spectateurs du récit, d'un tiers qui lui en dévoile les mystères.

---

[518] *Ibid.*, p. 474 : « Der alte Falieri schien auf den Gesang gar nicht zu achten, er erzählte der Dogaressa vielmehr sehr weitläuftig, was es mit der Feierlichkeit am Himmelfahrtstage, wenn der Doge von dem Bucentoro den Ring hinabwerfend, sich dem Meer vermähle, für eine Bewandtnis habe », [EF, t. 2, p. 170] : « Le vieux Falieri semblait ne prêter à ce chant aucune attention : il se mit à raconter très longuement à la dogaresse le sens et l'origine du jour de l'Ascension, où le doge se marie avec la mer en jetant un anneau dans ses vagues du haut du Bucentaure ». Hoffmann intègre l'union entre un être humain et un ondin, trait récurrent de la tradition romantique que l'on retrouve, par exemple, dans *Ondine* de La Motte Fouqué.
[519] E.T.A. Hoffmann : *Les Frères de Saint-Sérapion, op. cit.*, t. 2, p. 128 : « Hélas ! sans aimer/ Suivre la mer/ L'époux de la mer/ Ne peut consoler. »

Dans « Fragment de la vie de trois amis », le magnétiseur n'est plus confronté à un échec, mais à sa propre incompétence. Nettelmann est un faux magnétiseur, fou de surcroît. Il use du magnétisme comme d'une thérapie inconsciente ou pour se protéger. C'est sa manière de combattre ses angoisses et de se rassurer sur la bonté de la nature humaine. À la fois ridicules et pathétiques, sa maladresse et sa maladie mentale émeuvent le lecteur. D'abord présenté comme un fantôme, il apparaît une nuit au chevet de Marzell, un chandelier et un verre d'eau à la main, et se met à faire « de larges mouvements de rotation tout en proférant des gémissements lugubres[520] ». Le lendemain, l'énigme est résolue : le spectre est en fait un voisin soucieux « de connaître [les] sentiments [de Marzell] à son égard[521] ». Nettelmann, persuadé de posséder le don de magnétisme, celui de savoir lire dans l'âme et les pensées d'autrui, explique même à Marzell la façon dont il procède, avec quels ustensiles et dans quelle intention. Son action ne se révèle être qu'un remède à un sentiment de persécution permanent. Toutefois, sa paranoïa fait place à une schizophrénie irréversible justifiant son internement. Ce personnage n'a pas d'impact majeur dans le fragment proprement dit, mais sa présence révèle une critique des abus du magnétisme – et de la superstition – qui prend un malin plaisir à se moquer du lecteur trop crédule ou en attente d'étrangeté, car toute apparition nocturne n'est pas forcément malfaisante et fantomatique. Selon Hoffmann, le magnétisme doit rester au service de la médecine et non devenir une pratique destinée à sonder l'humain. Son échec symbolise cependant une réussite : le passage de l'homme manipulé à l'homme libéré.

Angelika dans « Le sinistre visiteur », Heinrich et Mathilde dans « La guerre des Maîtres Chanteurs », Marie dans « Casse-Noisette » et la fille de Dapsul dans « Fiancée de roi » sont délivrés de leur dépendance psychique. L'affranchissement se produit par un changement d'attitude ou une métamorphose physique. Une fois que le charme est rompu, un miroir ou un cristal se brise, comme dans « Le sinistre visiteur », « Casse- Noisette » ou « Les mines de Falun ». La libération va aussi de pair avec la découverte de secrets enfouis. Dans « Fiancée de roi », Dapsul parvient à sauver sa fille en étudiant le langage des astres et Dagobert, dans « Le sinistre visiteur », nous fait part de la machination infernale du comte en lisant la lettre qu'il avait adressée à Marguerite. Celle-ci se libère du même coup du joug de toute relation psychique. Le secret, une fois révélé, perd tout son effet. Les victimes libérées, le charme magnétique n'opère plus. Si *Les Frères de Saint-Sérapion* mettent davantage en scène des magnétiseurs terrifiants et diaboliques, le personnage mi-

---

[520] *SB*, p. 141 : « das Leuchter und Glas mit schauerlich winselnden Tönen in großen Kreisen zu schwingen begann », [EF, t. 1, p. 176-177].
[521] *Ibid.*, p. 143 : « Es war nur um von Dero Gesinnungen gegen mich unterrichtet zu sein », [EF, t. 1, p. 178].

bienfaisant mi-grotesque[522] de Dapsul, celui de l'orfèvre malicieux et sarcastique dans « Le choix d'une fiancée » ou de la femme magnétiseur dans « Doge et dogaresse » montrent que tout génie magnétique ne conduit pas nécessairement au désir de puissance ou à la volonté de domination : Margaretha est « la représentante symbolique de mère Nature dans le sens de Schubert[523] » et Antonio et Annunziata sont ses protégés, personnages dont elle doit réveiller l'amour ou la passion.

Le magnétisme constitue une force nécessaire à la construction de l'œuvre sérapiontique protéiforme et multiple. Sa présence entretient l'illusion, la tension entre les mondes intérieur et extérieur, le microcosme et le macrocosme. Il trouble les frontières entre le naturel et le surnaturel, le normal et le paranormal, le quotidien et l'étrange. Il mêle le grotesque et le diabolique, le vrai et le faux-semblant et fait naître le doute chez le lecteur qui ne sait plus s'il est en face d'une réalité empirique et reconnaissable, de l'inconscient ou d'un univers parallèle, insondable et obscur. L'imagination ne doit pas être comprise comme une simple machine à créer de l'illusion, elle est le principal moteur de l'esthétique, soutenue aussi par la présence du magnétisme. Également source de création et d'interrogation, le magnétisme enrichit le récit et en symbolise le levier :

> [...] le levier du magnétisme [doit] représenter dans l'art poétique des forces inconnues et impénétrables issues de l'au-delà et de notre for intérieur mystérieusement fantastique, et leur donner un visage et une forme[524].

En dehors de son importance narrative et esthétique, le recours au magnétisme dénonce aussi en filigrane l'abus qui consiste à privilégier l'artifice au détriment de l'amour vrai, de l'art véritable et des rapports humains naturels. L'inerte s'humanise artificiellement et l'homme se métamorphose en objet.

Objet et sujet : humanisation de l'inerte et automatisation de l'humain

L'art hoffmannien ne constitue pas une fin en soi où l'homme, par le seul acte de créer, serait libre de toute contingence. L'artiste souffre, se lance à la recherche de son identité ou bien

---

[522] Le terme de « grotesque » signifie, dans le cas présent, « ridicule ». Il est empreint de dérision et de satire et provoque le rire. Cet aspect est souligné par Baudelaire dans son *Essence du rire* (1857) : l'écrivain voit dans le grotesque le « comique absolu », par opposition au comique ordinaire.
[523] Jürgen Barkhoff : *Magnetische Fiktionen, op. cit.*, p. 233 : « als symbolische Repräsentantin der Mutter Natur im Sinne Schuberts ».
[524] *SB*, p. 223 : « [...] der magnetische Hebel [soll] unbekannte, geheimnisvolle Kräfte aus unserem rätselhaftphantastischen Innenleben und dem Gebiet des Geisterhaften in der Poesie vertreten, ihnen Kontur und Gesicht geben ».

ressent la douleur frustrante de ne pouvoir posséder la muse qu'il convoite. Son cœur s'apparente, en ce sens, à celui du romantique, meurtri et désespéré. Néanmoins, il n'y a pas de visée proprement humaniste chez Hoffmann, mais un profond repli sur l'individualité qui ne cohabite que difficilement avec la société qui l'entoure. Les personnages hoffmanniens sont à l'image de leur créateur : faussement mondains et réellement ermites. Cette caractéristique les rapproche de la forme artistique romantique mêlant l'identité profonde, le Moi et l'être social. La fascination pour l'âge d'or révolu et la nostalgie qui en résulte se lient étroitement à un égocentrisme latent. Dans « La Cour d'Artus », Traugott, dans un monologue intérieur, souligne que les visions de l'artiste lui appartiennent en propre et à jamais,

> car c'est en lui-même que réside la mystérieuse magie des formes, des couleurs et de la lumière, c'est à lui qu'est donné de fixer ces visions intérieures en leur prêtant une existence sensible[525].

Existe-t-il un seul personnage hoffmannien qui cherche à vivre pour rendre heureux ses semblables, qui se dévoue entièrement à autrui ? Tous les personnages principaux des récits sérapiontiques vivent essentiellement pour affirmer leur identité, leur quête artistique subjective ou bien encore leur besoin de plénitude et d'accomplissement personnel. Tout en voulant se démarquer des Lumières, de l'esthétique grecque et de l'âge classique, Hoffmann critique aussi le romantisme de son époque.

Ricarda Huch souligne que « toute la recherche des romantiques » vise à « transformer l'instinct en art, l'inconscient en savoir[526] » : « l'esthétique » d'Hoffmann tend essentiellement à revaloriser l'âme humaine et à en explorer le tréfonds. Hoffmann partage ce désir d'universalité et d'absolu qu'il exploite dans ses contes, à travers ses personnages célestes et merveilleux, ses réflexions et portraits satiriques. Il cherche pour ainsi dire à structurer les idées du romantisme en recourant à la « raison » [« Besonnenheit »] des Lumières. Derrière le chaos et l'hétérogénéité, il donne au lecteur la possibilité d'appréhender l'art, la folie et le fantastique par le biais de la raison et de ses dérivés : l'ironie et le Witz. Sans pour autant adhérer aux thèses rationalistes des Lumières, il s'interroge sur l'homme, sa destinée, ses manques, son génie et ses faiblesses. Sans faire de ses écrits des instruments de formation, l'écrivain vise à sensibiliser son lecteur au statut délicat de l'artiste dans la société et transforme l'interrogation kantienne « Qu'est-ce que les Lumières ? », ou « Qu'est-ce que l'homme ? », en « Qu'est-ce que l'artiste ? ». L'instrument indispensable à la connaissance de soi n'est plus l'Antiquité, comme le revendiquait Schlegel, mais le Moi proprement

---

[525] *Ibid.*, p. 186 : « denn in ihm wohnt der geheimnisvolle Zauber des Lichts, der Farbe, der Form, und so vermag er, was sein inneres Auge geschaut, festzubannen, indem er es sinnlich darstellt », [EF, t. 1, p. 222].
[526] Ricarda Huch : *Les romantiques allemands*, Paris, Grasset, 1933, p. 87.

dit. L'homme, qui part en quête de lui-même, ne peut plus compter que sur sa propre personne. Il n'accède cependant à la liberté que dans ses rêves. La société ne lui permet pas de s'épanouir, même si elle lui offre des satisfactions ponctuelles. En tant qu'artiste créateur, l'individu n'accède pas non plus à une liberté totale. Il est toujours soumis à la critique. Contrairement aux premiers romantiques, Hoffmann ne met pas l'accent sur le terme de « formation » au sens d'éducation. L'objectif de chaque individu n'est nullement l'éducation, impliquant des codes et des règles, mais la liberté créative et onirique. Hoffmann ne s'embarrasse pas au premier chef de considérations esthétiques et techniques, même s'il fait sentir à son lecteur qu'il les connaît et peut en apprécier la portée. La science et la connaissance sont, en effet, indispensables à toute création et, sans la moindre technique, l'artiste ne possède pas les moyens d'exprimer ce que son for intérieur renferme. Chaque art est tributaire d'une certaine technicité qui ne saurait être occultée. On peut songer ici notamment à la métrique en poésie, au solfège en musique ou à l'habileté manuelle et technique en peinture.

Hoffmann est romantique dans la mesure où il essaie de concrétiser l'idéal du fragment 116 de l'*Athenäum* en mêlant les arts et leurs techniques. De plus, il met en scène les passions, l'imagination enflammée, la mélancolie et la nostalgie, le désir et le rêve. Ainsi a-t-il en quelque sorte ouvert la voie à la psychanalyse. Si, dans sa démarche esthétique, l'écrivain mêle la subjectivité romantique à la raison éclairée, il se rapproche davantage du romantisme dans son expression artistique, vu le caractère hétérogène et fragmentaire de ses récits. Son ironie et son esprit l'empêchent d'appartenir à une quelconque mouvance : il refuse de fournir à son lecteur des pistes de reconstruction claires.

Narcissique et nostalgique, l'artiste hoffmannien a tout du romantique. Raisonnant et faussement déstructuré, il ne renie pas non plus l'héritage des Lumières. La raison doit toujours aller pour lui de pair avec la folie et la magie. C'est d'ailleurs ce qui fonde le principe sérapiontique. Cependant, qu'il soit enfant ou artiste, l'individu ne peut entretenir de rapports pleinement rationnels avec ce qu'il crée. Il reste constamment avide de puissance, mais se voit bien souvent rattrapé par ses démons intérieurs.

Les Frères de Saint-Sérapion mettent en lumière un renversement du rapport sujet-objet, l'objet devenant sujet et le sujet objet. L'humanisation de l'inerte ou l'automatisation de l'humain a un impact direct sur les domaines psychologique et esthétique.

Si le Moi cherche toujours à dominer, son besoin de domination est rapidement réduit à néant. L'objet, une fois animé, parvient ensuite à exister indépendamment de son maître ou de son créateur. Par la suite, le Moi n'a plus de prise sur cet objet qui vit en dehors de lui et dont l'existence lui est toujours indispensable. C'est bien l'artiste qui appartient à son œuvre et non l'inverse, comme le souligne Novalis dans ses *Fragments*[527].

L'art et ses objets s'interpénètrent. L'imagination est stimulée par cette réciprocité. Mais c'est une imagination dont le génie n'a pas de caution dans le monde rationnel. Les souhaits de l'artiste, comme ceux de l'enfant, sont refoulés. L'adulte refuse d'entendre ses récits fantasques, de se faire le complice de situations trop invraisemblables. Bref, la société s'avère davantage castratrice que libératrice ou bienfaitrice.

Chez l'enfant, à l'image de Marie, Christlieb ou Felix, l'univers imaginaire est affirmé, assumé, voire revendiqué, en dépit de l'incompréhension des adultes. Christlieb et Felix vont même plus loin que Marie, car leurs rêves révélés sont acceptés par leur père et donnent de la force et de l'espoir à leur mère, subitement veuve. L'objet ou le compagnon de jeu imaginaire s'avère, dans ce cas, bienfaiteur.

Le Moi se construit dès la petite enfance. Par la suite, la personnalité s'enrichit au contact de l'art et de la créativité du sujet. Deux sortes d'individus apparaissent chez Hoffmann : celui que l'art vient combler et celui qui en devient l'objet et l'esclave. Aussi l'artiste est-il susceptible d'être dépassé par ses créations. La construction du Moi se métamorphose alors en destruction esthétique.

L'enfant et son jouet : rapport de maître à esclave ?

Au temps de l'Antiquité, la poupée (« pupilla ») désignait à la fois la jeune fille et la prunelle. Ainsi logée dans le miroir de l'œil, cette ouverture sur l'âme humaine où se jouent les représentations de soi et de l'autre, la poupée suit les métamorphoses du regard. Reflet indirect du réel, elle figure, défigure et transfigure l'être humain appelé à s'identifier à elle. Toute la complexité de la poupée est là : à la fois miroir d'une image et d'un monde destinés à l'enfant ou à l'adulte en quête d'identité, elle naît des représentations que l'homme se fait de la petite enfance. Elle symbolise à la fois la socialisation de l'enfant et la création artistique, un objet hybride situé entre le vrai et le simulacre, l'animé et l'inanimé. Elle aide l'enfant à sortir de son état. En s'identifiant trop à elle, l'être humain peut cependant devenir, lui aussi, une poupée ou un automate. La quête de l'identité se traduit par un besoin de reconnaissance. L'autre agit comme un miroir qui reflète une image de notre Moi et que ce Moi a tendance à tenir pour réel et cet aspect correspond tout à fait au fonctionnement de la psychanalyse lacanienne. L'existence de cet autre conduit à penser que « Je

---

[527] Novalis : « Aus dem Allgemeinen Brouillon », *op. cit.*, « Der Künstler gehört dem Werk und nicht das Werk dem Künstler ». [*Fragments, op. cit.*, p. 201 : « L'artiste appartient à l'œuvre, et non pas l'œuvre à l'artiste »].

est un autre[528] ». C'est par l'intermédiaire de l'autre que le Moi s'affirme, c'est à travers lui qu'il va se développer et créer, peut-être, une indépendance malsaine :

> Le premier effet qui apparaisse de l'imago chez l'être humain est un effet d'aliénation du sujet. C'est dans l'autre que le sujet s'identifie et même s'éprouve tout d'abord[529].

Dans « Le marchand de sable », par exemple, Nathanaël ne parvient pas à se détacher de cet état d'aliénation. L'identification va donc au-delà d'une simple volonté d'imitation, il s'agit là d'une « assimilation globale[530] ». Dans Olimpia, Nathanaël se reconnaît intégralement : il lui avoue qu'elle est une « âme profonde, en laquelle se reflète tout [son] être[531] ». L'œil est tout intérieur et intellectualisé, et c'est aussi la raison pour laquelle Nathanaël et l'automate sont comme psychiquement liés. Olimpia ne voit pas et ne parle pas, elle laisse donc au personnage de Nathanaël toute latitude de laisser libre cours à son imagination, comme la poupée chez l'enfant.

La relation ici dépeinte est, par conséquent, narcissique et indissociable du thème de la mort. Le narcissisme de Nathanaël est lié à ce que Freud nomme l'« instinct de mort » : ce n'est donc pas un hasard si le personnage se suicide. Olimpia, la femme-automate, ne satisfait pas pleinement le désir de reconnaissance dont Nathanaël a besoin, puisque

> ce désir lui même, pour être satisfait dans l'homme, exige d'être reconnu, par l'accord de la parole ou par la lutte de prestige, dans le symbole ou dans l'imaginaire[532].

Cependant, une relation purement factice à son semblable ne conduit pas à l'épanouissement de la personnalité et au sentiment absolu d'exister. Nathanaël ne s'affirme pas dans sa relation au monde et n'accède à la liberté que dans la mort : sa « personnalité […] ne se réalise que dans le suicide, [la] conscience de l'autre […] ne se satisfait que par le meurtre hégélien[533] ». Cette pulsion meurtrière prend naissance à la fin du récit, lorsque « […] saisissant Clara avec une force colossale, il voulut la précipiter en bas[534] ». Dans Les Frères de Saint-Sérapion, la plupart des personnages n'ont, en revanche, aucune pulsion négative, qu'il s'agisse d'une tendance suicidaire ou d'une tendance meurtrière, excepté Elis qui se donne inconsciemment la mort, Cardillac qui assassine pour se

---

[528] Jacques Lacan : *Écrits I*, Paris, Editions du Seuil, 1966, p. 117.
[529] *Ibid.*, p. 180.
[530] *Ibid.*, p. 88.
[531] E.T.A. Hoffmann : « Der Sandmann », in : *Fantasie- und Nachtstücke, op. cit.*, p. 355 : « tiefes Gemüt, in dem sich mein ganzes Sein spiegelt », [E.T.A. Hoffmann : *Tableaux nocturnes, op. cit.*, t. 1, p. 106].
[532] Jacques Lacan : *Écrits I, op. cit.*, p. 277.
[533] *Ibid.*, p. 98.
[534] E.T.A. Hoffmann : « Der Sandmann », in : *Fantasie- und Nachtstücke, op. cit.*, p. 362 : « […] mit gewaltiger Kraft fasste er Clara und wollte sie herabschleudern », [EF, p. 116].

réapproprier ses œuvres ou encore Aurélia, dans « Vampirisme », qui blesse son époux en le mordant violemment à la poitrine. Les trois personnages ont subi un choc qui a perturbé, dès leur enfance, la construction de leur personnalité. Ils ont donc été confrontés à un traumatisme apparu lors de ce que Lacan nomme « le stade du miroir ».

« Le stade du miroir » lacanien est la rencontre de l'être âgé de six à huit mois avec son image, instant où il se reconnaît dans le miroir alors que sa motricité n'est pas encore fixée : cette naissance de l'identité repose donc sur un processus de développement du Moi cherchant à s'identifier à l'autre pour mieux s'en détacher ensuite. Dans « Casse-Noisette », Marie, qui a pourtant déjà sept ans, croit reconnaître dans le reflet de l'eau la princesse Pirlipat, alors qu'il s'agit d'elle-même :

>   – C'est la princesse Pirlipat ! C'est elle qui me sourit si gentiment !
>   – Mais, non ! [...] C'est vous ! C'est toujours vous ! C'est toujours votre charmant visage qui sourit si gentiment dans chaque vague de roses[535] !

Marie rencontre là son identité onirique : « Le miroir de l'eau n'est pas une surface de réflexion, mais une surface d'absorption [536] ». La jeune fille capte sa propre image et développe son Moi imaginaire et poétique. Ainsi se sent-elle « toute honteuse » de faire voir à son Casse-Noisette qu'elle manque encore de maturité en la matière. Au « stade du miroir », l'enfant n'est pas encore formé psychologiquement, il est considéré comme une forme

> [...] grosse encore des correspondances qui unissent le *je* à la statue où l'homme se projette comme aux fantômes qui le dominent, à l'automate enfin où dans un rapport ambigu tend à s'achever le monde de sa fabrication[537].

La personnalité de Marie est imparfaite. C'est à travers ses jouets, individus artificiels qu'elle met en scène et emmène dans ses rêves, qu'elle se reconnaît, s'identifie et construit son identité. En « jou[ant] », elle « expériment[e] le hasard[538] » et s'initie à un autre monde : son « regard est plus surabondant que le pressentiment du voyant le plus ferme[539] ».

---

[535] *SB*, p. 296 : « Da unten ist die Prinzessin Pirlipat, die lächelt mich an so wunderhold [...] O [...] das sind Sie und immer nur Sie selbst, immer nur Ihr eignes holdes Antlitz, das so lieb aus jeder Rosenwelle lächelt », [EF, t. 1, p. 333].
[536] Jean Baudrillard : *De la séduction*, Paris, éd. Galilée, 1979, p. 95.
[537] Jacques Lacan : *Écrits I, op. cit.*, p. 94.
[538] Novalis : *Fragments, Fragmente, op. cit.*, p. 223 : « Spielen ist Experimentieren mit dem Zufall ».
[539] *Ibid.*, p. 69 : « Der frische Blick des Kindes ist überschwenglicher als die Ahnung des entschiedensten Sehers ».

Hoffmann souligne à deux reprises l'importance du jouet pour l'enfant : dans « Casse-Noisette » et dans « L'enfant étranger ». Il est indispensable au développement du sujet, car l'âme artistique se façonne dans le rapport que l'enfant entretient avec lui. Il l'aide à oser pousser la porte des rêves et, dans le cas de Marie Stahlbaum, à construire le royaume onirique dont elle deviendra la reine.

Dans ses *Fragments critiques*, Friedrich Schlegel compare l'enfant désireux de grandir au poème aspirant à devenir œuvre d'art[540]. En « se fiançant » au jeune Drosselmeier, Marie fait sciemment un pas dans le monde des adultes et perd alors sa candeur de petite fille. Pourtant, elle a su se préserver en ne souhaitant grandir que dans le royaume merveilleux des poupées qui correspond à une autre réalité : une réalité ni sensible, ni empirique, mais esthétique. En reprenant la métaphore schlegelienne, on peut dire que de poème, Marie se métamorphose en œuvre d'art, de manière purement symbolique, sans avoir à se justifier auprès de quiconque et devoir affronter le regard réprobateur de sa mère. L'enfant étranger, lui, féerique, refuse d'emmener Christlieb et Felix explorer son château céleste. Le voyage est, selon lui, beaucoup trop dangereux, et certains enfants y succombent même s'ils ne sont plus prêts à accepter le merveilleux. En effet, tous ne sont pas doués d'imagination et capables de rêver ; nombre d'entre eux « ne supportent pas, malgré sa beauté, le chant des oiseaux pourpres[541] ». L'enfant étranger promet à nos deux héros de les protéger et de les accompagner dans leurs jeux aussi longtemps qu'ils sauront garder une âme pure, fidèle et sincère.

Selon les romantiques, l'enfant devrait avoir le privilège de pouvoir rêver à l'envi et de croire ce qu'il imagine sans passer pour un malade ou un fou. Qualifiée de « petite folle » par sa mère et pour ainsi dire blâmée de n'être qu'une enfant, Marie se trouve menacée de voir ses jouets jetés par la fenêtre. Cette violente intimidation remet en cause tout son univers enfantin et donc son identité provisoire. Si elle lui supprimait ses jouets, la mère perturberait le développement de sa personnalité. En proférant cet avertissement, elle la conduit à taire ses idéaux, et si le conte s'achève sur une note positive, le lecteur peut s'imaginer que Marie, à l'âge adulte, choisira soit la sphère du rêve en rejetant tout philistinisme, soit celle de la raison. Dans le premier cas, elle sombrera dans la psychose et dans le second, une grave névrose l'empêchera de s'épanouir sentimentalement, vu que la jeune fille aura connu l'amour dans ses rêves. Pourtant, tous les adultes ne réagissent pas de la même manière aux récits de leur progéniture. Si Marie n'est nullement prise au sérieux, Christlieb et Felix ne sont guère réprimandés ou menacés. « Au fond, [leur père] [est] content qu'ils soient

---

[540] Friedrich Schlegel : *Kritische Schriften und Fragmente*, t. 1, *op. cit.*, p. 240 : « Wie ein Kind eigentlich eine Sache ist, die ein Mensch werden will : so ist auch das Gedicht nur ein Naturding, welches ein Kunstwerk werden will », [EF, p. 100], [Fragment critique 21].
[541] *SB*, p. 595 : « Manche Kinder vermögen nicht den Gesang der purpurroten Vögel », [EF, t. 2, p. 296].

débarrassés de ces jouets étrangers qui ne pouvaient que les troubler et les effrayer[542] » et finit par leur avouer avoir « connu [aussi] l'adorable enfant étranger qui [leur] fit voir tant de merveilles[543] ». Enfant, il a joué avec lui lorsqu'il lui rendait visite. Plus qu'un jouet, l'enfant étranger incarne la richesse de l'imagination enfantine et ne vit qu'à travers les croyances et les rêves des enfants. Plus ces derniers sont innocents et inventifs, plus son royaume s'agrandit et s'enrichit. Ce ne sont pas les jouets fabriqués qui importent, mais la manière dont l'enfant perçoit et ressent leur nature.

La relation entre l'enfant et le jouet doit être libre et non contrôlée par l'autorité parentale. Dans « Casse-Noisette », Fritz dit de loin préférer « ce qu'[…] offrent papa et maman ; au moins, [ils] [peuvent] le garder et en faire ce qui [leur] plaît[544] ». Les constructions du parrain Drosselmeier, si ingénieuses soient-elles, ne leur permettent pas de jouer comme bon leur semble, car elles obéissent à un mécanisme, incapable de se plier aux souhaits des enfants. Dans « Les automates », il en va de même de l'art musical. Ludwig ne conçoit pas que l'on veuille « créer de la musique au moyen de soupapes, de ressorts, de leviers, de rouleaux, bref, de tout ce qui est du domaine de la mécanique. [Cela] est une folie[545] ». Comme l'artiste, l'enfant a besoin de pouvoir enrichir et stimuler son imagination, de peupler toujours davantage le royaume de ses rêves. Par conséquent, les jouets « sont obligés, eux, de se mouvoir à [son] gré, d'avancer, de reculer[546] ». S'il faut certes de nouveaux jouets pour tenir compagnie aux anciens et nourrir l'inventivité enfantine, il n'est pas pour autant question d'offrir aux enfants des objets parfaits, à la mécanique trop bien rôdée et figée. Les constructions de Drosselmeier finissent par lasser Marie, laquelle semble ravie de sa poupée. Elle décide de mettre l'ancienne, mademoiselle Trutchen, à l'écart pour installer la nouvelle venue.

Les deux poupées sont des jeunes filles [« mademoiselle »], ce qui permet à Marie de s'identifier à elles, de leur prêter des sentiments et des comportements humains. La poupée est animée par l'imagination de l'enfant qui la plonge dans un scénario de son invention. De plus, il est intéressant de voir qu'elle ne donne pas un nom à sa poupée, mais « l'appr[end] le soir même[547] ». Ne sachant pas par qui, le lecteur peut émettre deux hypothèses : soit Marie, déjà plongée dans son monde imaginaire, cherche à humaniser son jouet en donnant l'impression qu'il possède une vie propre et qu'il est doué de parole, soit ce sont les parents qui l'ont baptisé « Clärchen » et en ont ensuite décliné l'identité en l'offrant à leur fille. Il est fort possible que le choix de ce prénom ait été

---

[542] *Ibid.*, p. 584 : « [...] im Grunde genommen ist's mir recht lieb, daß sie die fremdartigen Spielsachen, die sie nur verwirrten und beängsteten, los sind », [EF, t. 2, p. 286].

[543] *Ibid.*, p. 613 : « daß ich ebensogut wie ihr das holde fremde Kind [...] kannte. […] Es hat mich so wie euch besucht und die wunderbarsten Spiele gespielt », [EF, t. 2, p. 312].

[544] *Ibid.*, p. 243 : « da ist mir denn doch das viel lieber, was uns Papa und Mama einbescheren, wir behalten es fein und können damit machen, was wir wollen », [EF, t. 1, p. 280].

[545] *Ibid.*, p. 419 : « Durch Ventile, Springfedern, Hebel, Walzen und was noch alles zu dem mechanischen Apparat gehören mag, musikalisch wirken zu wollen, ist der unsinnige Versuch », [EF, t. 2, p. 116].

[546] *Ibid.*, p. 246 : « […] die müssen manövrieren vorwärts, rückwärts, wie ich's haben will », [EF, t. 1, p. 284- 285].

[547] *Ibid.*, p. 251 : « […] wie Marie noch denselben Abend erfuhr », [EF, t. 1, p. 290].

fait par des adultes ayant eu la volonté de faire prendre conscience à leur enfant de l'importance de la raison : « Clärchen » vient en effet de « Clara » et de l'adjectif « klar », qui renvoie à la clarté, à la lucidité d'esprit, donc au rationalisme. Le diminutif « -chen », propre au conte populaire, est ici affectif et marque l'attachement de Marie à ses jouets. La Clara du « Marchand de sable » ne se voit pas octroyer le suffixe « -chen ». Refusant d'adhérer aux poèmes romantiques et au sentimentalisme littéraire de son fiancé Nathanaël, elle est qualifiée par ce dernier d'« automate sans vie[548] ». Nathanaël rejette ainsi le rationalisme et le manque de compréhension artistique de sa future épouse. Dans le cas de « Casse-Noisette », l'enfant n'est pas raisonnable par nature, même si Marie sait que son Casse-Noisette est un objet de bois et non un individu. Il n'est cependant pas étonnant que, dans le royaume des rêves, le Casse-Noisette choisisse Marie et non Clärchen comme fiancée. Le romantisme l'emporte symboliquement sur le rationalisme.

Dans « L'enfant étranger », le royaume des rêves de Fritz et de Christlieb, enfants paysans et proches de la nature, contraste avec celui de leurs cousins citadins, férus de sciences et de bonnes manières, mais néophytes dans la pratique. Là encore, Hoffmann critique l'idéal éducatif des Lumières qui prône raison et connaissances et ne se préoccupe que de théorie. L'enfant, par le jeu, forme son esprit. Bien évidemment, il n'est pas question de science approfondie ou de raisonnement scientifique, mais d'imagination. Plus l'objet sera sophistiqué, moins l'enfant le trouvera amusant, car il préférera créer un univers autour de l'objet et le faire évoluer à sa guise.

Le jouet aide aussi l'enfant à construire sa sexualité et le guide dans le rôle qu'il aura à endosser dans sa vie sociale d'adulte. Dans ce sens, Marie se comporte avec ses poupées comme une mère ou une femme au foyer, tandis que Fritz, le militaire, est apte à diriger une armée. Chaque enfant laisse transparaître dans le jeu ses penchants et sa personnalité, en fonction de son modèle parental et de son sexe. Marie, « mère » affirmée, trouve sa poupée Trutchen « plus maladroite » : elle tombe et égratigne son visage, salit ses vêtements : « Il ne servait plus à rien de gronder, même très fort[549] ». Même jeunes et innocemment libres, les enfants sont conditionnés par la société et ses contingences ; la femme est tenue de se marier et d'enfanter, l'homme doit, quant à lui, savoir se battre. L'imagination [« Einbildung »] est soumise à l'éducation [« Ausbildung »]. Le terme de « Bildung », très usité à l'époque d'Hoffmann, est ici tourné en dérision. Les circonstances de l'époque et le contexte historicopolitique influencent l'éducation et les enfants eux-mêmes, bien que cela ne déplaise pas aux parents : Marie reçoit des poupées, des ustensiles et une robe de soie, Fritz se voit offrir un cheval alezan et un escadron de hussards. Dans « L'enfant étranger », les cadeaux se font aussi en fonction du sexe. Poupées et ustensiles sont destinés à Christlieb, fusils, couteaux de chasse, képis de hussard et cartouchières à Felix. À cela s'ajoutent un chasseur tirant des flèches

---

[548] E.T.A. Hoffmann : « Der Sandmann », in : Fantasie- und Nachtstücke, op. cit., p. 348 : « Du, lebloses, verdammtes Automat », [E.T.A. Hoffmann : Tableaux nocturnes, tome 1, op. cit., p. 97].
[549] SB, p. 243 : « Alles tüchtige Ausschelten helfe nichts », [EF, t. 1, p. 281].

sur une cible et un petit harpiste. Hoffmann dénonce ici le poids social que les enfants subissent dès leur plus jeune âge. Les cadeaux qu'ils reçoivent les incitent d'emblée à endosser tel ou tel rôle social, à embrasser telle ou telle carrière. Ils deviennent donc très tôt des objets obéissant systématiquement à des critères, à des préjugés sociaux, à des fonctions. C'est pour cette raison que Felix et Christlieb se lassent vite des présents que leur offrent leurs cousins citadins, très formatés et artificiellement instruits. Ils sont davantage attirés par la forêt et les jeux d'extérieur. Les jouets leur semblent dérisoires comparés aux sons de la nature et à la beauté de celle-ci. Du reste, les oiseaux « se moquent de ce musicien incongru qui prétend mêler les accents aux leurs[550] ». Le retour à l'harmonie avec la nature, prôné par les premiers romantiques, est ici réhabilité. Il n'est pas le fait d'objets mécaniques. La nature est à la fois objet et sujet de l'art, c'est elle qui en est la matière, la source d'inspiration. La philosophie de la nature, l'animisme et la dualité inscrits dans l'héritage schellingien sont inhérents à l'œuvre hoffmannienne et se présentent sous la forme d'un irrationalisme poétique. Néanmoins, Hoffmann récuse l'absence totale de déraison et souligne l'importance de la faculté de jugement et de discernement indispensable à toute création artistique. Comme les premiers romantiques, il aspire à l'unité ou à l'harmonie originelle et rappelle l'importance de la subjectivité dans cette recherche.

Le jouet reste une fabrication humaine, la richesse de l'imagination possède une autre origine. Seule la nature regorge de créativité et paraît en mesure de développer la créativité de l'enfant. Rien ne dépasse la relation pure et directe avec le macrocosme. Hoffmann rejette la société de consommation qui fait grandir les enfants rapidement, de manière stéréotypée, et les rend esclaves de leur jouet : chaque jouet remplit une fonction qui lui est déjà sous-jacente. L'enfant reste enclin à reproduire le schéma parental : avant de devenir créateur, il est donc d'abord imitateur. En cajolant le Casse-Noisette édenté ou en grondant ses poupées, Marie fait un transfert de l'autorité parentale. Elle expulse ainsi son désir de puissance. Enfant, elle subit. En dominant ses poupées, elle refoule le sentiment de frustration de devoir être constamment soumise et obéissante. Jouer à être mère constitue pour elle une sorte de contrepoids, d'équilibre, une manière de se rebeller contre l'autorité tout en acceptant la nécessité qu'elle matérialise.

L'anthropomorphisme, qui consiste à donner à sa poupée une existence réelle, est propre à l'enfant. Il est issu du désir éprouvé par ce dernier de voir s'animer ses compagnons de jeu. L'être humain a besoin, dès son plus jeune âge, de manipuler, d'être le marionnettiste ou le grand machiniste qui donne la vie et oriente, selon son bon vouloir, les paroles et les gestes des objets auxquels il décide d'insuffler une âme. Clärchen et Trutchen peuvent même s'évanouir et sont toutes les deux douées de conscience. Elles agissent et ressentent comme des êtres humains.

---

[550] *Ibid.*, p. 582 : « sie halten sich ordentlich auf über den albernen Musikanten, der hier zu ihrem Gesange spielen will », [EF, t. 2, p. 283].

Humanisé, le jouet devient un ami à part entière. Dans « L'enfant étranger », la métamorphose directe supplante l'anthropomorphisme. Si Christlieb a un comportement maternel avec sa poupée, *ersatz* d'un véritable nourrisson, l'être authentique qui partage ses jeux est l'enfant étranger qui, à aucun moment, n'est présenté comme un simple produit de son imagination. En fonction du récit de Felix et de sa sœur, la mère évoque la possibilité qu'il soit « Gottlieb, le fils de l'instituteur du village voisin[551] ».

Excepté cet enfant imaginaire, tout jouet est en mesure de se métamorphoser, d'être manipulé. Une poupée que l'enfant ne peut animer n'est pas digne d'intérêt. Ainsi les poupées ne doivent-elles en aucun cas ressembler aux petits personnages de Drosselmeier, mus par un mécanisme : ils ne sont certes pas dénués d'une certaine beauté et reflètent une grande maîtrise, ainsi qu'une habileté mécanique et manuelle, mais ils restent monotones, puisque leurs mouvements se répètent toujours à l'identique. Cela vaut aussi pour la peinture. Tout portrait doit pouvoir s'animer, comme celui de Zacharias Werner ou celui de la tante d'Alexander dans « Fragment de la vie de trois amis ». En effet, s'il semble à Alexander, lorsque ses yeux tombent sur « le portrait grandeur nature » de sa tante, « retrouver en cette femme aux traits expressifs et reconnaissables l'étrange silhouette qui avait hanté la maison pendant la nuit[552] », Vinzenz, lui, en fixant le portrait de Werner, affirme que « le sombre regard s'éclaire ! […] Il devient humain : *et homo factus est*. […] Il sourit, il va parler, dire quelque chose qui fera notre joie[553] ». L'œuvre d'art picturale réussie s'intègre d'une certaine façon au sensible, elle se mêle à la réalité proprement dite, prend vie et autonomie à travers les yeux de celui qui la regarde.

Dans « L'enchaînement des choses », Viktorine, elle, trop étriquée dans ses habitudes sociales, est comparée à un « portrait sans vie[554] », dépourvu d'un regard vivace et puissant. Elle n'apparaît ni mystérieuse ni fantasque. Son imagination limitée à ses tâches sociales quotidiennes la prive de toute forme d'originalité. Son aspect mécanique est implicitement suggéré dans ses yeux quasi inanimés. Contrairement au jouet que l'enfant dote de mouvement grâce à sa créativité et à son imagination sans bornes, elle devient, à son tour, une poupée, mais qu'aucun personnage ne vient stimuler.

L'usure quotidienne est un aspect qu'Hoffmann ne tolère pas. Dans une lettre à Hippel du 6 mars 1806, il compare sa « vie professionnelle » à une « poupée dégoûtante »

---

[551] *Ibid.*, p. 589 : « das fremde Kind ist niemand anders als Schulmeisters Gottlieb aus dem benachbarten Dorfe », [EF, t. 2, p. 290].
[552] *Ibid.*, p. 138 : « […] das Bild […] ein lebensgroßes Kniestück, […] als sei diese Gestalt mit lebhaften kennbaren Zügen in der Nacht auf- und abgeschritten », [EF, t. 1, p. 173].
[553] *Ibid.*, p. 1035 : « er wird menschlich – et homo factus est – Seht, er blinkt mit den Augen, er lächelt – gleich wird er etwas sprechen, das uns erfreut », [EF, t. 4, p. 125].
[554] *Ibid.*, p. 1106 : « lebloses Bild ».

qui aspire à enfermer les belles ailes du génie artistique jusqu'à ce qu'elles se brisent ! Le cycle artistique dans lequel j'évolue ici veut continuer sa quête vers quelque chose de meilleur, il s'exerce et rend plus fort[555].

Si l'écrivain a le moyen à travers son art de se dépasser et de s'élever grâce à une imagination florissante, Viktorine n'a pas cette chance, la société l'ayant rendue inerte et ayant fait d'elle son esclave. Elle n'est pas valorisée par le regard d'autrui. De plus, même son mariage avec Ludwig n'est pas fondé sur un amour véritable, il est le fruit d'un malentendu et d'un amour déçu, car Euchar apprend à la toute fin du récit les sentiments que Viktorine avait nourris en secret pour lui. La résignation s'apparente, dans le cas présent, à un signe de faiblesse et de déception irréversible. Toutefois, le chagrin de Viktorine est contenu et répond aux exigences imposées par sa condition d'épouse modèle et de femme au foyer qui n'a plus droit au sentimentalisme de la jeunesse.

Dans « Signor Formica », les amoureux transis sont capricieux et justement comparés à des enfants qui pleurent lorsqu'on touche leur poupée[556]. L'amour est le lieu de la manipulation et de la dépendance où l'amant(e) ressemble à un jouet dans les mains de son ou de sa prétendant(e). Viktorine, elle, ne connaît aucunement ce genre de relation d'être à objet, de désir de soumission ou de manipulation, ce besoin de dominer ou d'être dominé. Sans enfant, elle ne peut pas être une mère accomplie et, dépourvue de sensualité, elle n'est pas non plus une épouse épanouie. Par ailleurs, trop âgée pour jouer à la poupée, elle n'est pas en mesure d'effectuer ce transfert nécessaire au développement de sa personnalité : elle reste figée dans un état de nature morte et ne fait que paraître.

À travers le jeu, Marie, encore petite fille, ne se contente pas de développer son instinct maternel. Par l'intermédiaire du Casse-Noisette, Marie est renvoyée à sa propre image, à un être fragile, en quête d'identité sexuelle, encore ancré dans un univers fait de rêves. Cet amour semble tolérable – contrairement à celui qu'éprouve Nathanaël pour l'automate Olimpia –, étant donné qu'il évolue dans un univers parallèle et que Marie ne voit pas à travers l'objet un Moi de substitution, mais un « véritable *tu* intérieur ». Selon Novalis,

---

[555] E.T.A. Hoffmann : *Sämtliche Werke*, t. 1, *op. cit.*, p. 155 : « Mein Geschäftsleben ist die ekelhafte Puppe, welche die schönen Fittiche des Kunstgenius einzuschließen strebt, bis sie gewaltsam durchbrechen ! – Der Kunstcyklus, in dem ich mich hier herumtreibe, ist eine Anmahnung zum Nachstreben des Bessern, er übt und stärkt ».
[556] *SB*, p. 946 : « Verliebte sind wie die Kinder, die gleich weinen und schreien, wenn man nur ihr Püppchen berührt ! », [EF, t. 4, p. 46] : « Les amoureux sont semblables aux enfants qui pleurent et poussent des cris quand on touche du doigt leur poupée ».

le véritable amour pour quelque objet [...] est parfaitement concevable. [...] Dès lors [...] il se fait un dialogue, un échange hautement spirituel et sensible, voire sensuel. [...] Le génie n'est peut-être rien d'autre que le résultat d'un immense *pluriel* intérieur[557].

En ce sens, le sujet se reconnaît dans l'inanimé. Novalis explicite les sentiments de dualité et de multiplicité inhérents au génie artistique. Contrairement à ce que l'on observe dans « Le marchand de sable », il n'est pas ici question de relation schizophrénique ou profondément narcissique. De mère, Marie devient inconsciemment amante, puis refoule son statut, car elle est gênée lorsqu'elle « sait » que le Casse-Noisette est plus qu'un simple objet. Même si elle a pertinemment conscience que les objets inanimés ne parlent pas, elle aime à le croire, et cela constitue pour elle un moyen de s'affirmer, comme le souligne Rainer Maria Rilke :

Face à la poupée, nous étions contraints de nous affirmer [...]. Elle ne nous donnait rien en retour, de sorte que nous en vînmes à assumer à sa place les performances[558].

En conséquence, le jeu infantile apparaît créatif et libre. C'est parce que l'objet ne réplique pas que l'enfant est un metteur en scène et un acteur exempt de toute contrainte :

Un poète pourrait être sous l'emprise d'une marionnette, car celle-ci n'est rien d'autre qu'imagination. La poupée, elle, n'en a pas ; elle est, de ce fait, beaucoup moins qu'une chose, à la différence de la marionnette. Mais c'est ce « être moins qu'une chose », dans tout son caractère irrémédiable, qui fait toute la différence[559].

L'acte de création reflète l'autonomie inventive et la force d'imagination de l'artiste. L'être artificiel, quant à lui, tout en étant créatif, trouve son accomplissement ailleurs : il vise à imiter la nature le mieux possible pour surprendre, déranger et fasciner. Néanmoins cette tromperie ou de malaise crée une relation ambiguë qui sera d'abord une relation de dépendance, voire de maître à esclave, pour devenir ensuite seulement une relation autodestructrice et fatale. Ce problème est dû

---

[557] Novalis : *Fragments, op. cit.*, p. 224 : « Eine wahrhafte Liebe zu einer leblosen Sache ist wohl gedenkbar [...]. Wenn der Mensch ein wahrhaft Du hat – so entsteht ein höchst geistiger und sinnlicher Umgang [...]. Genie ist vielleicht nichts anderes als Resultat eines solchen innern Plurals ».

[558] Rainer Maria Rilke : *Puppen. Zu den Wachs-Puppen von Lotte Pritzel*, Francfort-sur-le-Main et Leipzig, Beck, 1996, p. 688 : « Der Puppe gegenüber waren wir gezwungen, uns zu behaupten [...]. Sie erwiderte nichts, so kamen wir in die Lage, für sie Leistungen zu übernehmen ».

[559] *Ibid.*, p. 689 : « Es könnte ein Dichter unter die Herrschaft einer Marionette geraten, denn die Marionette hat nichts als Phantasie. Die Puppe hat keine und ist genau um so viel weniger als ein Ding, als die Marionette mehr ist. Aber dieses Weniger-sein-als-ein-Ding, in seiner ganzen Unheilbarkeit, enthält das Geheimnis ihres Übergewichts ».

au fait qu'il existe une relation profondément cathartique entre l'humain et l'artificiel : l'être humain s'y reconnaît tout en ayant conscience – sans vouloir entièrement l'accepter – d'avoir affaire à une chose, à un objet :

> La poupée [est] si profondément dépourvue d'esprit fantasque que notre imagination [devient] inépuisable à son contact [...] et je ne peux m'imaginer rien d'autre que d'attendre quelque chose d'elle en échange[560].

La frontière entre l'être humain et l'être artificiel est aussi poreuse et floue que celle qui sépare le réel de l'imaginaire. L'homme s'enrichit au contact d'une imagination « inépuisable ». Il existe donc un rapport intellectualisé entre eux que l'individu a établi tout en connaissant son caractère chimérique. Vue sous cet angle, la poupée (ou tout être artificiel) ne représente pas seulement un assemblage d'éléments inertes, c'est un être sur lequel l'homme projette ses désirs, ses craintes, ses haines ou sa personnalité cachée et qui contribue également à structurer la personnalité de l'enfant.

Le jeu développe chez ce dernier sa capacité à créer des liens sociaux : soit avec d'autres enfants (même imaginaires) soit, sur une base fictive, avec les jouets eux-mêmes. Le jouet devient un ami, un confident. Ainsi l'enfant éprouve-t-il le besoin de lui donner vie. Le Casse-Noisette est donc d'emblée présenté comme un être de chair et de sang. Il apparaît comme un « homme raffiné et de bon goût[561] » qui peut avoir le « menton malade[562] ». Il initie Marie à la sexualité et lui fait prendre conscience de son statut de jeune femme. L'objet devient ici sujet. Il se transforme en un être véritable (« Casse-Noisette ») ou fictif (« L'enfant étranger », que chaque enfant perçoit à sa manière. Le jouet ou l'être imaginaire fait donc l'objet d'une identification narcissique. L'enfant étranger, par exemple, ne peut être, selon Christlieb, qu'une petite fille, alors que Felix affirme qu'il s'agit d'un garçon. C'est à leur imagination de trancher. L'individu modèle la poupée à son image.

Dans « Casse-Noisette », Marie aspire à ressembler à sa mère. Elle se sent investie d'un rôle parental et prend ce rôle très au sérieux. Elle reproduit ainsi l'éducation qu'elle a elle-même reçue. Le jeu s'avère aussi une initiation sexuelle et individuelle. Il permet d'assouvir quelques fantasmes : celui d'être, comme Fritz, un militaire courageux ou de devenir, comme Marie, la reine de son univers imaginaire. Chaque individu a la liberté de jouer avec sa poupée comme il l'entend et de décider des tenants et des aboutissants des différents scénarii.

Dans le cas du Casse-Noisette, la relation repose sur un certain fétichisme. Walter Benjamin, dans son essai *Éloge de la poupée* [*Lob der Puppe*], souligne que « l'enfant et le fétichiste [...] se

---

[560] *Ibid.*, p. 688 : « Sie war so bodenlos ohne Phantasie, dass unsere Einbildung an ihr unerschöpflich wurde [...] und ich kann mir nichts anders vorstellen, als dass wir plötzlich etwas von ihr erwarten ».
[561] *SB*, p. 248 : « Mann von Geschmack und Bildung » [*EF*, t. 1, p. 286].
[562] *Ibid.*, p. 250 : « das kranke Kinn », [*EF*, t. 1, p. 288].

nourrissent du même lait, mais se situent à différents niveaux en matière d'expérience sexuelle[563] ». La fascination et le désir de l'être artificiel, ambigus, mêlent à la fois l'aspect infantile et le fantasme sexuel. La poupée n'est rien d'autre qu'un objet qui, par sa forme anthropomorphique, renvoie directement une image humaine. Marie et son Casse-Noisette deviennent inséparables et la petite fille ne conçoit pas de jeu sans l'omniprésence de l'objet. Ce dernier se métamorphose ensuite en un sujet autonome, car l'enfant finit par être dépassé par son jeu. En voulant prendre soin de son protégé, Marie devient plus possessive que dominatrice. Elle aimerait grandir tout en restant enfant. Sa relation reflète à la fois une pulsion sexuelle et le refus de cette pulsion puisque, sans savoir pourquoi, elle refuse de se confier, dans ce cas précis, à sa mère :

> Dès que Marie se trouva seule, elle s'empressa de faire ce qui lui tenait tant à cœur et
> qu'elle n'avait pas osé avouer à sa maman, elle se demandait d'ailleurs pourquoi[564].

Marie ne parvient pas à distinguer ce qui relève de son univers d'enfant de ce qui appartient déjà à celui de l'adulte. Sa personnalité en construction se situe donc à la croisée des chemins entre l'enfance et l'âge adulte. Ce caractère hybride la dote de toutes les caractéristiques du poète, selon Freud[565]. Elle possède seulement les bons côtés de l'enfant et de l'adulte et refuse le carcan rationnel. Elle aspire à rêver, et ni l'âge de « raison » ni la poupée « Clärchen » ne peuvent l'en dissuader. Comme Christlieb et Felix, Marie a trouvé son enfant étranger, à la différence près qu'elle seule en connaît les mystères : en sa qualité de fiancée, elle est autorisée à s'envoler avec lui dans le royaume des rêves, issu de frustrations et de souhaits inassouvis. Chaque voyage onirique représente une manière de pallier un « manque », de « corriger une réalité insatisfaisante[566] ». Les jouets de Marie et les escapades de celle-ci avec le Casse-Noisette, les jeux de Felix et Christlieb et leurs plaisirs partagés avec l'enfant étranger sont autant de manières de renoncer à une existence étriquée. Les cadeaux de Noël offerts à Marie ou les nouveaux jouets donnés par les cousins à Christlieb et Felix ne remplaceront pas l'enfant étranger ou un Casse-Noisette. C'est dans le stade infantile, marqué par l'émotivité et la découverte progressive de soi, que le Moi esthétique plonge ses racines. « Ni l'art ni les œuvres ne font les artistes, mais plutôt le sentiment, la passion et

---

[563] Walter Benjamin : *Lob der Puppe*, Kritische Glosse zu Max von Boehns « Puppen und Puppenspiele » (1930), in : *Über Kinder, Jugend und Erziehung*, Francfort-sur-le-Main, Suhrkamp, 1969, p. 23 : « Kind und Fetichist – sie stehen auf gleichem Boden, freilich auf verschiedenen Seiten des schroffen, zerrissenen Massivs sexueller Erfahrung ».

[564] *SB*, p. 252 : « Sobald sich Marie allein befand, schritt sie schnell dazu, was ihr zu tun recht auf dem Herzen lag, und was sie doch nicht, selbst wußte sie nicht warum, der Mutter zu entdecken vermochte », [EF, t. 1, p. 290].

[565] Sigmund Freud : *Bildende Kunst und Literatur, op. cit.*, p. 172-173.

[566] *SB*, p. 174 : « Jede einzelne Phantasie ist eine Wunscherfüllung, eine Korrektur der unbefriedigenden Wirklichkeit ».

l'instinct[567] » : ces trois caractéristiques symbolisent l'enfance par excellence. Il appartient ensuite à l'artiste d'effectuer un retour sur son passé, de l'exploiter et de le lier harmonieusement à son art pour se construire esthétiquement.

L'artiste et ses objets de création : construction du Moi esthétique

Imiter impliquerait que l'homme recrée un vécu de façade, qu'il s'attache à un reflet qui n'est pas le sien, ce qui vaut également pour *Les Frères de Saint-Sérapion*. Le Moi de l'artiste se reflète narcissiquement dans l'objet qu'il anime. Il aimerait, par ce biais, accorder la vie à l'inerte, réaliser un Golem ou un *homunculus*[568] qui lui donnerait le sentiment de se rapprocher de Dieu et d'atteindre l'harmonie perdue de l'enfance. L'artiste se projette alors dans ses œuvres et se regarde comme dans un verre à multiples facettes. Sa création devient le miroir dont il a besoin pour construire son identité esthétique. Ainsi les instruments d'optique, les miroirs ou certaines matières, comme le cristal, sont-ils propres à la construction de ce Moi, ils renvoient une image du créateur et de son œuvre, même tronquée. Ils sont symbolisés par l'œil d'autrui et constituent soit un piège d'amour soit un révélateur de cet amour. Dans le miroir, l'individu capte également tout ce que le monde environnant lui donne à voir. Le monde s'y révèle, s'y installe, s'y démultiplie, s'y interprète et s'y idéalise. Bien plus qu'un simple outil, les instruments d'optique sont indispensables à toute démarche artistique et, directement ou non, ils sont souvent liés au faux-semblant. Si les situations nocturnes constituent des moments propices aux égarements et aux illusions acoustiques, ces instruments le sont encore davantage. Il est nécessaire que l'artiste sache manier l'illusion et la transformer en force, la dompter pour devenir un génie. Il ne doit pas s'ériger en victime comme Traugott dans « La Cour d'Artus », qui qualifie de duperie sa vocation artistique et son objet. Avant de prendre conscience du fait que la possession terrestre annihile l'art, Traugott est ici confronté à une profonde frustration et refuse le renoncement à la chair. L'« illusion » est ici plutôt synonyme de « désillusion ». Le peintre assimile la muse à un fantasme inaccessible et destructeur. Or, cette forme de tromperie constitue un véritable atout esthétique auquel l'artiste a recours dans ses œuvres.

Appartenant au domaine du faux-semblant, les instruments d'optique aident aussi la personnalité artistique à éclore et relient l'artiste au royaume du rêve et de l'inconscient. Dans « Les mines de Falun », il est question du « cristal le plus pur » ou du « sol de cristal ». Dans « Casse-

---

[567] Friedrich Schlegel : *Kritische Schriften und Fragmente*, t. 1, *op. cit.*, p. 244 : « Nicht die Kunst und die Werke machen den Künstler, sondern der Sinn und die Begeisterung und der Trieb », [EF, p. 110], [Fragment critique 63].
[568] Les premiers alchimistes crurent pouvoir égaler Dieu et créer de toutes pièces des êtres animés. Paracelse prétendit créer l'*homunculus*, un être vivant authentique.

Noisette », les « murs sont faits de cristaux flamboyants et multicolores » et les dauphins jettent des « rayons cristallins ». Dans « L'enfant étranger » et « Fiancée de roi », la pureté cristalline est également mise en valeur [« aus purem Kristall » / « Kutsche von dem reinsten Kristall »]. Le cristal et les miroirs, purs et transparents, font passer du monde réel à celui du merveilleux et des esprits élémentaires. C'est une paroi de cristal, pure et fragile, qui sépare la réalité de l'imaginaire. Dans « Casse-Noisette », Marie, la petite somnambule, y accède par un escalier, à l'intérieur de la manche d'une pelisse pendue à une armoire exceptionnellement ouverte pour l'occasion. Les artistes ou les êtres doués d'une sensibilité esthétique ont la capacité de se défaire du corps qui les dérange et de traverser les miroirs ou les parois de cristal comme ils traverseraient l'eau. Dans « Les mines de Falun », le solide est lié au liquide. Dans les rêves d'Elis, « le sol de cristal [...] se dérobe sous lui » et il a l'impression d'être suspendu dans les airs[569]. La logique de la pesanteur, les repères géographiques et les éléments ont perdu leur logique interne. Le rêve est semblable à l'art dans la mesure où tout y apparaît possible. Le cristal permet de passer de la réalité au rêve et relève de la musique des sphères. Les quatre éléments n'obéissent plus à aucune règle. Le cristal est lié à une force surnaturelle, celle des esprits élémentaires. Il maîtrise l'homme. C'est lui qui établit le rapport psychique et magnétique. Ainsi la relation magnétique (ou l'envoûtement), dans « Le sinistre visiteur », entre le comte de S..i et Angelika prend-elle fin dans un éclat de cristal[570]. La construction du Moi s'est ici avérée précaire et fragile. Le comte de S..i s'est immiscé dans l'âme d'Angelika pour y construire son identité et s'emparer de la sienne. Le cristal qu'il aura symboliquement construit afin de repérer les vibrations de sa victime se sera brisé en même temps que lui.

Le magnétiseur, comparable au souffleur de verre, donne aux individus qu'il magnétise la forme qu'il souhaite. Il les sculpte selon ses goûts et son imagination, il leur construit une personnalité soumise et malléable. Le cristal, les miroirs et tous les instruments d'optique servent, au-delà de la création artistique, de manipulateurs psychiques. Le verre, par exemple, remplit plusieurs fonctions. Lié d'une part à l'alcool, il est celui que l'on vide après avoir trinqué. Cet acte symbolique dans les entretiens sérapiontiques scelle une amitié, un pacte ou un engagement. À la fin du dialogue « Le Poète et le Compositeur », Ferdinand et Ludwig se jurent une fidélité éternelle en trinquant au nom de leur amitié et de leur vie d'artiste[571]. Rempli d'eau, le verre est utilisé par Nettelmann dans « Fragment de la vie de trois amis » pour des expériences magnétiques.

---

[569] *SB*, p. 217 : « den kristallenen Boden [...] der wich unter ihm [...] der schwebte wie in schimmerndem Äther », [EF, t. 1, p. 254].

[570] *Ibid.*, p. 759 : « in meinem Innern ein Crystall klingend zusammen », [EF, t. 3, p. 146] : « [...] en moi [...] comme l'éclatement sonore d'un cristal ».

[571] *Ibid.*, p. 118 : « Ewig verbunden zum höhern Sein im Leben und Tode ! », [EF, t. 1, p. 150]: « Éternellement liés dans la vie et dans la mort pour une existence supérieure ! ».

Le verre est également un objet d'art et d'orfèvrerie. Dans « Casse-Noisette », la perruque portée par le parrain Drosselmeier est « en verre » et « habilement travaillée[572] », même si elle donne au personnage un aspect artificiel et étrange. Dans « Le choix d'une fiancée », l'orfèvre a peint le portrait d'Albertine « sur un verre, et avec une lanterne magique qu'[il] ten[ait] cachée sous [son] manteau, [il] [a] projeté sa charmante image à la tour de l'Hôtel de ville[573] ».

Outre son utilisation artistique et technique, le verre est susceptible de devenir un objet contondant : Marie Stahlbaum se coupe avec du verre cassé et la blessure, au-delà de son aspect symbolique, se guérit difficilement, comme le fait remarquer le narrateur en prenant son lecteur à parti :

> s'il est jamais arrivé à l'un de [ses] chers lecteurs ou auditeurs de se couper avec du verre, il doit savoir à quel point cela fait mal et comme c'est une chose déplaisante et lente à guérir[574].

Enfin, le verre est lié à la musique. Dans « Les automates », Ludwig pense qu'il est exploitable dans le domaine acoustique :

> Tous les essais ayant pour objet de tirer des sons de cylindres en métal ou en verre, de fils de verre et même de petites plaques de marbre, ou encore de faire vibrer et retentir des cordes d'une manière neuve, me paraissent au plus haut degré dignes d'attention[575].

Selon August Wilhelm Schlegel, le cristal, le verre et les minéraux en général constituent une sorte d'architecture naturelle[576], ce qui fait une fois de plus intervenir le verre et ses dérivés dans le domaine esthétique. L'artiste, qui, à travers son travail de création, cherche à affirmer son identité, renvoie à une construction au sens propre, susceptible d'être comprise dans un sens positif, si l'on se rappelle l'édification par Krespel d'une maison dont le résultat, étrange, n'en reste pas

---

[572] *Ibid.*, p. 241 : « von Glas […] ein künstliches Stück Arbeit », [EF, t. 1, p. 279].

[573] *Ibid.*, p. 653 : « […] die Dame porträtiert auf Glas und mir mittelst einer Laterna magica, die Sie unter dem Mantel verborgen, das angenehme Bildnis gezeigt am Rathausturm ! » [EF, t. 3, p. 46].

[574] *Ibid.*, p. 281-282 : « Hat jemand von meinen hochverehrtesten Lesern oder Zuhörern jemals den Zufall erlebt, sich mit Glas zu schneiden, so wird er selbst wissen, wie wehe es tut, und welch schlimmes Ding es überhaupt ist, da es so langsam heilt. », [EF, t. 1, p. 319].

[575] *Ibid.*, p. 420 : « Alle Versuche, aus metallenen, gläsernen Zylindern, Glasfäden, Glas, ja Marmorstreifen Töne zu ziehen oder Saiten auf ganz andere als die gewöhnliche Weise vibrieren und ertönen zu lassen, scheinen mir daher im höchsten Grade beachtenswert », [EF, t. 2, p. 117].

[576] August Wilhelm Schlegel : *Die Kunstlehre*, Stuttgart, Kohlhammer, 1963, p. 112, [C'est moi qui traduis, I. L.].

moins harmonieux. Il s'agit là d'une œuvre architecturale[577] originale qui symbolise bien le caractère complexe et insolite du créateur. Dans cette perspective, Krespel est parvenu à souligner le caractère déstructuré de sa personnalité en produisant une œuvre architecturale aboutie ; les fenêtres, irrégulières et disparates, sont à son image. Dans « Fiancée de roi », la tour dans laquelle vit Dapsul – qu'il n'a pas lui-même construite, mais seulement aménagée – lui ressemble : elle est à la fois inaccessible, originale, mystérieuse et comique. Dapsul est aussi dépeint de manière cocasse. Même s'il n'utilise pas de verre pour lire dans l'âme d'autrui, il est affublé, lors de ses expériences astrologiques, d'un « haut bonnet gris et pointu », d'un « manteau de calamande grise » et d'une « longue barbe blanche » qui n'est, en réalité, qu'une « fausse barbe[578] », ce qui rend la situation parfaitement risible[579]. De plus, il appelle sa fille Anna à l'aide d'un porte-voix lorsqu'il souhaite un en-cas. Sa tour représente son cabinet de travail où, en tant qu'adepte des sciences occultes, il s'adonne à des recherches astrologiques. Il fait l'horoscope des personnes qui l'entourent et dit avoir un « regard de voyant[580] ». Soi-disant fort doué, il ne parvient pourtant pas à se lier à une sylphide. Cet amour non assouvi prouve qu'il n'est apte à aucun type de relation. Présenté comme un personnage extrêmement asocial, mélancolique, pessimiste et angoissé, Dapsul ne quitte que très rarement sa tour, même dans des moments cruciaux comme un mariage ou un enterrement. Par son attitude subversive et originale, il attire à la fois la pitié, la sympathie et le rire du lecteur, ce qui fait de lui un personnage grotesque : il étonne et amuse, tout en montrant une indéniable souffrance morale.

Cependant, la création peut s'avérer négative lorsqu'elle implique une automatisation de l'humain, voire une perte d'identité (Krespel). Le Moi esthétique se crée dans l'authenticité de la mise en œuvre artistique et la qualité de la transmission, car c'est aussi à travers le regard miroitant d'autrui que l'artiste trouve sa légitimité. Or, Antonie ne peut avoir de récepteur dans la mesure où elle n'exerce plus son art. Dans « Mademoiselle de Scudéry », Cardillac, lui, est incapable d'avoir des échos de ses créations puisqu'il renonce à ce que d'autres mains que les siennes les manipulent et les possèdent. Dans « Casse-Noisette », Drosselmeier, quant à lui, est frustré et vexé de voir que Fritz et Marie se lassent de ses chefs-d'œuvre mécaniques alors qu'ils lui ont coûté tant de peine. Ce

---

[577] Rappelons que Schelling et August Wilhelm Schlegel perçoivent l'architecture comme une musique concrète, figée. Les premiers romantiques mettent donc en corrélation deux arts *a priori* complètement différents.

[578] *SB*, p. 1152 : « […] eine hohe, spitze, graue Mütze […] einen weiten Mantel von grauem Kalmank […] einen langen weißen Bart am Kinn […] wegen des falschen Bartes », [EF, t. 4, p. 250].

[579] Il s'agit ici d'un comique de situation suscitant le rire et la raillerie. Dapsul est présenté comme un personnage fantasque, bizarre et grotesque : il met en avant une sorte de merveilleux apparemment de pacotille, car il se déguise pour entrer en communication avec les esprits élémentaires et comprendre le langage des astres. Son attitude est en même temps ridicule et insolite et attire la curiosité du lecteur.

[580] *SB*, p. 1147 : « Seheraugen », [EF, t. 4, p. 245].

ne sont pas les constructions d'objets d'art au sens propre qui font de l'artiste un individu épanoui et pleinement accompli, mais celles qui ne sont pas visibles à l'œil nu, que seule l'imagination échafaude dans les rêves nocturnes.

Par conséquent, lorsque Drosselmeier ne construit pas des *Glockenspiele* et des automates ou quand il ne semble pas déshumanisé, il usurpe une autre identité et se transforme en chouette, oiseau nocturne assimilé bien souvent dans les contes à un animal inquiétant, annonciateur d'un drame. Selon Freud, l'oiseau, aussi fortement connoté sexuellement, plonge ses racines dans la période infantile érotique, et « le désir de pouvoir voler ne signifie rien d'autre dans le rêve que l'aspiration à avoir des capacités sexuelles[581] ». Cet aspect, appliqué au « Casse-Noisette », autorise ici une double explication. D'une part, Drosselmeier est avide d'assouvir ses désirs, d'autre part, Marie, rêveuse, projette sur cet homme ses envies secrètes. L'analyse freudienne vient donc corroborer l'interprétation érotique de la relation ambiguë entre la filleule et son parrain. L'une découvre les joies de l'amour, l'autre veut y reprendre goût.

Coiffé d'une perruque de verre, l'homme se manifeste sous les traits d'un être artificiel lorsqu'il se représente lui-même, narcissiquement, en objet de *Glockenspiel*[582]. De plus, il lui arrive d'avoir l'air d'une « marionnette dont on tire les ficelles » et qui fait « d'étranges grimaces[583] », ou encore de ressembler à un pantin, ce qui ne correspond pas à l'image hoffmannienne de l'idéal artistique :

> Hé, hé ! parrain Drosselmeier [...] te voilà de nouveau vraiment drôle ! Tu te démènes tout à fait comme mon polichinelle, celui que j'ai depuis longtemps jeté derrière le poêle[584] !

Seule Marie détient le pouvoir de peupler le monde de ses propres rêves en faisant fonctionner son imagination. Son parrain est un fabriquant et non un créateur, il « ne réussirait jamais à fabriquer une telle merveille[585] », souligne d'ailleurs le Casse-Noisette.

De même, les jouets offerts par les cousins de Christlieb et Felix ne sont pas nécessaires au développement du Moi esthétique de ces derniers. Christlieb et Felix portent le bonheur, la piété et l'innocence de l'enfance dans leur prénom : Christ-lieb signifie littéralement « qui aime le Christ »

---

[581] Sigmund Freud : *Bildende Kunst und Literatur*, op. cit., p. 148-149 : « der Wunsch fliegen zu können, im Traume nichts anderes bedeutet als die Sehnsucht, geschlechtlicher Leistungen fähig zu sein ».

[582] *SB*, p. 246 : « Pate Droßelmeier selbst, aber kaum viel höher als Papas Daumen, zuweilen unten an der Tür des Schlosses stand und wieder hineinging », [EF, t. 1, p. 284] : « Le parrain Drosselmeier en personne, mais à peine plus haut que le pouce de papa, sortait parfois sur le perron, puis rentrait aussitôt ».

[583] *Ibid.*, p. 264 : « [...] schnitt sehr seltsame Gesichter [...] gleich einer Drahtpuppe gezogen », [EF, t. 1, p. 302].

[584] *Ibid.*, p. 264 : « Ei, Pate Droßelmeier, [...] du bist heute wieder auch gar zu possierlich, gebehrdest dich ja wie mein Hampelmann, den ich längst hinter den Ofen geworfen », [EF, t. 1, p. 302].

[585] *Ibid.*, p. 294 : « So etwas kann denn doch wohl der Onkel niemals zustande bringen », [EF, t. 1, p. 332].

et Felix, en latin, veut dire « heureux ». Des jouets mécaniques ne sont donc d'aucune utilité à ces enfants. Leur imagination ne se développe pas à la vue de jouets dont la fonction est déjà déterminée par avance : un chasseur tend une flèche qui atterrit toujours dans la même cible, et un petit harpiste s'actionne lorsque l'on tourne une vis. Ces jouets ressemblent aux constructions de Drosselmeier qui ennuient Fritz et Marie. Quand l'inanimé copie l'animé et se veut authentique, cela se solde systématiquement par un échec. Les sons de la nature sont plus mélodieux que ceux reconstitués par le jouet. La forêt, elle, propice à l'insolite, est emplie de jouets naturels et « les herbes se transform[ent] bientôt en merveilleuses poupées[586] ».

Chaque jouet s'adapte à la personnalité de l'enfant car, sans qu'il y ait imitation, le processus d'identification est fondamental. Si Marie donne le sentiment d'être moins innocente que Felix et Christlieb, ces deux derniers symbolisent la candeur même et l'harmonie originale de l'âge d'or. Ils comprennent le langage des arbres que parle l'enfant étranger et survolent en sa compagnie des paysages magnifiques. Leur compagnon de jeu apparaît sous les traits de l'enfant de dame Nature et vit dans leur imagination créatrice. Christlieb et Felix paraissent capables, contrairement à leurs cousins, de voyager dans son royaume. Le caractère panthéiste et antirationaliste du récit révèle l'importance du jouet dans le développement de l'individu. C'est l'enfant qui donne vie au jouet et lui attribue la fonction qu'il sera appelé à remplir. Toute prédétermination nuit à la créativité. Ainsi le lecteur, comme Christlieb et Felix, n'apprendra-t-il ni l'identité exacte ni le sexe de l'enfant étranger. C'est à lui de faire son choix. Par conséquent, malgré « quelques maudites fioritures dont un enfant ne saurait deviner le sens caché[587] », « L'enfant étranger » constitue davantage un conte pour enfants que « Casse-Noisette », comme les amis sérapiontiques l'observent également dans leur entretien[588]. Dans « Casse-Noisette », Marie pénètre le royaume des poupées et en devient la reine en épousant son protégé. Le statut d'épouse fait passer Marie de manière déterminante à l'âge adulte, ce qui n'est pas le cas dans l'autre récit où même les parents semblent être retombés en enfance. En effet, dans « L'enfant étranger », la mère voit ses enfants en rêve, « tout environnés d'or étincelant, et cette vision [lui] donne une joie extraordinaire » et une force infinie qui l'aide à affronter le deuil de son époux : elle se sent « forcée aujourd'hui de croire à [leur] conte[589] ».

Selon Freud, le stade dit infantile correspond au moment où la personnalité se construit, se détermine et s'affirme. Il existe trois stades en matière de développement individuel de la libido : le

[586] *Ibid.*, p. 587 : « aus den Grashalmen wurden bald die schönsten Puppen », [EF, t. 2, p. 289].
[587] *Ibid.*, p. 615 : « einige verdammte Schnörkel, deren tieferen Sinn das Kind nicht zu ahnen vermag », [EF, t. 2, p. 315].
[588] *Ibid.*, p. 615 : « [...] dein fremdes Kind ist ein reineres Kindermärchen als dein Nußknacker », [EF, t. 2, p. 315] : « [...] ton "Enfant étranger" est un conte plus épuré que ton "Casse-Noisette" ».
[589] *Ibid.*, p. 615 : « wie ihr wie in lauter funkelndem Golde standet [...] ich weiß nicht, warum ich heute an euer Märchen glauben muß [...] », [EF, t. 2, p. 314].

stade narcissique, la découverte de l'objet de désir et l'état de maturité qui s'apparente à un dépassement des deux premiers stades. Marie passe par les trois stades, mais accède au dernier uniquement dans le monde imaginaire, et non dans un univers réel. En ce qui concerne les magnétiseurs, les alchimistes ou les adeptes de la magie noire, ils vont du premier stade au dernier pour retourner finalement au premier et ne passent jamais par la deuxième phase ; ils restent plongés dans un sentiment d'autosatisfaction malsaine. Narcisse et Pygmalion font partie de leur personnalité et les guident dans leur comportement, ils plongent leur victime dans un état d'inertie s'ils veulent exercer sur elle une influence magnétique ; en tant que constructeurs d'automates, il font vivre leurs chefs-d'œuvre pour mieux tromper et accaparer le subconscient d'autrui. L'individu atteint le dernier stade par la poésie, par la peinture ou, comme Marie Stahlbaum, par la puissance de l'imagination. Dans « L'enfant étranger », la venue de l'être fantastique apparaît nécessaire à la construction du Moi. La création d'un univers féerique facilite l'extériorisation des angoisses et des peines qui pourraient troubler l'évolution psychique de l'enfant. Ce dernier a besoin d'un monde parallèle, d'un refuge personnel. Toute enfance traumatique est sujette à l'échec artistique ou identitaire, à la destruction symbolique ou concrète, comme on peut l'observer dans la folie de Cardillac ou celle de Zacharias Werner.

Les Frères de Saint-Sérapion soulignent l'importance de la construction d'un monde irréel, situé a priori en dehors de soi, mais où le Moi artistique joue un rôle prépondérant. Marie Stahlbaum, Felix, Christlieb ou même Elis y sont prédisposés, même si le marin échoue, tiraillé entre sa quête personnelle et son attachement terrestre à Ulla. Les rêves, plus que toute autre création résultant d'une grande habileté manuelle, constituent le lieu de la construction identitaire.

La construction du Moi esthétique passe nécessairement par une déconstruction concrète ou symbolique. Dans « Le point d'orgue », Theodor décide de brûler ses compositions, Felix et Christlieb, eux, détruisent involontairement les jouets de leurs cousins jugés trop artificiels : la poupée de Christlieb a « l'air bien misérable », « les buissons [ont] déchiré ses vêtements et même brisé ses jambes[590] ». Krespel, quant à lui, démonte les violons en entassant les morceaux et, à un moment, « romp[t] si violemment [l'archet] qu'il vole en éclats[591] ». Maître Martin, lui, avoue que, s'il était architecte et si quelqu'un qui habite son œuvre osait lui lancer un regard méprisant, « l'envie [lui] prendrait de démolir [son] œuvre de rage et de chagrin[592] ». La relation entre l'homme et l'objet repose donc sur un rapport de force. La destruction proprement dite (ou

---

[590] Ibid., p. 582-583 : « Freilich sah das arme Ding ganz miserabel aus […] daß sie sich an dem Gestrüpp die Kleider ganz und gar zerrissen, ja beide Beinchen gebrochen hatte », [EF, t. 2, p. 285].

[591] Ibid., p. 53 : « Nun trat er in die Mitte des Zimmers, riß den Violinbogen aus dem Gehenke, hielt ihn mit beiden Händen über den Kopf und zerbrach ihn, daß er in viele Stücke zersplitterte ». [EF, t. 1, p. 83].

[592] Ibid., p. 512 : « mir würde vor lauter Ärger und Verdruß die Lust ankommen, mein eignes Werk zu zerstören », [EF, t. 2, p. 212].

seulement la pulsion de destruction) est inscrite dans la quête artistique. L'individu doit alors chercher son identité dans le conflit. Aussi, dans « La guerre des Maîtres Chanteurs », Heinrich von Ofterdingen, qui a recours à l'univers d'apparences et de facilités propre à la magie noire, échoue-t-il :

> Klingsohr est un grand Maître. Mais malheur à celui qui, sans posséder le don spécial qui lui est propre, a l'audace de s'en prendre aux forces obscures du royaume d'en bas où il a pénétré[593].

L'artiste ne compte que sur lui-même pour construire son Moi esthétique, même s'il lui arrive de se faire aider indirectement, comme Theodor dans « Le point d'orgue » par les deux *prime donne*, comme Traugott dans « La Cour d'Artus » par Berklinger, comme Edmund Lehsen dans « Le choix d'une fiancée » par l'orfèvre, comme le virtuose dans « Le baron de B. » par le personnage éponyme ou bien encore comme Antonio Scacciati dans « Signor Formica » par Salvator Rosa. L'artiste, qui a besoin d'un mentor, doit également procéder à une remise en question et à une introspection systématiques. Il lui faut renoncer à l'imitation et laisser parler son âme, car « un artiste a son centre en lui-même[594] ». De ce fait, il est impossible, d'après les différents récits des frères de Saint-Sérapion, qu'un collectionneur devienne un artiste convaincu ou développe une fine sensibilité, puisqu'il ne fait que récolter des créations de manière frénétique. Il agit sous le coup de la folie, tel Cardillac dans « Mademoiselle de Scudéry », ou se montre prêt au crime, comme le docteur Pyramide dans « Signor Formica ».

Les artistes savent garder en eux l'image de leur bien-aimée. Traugott (« La Cour d'Artus ») ou Ferdinand (« Les automates ») en sont des exemples cardinaux. Néanmoins, objectiver la femme aimée en figeant son image sur une toile permet à l'artiste de préserver le souvenir, mais cela constitue une approche esthétique erronée. Si l'artiste ne crée pas de dépendance et s'il est normal pour lui de ressentir un manque, il lui faut cependant toujours aspirer à un idéal, tout en ayant pleinement conscience de son caractère inaccessible et vain. Le manque engendre l'inspiration et non la frustration. Le poète qui ne croit pas au merveilleux et ne parvient pas à persuader le lecteur de l'existence du monde supérieur dans lequel il le plonge ne met en scène que des « poupées trompeuses[595] ». Un bon récit manipule adroitement son lectorat et le conduit à admettre l'incroyable. De même, lorsque l'art n'est pas pratiqué comme une vocation, mais exercé pour de

---

[593] *Ibid.*, p. 381 : « Du hast den Klingsohr als hohen Meister erkannt. Er ist es ; aber wehe dem, der nicht begabt mit der eigentümlichen Kraft, die ihm eigen, es wagt, ihm gleich entgegenzustreben dem finstern Reich, das er sich erschlossen », [EF, t. 2, p. 77].

[594] Friedrich Schlegel : *Kritische Schriften und Fragmente*, t. 2, *op. cit.*, p. 226 : « Ein Künstler ist, wer sein Zentrum in sich selbst hat », [EF, p. 229], [Idées 45].

[595] *SB*, p. 68 : « trügerische Puppen ».

mauvaises raisons, cette situation peut s'avérer fatale. Dans « Les mines de Falun », le comportement d'Elis est, selon Torbern, inacceptable, puisque le marin devient mineur pour plaire à la fille de son patron. Or, si l'on se réfère à Novalis, qui compare l'âme humaine à une mine pleine de trésors, on peut supposer qu'Elis a échoué dans sa quête personnelle et identitaire. Si, par exemple, le héros proustien du *Temps retrouvé* compare son cerveau à un « riche bassin minier, où il y [a] une étendue immense et fort diverse de gisements précieux » que lui seul est en mesure « d'exploiter », et « avec [sa] mort eût disparu non seulement le seul ouvrier mineur capable d'extraire ces minerais, mais encore le gisement lui-même[596] », Elis, lui, ne considère pas les reflets et les ombres de la mine comme des projections de son inconscient. En effet, c'est en considérant la mine comme une autre réalité empirique, en souhaitant s'approprier les merveilles trouvées dans cet autre réel et en faire sa richesse dans l'univers sensible que le personnage se fourvoie.

Ainsi peut-on considérer Falun comme une allégorie de l'inconscient qui finit par engloutir Elis. La construction identitaire du héros se solde par la destruction irrémédiable de ce dernier. Si la mine avait pétrifié son cadavre pour l'éternité, le contact avec le monde réel l'a réduit à l'état de poussière. Retiré du royaume sombre et mystérieux de la mine, l'ancien marin n'y mène plus d'existence symbolique, son existence terrestre – même outre-tombe – n'a plus lieu d'être. Elis subit, par conséquent, un double anéantissement et devient définitivement orphelin puisqu'il n'a rejoint ni sa mère ni sa future épouse. On peut donc se demander si l'artiste est systématiquement mis en échec, si l'art n'est jamais en mesure d'aboutir idéalement, si le créateur ne contrôle plus son œuvre. Dans ce cas, *Les Frères de Saint-Sérapion* constitueraient une forme d'aporie ou d'impasse esthétique.

L'exemple le plus flagrant d'un artiste dépassé par sa création est celui de Rabbi Löw avec son Golem : l'homme créateur qui a donné vie à un être inanimé se voit dans l'obligation de le détruire pour éviter de courir un grand danger. Dans *Les Frères de Saint-Sérapion*, il n'y a aucun exemple semblable. Nul artiste ne détruit sa création dans l'urgence pour échapper à la mort. En revanche, ceux qui n'échouent pas dans la voie artistique qu'ils s'étaient fixés sont ceux qui savent qu'ils ne pourront jamais posséder leur muse, ceux qui sont capables de rêver et d'exploiter leurs rêves sans penser à leur imposer une structure et une interprétation, ceux qui ne cherchent pas à découvrir le mystère en toute chose en voulant ainsi égaler le Créateur. Enfin, ceux qui réussissent ne tentent pas de créer l'artifice, d'imiter la vie ou de s'en emparer.

L'artiste doit donc son échec à un manque de modestie et de connaissance de son identité propre : le Moi esthétique n'a pas pu coïncider avec le Moi identitaire. Heinrich von Ofterdingen a

---

[596] Marcel Proust : *Le temps retrouvé*, Paris, GF Flammarion, 1986, p. 450.

essayé d'usurper une autre personnalité, de renier le Moi qu'il avait déjà construit afin de posséder l'être aimé. Même s'il n'en est pas mort pour autant, ses qualités artistiques ont été catégoriquement rejetées à la fois par la femme désirée et par toute sa communauté. Dans « Mademoiselle de Scudéry », l'existence artistique de Cardillac prend fin de manière tragique, puisqu'il est assassiné. Son Moi esthétique, poussé à un narcissisme extrême, scelle sa perte et son obsession est, d'après lui, ancrée dès sa naissance. Dans « Le baron de B. », le personnage éponyme, quant à lui, souffre d'une folie qui n'est pas nuisible et lui apporte un précieux savoir théorique. Malgré cela, sa manière de jouer du violon n'est nullement harmonieuse et sa mégalomanie chronique l'empêche d'en prendre conscience :

> Je suis donc le seul chez qui continue à vivre l'art du véritable violoniste, et c'est en partie grâce à mes constants efforts que se perpétue cet art dont Tartini fut le créateur[597].

Or, lorsqu'il commence à jouer, l'élève virtuose réprime difficilement son envie de rire. Le son de l'instrument équivaut, en effet, à un « tremblement grinçant » et ressemble à celui d'une « vieille femme […] qui se torture la voix pour retrouver l'art d'une chanson[598] ». Son Moi artistique est voué à l'échec en matière de transmission concrète. Cependant, étant donné qu'il s'estime virtuose et pense maîtriser parfaitement l'art musical, il ne souffre pas de sa maladie mentale. En revanche, si son comportement suscite le rire chez le lecteur, il provoque aussi une forme de compassion. Ce mélange de comique et de tragique fait du personnage un être parfaitement grotesque.

En règle générale, le pessimisme hoffmannien, dans le domaine artistique, concerne deux cas de figure : lorsque l'artiste pratique l'art pour l'art, s'octroyant, par ce biais, un statut quasiment divin, ou quand son art est mis au service d'un désir terrestre et non esthétique. Dans le premier cas, il ne s'agit que d'*hybris* et d'autosatisfaction sans transmission et, dans le second, d'une pure et simple vulgarisation artistique. L'art ne constitue pas un moyen, qu'il agisse en faveur d'une satisfaction intellectuelle ou sexuelle. Il doit être compris comme un principe vital ou une raison de vivre, ce que Traugott finit par comprendre. Pour reprendre le raisonnement de Berklinger, l'art doit *être*. L'artiste, grâce à son génie et à son habileté, est naturellement apte à créer en toute simplicité et non à représenter une allégorie. Son œuvre, produite par la subjectivité et l'instinct, forme un

---

[597] *SB*, p. 899 : « Ich bin also nun der einzige, in dem die Kunst des wahrhaften Violinspielers fortlebt, und an meinen eifrigen Bestrebungen fehlt es gewiß nicht, jene Kunst, die in Tartini ihren Schöpfer fand, fortzupflanzen », [EF, t. 3, p. 288].
[598] *Ibid.*, p. 904 : « zitternd » / « ein altes Weib […] sich abquält , den Ton irgend eines Liedes zu fassen », [EF, t. 3, p. 293].

véritable don de soi qui la rapproche du divin. L'artiste est libre « lorsqu'il produit ou rend visible Dieu[599] ».

Chez Hoffmann, l'art, nécessaire, est placé au service de la narration. Hoffmann dépeint l'écriture comme la raison de vivre de l'artiste. Le Moi esthétique échoue si l'art conduit à la folie, à l'isolement ou à la mort (assassinat ou suicide). La déconnexion sociale, la perte de l'individualité et l'automatisation de l'âme sont les conséquences directes d'un Moi qui n'a pas réussi à s'élever, qui a manqué sa construction psychique et son but. C'est ce qui, chez Hoffmann, distingue le talent, savoir-faire visant à dominer l'art sans y parvenir, du génie, à la fois savoir-faire et manière d'être. L'être est placé au service de l'art, tout en le maîtrisant. Pour cela, l'artiste doit être à la hauteur de son statut : moitié homme, moitié dieu, il n'est ni un simple mortel ni une incarnation divine. Il lui faut donc faire preuve de prudence et partager son art sans chercher à s'imposer aux autres, contrairement à Heinrich von Ofterdingen ou au héros du récit « Le bonheur au jeu », dont l'« art » correspond à un acte (auto)destructeur, à un jeu fatal et obsessionnel qui n'a rien d'enfantin.

Toute forme d'art paraît, par conséquent, sans issue. Il n'existe pas réellement d'artiste complet et épanoui à la fois dans un savoir-faire et en société. Celui qui ne vit que pour ses créations passe aux yeux des philistins pour un aliéné mégalomane égocentrique et celui qui cherche à s'adapter à son environnement bourgeois est taxé de philistinisme par ses semblables. Le mal existentiel artistique répond, par conséquent, à une souffrance devenue ordinaire. Ainsi Krespel, en empêchant Antonie de chanter, et Berklinger, en travestissant Felizitas, cherchent-ils peut-être, inconsciemment, à le prévenir. Cela signifierait donc que l'art est dangereux, qu'il est préférable pour l'individu de s'en préserver ou de fabriquer à son image un être artificiel, capable de souffrir à sa place, d'attirer la fascination et d'enrayer le rejet d'autrui.

Qu'elles soient art, artisanat, simple talent ou génie véritable, savoir-faire ou principe vital, toutes les formes d'habileté manuelle ou de richesse psychique sont représentées dans *Les Frères de Saint-Sérapion*. Reste à savoir ce qu'il en est des constructions mécaniques, des automates et de leur volonté de copier, voire de supplanter l'humain.

Vers une autonomie de l'objet : émancipation de l'inerte

L'être artificiel : fascination et rejet dans « Les automates »

Les automates, au cours de leur ère florissante, c'est-à-dire jusqu'au début du XIXe siècle environ, sont conçus de telle manière qu'ils permettent au public de découvrir les rouages du mécanisme. Cela s'explique durant le siècle des Lumières qui privilégie la raison et l'entendement.

---

[599] Friedrich Schlegel : *Kritische Schriften und Fragmente*, t. 2, *op. cit.*, p. 224 : « Frei ist der Mensch, wenn er Gott hervorbringt oder sichtbar macht, und dadurch wird er unsterblich », [EF, p. 225], [Idées 29].

Ainsi n'est-il pas concevable d'aborder le thème de la magie et de l'étrange en lien avec une machine. Les automates du XVIIIe siècle, contrairement à ce qu'ils deviendront plus tard, sont des « machines à interpréter. Elles n'entrent pas dans la vie mais l'expliquent. […] Elles sont plutôt des symboles et des éléments relatifs à une manière d'aborder le monde de façon ludique. Elles n'ont pas encore l'arrière-goût négatif que l'on va, plus tard, y associer[600] ».

Lors de la rédaction de son fragment « Les automates », E.T.A. Hoffmann a conscience que l'époque prospère de l'automate est révolue. Il s'appuie sur des objets réels, sur les polémiques ou fascinations que ces objets ont suscitées comme le voltigeur d'Ensler, la joueuse d'harmonica, le flûtiste de Vaucanson et, au centre du récit, l'automate mystérieux représentant un « Turc » qui prédit l'avenir et lit dans les pensées. Hoffmann met en regard les œuvres d'Albertus Magnus et du Baron de Kempelen. L'une est une tête douée de parole, l'autre un « Turc » jouant aux échecs.

Le « Turc parlant » des « Automates », dont le verbe a valeur d'oracle, met en avant un curieux phénomène. En effet, ce ne sont plus les rouages de la mécanique qui passionnent les spectateurs, mais les réponses justes et prophétiques de la machine. Et c'est ce caractère prophétique avéré qui semble susciter l'inquiétude ou la fascination et non son aspect extérieur autonome d'homme machine.

Dans le récit, la question scientifique et technique occupe une place de choix. Le pluriel du titre « Les automates » suppose une multiplicité dans l'évocation des constructions comme dans celle des interprétations et des sentiments. Hoffmann n'énumère pas ce qu'il connaît, il pique adroitement son récit de différentes références ; soit les automates cités ont déjà existé ou font partie d'une légende connue, soit l'écrivain les invente ou fait allusion à ses propres récits. Ainsi le lecteur a-t-il devant les yeux un florilège de constructions mécaniques : le « Turc parlant » ouvre le récit et devient la figure centrale, il est qualifié par son don de parole ou est dépeint par le biais d'autres qualificatifs comme le « Turc savant » ou le « Turc miraculeux ». Dans ce même récit sont également évoqués le Voltigeur d'Ensler, le Casse-Noisette, les « admirables automates de l'arsenal de Dantzig », les « automates musiciens » du professeur X, le joueur de flûte étant évidemment la célèbre « machine de Vaucanson », « l'harmonicorde », « la harpe éolienne » et « la harpe atmosphérique ».

Le « Turc » est au centre, car c'est de lui qu'émanent les différentes discussions et constatations, jugements et condamnations au sujet des automates. Il semble toucher un large public

---

[600] Frank Wittig : *Maschinenmenschen*, op. cit., p. 53. Wittig renvoie à l'ouvrage de Bernd Weyergraf : *Wozu Maschinen gut sind*, Munich, Glaser/ Kaempfer, 1988, p. 64. *Ibid.*, p. 53 : « […] Deutungsmaschinen. Sie greifen nicht in das Leben ein, sie erklären es. Wesentlich kontemplativer Natur, sind sie eher Sinnbilder und Gegenstände eines spielerischen Weltumgangs. Noch fehlt ihnen jeder pejorative Beigeschmack, der sich später mit ihnen verbinden wird ».

non initié, curieux et crédule : « il [fait] sensation et [met] toute la ville en effervescence[601] ». Il touche toutes les couches sociales et toutes les catégories d'âge, puisque « jeunes et vieux, riches et pauvres [affluent][602] » pour le voir. Son aspect extérieur est très soigné et son côté oriental éveille l'intérêt des spectateurs : « bien agencé », « grandeur nature et bien proportionné », il a « belle allure » et « [sa] tête [est] particulièrement réussie ; des traits spirituels et un type oriental lui [donnent] une vie que l'on rencontre rarement dans les figures de cire[603] ».

C'est là qu'on voit toute la différence entre les poupées au visage figé qui restent immobiles et les automates qui s'animent, entre « ce chef-d'œuvre de la mécanique et les joujoux que l'on montre [...] dans les foires[604] ». Il existe, selon Ferdinand, un fossé infranchissable entre ces deux êtres artificiels, c'est-à-dire entre les figures de cire « dont on ne sait si elles sont mortes ou vivantes » et « les automates mécaniques » où « tout dépend vraiment de l'esprit dans lequel l'artiste a conçu son œuvre[605] ». Les spectateurs, quant à eux, semblent attirés par les mystères que le « Turc » recèle. L'inventeur n'accepte cependant guère de promiscuité de leur part. Il aime simplement leur montrer le mécanisme, le fonctionnement interne de l'automate :

Une barrière légère entourait le chef-d'œuvre, empêchant le public de s'approcher trop près ; seuls étaient admis à l'intérieur de l'enceinte et à s'avancer jusqu'au côté de l'automate celui qui désirait examiner la structure de l'ensemble – dans la mesure où l'artiste pouvait le permettre sans trahir son secret[606].

L'automate est considéré comme un chef-d'œuvre de science et de technique, et ce n'est pas un hasard s'il a été créé au siècle des Lumières. La fascination des spectateurs met en relief cet héritage direct. Néanmoins, force est de constater ici l'influence du romantisme :

---

[601] *SB*, p. 196 : « [er] machte allgemeines Aussehen, ja er brachte die ganze Stadt in Bewegung », [EF, t. 1, p. 94].

[602] *Ibid.*, p. 396 : « Jung und Alt, Vornehm und Gering », [EF, t. 2, p. 94].

[603] *Ibid.*, p. 396-397 : « in richtigen Verhältnissen wohlgestaltet, allein vorzüglich war der Kopf gelungen ; eine wahrhaft orientalisch geistreiche Physiognomie gab dem Ganzen ein Leben, wie man es selten bei Wachsbildern [...] findet », [EF, t. 2, p. 94].

[604] *Ibid.*, p. 396 : « Kunstwerk [...] oft bei Messen und Jahrmärkten », [EF, t. 2, p. 94].

[605] *Ibid.*, p. 400 : « "Du weißt", nahm Ferdinand das Wort, "daß alles, was du von dem tollen Nachäffen des Menschlichen, von den lebendigtoten Wachsfiguren gesagt hast, mir recht aus der Seele gesprochen ist. Allein bei den mechanischen Automaten kommt es wirklich sehr auf die Art und Weise an, wie der Künstler das Werk ergriffen hat" », [EF, t. 2, p. 98].

[606] *Ibid.*, p. 397 : « Ein leichtes Geländer umschloß das Kunstwerk und wehrte den Anwesenden das nahe Hinzutreten, denn nur *der*, welcher sich von der Struktur des Ganzen, so weit es der Künstler sehen lassen konnte, ohne sein Geheimnis zu verraten überzeugen wollte, oder der eben Fragende durfte in das Innere und dicht an die Figur treten », [EF, t. 2, p. 95].

Malgré l'élégance de la présentation et le caractère énigmatique et fabuleux de l'automate, l'intérêt du public aurait sans doute faibli si l'artiste n'avait pas trouvé encore un moyen pour tenir sa curiosité constamment en éveil[607].

Aussi l'automate ne se contente-t-il pas de mettre en exergue la seule prouesse technique et mécanique du Créateur, il souligne aussi l'un des dons les plus exceptionnels qui se rapprochent de l'intérêt que les romantiques portent aux relations psychiques, voire paranormales. Le « Turc parlant » est médium et prononce des « oracles ». Cet aspect témoigne d'une réelle fascination pour l'Antiquité et notamment pour les prédictions mystérieuses et troublantes, comme celle de l'oracle de Delphes qui prévint Œdipe de sa funeste destinée en tentant de lui faire prendre conscience qu'il sera amené à tuer son père et à épouser sa mère. Ce type d'oracle, quasi castrateur, plonge Ferdinand dans un profond émoi l'empêchant de s'épanouir pleinement : après avoir pris connaissance de la prédiction qui le concerne, notre héros en fait une obsession. Son existence devient, dès lors, comme figée. Une angoisse permanente l'envahit et rythme son quotidien.

Le public, curieux, se précipite pour entendre les oracles et s'épuise en hypothèses sur le moyen par lequel l'automate parvient à prédire l'avenir. Même Ludwig, qui reste pourtant lucide, se met à douter. Il est pourtant l'un des représentants emblématiques de l'*Aufklärung*. Ferdinand, lui, appartient à l'univers des romantiques, compte tenu des relations psychiques qu'il entretient avec autrui. Les deux hommes n'ont donc pas le même avis sur les automates : l'un n'apprécie pas leur existence, l'autre s'avoue troublé par eux. Ludwig raille la création mécanique et en fait une critique assez acerbe. Il refuse l'inanimé et ne dissimule en rien son dégoût pour les copies mortes et froides du vivant :

> Pour moi, dit Ludwig, tous ces personnages, qui sont moins une œuvre faite à l'image de l'homme qu'une singerie de l'être humain, ces véritables statues représentant la mort sous les traits de la vie ou la vie sous le masque de la mort, me sont au plus haut point antipathiques[608].

---

[607] *Ibid.*, p. 398 : « Unerachtet der geschmackvollen Einrichtung und des höchst Rätselhaften, Wunderbaren, was in dem ganzen Kunstwerke lag, hätte das Interesse des Publikums daran doch wohl bald nachgelassen, wäre es dem Künstler nicht möglich gewesen, auf eine andere Weise die Zuschauer immer aufs neue an sich zu ziehen », [EF, t. 2, p. 96].

[608] *Ibid.*, p. 399 : « "Mir sind", sagte Ludwig, "alle solche Figuren, die dem Menschen nicht so wohl nachgebildet sind, als das Menschliche nachäffen, diese wahren Standbilder eines lebendigen Todes oder eines toten Lebens, im höchsten Grade zuwider" », [EF, t. 2, p. 97].

Toutefois, il ne cache pas qu'il est « saisi de malaise et d'effroi » à la vue de « regards figés, sans vie et vitreux[609] ». Le narrateur souligne l'ambivalence des sentiments que l'automate lui inspire : il est « vivant et mort à la fois[610] ». C'est avec révolte et ironie qu'il dénonce les abus des inventeurs tout en s'avouant intéressé par les nouvelles découvertes, notamment par celles susceptibles d'expliquer les mystères de la nature. Il cingle toutefois le grotesque de certains automates, s'élève contre l'excès dans la mécanique et contre l'art au sens d'« artifice » » et d'« artificiel », qui selon lui ne reflète pas le moindre génie. Ainsi la « grandezza toute orientale » de l'automate est-elle tout aussi « ridicule » que son « visage […] si bien réussi ». « La manière dont l'honorable Turc tournait les yeux et remuait la tête » est empreinte d'« un caractère indiciblement grotesque[611] ».

Ludwig, malgré ses sarcasmes et sa dénonciation de l'absurdité de toute mécanique de ce genre, paraît très mal à l'aise face à elle : une sensation d'étrangeté l'envahit à la vue d'un être semblable à un humain et tout prête à croire que l'automate est doué de vie. Il lui est insupportable de voir une matière inerte vivre de façon si naturelle, évidente et réelle. Il n'admet pas que l'on puisse admirer une matière, dépourvue d'âme et d'esprit, qui s'anime comme un être vivant. Derrière la critique de la mécanique et de ses abus, Ludwig accuse, d'une certaine manière, la société d'être trop préoccupée par la technique et les sciences nouvelles depuis la révolution industrielle. Le narrateur paraît, à plusieurs reprises, partager cette opinion, bien qu'il reste fasciné par le don de l'automate principal.

Les opinions restent constamment ambiguës, elles ne sont ni catégoriques ni figées et laissent au lecteur la liberté de choisir entre la raison et l'imaginaire.

Ce qui a retenu l'attention des deux personnages, c'est la quantité d'automates que le professeur X, auquel ils rendent visite par pure curiosité, a en sa possession. Les pièces de sa collection sont, pour la plupart, des « automates musiciens ». Aussi le récit d'Hoffmann est-il consacré à l'art musical et au bien-fondé de la musique artificielle et mécanique produite par les différentes machines. Dans ce cas précis, Ludwig et Ferdinand sont du même avis : il n'est rien de plus insupportable que cet art pratiqué par des automates, même s'il prouve le talent du « mécanicien ». La musique mécanique est « sinistre » » et « sacrilège », dégradante et effrayante. D'une part, les instruments de musique véritables sont supérieurs aux automates, car c'est l'être humain qui, par son souffle et l'agilité de ses doigts, en est le virtuose. D'autre part, ils ne sont que

---

[609] *Ibid.*, p. 399 : « Augen ohne Sehkraft […] die stieren, toten, gläsernen Blicke », [EF, t. 2, p. 97].

[610] *Ibid.*, p. 396 : « lebendigtoten », [EF, t. 2, p. 94].

[611] *Ibid.*, p. 400 : « […] gerade das Augenverdrehen und Kopfwenden des ehrbaren Türken habe für ihn was unbeschreiblich Possierliches gehabt », [EF, t. 2, p. 106]. Il faut ici comprendre le terme de « grotesque » comme une alliance du risible et de l'étrange. En effet, en cherchant à animer l'inerte et à copier le vivant, le créateur d'automates met le spectateur mal à l'aise et peut susciter chez lui un sentiment d'horreur. De plus, le « Turc parlant » possède des talents surnaturels de visionnaire et marque pour ainsi dire la supériorité de la machine sur l'homme. Grotesque et fantastique se trouvent, dans ce cas, intimement liés. En voulant unir le vivant et l'inanimé, l'automate grotesque symbolise une forme de destruction du vivant.

des intermédiaires obéissant au musicien, tandis que les automates sont autonomes, et l'homme peut plus facilement en perdre le contrôle. Lui seul communique aux autres une émotion, une sensibilité, et non la machine elle-même.

Le jugement de Ludwig rejoint donc la théorie de l'art opposant talent et génie. L'imitation des sons se révèle artificielle et dépourvue d'expression et de sensibilité, de cœur et de spontanéité ; elle nargue la sphère spirituelle, car même la machine la plus parfaite est, d'après Ludwig, « la plus méprisable », aussi préfère-t-il « un modeste orgue de Barbarie [...] au joueur de flûte de Vaucanson ou à la joueuse d'harmonica » :

> Le musicien le plus dépourvu de pensée et d'émotion jouera encore mieux que la machine la plus parfaite ; car il est impensable qu'un élan spontané, venu du cœur, vienne un jour animer son jeu, ce qui naturellement ne saurait jamais être le cas pour une machine[612].

Ludwig critique les œuvres de Vaucanson et s'érige en véritable défenseur de la musique pure de la nature. Ferdinand partage son opinion en matière de musique mécanique et dit avoir « toujours été choqué par ce qu'il y a de mort et de froid[613] » dans cet art. Cependant, rien n'est plus fascinant que la recherche, par un moyen artificiel, des sons de la nature,

> la mécanique supérieure, appliquée à la musique, devrait chercher à analyser les sons les plus originaux de la nature, étudier ceux qu'émettent les organismes vivants les plus divers[614].

La mécanique sert, dans ce cas, « à pénétrer les profondeurs des secrets acoustiques[615] ». Sa fonction est alors scientifique et biologique. Elle permet à l'homme de découvrir et de créer des sons nouveaux. Le problème des inventeurs réside dans leur volonté d'atteindre immédiatement la perfection. Aussi créent-ils d'une manière automatique et machinale, le rendement venant bien vite remplacer la qualité acoustique.

---

[612] *Ibid.*, p. 419 : « [...] und doch wird der geist- und empfindungsloseste Spieler noch immer mehr leisten als die vollkommenste Maschine, da es nicht denkbar ist, dass nicht irgend einmal eine augenblickliche Anregung aus dem Innern auf sein Spiel wirken sollte, welches natürlicherweise bei der Maschine nie der Fall sein kann », [EF, t. 2, p. 116].

[613] *Ibid.*, p. 420 : « Ich muss dir ganz beistimmen [...] ist mir doch das Tote, Starre der Maschinenmusik von je her zuwider gewesen », [EF, t. 2, p. 117].

[614] *Ibid.*, p. 420 : « Sollte es aber nicht die höhere musikalische Mechanik sein, welche die eigentümlichsten Laute der Natur belauscht, welche die in den heterogensten Körpern wohnende Töne erforscht », [EF, t. 2, p. 117].

[615] *Ibid.*, p. 421 : « in die tiefen akustischen Geheimnisse [...] zu dringen », [EF, t. 2, p. 117].

L'idéal musical de Ludwig est de recréer l'harmonie sacrée originelle entre l'homme et la nature. La mécanique rendrait audible les sons naturels, magiques et mystérieux. Ludwig fait ici référence à la « musique aérienne » imitant « les lamentations de la misère humaine ». Le son que reproduit « l'harmonica de verre », par exemple, fait naître une musique pénétrante et pleine d'émotion qui emplit l'âme humaine d'un bonheur ou d'une tristesse absolue. Il en va de même pour l'« harmonicorde », « la harpe éolienne » et « la harpe atmosphérique ». Ludwig apprécie la mécanique, non pas lorsqu'elle est le résultat d'un long processus voulant la rendre à tout prix autonome, mais lorsqu'elle est simplement actionnée par l'ébranlement de rouages et la mise en route d'un dispositif mû par la nature elle-même. Le personnage désire percer les secrets de la nature, la comprendre, tentative absurde et dangereuse si l'homme essaie, par le biais de la mécanique, d'imiter l'humain :

> En somme, le physicien et le mécanicien ingénieux et d'esprit supérieur ont encore devant eux un vaste champ de travail. Je crois qu'étant donné les progrès que font les sciences, des recherches approfondies réussiront à pénétrer le mystère sacré de la nature et à nous rendre visibles et perceptibles beaucoup de choses dont nous n'avons encore qu'un vague pressentiment[616].

L'homme, au contact de l'automate humanisé, se fait lui-même automate. Ludwig dénonce, par conséquent, l'automatisation de l'homme et l'humanisation de la machine. La machine devrait selon lui conserver sa fonction utilitaire c'est-à-dire rester le reflet d'une industrialisation, d'une modernisation et d'un rendement économique positif, comme la « machine à tricoter des bas ». Le Casse-Noisette, par exemple, « devra travailler [...]. Il se chargera de croquer [...] les noisettes trop dures[617] ». L'art peut donc remplir une fonction utilitaire. Toutefois, si la machine aide l'homme, voire remplace l'instrument de musique ou l'humain lui-même, l'art et ses mystères disparaissent et l'inventivité s'avère nuisible.

La médecine représente ici le meilleur moyen de percer le mystère de l'homme, ainsi se suffit-elle à elle-même, et la fabrication d'automates devient alors superflue, car trop ambitieuse et prétentieuse. Ferdinand se retrouve par deux fois dans une situation délicate où il se voit agir

---

[616] *Ibid.*, p. 424 : « Überhaupt bleibt hier dem sinnigen, von höherem Geiste beseelten Physiker und Mechaniker noch ein weites Feld offen, und ich glaube, dass bei dem Schwunge, den die Naturwissenschaft erhalten, auch tieferes Forschen in das heilige Geheimnis der Natur eindringen, und manches, was nur noch geahnet, in das rege Leben sichtlich und vernehmbar bringen wird », [EF, t. 2, p. 120].
[617] *Ibid.*, p. 248 : « Er soll für euch alle tüchtig arbeiten, er soll euch fein die harten Nüsse aufbeißen », [EF, t. 1, p. 22].

machinalement. Il obéit alors à une sorte de main invisible, il est « mû comme par un mécanisme » ou s'avance « machinalement[618] ».

Les sciences et leur avancée ont donc un effet néfaste sur les êtres fragiles et dotés d'une imagination riche et fertile. Les purs techniciens, les experts scientifiques, verront aussi dans l'automate le génie mécanique ou le caractère grotesque (à la fois fascinant et effrayant) qui s'en dégage. En revanche, les êtres plus sensibles aux relations humaines psychiques iront au-delà des sciences et des rouages parfaits et perfectionnés des automates : inconsciemment, ils pourront s'identifier à l'être artificiel et se laisser manipuler par les sensations que leur imagination aura créées à son contact. Cette imagination n'est nourrie que par le mystère planant autour du « Turc » : on peut se demander comment il parvient à parler de la sorte et à prédire des événements d'une manière aussi précise et vérifiable par la suite. Le narrateur met en avant les différentes spéculations et hypothèses qui sont avancées et même les experts ne trouvent pas la clef du mystère. Ici, le « Turc » renvoie aux têtes parlantes de Kempelen, habile subterfuge longtemps ignoré, lorsqu'on pense que, dans les automates, se cachait un nain. Le récit insiste pourtant sur le fait que personne ne s'y dissimule : « Aucun humain ne peut se cacher dans l'automate, c'est là, pour ainsi dire, un fait prouvé », affirme Ludwig[619]. Malgré cela,

il est hors de doute qu'un être humain, par le moyen d'un dispositif acoustique et optique dont nous ne savons rien, se trouve en relation avec le questionneur, de manière à le voir, à l'entendre et à pouvoir lui répondre à voix basse[620].

Le récit « Les automates » ne résout donc en aucun cas le problème et laisse le lecteur libre dans son interprétation. Le « Turc » reste, contrairement au « joli Casse-Noisette », une énigme technique et scientifique. Selon Ludwig qui possède, lui aussi, un « Casse-Noisette », ce dernier, d'une « gravité comique » et d'un caractère à la fois « si vivant et si burlesque[621] », apparaît comme le moins étrange, effrayant et ridicule de tous les autres automates. Ne pouvant percer le mystère du « Turc », Ludwig est encore davantage gagné par l'inquiétude. L'inexplicable le perturbe et l'angoisse, lui procure un « sentiment pénible » de « malaise » et d'« horreur », et il craint que ledit

---

[618] *Ibid.*, p. 406/426 : « mechanisch », [EF, t. 2, p. 104/ 123].

[619] *Ibid.*, p. 413 : « In der Figur kann kein menschliches Wesen stecken, das ist so gut als erwiesen », [EF, t. 2, p. 110-111].

[620] *Ibid.*, p. 400 : « Es ist gar kein Zweifel, daß ein menschliches Wesen, vermöge uns verborgener und unbekannter akustischer und optischer Vorrichtungen mit dem Fragenden in solcher Verbindung steht, daß es ihn sieht, ihn hört und ihm wieder Antworten zuflüstern kann », [EF, t. 2, p. 98].

[621] *Ibid.*, p. 409 : « [...] zierlichen künstlichen Nußknacker [...] ein überaus ernsthaft komisches Gesicht [...] etwas possierlich Lebendiges », [EF, t. 2, p. 107].

automate ne le poursuive, la nuit, « de ses mouvements de bras et de tête, et de ses roulements d'yeux », tel un mort vivant au sens propre, un « monstre du romantisme noir[622] ».

Dans « L'enchaînement des choses », le personnage qui porte aussi le nom de Ludwig souligne que l'existence même est un gigantesque automate qui ne laisse aucune place au hasard : tout est joué d'avance, l'homme est systématiquement l'objet des manipulateurs. En raisonnant de la sorte, Ludwig finit par tout diriger dans sa propre vie et devient à son tour une sorte d'automate, d'horloge bien réglée. Conscient de vivre dans une société d'apparences et d'hypocrisie, exempte de fantaisie et d'imprévus, il avoue jouer un rôle en se montrant tel que les autres désirent le voir[623]. Son existence mécanique et sans surprise se dérègle malgré tout lorsqu'il fait la connaissance d'Emanuela. Sans l'avoir prévu, il tombe sous son charme. Ainsi dévoile-t-il à Euchar son penchant pour le fantastique et l'art en général et reproche-t-il même à son ami de ne pas en avoir : Euchar est jugé « insensible[624] » à la musique et qualifié d'« homme glacial et prosaïque », dénué de toute émotivité[625]. Ludwig apparaît donc comme un personnage double et contradictoire capable de combiner la logique mécanique et la sensibilité artistique. En ce sens, il incarne à lui seul l'écriture hoffmannienne, à la fois bien réglée et chaotique. La dichotomie entre l'être et le paraître fait de l'œuvre le lieu propice à la manipulation du lecteur : tous les personnages sont multiples, chaque récit invite à diverses interprétations. Dès lors que le poète détient tous les pouvoirs pour diriger le lecteur,

> la poésie use et joue à son gré du pénible et du léger – du plaisir et de la douleur – de l'erreur et de la vérité – de la maladie et de la santé. Elle mélange tout pour son grand but entre tous : l'*élévation de l'homme au dessus de lui-même*[626].

Manipulation du lecteur et unité artistique

Le principe sérapiontique est intimement lié au genre dramatique, théâtral et tragique. Il exclut toute interprétation unique et ouvre, au contraire, sur une pluralité de lectures possibles :

---

[622] *Ibid.*, p. 400 : « [...] mit seinem Augenverdrehen, Kopfwenden und Armerheben [...] wie ein negromantisches Ungetüm », [EF, t. 2, p. 97].
[623] *Ibid.*, p. 1059 : « nachdem ich so geschickt meine Rolle gespielt », [EF, t. 4, p. 153] : « [...] après que j'ai si habilement joué mon rôle ».
[624] *Ibid.*, p. 1061 : « Ich weiß es schon [...], daß Musik dich unempfindlichen Menschen ganz und gar nicht zu rühren vermag », [EF, t. 4, p. 155] : « Je sais bien [...] que la musique n'a pas la faculté de t'émouvoir le moins du monde, homme insensible ! ».
[625] *Ibid.*, p. 1063 : « eiskalten Prosaiker », [EF, t. 4, p. 157] : « l'homme glacial et prosaïque ».
[626] Novalis : *Fragments, Fragmente, op. cit.*, p. 54-55 : « Die Poesie schaltet und waltet mit Schmerz und Kitzel – mit Lust und Unlust – Irrtum und Wahrheit – Gesundheit und Krankheit – Sie mischt alles zu ihrem großen Zweck der Zwecke – *der Erhebung des Menschen über sich selbst* ».

Le lecteur, au sein de la narration romantique est invité à interpréter les événements narratifs. Il est encouragé à travailler par ses propres moyens et à surmonter les difficultés liées à des informations sommaires ou déformées. À la fin, cependant, il éprouve rarement le sentiment d'avoir résolu les problèmes et d'être arrivé à une conclusion satisfaisante. De cette manière, les écrivains romantiques exprimèrent leur propre expérience d'un monde mystérieux et irrationnel et ne pouvant pas être parfaitement compris de tous[627].

Le narrateur romantique est une figure dichotomique, emplie de contradictions, qui désoriente le lecteur par sa liberté de manœuvre et dont l'existence traditionnelle instable peut être « mise en danger par la trop grande liberté de perdre le contrôle de la narration[628] » :

> Le narrateur romantique reproduit l'expérience du « erlebendes Ich » [le Moi qui vit l'action] en le distinguant du « erzählendes Ich » [le Moi qui raconte], doté d'une connaissance supérieure[629].

Il existe donc au moins deux sortes de narrateurs. Omniscient, le narrateur prend en main le récit et connaît mieux le psychisme des personnages que les personnages eux-mêmes. S'il donne l'illusion de donner les clés des énigmes au lecteur et de le considérer, en s'adressant à lui, comme un ami, il le trompe, car lui seul tire les ficelles du récit. Aussi l'accès du lecteur à l'existence des personnages reste-t-il souvent indirect. Toutefois, il arrive que le narrateur s'efface derrière ses créations. De cette manière, ce n'est pas par le narrateur que le lecteur apprend tout sur les protagonistes, mais au cours d'une conversation, d'un entretien directement rapporté dans le récit.

Le principe sérapiontique correspond à la théorie kantienne de l'art en tant que « produit de la conscience » qui « résulte, comme l'écrivait déjà [le philosophe], du libre jeu de l'esprit, et non de la contrainte mécanique et inconsciente de la nature[630] ». L'art constitue ici l'idéal le plus pur et le plus absolu qui soit. Il unit le subjectif et l'objectif. « Philosopher sur la nature signifier créer la nature[631] », de même que philosopher sur l'art revient à créer l'art. Le principe sérapiontique, qui

---

[627] Sheila Dickson : *The narrator, narrative perspective und narrative form*, Stuttgart, H-D. Heinz, 1994. [Diss. Glasgow, 1990], p. 208 : « The reader of Romantic narrative is offered the events of the narrative for interpretation. He is made to work on his own, and to overcome the limitations and distortions of his information. In the end, however, he is rarely left with the feeling that he has met the challenge of narrative and has come to a satisfactory conclusion. In this way, the Romantics expressed their own experience that the world is mysterious and irrational, and cannot be fully understood ».

[628] *Ibid.*, p. 272 : « put in danger by this very freedom of losing control of the narrative ».

[629] *Ibid.*, p. 72 : « The Romantic narrator reproduces the experience of the *erlebendes Ich*, as distinct from the *erzählendes Ich* with its greater knowledge ».

[630] *L'Absolu littéraire* [Philippe Lacoue-Labarthe, Jean-Luc Nancy, *op. cit.*] repris, ici, par Olivier Schefer, in : *Poésie de l'infini*, *op. cit.*, p. 45.

[631] *Ibid.*, p. 47.

loue la sphère onirique, insiste sur l'importance du travail de lecture. La poésie romantique est bien « progressive », pour reprendre le qualificatif de Friedrich Schlegel dans le célèbre fragment 116 de l'*Athenäum*. Toutefois, Hoffmann, à la différence de Schlegel, insiste sur la manipulation narrative liée justement au travail du lecteur. Pour comprendre ce phénomène, il ne faut pas perdre de vue la démarche du créateur d'automates désireux de copier l'humain et celle du magnétiseur voulant s'emparer de la personnalité d'autrui. Jacques Lacan, dans son essai « Propos sur la causalité psychique[632] », souligne que le rêve du fabricant d'automates serait de créer une forme « d'activité psychique », de découvrir « le petit homme qui est dans l'homme » : l'être humain, malgré les progrès de la médecine en matière de recherche organique, reste au XIXe siècle nimbé de mystère.

En construisant un automate à visage humain, le fabricant a l'impression de se rapprocher de ce mystère, de côtoyer ce « petit homme », c'est-à-dire le psychisme, l'inconscient de l'être. Il désire également fonder un cercle d'admirateurs. Le narcissisme conduit à vouloir acquérir une reconnaissance et une renommée sociale, à devenir ainsi supérieur aux autres. Le Coppelius et le Spalanzani du « Marchand de sable », l'oncle Drosselmeier de « Casse-Noisette » ou le professeur X dans « Les automates » sont les créateurs d'êtres artificiels désirant insuffler, comme le rêve tout artiste, un semblant d'activité ou de vie psychique. Il ne s'agit pas seulement de prouver l'existence d'un don technique, mais d'essayer de donner la vie ou l'illusion d'une vie. Ce comportement renvoie à celui de l'enfant dont le fantasme est de faire parler ses jouets et de les animer. De même, l'écrivain tente d'insuffler à ses récits l'âme d'un univers dans lequel le lecteur serait au centre. Cette mise en valeur du récepteur, par les adresses qui lui sont faites, induit néanmoins ce dernier en erreur. Personne n'est privilégié, le lecteur n'est pas le maître, et certains événements échappent à son entendement. Chacun est la marionnette d'un autre et apparaît comme un jouet dans les mains d'une instance supérieure insaisissable. On ne saurait donc déterminer si certains personnages appartiennent à la sphère de l'au-delà, s'ils sont des revenants, des êtres surnaturels ou seulement des fantômes issus de l'imagination du lecteur. La tante d'Alexander dans « Fragment de la vie de trois amis », Agafia et le mendiant dans « Apparitions », les petits êtres grotesques de « Fiancée de roi » ou Torbern et la reine de la mine dans « Les mines de Falun » symbolisent soit des personnages venus d'ailleurs soit de purs produits de l'inconscient. Dans « Zacharias Werner », l'auteur est un effrayant machiniste doté d'un « pouvoir magique » qui réalise son œuvre en imaginant « les ressorts internes du mécanisme[633] ».

L'objectif est ici de bouleverser le lecteur et l'ordre établi, de susciter les sentiments les plus variés et les sensations les plus hétérogènes pour semer le trouble dans son esprit et l'inciter à enrichir le royaume de ses rêves. Ainsi *Les Frères de Saint-Sérapion* sont-ils agencés sous forme de

---

[632] Jacques Lacan : *Écrits I, op. cit.*, p. 158.
[633] *SB*, p. 1024 : « des gewaltigsten Zaubers mächtig […] in dem innern Mechanismus die Spiralfeder », [EF, t. 4, p. 114].

veillées et peuplés de plusieurs narrateurs. La structure narrative polymorphe traduit l'importance du travail de l'imagination et de l'optique :

> Le miroir peint insère un espace dans un autre espace, une fenêtre sur l'imaginaire dans le tableau, une fiction dans une fiction ; c'est le règne des simulacres dans lequel les masques – semblables à des poupées russes – se superposent[634].

Selon le narrateur sérapiontique, le lecteur doit travailler comme l'écrivain, de manière à première vue certes morcelée, mais finalement structurée. Un schéma de départ est donné, celui des veillées systématiques, au sein duquel tout est possible et évolue librement, avec pour seule contrainte de recourir au principe sérapiontique comme moteur de création. Le regard posé sur le monde n'est pas figé, mais ouvert.

Hoffmann incite le lecteur à « plonger [son] regard vers le fond de l'abîme qu'[il] frôl[e] », à marcher le long de l'« étroit sentier glissant, flanqué de part et d'autre d'horribles gouffres béants et menaçants[635] ». Son écriture côtoie le mystère, l'étrange et la folie et place le lecteur face à son expérience et à ses traumatismes, elle lui tient un miroir qui ressemble plutôt à un objet démoniaque. Le lecteur, assimilé à Elis, descend, comme lui, dans l'abîme des rêves et de l'inconscient. L'œuvre est semblable à une immense toile derrière laquelle transparaissent la personnalité, les envies et les inquiétudes de l'auteur. Le lecteur se retrouve en contact direct avec l'âme du créateur, face à des tableaux vivants qui lui sont projetés, sans qu'il puisse véritablement réagir. De plus, il est confronté non seulement à des contes, à des nouvelles, à des récits de longueur et d'importance variables, à des entretiens littéraires, esthétiques et scientifiques, mais aussi à des fragments qui provoquent en lui une certaine frustration. En effet, le récit « Fragment de la vie de trois amis » s'achève par l'arrivée de Pauline, la femme d'Alexander, autrefois convoitée et en vain courtisée par Marzell et Severin. Le lecteur n'apprend aucunement comment ces derniers réagissent au mariage de leur ami. Il ignore s'ils exprimeront leur déception et leur colère ou s'ils seront plutôt amusés par la situation. Marzell annonce qu'il « n'aimerai[t] pas la voir réapparaître [...] : qui sait ce qui [lui] arriverait[636] ! », et Severin dit se sentir « envahi d'un bien étrange pressentiment[637] ». La fin abrupte, propre à la forme fragmentaire du récit, étonne et irrite. Si les amis sérapiontiques ne reviennent pas sur cet aspect dans leur entretien, ils font part de leur désarroi après « Les

---

[634] France Borel : *Le Peintre et son miroir*, Roubaix, La Renaissance du livre, coll. « Références », 2002, p. 15.

[635] *SB*, p. 1055 : « Mit abgewandtem Gesicht eiltest du vorhin bei einem Abgrund vorüber [...] auf schmalem schlüpfrigem Wege, auf dessen beiden Seiten grauenvolle bedrohliche Abgründe [...] », [EF, t. 4, p. 123].

[636] *Ibid.*, p. 175 : « Ich wollte nicht, daß sie heute wieder hier erschiene, wer weiß, was mir geschähe », [EF, t. 1, p. 210].

[637] *Ibid.*, p. 175 : « eine recht seltsame Ahnung », [EF, t. 1, p. 210].

automates » : « Eh bien […] est-ce là tout ? Et où est l'explication ? Que sont devenus Ferdinand, le professeur X…, la belle chanteuse, l'officier russe[638] ? », demande ainsi Ottmar. Theodor justifie la fin abrupte de son récit en soulignant qu'il revient encore une fois au lecteur de formuler des conjectures. Ce goût d'inachevé lui suggère que c'est à lui de recourir à son imagination, de la « secou[er] énergiquement pour qu'ensuite elle s'en donne à cœur joie[639] ». L'aspect fragmentaire, même s'il peut engendrer une certaine frustration, attise la curiosité et pique l'imagination du lecteur, aspirant à connaître la fin du récit.

Par ailleurs, le caractère fragmentaire de la narration est indissociable de celui de la personnalité. En effet, les personnages hoffmanniens sont aussi torturés que leurs récits : même si le principe sérapiontique accorde une importance non négligeable à la raison, c'est pour mieux mettre en scène des êtres psychiquement malades. Les frères de Saint- Sérapion trinquent à deux reprises à la santé d'un fou : à l'ermite, dans un premier temps, puis à Zacharias Werner, dans un second :

> Puisse […] une force nouvelle, une joie de vivre retrouvée créer une œuvre qui nous fasse reconnaître ce poète dans toute sa gloire […] Choquons joyeusement nos verres à cette espérance […]. Les amis, formant un demi-cercle autour du portrait du poète, firent tinter haut leurs verres[640].

La folie semble excusable dès lors qu'elle n'est pas ancrée dans l'âme et fait quasiment partie de l'évolution artistique et personnelle de l'individu. La position ambiguë qu'adopte Hoffmann vise à ne pas fournir de clef théorique à son lecteur ; tout est possible et probable, tout élan esthétique apparaît louable et respectable.

La multiplicité des points de vue et des comportements tend à dérouter le lecteur, à brouiller les pistes. Des questions se posent et de fausses informations peuvent, par conséquent, être énoncées. Dans « Le bonheur au jeu », le lecteur est ainsi confronté à un personnage énigmatique qui tente d'aviser Siegfried du danger que suscite une passion brûlante pour les jeux de hasard. Le mystère réside dans le fait que l'individu est un étranger dont la vue met mal à l'aise :

---

[638] *Ibid.*, p. 427 : « nun, ist das alles ? Wo bleibt die Aufklärung, wie wurd' es mit Ferdinand, mit dem Professor X., mit der holden Sängerin, mit dem russischen Offizier ? », [EF, t. 2, p. 125].

[639] *Ibid.*, p. 428 : « die Fantasie des Lesers oder Hörers soll nur ein paar heftige Rucke erhalten und dann sich selbst fortschwingen », [EF, t. 2, p. 125].

[640] *Ibid.*, p. 1037 : « […] mag wiedergewonnene Kraft, frischer Lebensmut ein Werk erzeugen, das uns den Dichter in der reinen Glorie […] erblicken läßt […] laßt uns anstoßen in fröhlicher Hoffnung. Die Freunde ließen die Gläser hell erklingen, indem sie einen Halbkreis um des Dichters Bild schlossen », [EF, t. 4, p. 126].

chaque fois que le baron détournait les yeux des cartes, son regard rencontrait l'œil sombre de l'inconnu, ce qui finit par lui causer une impression étrange et pénible[641].

L'étranger est-il un être malfaisant ? Est-il une de ces créatures nocturnes qui viennent tourmenter l'âme humaine ? Est-il un bon ou un mauvais présage ? Dans l'expectative, le lecteur découvre au fur et à mesure la vraie personnalité des protagonistes et se voit constamment tenu en haleine. Il l'est encore davantage lorsque l'expérience vécue se mêle à l'imaginaire. Ainsi Ottmar convie-t-il Theodor à raconter un événement de sa vie passée qui pourrait enrichir le récit, lui donner plus de relief et d'intensité :

Ce serait donner un excellent prolongement à ton histoire que de nous raconter, comme pour lui faire écho, cet événement[642].

Dans « Fragment de la vie de trois amis », par exemple, Marzell dit avoir été, comme Alexander, confronté à l'au-delà. Pendant qu'il relate l'anecdote, le lecteur pense avoir affaire à un fantôme, à un démon. Finalement, le revenant se révèle être un fou du nom de Nettelmann venant la nuit pour lire – ou du moins le croit-il – dans l'âme des visiteurs afin de déceler une bienveillance potentielle à son égard. Loin d'être angoissant, Nettelmann est présenté comme un individu à la fois inoffensif et grotesque, attirant le rire et la compassion. Le lecteur est alors tourné en ridicule. En dévoilant petit à petit la véritable identité du personnage, le narrateur se moque de la personne trop crédule qui aurait pu s'imaginer être en présence d'un spectre.

De même, le narrateur organise de fausses rencontres : Antonio Scacciati, dans « Signor Formica », noue une amitié sincère avec le célèbre Salvator Rosa, et Theodor, dans « Le point d'orgue », aperçoit Hummel en train de peindre. Fiction et réalité s'interpénètrent donc à l'envi. En faisant du tableau de Hummel un déjà-vu, Theodor fait directement référence à un événement de sa vie passée décisif en matière de maturité artistique. Cela signifie qu'il a déjà sollicité son œil intérieur, qu'il a dépassé le premier stade d'observation et s'est comme approprié la toile. La lecture est double : elle présente à la fois la confrontation à la réalité « universelle » et au passé de Theodor. La duplicité est d'emblée soulignée par le décalage qui existe entre le titre – « Le point d'orgue » –, sorte de nouveau nom donné au tableau et non son intitulé véritable, et le contenu même du récit. Le titre indique la manière dont l'œuvre de Hummel sera interprétée et considérée. Le regard naïf et

---

[641] *Ibid.*, p. 859 : « jedesmal, wenn der Baron während des Spiels aufschaute, traf sein Blick das düstre Auge des Fremden, so daß er sich eines drückenden unheimlichen Gefühls nicht erwehren konnte », [EF, t. 3, p. 250].
[642] *Ibid.*, p. 888 : « den besten Nachklang des Erzählten könntest du daher wohl tönen lassen, wenn du uns das Ereignis noch mitteiltest », [EF, t. 3, p. 276].

brut que chaque spectateur possède lorsqu'il découvre pour la première fois une œuvre d'art est tronqué, puisqu'il est déjà passé au crible de la poésie. Le titre « Le point d'orgue » anticipe sur le récit à venir et livre déjà des clés d'interprétation : le tableau acquiert une connotation musicale qu'il n'avait pas au départ. Le principe sérapiontique, on le voit, ouvre des perspectives à la fois au narrateur et au lecteur et permet à ce dernier de reconstituer un autre tableau que celui qu'il connaît déjà. En prenant le signe graphique du point d'orgue (un point surplombé d'un arc de cercle), on peut dire que le point représente l'œuvre picturale de Hummel et l'arc de cercle la fiction, l'interprétation et les diverses perspectives qui se créent tout autour de l'œuvre. Le point peut aussi être analysé comme le centre du point de fuite, comme le centre du tableau (le cavalier et son cheval), et l'arc de cercle comme tous les autres personnages qui interviennent et gravitent autour de ce protagoniste (l'abbé et surtout les deux femmes). Le récit « zoome » sur Theodor autour duquel se trouvent Teresina et Lauretta. L'originalité du principe sérapiontique consiste à la fois à présenter le tableau de Hummel comme une *ekphrasis* et à examiner l'effet produit par ce tableau sur Theodor. Trois éléments mettent en valeur le principe sérapiontique : l'application du point d'orgue au récit (travail narratif de transposition de l'art musical à l'écriture), la visualisation de ce point d'orgue à travers le tableau de Hummel (transposition de la musique à la peinture, destin musical de Theodor et amours déçues, puis superposition de deux personnages : Theodor et le cavalier sur son cheval), enfin la perspective d'ensemble donnée au lecteur : ce dernier a sous les yeux à la fois le tableau original et celui que Theodor a créé par le biais de son récit. Le principe sérapiontique donne donc à voir l'art de différentes manières. « Le point d'orgue » présente une image (réelle) qui est d'abord déconstruite (fiction) pour finalement laisser place à un nouveau regard (reconstruction). On observe ainsi un va-et-vient sérapiontique entre les univers intérieur et extérieur, entre la réalité (Hummel) et l'imagination (d'Hoffmann, de Theodor et du lecteur) qui suppose le génie du « savoir voir ». L'invisible rendu visible transforme un art figé sur la toile en un art en devenir qui ne se réduit pas à une seule interprétation.

Ce jeu entre fiction et réalités vise surtout à montrer la fuite inexorable du temps. « Maître Martin » s'ouvre ainsi sur une description des images du passé et tend à actualiser et à faire revivre une époque ancienne. Le narrateur mène une véritable lutte contre le temps qui passe et invite le lecteur à le rejoindre dans les temps reculés qu'il ne faut pas oublier :

> Ton cœur comme le mien, cher lecteur, s'émeut sans doute d'une douce tristesse, à la vue des monuments dus à l'art de la vieille Allemagne, ces témoins véridiques de la pieuse assiduité de nos pères, ces vestiges d'un merveilleux passé[643].

---

[643] *Ibid.*, p. 502 : « Wohl mag Dir auch, geliebter Leser ! das Herz aufgehen in ahnungsvoller Wehmut, wenn du über eine Stätte wandelst, wo die herrlichen Denkmäler altdeutscher Kunst, wie beredte Zeugen, den

Même si le passé historique est révolu, s'il n'existe plus de restauration possible, le seul moyen éventuel de combattre la fuite du temps est le recours à l'imagination et à l'imbrication des strates temporelles. La connexion entre la créativité et le monde réel se fait par le biais de ce principe, bien qu'il conduise souvent vers un univers d'irréalités. Dans ce récit, le lecteur est même prié de se « laisser bercer par l'illusion » pour avoir l'impression de se replonger avec nostalgie dans des temps reculés. La médiation se fait plus directe lorsque le narrateur s'interroge sur les souhaits de son lectorat :

Ne te plairait-il pas [...] d'assister [à une scène bourgeoise] ? [...] Qui sait si tu ne te glisseras pas secrètement dans la maison de maître Martin, te complaisant toi aussi au milieu de ses brocs et de ses tonneaux[644] ?

Le sentiment d'intégration du lecteur au sein du récit est, « en vérité », le but premier de la narration, « ce que l'auteur [...] désire au fond de son cœur[645] ».

Lorsque le narrateur fait directement appel aux souvenirs et aux connaissances du lecteur, il peut s'agir de souvenirs au sein d'un environnement social, comme dans le chapitre de « La guerre des Maîtres Chanteurs » intitulé « La Comtesse Mathilde. Les événements de la Wartburg », où le narrateur suppose qu'il est « sans doute » déjà arrivé à son « cher lecteur » de se trouver « dans un cercle de femmes exquises et d'hommes éclairés[646] ». « Signor Formica » renvoie, quant à lui, à la culture générale du lecteur, en particulier artistique et historique, puisqu'il est supposé connaître non seulement les tableaux de Salvator Rosa – « l'excellent peintre dont les œuvres si vivantes (je t'en prends à témoin, ami lecteur) nous inspirent une profonde émotion[647] » –, mais aussi des éléments marquants de la vie de ce dernier, accusé de s'être affilié à une bande de criminels. Le récit de « La Cour d'Artus », lui, fait davantage appel à des connaissances géographiques et s'ouvre sur ces mots adressés directement au lecteur : « Sans doute, ami lecteur, as-tu souvent entendu

---

Glanz, den frommen Fleiß, die Wahrhaftigkeit einer schönen vergangenen Zeit verkünden », [EF, t. 2, p. 202].
[644] *Ibid.*, p. 503 : « Laß es Dir nun gefallen, geliebter Leser ! daß eins dieser Bilder [des tüchtigen Bürgerlebens] vor Dir aufgestellt werde. [...] Vielleicht wirst Du selbst heimisch in Meister Martins Hause und verweilst gern bei seinen Kufen und Kannen. », [EF, t. 2, p. 203].
[645] *Ibid.*, p. 503 : « [...] was der Schreiber dieser Blätter so recht aus Grund des Herzens wünscht », [EF, t. 2, p. 203].
[646] *Ibid.*, p. 349 : « [...] befandest Du Dich einmal in einem Kreise, der, von holden Frauen, sinnvollen Männern gebildet », [EF, t. 2, p. 48].
[647] *Ibid.*, p. 922 : « [...] dem wackern Maler Salvator Rosa, dessen lebendige Bilder Du, geliebter Leser, gewiß nie ohne gar besondere, herzinnigliche Lust angeschaut haben wirst », [EF, t. 3, p. 25].

parler de la vieille ville commerçante de Dantzig et de ses étonnantes merveilles[648] », « tu connais peut-être […] les raretés qu'elle renferme[649] ». Le tutoiement et le rapport amical qui s'installe place d'emblée le lecteur dans un rapport intime avec le narrateur. L'imagination du lecteur est ainsi prête à se déployer. Il en va de même dans « Casse-Noisette » où, dans le chapitre « Les cadeaux », le lecteur est invité à se rappeler le contexte joyeux de sa dernière fête de Noël :

> J'en appelle à toi, ami lecteur […], et je te demande d'évoquer le plus nettement possible la dernière table de Noël que tu aies vue, richement garnie de cadeaux magnifiques : tu imagineras sans peine le ravissement muet des enfants qui contemplaient ce spectacle, les yeux brillants[650].

Le lecteur est appelé à se remémorer une expérience très personnelle qui peut se produire à deux niveaux : il est invité à se souvenir soit de son tout dernier Noël soit de l'un de ceux qu'il a vécus étant enfant. Dans le premier cas, il ne fait pas nécessairement travailler son imagination, mais mobilise uniquement sa mémoire, plus ou moins vive et précise. Dans le second, le souvenir, éventuellement fort lointain, est enfoui dans l'inconscient, et le narrateur décide de le faire remonter doucement à la surface de la conscience. Imaginer apparaît ici comme une lutte contre des événements refoulés, une quête de soi et de l'identité (perdue). En outre, invité à se plonger dans son passé et à recourir à des images mentales plus ou moins fidèles à cause d'une mémoire éventuellement sélective, le lecteur est exhorté à se rappeler aussi les douleurs physiques qu'il a jadis subies. L'imagination va au-delà de la reconstruction d'images mentales, elle leur donne corps.

Dans un autre cas de figure, l'imagination du lecteur dépasse le simple stade de la réminiscence. Le lecteur participe alors directement à l'histoire. Dans « Fiancée de roi », il est véritablement intégré à la narration :

> Tu vois alors venir à ta rencontre un homme grand et sec […] il te regarde fixement […] il te bouscule […] Tu te demandes ce qu'il convient de répondre à ce singulier personnage […]. Eh bien, cet homme étrange n'est autre que M. Dapsul von Zabelthau[651].

---

[648] *Ibid.*, p. 177 : « Gewiß hast Du, günstiger Leser ! schon recht viel von der alten merkwürdigen Handelsstadt Danzig gehört », [EF, t. 1, p. 213].

[649] *Ibid.*, p. 177 : « Vielleicht kennst Du all' das Sehenswerte, was sich dort befindet », [EF, t. 1, p. 213].

[650] *Ibid.*, p. 244 : « Ich wende mich an Dich selbst, sehr geneigter Leser […] und bitte Dich, daß Du Dir Deinen letzten mit schönen bunten Gaben reich geschmückten Weihnachtstisch recht lebhaft vor Augen bringen mögest, dann wirst Du es Dir wohl auch denken können, wie die Kinder mit glänzenden Augen ganz verstummt stehen blieben », [EF, t. 1, p. 282].

[651] *Ibid.*, p. 1139-1140 : « Plötzlich kommt Dir […] ein langer hagerer Mann entgegen […] indem er Dich […] anstarrt […] als er Dich beinahe umrennt […] Du weißt […] nicht recht, was Du dem seltsamen Manne

L'emploi de la deuxième personne du singulier marque une connivence voulue entre narrateur et lecteur. De ce fait, dans « La guerre des Maîtres Chanteurs », le narrateur, après avoir raconté les circonstances d'un rêve, déclare à son lecteur qu'il souhaite que « le songe qui vient de [lui] être conté [...] suscit[e] en [lui] ces mêmes impressions[652] ». De même, la complicité entre le narrateur et le lecteur est réaffirmée dans « Signor Formica », car le narrateur, en prenant congé de son « très cher lecteur », « forme le vœu sincère qu'[il] ait éprouvé, à lire l'histoire de l'étonnant Signor Formica, le même bonheur qui réjouit, ce soir-là, Salvator et ses amis[653] ». Le lecteur semble donc être convié à devenir aussi omniscient que le narrateur ; il est même invité, au début du troisième chapitre de « L'enchaînement des choses », « à suivre [les] deux amis Ludwig et Euchar au thé esthétique de madame la présidente consistoriale Veehs[654] ».

Le narrateur souhaite, même en apparence seulement, intégrer son lecteur aux récits et lui en révéler les mystères. Ainsi, dans « Le choix d'une fiancée », insiste-t-il sur cet aspect :

Tout ce que tu as déjà appris, mon cher lecteur, sur le compte du secrétaire privé de chancellerie Tusmann, t'a mis en mesure de te faire une idée complète du personnage, de son genre et de ses allures[655].

Ces différentes techniques d'intégration et de stimulation soulignent l'importance de l'imagination de l'écrivain, indispensable à l'aboutissement de l'œuvre, et du lecteur, créateur d'images et point d'ancrage de la réception littéraire. Dans l'entretien qui suit le récit « Le Diable à Berlin », Lothar raconte qu'il

lui semblait voir fumer encore le bûcher sur la place du Nouveau-Marché, et toutes les horreurs que l'on raconte sur les terrifiants procès de sorcières [lui] revenaient en mémoire[656].

---

antworten sollst [...] Dieser absonderliche Mann war eben niemand anders als der Herr Dapsul von Zabelthau »,
[EF, t. 4, p. 238].

[652] *Ibid.*, p. 337 : « Möchte der erzählte Traum in Dir, geliebter Leser, ähnliche Empfindungen erregen », [EF, t. 2, p. 37].

[653] *Ibid.*, p. 1011 : « [ich] wünsche recht von Herzen, daß die Freudigkeit, welche nun den Salvator und alles eine Freunde begeisterte, in Deinem Gemüt [...] recht hell aufgegangen sein möge », [EF, t. 4, p. 101].

[654] *Ibid.*, p. 1076 : « [...] den beiden Freunden Ludwig und Euchar, zu folgen in den ästhetischen Tee [...] bei der Frau Konsistorial-Präsidentin Veehs », [EF, t. 4, p. 170].

[655] *Ibid.*, p. 668 : « Eben aus dem allen, was Du, mein sehr günstiger Leser ! über den Geheimen Kanzlei-Sekretär Tusmann bereits erfahren, magst Du den Mann wohl ganz und gar vor Augen haben nach seinem ganzen Sinn und Wesen », [EF, t. 3, p. 60].

[656] *Ibid.*, p. 633 : « Mir wars [...], als säh' ich noch den Scheiterhaufen auf dem Neumarkt dampfen und alle Gräuel der fürchterlichen Hexenprozesse traten mir vor die Seele », [EF, t. 3, p. 27].

Outre cette complicité que le narrateur instaure avec son lecteur, ce dernier peut aussi être compris comme un collectif. Le narrateur emploie alors un pluriel[657]. Les entretiens des veillées sérapiontiques, l'alternance des narrateurs et les apostrophes au(x) lecteur(s) révèlent un art dialogique. Somme toute, si les adresses au lecteur visent à intégrer le lecteur dans la narration, c'est surtout pour mieux le manipuler, car l'art ne s'arrête pas à la vision que l'on transmet au spectateur ou que ce dernier peut en avoir. Si l'implantation du récit dans le réel duquel s'échappe un univers onirique augmente la vraisemblance, le rapport est d'emblée bâti sur une tromperie : le lecteur ne connaît pas les narrateurs des veillées et leur relations sont fictives. Toutefois, l'étrange prend sa source dans un quotidien plutôt banal, dans lequel le lecteur est susceptible de se reconnaître et auquel il est invité à adhérer. En allant dans ce sens, Cyprian qualifie le début du « Sinistre visiteur », conté par Ottmar, de « sérapiontique », ce qu'accepte volontiers Theodor :

> La société réunie autour de la théière a un étonnant caractère de vérité, comme d'ailleurs bien d'autres détails de cette histoire[658].

Le narrateur hoffmannien, au service des arts, travaille comme un peintre portraitiste sur sa toile. Dans « La Cour d'Artus », il accompagne le lecteur dans le récit comme il le conduirait dans une galerie de peintures. Le lecteur est son visiteur privilégié. La narration joue donc un rôle d'intermédiaire indirect du réel. Forme de résistance au temps, elle construit d'abord cette communication fictionnelle. Dans « Vampirisme », par exemple, et dans les entretiens qui l'encadrent, l'imagination représente le levier de l'angoisse, car « pourquoi l'écrivain n'aurait-il pas le droit d'actionner les leviers de la peur, de l'épouvante, de l'horreur[659] ? ». Theodor affirme, en effet, que « les meilleurs auteurs ont su émouvoir […] l'âme des lecteurs jusque dans ses replis les plus secrets[660] ». L'auteur devient alors une sorte de coloriste, et le principe sérapiontique encourage l'interpénétration artistique, met en valeur le travail pictural de l'écrivain ou du conteur et conduit ainsi à la diversité artistique. Dans « Les mines de Falun », Theodor souligne la manière dont il a ressenti l'histoire la toute première fois qu'elle lui a été contée, ce qui l'a poussé à être fidèle à la réception qu'il en a eue et à transcrire ses images mentales :

---

[657] *Ibid.*, p. 579 : « Euch allen ist es gewiß schon so gut geworden […] von den Eltern oder andern lieben Freunden mit allerlei schmucken Sachen reichlich beschenkt zu werden », [EF, t. 2, p. 282] : « Il vous est certainement arrivé à tous […] de recevoir en abondance de vos parents, ou d'autres bonnes personnes, les plus jolis présents du monde ».

[658] *Ibid.*, p. 769 : « die Gesellschaft bei der Teemaschine mag für lebendig gelten, so wie manches andere im Verlauf der Geschichte », [EF, t. 3, p. 156].

[659] *Ibid.*, p. 1116 : « Warum sollte es dem Dichter nicht vergönnt sein, die Hebel der Furcht, des Grauens, des Entsetzens zu bewegen ? », [EF, t. 4, p. 212]. Nous avons remplacé « honneur » par « horreur », pensant qu'il s'agissait d'une coquille dans la traduction française.

[660] *Ibid.*, p. 1135 : « Wir wissen ja alle, wie wunderbar die größten Dichter […] das menschliche Gemüt in seinem tiefsten Innern zu bewegen wußten », [EF, t. 4, p. 212].

En vérité l'histoire de ce mineur s'est imposée à moi sous de très vives couleurs : celles mêmes que je donne à mon récit[661].

Un extrait du « Marchand de sable » illustre bien l'importance cruciale de la narration et la relation privilégiée entretenue avec le lecteur qui doit avoir l'impression d'être le témoin oculaire des événements et de partager ce qui lui est conté. Ainsi l'art narratif développe-t-il, dans l'inconscient, des sentiments qui surgissent ensuite, consciemment, au cours de la lecture :

Considère, bienveillant lecteur, les trois lettres que l'ami Lothar a eu la bonté de me faire connaître, comme le **contour** de l'ensemble auquel je vais maintenant m'efforcer, par mon récit, d'apporter toujours plus de **couleur**. Peut-être réussirai-je, tel un **bon portraitiste**, à saisir quelque personnage, de sorte que tu y trouves de la ressemblance sans en connaître l'original et, pourquoi pas, que tu **aies l'impression** d'avoir déjà vu bien souvent cette personne de tes propres yeux. Peut-être alors, ô mon lecteur ! croiras-tu qu'il n'y a rien de plus singulier ni de plus fou que la vraie vie, et que le poète ne peut faire autre chose que la saisir comme à travers le reflet obscur d'un miroir dépoli[662].

Le narrateur explique ici que son travail consiste à rendre le plus réel et le plus crédible possible ce qu'il communique à son lecteur afin que ce dernier ne sache plus s'il s'agit véritablement de la réalité, d'un simple reflet ou d'un effet d'optique. Pour ce faire, il a recours à un vocabulaire pictural (« portraitiste », « contour », « couleur ») et place le lecteur en position de spectateur appelé, au cours de la lecture, à éprouver des « impressions » sur les personnages qui sont dépeints. Le processus sérapiontique y est précisément décrit : le narrateur s'adresse ici à un lecteur *in absentia*[663]. Mais tout n'est que supposition, car le narrateur est susceptible d'échouer et le lecteur peut ne pas croire au récit qui lui est proposé, ce qu'indiquent les expressions : « je vais m'efforcer », « peut-être », « pourquoi pas » ou « croiras-tu ». La plume fonctionne comme un pinceau, elle tend à représenter l'invisible et à nourrir l'imagination du lecteur. Mais l'art ne s'arrête pas à la vision que le spectateur en a : il imprègne son être tout entier.

---

[661] *Ibid.*, p. 240 : « denn wahrlich, mir ging nun einmal die Geschichte von dem Bergmann mit den lebendigsten Farben gerade so auf wie ich sie erzählt habe », [EF, t. 1, p. 276].

[662] E.T.A. Hoffmann : *Fantasie- und Nachtstücke, op. cit.*, p. 344 : « Nimm, geneigter Leser, die drei Briefe, welche Freund Lothar mir gütigst mitteilte, für den **Umriß** des Gebildes, in das ich nun erzählend immer mehr und mehr **Farbe** hineinzutragen mich bemühen werde. Vielleicht gelingt es mir, manche Gestalt wie ein **guter Porträtmaler** so aufzufassen, daß du sie ähnlich findest, ohne das Original zu kennen, ja daß es dir ist, **als hättest** du die Person recht oft schon mit leibhaftigen Augen gesehen. Vielleicht wirst du, o mein Leser ! dann glauben, daß nichts wunderlicher und toller sei als das wirkliche Leben, und daß dieses der Dichter doch nur, wie in eines matt geschliffenen Spiegels dunklem Widerschein, auffassen könne », [E.T.A. Hoffmann : *Tableaux nocturnes*, t. 1, *op. cit.*, p. 90], [C'est moi qui souligne, I. L.].

[663] *Ibid.*, p. 97.

Ainsi, dans « Doge et dogaresse », l'historien qui explique le tableau met-il en avant l'importance de guider, d'initier le récepteur d'une œuvre. Il en va de même lorsque l'œuvre est littéraire. L'œil s'éduque[664], l'esprit s'enrichit. À la différence du narrateur de « Doge et dogaresse », le narrateur sérapiontique s'adresse à un double récepteur : aux auditeurs de la fiction et au lecteur. Les premiers feront part de leur point de vue dans l'entretien qui suivra le récit et le second se contentera de construire son opinion à l'aide de cet entretien et de ses propres convictions. En revanche, il n'y aura entre eux aucun échange possible. La relation entre le narrateur et son lecteur est, en effet, à sens unique ; la relation dialogique est tronquée et fondée sur une duperie qui peut être acceptée. L'entretien « Le Poète et le Compositeur » insiste sur le rapport amical entre le lecteur et le narrateur, rapport au sein duquel le second invite le premier à se laisser tromper volontairement [« willig daran glaubt »]. En matière de folie, même s'il est confronté à une pathologie claire, le lecteur aimera également croire à un phénomène inexplicable, dénué de toute logique scientifique. Tout dépend ensuite de sa personnalité et de la question de savoir s'il a, comme Marie, les yeux pour voir l'invisible. Dans tout récit ou personnage de fiction, il existe des « ressorts internes », un « mécanisme imaginé par l'auteur pour animer son œuvre[665] ». L'illusion, consentie ou non, est nécessaire à toute démarche esthétique. Elle est propre à l'imagination qui a principalement trois fonctions : narrative, esthétique et sociale. La première induit le lecteur en erreur. En effet, les interventions du narrateur (omniscient) sont loin de clarifier les événements du récit. Lorsque « la façon dont les choses se sont déroulées reste un mystère bien fait pour enflammer une imagination active et l'entraîner à échafauder toutes sortes d'hypothèses rocambolesques[666] », il s'agit d'une technique parfaitement sérapiontique. Le titre allemand retenu par l'édition historico-critique – « Das Leben eines bekannten Mannes[667] » (« La vie d'un homme connu ») – est beaucoup plus vecteur de suspense que celui de la traduction française (« Le Diable à Berlin »), puisque le lecteur apprend seulement en tout dernier lieu[668] que cet « homme connu » est le diable en personne :

---

[664] Stéphane Loubère : « La critique de l'effet dans les *Salons* de Diderot », in : Pierre Frantz et Élisabeth Lavezzi (dir.) : *Les Salons de Diderot. Théorie et écriture*, Paris, PUPS, 2008, p. 61-72, ici : p. 65-66.

[665] *Ibid.*, p. 1053 : « […] innern Mechanismus […] die Spiralfeder […], die der Dichter hineingelegt um sein Werk in rege Tätigkeit zu setzen », [EF, t. 4, p. 114].

[666] *Ibid.*, p. 1050 : « Es bleibt unbegreiflich wie sich das begeben konnte was sich wirklich begab und das ist genug um eine lebhafte Einbildungskraft zu allerlei geheimnisvollen und genugsam abenteuerlichen Hypothesen zu entzünden », [EF, t. 4, p. 141].

[667] Nous préférons ici donner le titre allemand, la traduction française « Le Diable à Berlin » étant fort éloignée du titre original.

[668] Le titre français, qui reprend celui qu'Hoffmann avait donné à sa première édition – « Der Teufel in Berlin » –, dévoile malheureusement tout de suite le mystère. L'effet d'attente et de suspens est ainsi escamoté.

Tant est considérable la puissance du Diable, de la perfidie de qui le ciel, dans sa grâce, veuille nous préserver tous[669] !

Dans tout le récit, le doute plane, les mystères aspirent à être résolus. Par conséquent, le narrateur ne néglige pas l'atmosphère dans laquelle il plonge celui qui l'écoute ou le lit. Le lecteur, bien souvent aiguillé sur sa manière de réagir, est plus ou moins impliqué, à différents degrés, dans le récit. Les exhortations, les appels lui donnent le sentiment d'être quasiment un personnage de l'histoire, alors qu'il ne constitue, en fait, qu'un témoin indirect. Le narrateur l'informe s'il y consent ou l'entraîne sur une fausse piste : dans « La Cour d'Artus », lorsqu'il parle du « fils » de Berklinger, c'est pour mieux tromper son lectorat. Sans savoir qu'il s'agit immédiatement d'un travestissement, le lecteur s'interroge sur l'attirance inexpliquée de Traugott pour cette personne. Dans « Fragment de la vie de trois amis », on apprend, également au fur et à mesure, les différents stratagèmes mis en place par Marzell, Severin et Alexander pour conquérir Pauline : Marzell parvient à s'intégrer dans la famille en donnant régulièrement des nouvelles de la santé du cousin militaire qui se bat au front, Severin échoue dans une tentative de déclaration d'amour que la destinataire tourne en dérision et Alexander, pour sa part, ménage la tension jusqu'au bout. Il annonce s'être marié, mais ne dévoile qu'au dernier moment l'identité de l'heureuse épouse : Pauline ! La même technique est mise en place dans « L'enchaînement des choses » : l'art narratif consiste à brouiller les attentes du lecteur, à le surprendre et à lui répéter qu'il n'est aucunement privilégié.

La deuxième fonction de l'imagination est d'intensifier le recours à l'illusion dans la démarche artistique. L'homme peut être la victime de son inconscient. L'organe visuel influence son œil intérieur et le pousse à exploiter son inconscient. Le monde sensible constitue donc un véritable « levier » [« Hebel »], un défi pour l'artiste. Dans « Signor Formica », le théâtre joue un rôle fondamental, il est le lieu de la *mimesis*, de l'identification. Il est ce levier qui nourrit l'esprit des spectateurs :

> Chaque acteur jouait son rôle à la perfection, mais le Pasquarello plus que tout autre soulevait l'enthousiasme par ses mimiques sans pareilles, par le talent qu'il avait d'imiter à s'y méprendre la voix, la démarche et toute l'attitude de gens connus à Rome[670].

---

[669] *SB*, p. 631 : « So groß ist die Macht des Teufels, vor dessen Arglist uns Alle der Himmel in Gnaden bewahren wolle ! », [EF, t. 3, p. 25].
[670] *Ibid.*, p. 970 : « Jeder Schauspieler gab seine Rolle mit unvergleichlicher Charakteristik, vorzüglich riß aber der Pasquarello, durch sein unnachahmliches Gebehrdenspiel, durch das Talent in Stimme, Gang und

Signor Formica devient un comédien de légende, un être quasiment surnaturel puisqu'on « ne le [voit] nulle part, et toutes les tentatives qu'on [fait] pour le dépister [sont] vaines[671] ». Rester obscur et anonyme attise la curiosité. C'est encore une fois à la toute fin du récit que l'on apprend que Salvator Rosa et Signor Formica ne font qu'un. Rosa parvient à préserver jusque-là la tension dramatique lorsqu'il affirme qu'il faut avoir « du respect pour le Signor Formica » : c'est « une espèce de sorcier » qui « commande en maître aux secrets des arts mystérieux[672] ». De cette manière, Rosa trompe à la fois les protagonistes et le lecteur, il exploite l'énigme qui plane autour du personnage pour en faire un être de légende, car il connaît le fonctionnement de l'imaginaire et de l'inconscient humains : l'inexplicable fascine et suscite des interrogations qui pénètrent jusque dans l'univers des rêves.

Dans « Le sinistre visiteur », l'arrivée volontairement impromptue de Cyprian à un moment stratégique de la narration suscite l'émotion et le trouble, puisque la description spectrale de l'ami sérapiontique vise à faire naître l'angoisse. Aussi le narrateur emploie-t-il un vocabulaire ciblé – « fracas », « drapé de noir », « tel un fantôme », « pas lents », « épouvante », « œil fixe », « souffle coupé » – qui agit directement sur l'imaginaire et les peurs potentielles liées à l'univers des revenants. La tension dramatique intervient alors à deux niveaux, au sein d'une mise en abyme. D'une part, la phrase prononcée par Ottmar suppose un point culminant dans le récit annonçant l'arrivée d'un personnage ou d'un événement imprévu qui inquiète une première fois le lecteur ; d'autre part, l'interruption de la narration, le retour brutal au récit-cadre et le parallélisme événementiel entre l'histoire contée par Ottmar et la réalité des amis sérapiontiques représentent un second paroxysme. Tous les éléments sont ici réunis pour effrayer. Le charme est toutefois rompu par la conjonction temporelle « lorsque », qui provoque le retour au réel pragmatique. Le narrateur se moque alors indirectement de son lecteur à l'idée que ce dernier ait pu, ne fût-ce qu'un court instant, être berné par l'illusion ainsi provoquée.

La troisième fonction de l'imagination est de souligner l'intolérance des adultes, leur esprit étroit, leur « conscience verrouillée[673] ». Le lecteur doit être, pour ainsi dire, rééduqué. Il est même censé entendre parler le narrateur. Dans ce cas, il s'agit d'une « écoute intériorisée », d'une « vision intérieure[674] ». Le lecteur est « éduqué » et poussé à exploiter ses facultés mentales. L'éducation

Stellung bekannte Personen bis zur höchsten Täuschung nachzuahmen, durch seine unerschöpfliche Laune, durch das Schlagende seiner Einfälle, alle Zuschauer mit sich fort. », [EF, t. 4, p. 66-67].
[671] *Ibid.*, p. 971 : « Man sah ihn durchaus nirgends, und vergebens blieb alles Mühen ihm auf die Spur zu kommen », [EF, t. 4, p. 67].
[672] *Ibid.*, p. 979 : « Ehrfurcht vor dem Signor Formica [...] eine Art von Zauberer [...], der ganz im Verborgnen über die wunderbarsten Künste gebietet », [EF, t. 4, p. 74].
[673] Ernst-Michael Stiegler : *Das Ich im Spiegel der Kunst und der Wirklichkeit : Eine Studie zum anthropologischen Verständnis E.T.A. Hoffmanns*, Francfort-sur-le-Main, Diss., 1988, p. 41 : « Das verschlossene Bewußtsein ».
[674] Novalis : *Fragments, Fragmente*, *op. cit.*, p. 62-63 : « [Innerliches Hören], wie innerliches Sehn ».

passe par une relation de communication entre le lecteur et le narrateur, fondée sur le juste rapport entre imagination et raison. Le narrateur sérapiontique ne s'adresse que rarement à plus d'un seul destinataire, et c'est ce caractère individuel et intime qui, associé à l'humour, rend apparemment le lecteur complice.

Ce que la lecture dévoile ou donne à voir varie en fonction de chaque récepteur. La forme arabesque de la narration le conduit, puis l'intègre dans les méandres de l'œil intérieur du créateur. Comparable à une ligne serpentine, torturée, alliant la linéarité temporelle et l'analepse, la narration est semblable à un prisme : nul ne ressentira des émotions identiques, nul ne verra les mêmes images se former derrière les mots lus. L'écriture est un masque que tout individu peut faire tomber.

Grâce à l'art, au lieu de voir un seul monde, le nôtre, nous le voyons se multiplier et autant qu'il y a d'artistes originaux, autant nous avons de mondes à notre disposition, plus différents les uns des autres que ceux qui roulent dans l'infini[675].

Aussi le concept d'anamorphose peut-il être ici appliqué à la narration. Chaque récit donne à voir certaines images qui, par le biais de la lecture, se transforment, s'étirent, se modèlent comme si elles faisaient face à une glace déformante. « Les anamorphoses recourent […] au miroir pour mettre le monde sens dessus dessous », souligne France Borel dans *Le Peintre et son miroir* :

Elles se servent des règles les plus élaborées de la perspective, elles transitent par les systèmes les plus rationnels pour anéantir l'ordre naturel et rejoindre les sciences occultes. […] Née de la volonté de mettre de l'ordre dans l'image, de clarifier, [l'anamorphose] est détournée de son but originel pour semer la confusion. On se sert des connaissances de l'optique afin de tromper, de détromper et de mettre en exergue, par des moyens indirects, la fragilité des apparences. […] L'anamorphose évolue entre raison et délire, entre confusion et révélation. Ou bien la position insolite du spectateur, non pas frontale mais latérale, révèle l'image. Ou bien le miroir posé au centre de l'anamorphose sert de révélateur ; à sa surface l'image sort d'un apparent chaos pour se reconstituer[676].

Ces caractéristiques s'appliquent au principe sérapiontique qui sert, lui aussi, d'outil de révélation ou d'illusion, d'alliance entre raison et folie et ordonne des éléments hétérogènes. En manipulant sciemment son lecteur, en trompant ses attentes, en le surprenant ou en le provoquant comme le fait Signor Formica avec Capuzzi sur une scène de théâtre, l'écrivain a lui-même recours

---

[675] Marcel Proust : *Le temps retrouvé*, op. cit., p. 290.
[676] France Borel : *Le peintre et son miroir*, op. cit., p. 107.

à l'anamorphose. Il devient, lui aussi, une sorte d'hypnotiseur. Marionnettiste, il apparaît en filigrane derrière le personnage dont il tire les ficelles ou bien préfère se retirer, s'il souhaite seulement faire part, à travers le narrateur, des sentiments et des réactions des autres personnages pour ensuite s'en distancier, les critiquer ou les approuver. Afin de nourrir l'apparence, il utilise parfois le même vocabulaire que les protagonistes, ce qui a deux conséquences : d'une part, la prise de distance habituelle entre le narrateur et ses personnages disparaît et d'autre part, le lecteur ne parvient pas toujours à distinguer avec certitude les différentes instances ou perspectives narratives. Il se trouve donc à la merci du narrateur.

Ainsi la trame narrative est-elle délicate à reconstituer vu les nombreux entrelacs, les relations complexes entre les personnages ou les retours en arrière récurrents. De plus, le caractère saugrenu de certaines situations place le lecteur en porte-à-faux. Dans « Fiancée de roi », la dérision est poussée à l'extrême. Hoffmann a peut-être choisi de placer ce récit en toute fin de recueil en guise de clin d'œil à son récepteur manipulé et pour montrer combien le paraître, tellement adulé en société, ne participe en rien à la réussite et au génie artistiques :

> De son côté, M. Amandus von Nebelstern se mit à trouver absurdes et stupides tous les vers
> qu'il avait jusque-là composés ; il se plongea dans les œuvres des grands et vrais poètes de
> tous les temps [...] il finit par se convaincre qu'un poème devait être autre chose qu'un bric-
> à-brac verbal [...] et redevint le jeune homme sensé et de cœur simple qu'il avait été
> autrefois[677].

Le génie poétique n'est aucunement un exercice de virtuosité technique, mais le produit de sentiments naturels et simples qui ne sont pas dictés par une force supérieure. Seul l'individu peut le nourrir, avec sa personnalité et son imagination propres.

Dans « L'enchaînement des choses », Ludwig va, lui, à l'encontre de la spontanéité artistique et spirituelle. Le monde fonctionnerait alors comme une immense horloge, faite de rouages complexes : « Il n'y a point de hasard ! [...] le système entier de ce monde [...] ressemble à un grand mécanisme habilement combiné[678] ». Euchar, de son côté, estime que cette théorie mécanique est « démodée » [« veraltet »] et dénature les aléas de la destinée. Ces aléas, avec lesquels le lecteur doit composer, sont intégrés à la narration. Le narrateur principal arrête le récit

---

[677] *SB*, p. 1197 : « Dem Herrn Amandus von Nebelstern kam dagegen alles, was er gedichtet, sein ganzes poetisches Streben, höchst albern und aberwitzig vor, und vertiefte sich in die Werke der großen, wahren Dichter der ältern und neuern Zeit [...]. Er gelangte zu der Überzeugung, daß ein Gedicht etwas anderes sein müsse, als der verwirrte Wortkram, den ein nüchternes Delirium zutage fördert, und wurde [...] wieder ein besonnener, in Herz und Gemüt klarer Jüngling, wie er es vorher gewesen », [EF, t. 4, p. 290].
[678] *Ibid.*, p. 1055 : « Es gibt keinen Zufall [...] das ganze Weltsystem [...] gleicht einem großen künstlich zusammengefügten Uhrwerk », [EF, t. 4, p. 149].

dès qu'il le décide, dans la mesure où il possède une liberté d'action totale. C'est lui qui décide du moment où il désire faire rire son lectorat ou le plonger dans une atmosphère bucolique ou angoissante. C'est également lui qui produit les tensions, les attentes, les sentiments de satisfaction ou de frustration. Il est donc en mesure de tourner un personnage en ridicule par une description physique ou par sa manière de brosser certains traits de caractère. Ludwig, par exemple, paraît exalté, empli d'un amour exacerbé et d'une sensiblerie à toute épreuve. Il ne s'agit toutefois que d'un sentimentalisme de façade visant à tromper l'attente du lecteur. Par ce biais, le narrateur cherche inlassablement à marquer sa supériorité, comme le souligne la note introductive du deuxième chapitre :

> Il n'est peut-être pas hors de propos, avant d'aller plus loin, d'en apprendre davantage au lecteur bénévole sur le compte des deux amis[679].

Le lecteur, comme les personnages, ne paraît pas autonome, puisqu'il est manipulé par le narrateur. Cet aspect est ironiquement marqué dans l'indication du statut de Ludwig et d'Euchar, qui sont des « Freiherren » [freie Herren]. La traduction de « baron », même exacte, échoue à transcrire l'ironie contenue dans l'ambiguïté de la formulation « hommes libres ». En allemand, le lecteur est mis en face d'une évidence : l'homme n'est pas émancipé au sein de la société. Il ne peut être lui-même et doit, à première vue, se contenter de se soumettre à sa condition. Le narrateur essaie donc de distinguer l'être et l'aspect des deux personnages. Euchar aime la profondeur des choses, sa sensibilité cachée est ardente et sa nature, poétique. Modelé par la société, c'est un enfant sage. Toutefois, il devient rêveur dès qu'il est solitaire[680]. Le lien étroit qu'il entretient avec la nature, sa profonde imagination et ses élans d'âme le différencient de Ludwig qui, derrière sa sensibilité perceptible et son génie, sa vivacité et son audace, s'avère un vrai dilettante qui sait soi-disant manier tous les arts, mais n'en maîtrise en réalité pas un seul : « il en allait de lui comme d'une timbale, d'autant plus sonore qu'elle est plus creuse[681] ». Sa théorie mécanique, ainsi que sa manière d'affirmer que tout est écrit d'avance lui permettent de justifier sa vanité d'action et de se dédouaner de ses actes.

Par conséquent, ce n'est pas un hasard si dans le dernier récit, « Fiancée de roi », il est également question de l'apparence et du jugement d'autrui erroné qui en découle : Ännchen se laisse impressionner par un gnome qui lui fait miroiter un monde de richesses et d'apparat. Quant à

---

[679] *Ibid.*, p. 1065 : « Es möchte nötig sein, dem geneigten Leser zuerst etwas mehr über die beiden Freunde zu sagen », [EF, t. 4, p. 159].
[680] *Ibid.*, p. 1065 : « War er allein, so schien er ein ganz anderes Wesen », [EF, t. 4, p. 159] : « Quand il était seul, il n'était plus le même ».
[681] *Ibid.*, p. 1067 : « Aber es war mit ihm wie mit der Pauke, die, angeschlagen, desto stärker tönt, je größer der innere hohle Raum », [EF, t. 4, p. 161].

son père, il lui faut revêtir le costume stéréotypé du voyant (chapeau pointu, fausse barbe et grand manteau) pour pouvoir exercer efficacement son art. La société fonctionne donc seulement grâce aux images que les individus renvoient d'eux-mêmes. Dans « Le thé esthétique », Ottmar expérimente ce phénomène en interprétant un rôle de comédien de théâtre. En lisant des poèmes, il « s'efforc[e] de donner à [sa] voix l'accent expressif d'un cœur en proie à une vive émotion[682] ». Le succès de son art le flatte, même s'il sait pertinemment que c'est uniquement par snobisme et convention sociale que ses auditeurs le couvrent de louanges. La réaction enthousiaste des convives, après la lecture d'un poème intitulé « Réflexion sur la vie » évoquant un gentilhomme qui a perdu son moineau, paraît ridicule et inappropriée. Le sarcasme vis-à-vis d'un tel comportement prouve bien que la société dépeinte par le narrateur ne sait aucunement apprécier l'art absolu et ne possède pas le goût de la plaisanterie et du Beau.

L'écrivain, tout en restant manipulateur, livre son œuvre au lecteur. À travers ses diverses interprétations, ce récepteur se fait une image plus ou moins subjective des récits dont il a eu connaissance, émet des hypothèses, s'interroge sur la personnalité de l'auteur/ du narrateur et sur les messages qu'il a désiré transmettre. La lecture agit comme un miroir et symbolise même le miroir du miroir : d'un côté, le lecteur contemple l'écrivain et en capte le reflet et, de l'autre, le narrateur-auteur, grâce à ses adresses directes, observe, à son tour, celui qui cherche à le découvrir. « Entrer dans l'œuvre, c'est accepter de devenir autre[683] », affirme Pierre Aurégan. Lire revient à pénétrer dans l'intimité d'autrui, dans le Moi et le processus de création de l'écrivain :

> Sous le moi d'emprunt d'une identité fictive, le moi se raconte. Le « je » brouille les
> pistes, invite à des rapprochements sans qu'il y ait pourtant confusion entre l'auteur et ses
> doubles[684].

Chez Hoffmann, les doubles ne sont pas si clairs. L'auteur se cache souvent derrière ses personnages, sans pour autant se confondre avec eux. De plus, il injecte à ses récits quelques traits de caractères de ses proches, de ses amis, ce qui complique encore la tâche du lecteur. Si Pierre Aurégan dit de Barbey d'Aurévilly que son « je […] joue sur le dédoublement narratif, recourant à des narrateurs postiches qui assument à sa place la narration[685] », cet argument est tout aussi applicable à Hoffmann, qui fait intervenir une pluralité de conteurs, d'idées esthétiques et de formes

---

[682] *Ibid.*, p. 1136 : « las ich weiter, indem ich meiner Stimme den Ausdruck eines tief bewegten Gemüts zu geben mich bemühte », [EF, t. 4, p. 233].
[683] Pierre Aurégan : *Les figures du moi et la question du sujet depuis la Renaissance*, Paris, Ellipses, 1998, p. 120.
[684] *Ibid.*, p. 135.
[685] *Ibid.*, p. 137-138.

artistiques. Ainsi, bien souvent, « la ligne de partage entre la réalité des faits et leur caractère hypothétique [...] est abolie », on ne sait pas si « ce qui vient d'être vécu par le personnage est [...] vrai ou le produit d'une imagination déréglée[686] ».

Par le biais du pacte implicite entre l'auteur et le lecteur, l'œuvre d'art littéraire reflète la démultiplication du monde. Chaque récit sérapiontique dévoile une facette différente de l'auteur et de son génie, et renouvelle simultanément notre perception du réel. En perturbant le processus de lecture, Hoffmann invite son lecteur à réfléchir non plus sur l'aboutissement d'une œuvre, mais sur sa genèse, son exécution, son développement et sa réalisation artistique. Il récuse ainsi la superficialité au profit de l'introspection. Créer signifie avant tout payer de sa personne, se livrer, se dévoiler.

L'art hoffmannien constitue donc un art « en transit », une sorte de non-lieu situé entre unité, harmonie et labyrinthe éternel. Le narrateur conduit le lecteur, en modifiant et en affinant sa perception, à s'interroger sur l'essence véritable des choses. Le pessimisme apparent de Lothar sur lequel s'ouvre la cinquième veillée[687] va de pair avec cette analyse : la vie, en constante évolution, ne rend pas l'homme libre. En proie à la fatalité, il doit s'adapter aux changements. La nature, selon Lothar, traite l'homme comme un « enfant non autonome » [« unmündiges Kind »]. Supérieure, elle domine l'être et étouffe dans l'œuf l'idéal des Lumières. Ce constat d'échec fait de l'homme un individu asservi, non émancipé, placé sous le joug d'une instance supérieure qu'il ne saura jamais vaincre. L'art consiste justement à braver la vanité terrestre, et le mauvais état psychique, la douleur physique, la maladie et la mélancolie ambiante constituent un obstacle insurmontable à l'union entre macrocosme et microcosme. Ainsi Theodor fait-il part de sa guérison et de sa joie de vivre, lui permettant de retrouver l'harmonie perdue qui l'habitait :

> Comme je me sens bien tout à coup. Il me semble que toute trace de malaise a disparu et que vient d'éclore en moi une **double vie** qui, dans un actif **mouvement d'alternance**, prend conscience d'elle-même en même temps qu'elle jouit de sa propre existence. En vérité, il faut avoir été aussi malade que je le fus pour pouvoir éprouver cette impression qui, **fortifiant l'âme et l'esprit**, est à proprement parler l'élixir de vie que nous dispense

---

[686] *Ibid.*, p. 138.

[687] *SB*, p. 619 : « Lothar befand sich nemlich wieder in der seltsamen Seelenstimmung, in der er überzeugt war, das ganze Leben werde schal und ungenießbar durch die ewigen moralischen Foppereien des feindlichen Dämons, den die Natur dem Menschen, den sie behandle wie ein unmündiges Kind, zur Seite gestellt als pedantischen Hofmeister », [EF, t. 3, p. 13-14] : « Lothar passait en effet par un état d'âme assez singulier qui était souvent le sien : la vie, selon lui, perdait toute saveur en raison des éternelles agaceries infligées au moral de l'homme par la Nature, qui plaçait auprès de lui un démon malfaisant ayant pour mission de le régenter et de lui dispenser de pédantes leçons et le traitant comme un enfant en bas-âge ; tout comme l'eût fait un précepteur ».

directement la puissance éternelle, l'**Esprit universel** qui nous gouverne. C'est de ma propre poitrine que s'exhale **le souffle vivifiant de la nature**[688].

Par l'intermédiaire de Theodor, le narrateur suggère à son lecteur l'existence de la dualité âme – corps, du rapport étroit entre le spirituel et le somatique. Sans avoir recours à un discours scientifique ou médical, il utilise des lexèmes précis qui renvoient à la relation dialogique entre l'âme et le corps : l'être humain prisonnier de son enveloppe corporelle est freiné dans ses travaux intellectuels et artistiques. Le lecteur se voit ainsi confronté par ricochet à ses propres souffrances et prend conscience du fait qu'il pourrait se retrouver dans une situation identique. L'image renvoyée par la narration est celle d'une réalité finalement objective – « l'esprit universel » – qui maîtrise et manipule. La tâche de l'artiste, comme celle du lecteur, consiste à s'appuyer sur cette instance extérieure pour y puiser la force, l'élan vital nécessaire à sa construction.

Dans « L'enchaînement des choses », le narrateur ne fait pas intervenir de tiers pour faire part de ses sentiments et de ses jugements. Il s'adresse à son lecteur directement et l'informe sans intermédiaire de sa désapprobation : « Le lecteur conviendra que ces sages principes étaient du moins bien commodes[689] ». Le vocabulaire, la ponctuation et l'argumentation retenus sont ici soigneusement choisis : chez Ludwig, le langage du cœur est mis en avant pour marquer l'émotivité excessive du personnage. L'être se confond avec le paraître et inversement. De ce fait, lorsque Ludwig se voit en rêve dans le miroir, il n'est pas confronté à un reflet, mais à la réalité de son caractère superficiel[690]. Avec humour, Hoffmann met son lecteur en garde contre la fausse profondeur intellectuelle de la société d'apparences du thé esthétique[691]. C'est là que réside la problématique principale des *Frères de Saint-Sérapion*. La société constitue un affreux miroir dont les reflets induisent en erreur les personnes qui s'y mirent :

---

[688] *Ibid.*, p. 621-622 : « Wie […] fühle ich mich so durch und durch erquickt, jede Spur des leisesten Übelbefindens ist verschwunden, es ist als sei mir ein **doppeltes Leben aufgegangen**, das in reger **Wechselwirkung** sich selbst erst recht faßt und empfindet. In der Tat man muß so krank gewesen sein als ich, um dieses Gefühls fähig zu werden, das **Geist und Gemüt stärkend** die eigentliche Lebensarzenei scheint, welche die ewige Macht, der waltende **Weltgeist** uns selbst unmittelbar spendet. **Aus meiner eigenen Brust weht der belebende Hauch der Natur** », [EF, t. 3, p. 16], [C'est moi qui souligne, I. L.].

[689] *Ibid.*, p. 1068 : « Der geneigte Leser wird sich wenigstens von der großen Bequemlichkeit jener weisen Lehren überzeugen », [EF, t. 4, p. 162].

[690] *Ibid.*, p. 1069 : « Im Spiegel werde ich zu meinem Schrecken gewahr, daß ich statt des zierlichen Fußgestells, das mir die Natur verliehen, des alten Konsistorial-Präsidenten dick umwickelte podagristische Beine unter dem Leibe trage », [EF, t. 4, p. 163] : « En face de moi, il y avait une glace : juge de mon effroi quand je m'aperçus qu'au lieu du piédestal si élégant dont m'a doté la nature, j'étais nanti de jambes, enveloppées d'épaisses flanelles, de ce vieux podagre de président consistorial ».

[691] *Ibid.*, p. 1076 : « die andere ist vertieft in den Anblick ihrer Schuhspitzen […] die dritte scheint süß zu schlafen, […] langweilig und abgeschmackt genug [...], um sich ganz zu solcher Vorlesung zu eignen », [EF, t. 4, p. 170] : « […] celle-ci est absorbée dans la contemplation de ses chaussures […], une autre s'abandonne à un doux sommeil », les convives écoutent un jeune poète au « style assez ridicule et insipide pour convenir parfaitement à la circonstance ».

E.T.A. Hoffmann invite son lecteur à admettre que l'homme ne peut ni se placer à l'extérieur de lui-même, à l'extérieur de son imagination, ni définir l'essence de son imagination[692],

affirme à juste titre Françoise Knopper. Le lecteur est constamment confronté à une « mystification », à des « dédales[693] ». Sans cesse, des événements étranges et des paradoxes alimentent son imagination, il est le témoin de « merveilleuses tromperies[694] ». Tous les instruments d'optique en général contribuent à encourager la supercherie : la mosaïque, la nature caléidoscopique, la longue vue, le miroitement de la glace ou encore le verre d'alcool. La lecture permet aux « étincelles libératrices » de « jaillir » à l'envi de notre « cœur[695] ». Si le corps est ancré dans la réalité, à notre insu, l'esprit, comme chez Cyprian au début de la troisième veillée, s'évade et touche les sphères de l'irrationalité[696]. Cette disposition d'esprit préfigure l'une des problématiques principales de la veillée : le magnétisme et les influences psychiques. C'est d'ailleurs Cyprian qui se charge de lire le premier récit, « La guerre des Maîtres Chanteurs ».

Les problèmes liés à l'inconscient, qu'ils soient d'ordre psychanalytique, médical, artistique ou littéraire, rejoignent la sphère du fantastique et de la folie. Néanmoins, chaque récit sérapiontique plonge ses racines dans la rationalité, ce que Cyprian réaffirme après avoir conté « Apparitions » :

> Eh bien, ne trouvez-vous pas étrange, extraordinaire, que tout dans mon récit soit littéralement vrai, y compris la petite touche de fantastique dont les racines plongent elles aussi dans la réalité[697] ?

Le monde réel à lui seul constitue une mine d'inspiration. Le basculement dans le fantastique, dans une dimension fascinante et angoissante différente de la réalité sensible, est donc dû à la qualité de la narration et aux influences psychiques extérieures. Le génie narratif dépend ensuite de la mise en œuvre, du processus esthétique et de la capacité à transformer les images concrètes en images

---

[692] Françoise Knopper : « Anthropologie négative et critique de l'exorcisme dans le roman *Die Elixiere des Teufels* (1815-1816) d'E.T.A. Hoffmann », in : *Le Texte et l'Idée* 17 (2002), p. 41-59, ici : p. 42.

[693] *SB*, p. 427-428 : « Mystifikation »/ p. 383 : « Irrwegen ».

[694] *Ibid.*, p. 391-392 : « Erscheinung [...] den wunderbaren Täuschungen ».

[695] *Ibid.*, p. 313 : « in exzentrischen Funken sein Innres entladen, wie [wir] nur Lust [haben] », [EF, t. 2, p. 13].

[696] *Ibid.*, p. 313 : « Cyprian [...] scheint, während er doch nun gewiß mit lebendigem gesunden Leibe hier unter uns sitzt, geistig sich ganz wo anders zu befinden. So mag er, nahm Ottmar das Wort, denn nun gleich mit dem Wahnsinnigen heranrücken, dessen Namenstag er vielleicht heute feiert », [EF, t. 2, p. 13] : « Cyprian [...] est pâle et défait, il ne perçoit qu'à demi nos paroles, et bien que son corps, certes, soit présent parmi nous, son esprit semble errer en de tout autres lieux ».

[697] *Ibid.*, p. 1047 : « Findet ihr, nahm Cyprian das Wort, findet ihr es denn nicht eben so seltsam als merkwürdig, daß alles was ich euch vorlas bis auf den kleinen fantastischen Zusatz, buchstäblich wahr ist, und daß selbst dieser auch seinen Keim in der Wirklichkeit findet ? », [EF, t. 4, p. 138].

mentales. Cyprian détient ce don et ne peut cacher les liens constants qu'il établit entre ce qui l'entoure et son imagination, ce qu'Ottmar lui fait d'ailleurs remarquer :

> Maintenant je sais pourquoi tu avais, il y a quelques années, l'imagination emplie de moines, de cloîtres, d'ermites et de saints. [...] Si je ne me trompe, tu écrivais en ce temps-là un livre étrange, qui tout en se fondant sur un mysticisme profondément catholique contenait tant d'éléments insensés et diaboliques que tu aurais pu perdre tout crédit auprès des gens craintifs et débonnaires. Tu devais être en pleine crise de sérapiontisme[698] !

On constate, en se référant aux commentaires de l'édition historico-critique et à la note page 165 de Madeleine Laval dans l'édition française, que le livre qualifié d'« étrange » n'est autre que *Les Elixirs du Diable*. Ainsi, une fois de plus, l'écrivain ne fait qu'un avec ses narrateurs et l'inconscient reste omniprésent, même en demi-teinte ou à l'arrière-plan. L'artiste a certes l'impression de maîtriser tout le travail de création, mais la flamme intérieure qui l'incite à créer est stimulée par des facteurs sur lesquels il n'a plus aucune prise. Dans « La guerre des Maîtres Chanteurs », Heinrich von Ofterdingen, après sa première dépression, soutient dès le deuxième chapitre avoir été malgré lui « insensé » :

> Un bonheur inconnu, un ravissement céleste était comme suspendu au-dessus de [lui] [...] et [il] sentai[t] qu'il [lui] fallait s'élancer vers elle, ou périr sans espoir[699].

Le récit se clôt sur une lettre qu'il a écrite et destinée à Wolfframb von Eschinbach, lettre dans laquelle il s'excuse de son attitude incongrue et met en avant les « choses étranges » qui lui sont arrivées et qui restent « un impénétrable mystère qui appartient au passé[700] ». Par ce biais, Heinrich von Ofterdingen se décharge de la part de responsabilité qui lui incombe : vouloir dépasser ses amis dans le chant, conquérir Mathilde, nouer des relations avec des forces obscures et faire preuve d'arrogance en montrant qu'il est le seul à maîtriser l'art vocal. Le lecteur est alors en droit de se demander si Heinrich, comme il le prétend, a véritablement été le jouet de forces maléfiques ou si

---

[698] *Ibid.*, p. 36-37 : « Nun weiß ich, warum vor einigen Jahren deine ganze Phantasie von Mönchen, Klöstern, Einsiedlern, Heiligen erfüllt war. [...] Irr ich nicht, so dichtetest du damals ein seltsames Buch, das, auf den tiefsten katholischen Mystizismus basiert, so viel wahnsinniges und teuflisches enthielt, daß es dich hätte bei sanften hochgescheuten Personen um allen Credit bringen können. Gewiß spukte damals der höchste Serapionismus in dir », [EF, t. 1, p. 65-66].
[699] *Ibid.*, p. 341 : « Ein unbekanntes Glück, des Himmels höchste Wonne stand hoch über mir [...] zu dem mußt' ich mich hinaufschwingen, oder trostlos untergehen », [EF, t. 2, p. 41].
[700] *Ibid.*, p. 381 : « viel seltsames [...] laß mich schweigen über die Unbill einer Zeit, die hinter mir liegt wie ein dunkles, undurchdringliches Geheimnis », [EF, t. 2, p. 77].

son inconscient a seulement révélé aux autres comme à lui-même des défauts restés jusque-là enfouis ou refoulés :

> la spécialité de la fiction romanesque chez E.T.A. Hoffmann est d'empêcher le lecteur de trancher la question de savoir s'il s'agit d'un rêve, d'une crise de folie ou d'un fait réel[701].

Hoffmann joue avec son lecteur et le laisse libre d'émettre son propre jugement. Il lui montre ainsi qu'aucune règle n'est définie à l'avance, que rien n'est prédéterminé. *Les Frères de Saint-Sérapion*, hétérogènes tant dans leur forme que dans leur contenu, visent justement à allier la raison, le réel et l'ordinaire à l'imagination, au fantastique et à l'extraordinaire, et des récits très construits se mêlent, par exemple, à des fragments. Hoffmann revendique ainsi l'autonomie propre à toute création littéraire, et le fragment symbolise un acte de liberté au caractère dynamique, « donnant au lecteur la possibilité inédite de tracer son propre cheminement[702] ».

Les Frères de Saint-Sérapion, œuvre ouverte, poussent le lecteur à inventer, à rêver, à imaginer une suite potentielle ; ils détruisent pour ainsi dire la vanité du monde et confèrent à l'ensemble un goût de mystère, d'inédit et d'éternel. Ce pas vers l'idéal non atteint et la non-finitude se fait par le biais du rêve et du cauchemar ce qui encourage l'individualité à oser s'épancher, à s'inscrire dans la sphère de l'Infini et du fragmentaire :

> La poésie romantique peut [elle seule] devenir un miroir du monde environnant [et] porter sans cesse cette réflexion à une plus haute puissance, et la multiplier comme dans une série infinie de miroirs[703].

Ces propos de Friedrich Schlegel rejoignent la théorie hoffmannienne du « verre à multiples facettes » préfigurant l'œuvre d'« art total ». Dans une œuvre d'art, le réel devient l'imaginaire et l'imaginaire, le réel. L'individu n'y est jamais passif. Il agit et ne subit pas.

Les premiers romantiques voyaient ainsi en chaque œuvre d'art la nécessité d'exister, l'idéal hoffmannien allant précisément aussi dans ce sens. En réfléchissant sur sa condition, le lecteur prend conscience de l'hétérogénéité des choses extérieures et des êtres qui, lorsqu'ils fusionnent,

---

[701] Françoise Knopper : « Anthropologie négative et critique de l'exorcisme dans le roman *Die Elixiere des Teufels* (1815-1816) d'E.T.A. Hoffmann », *op. cit.*, p. 56.
[702] Olivier Schefer : *Poésie de l'infini*, *op. cit.*, p. 79.
[703] Propos de Friedrich Schlegel cités dans *L'Absolu littéraire* [Philippe Lacoue-Labarthe, Jean-Luc Nancy, *op. cit.*] et repris, ici, par Olivier Schefer, in: *Poésie de l'infini*, *op. cit.*, p. 92.

constituent la seule union véritable. La narration crée une réalité imprévisible au sein de laquelle le temps ne fonctionne pas de manière linéaire. Telle une arabesque, elle nous conduit par le biais d'analepses ponctuelles historiques et littéraires à travers différentes époques. « L'œuvre d'art [est] le seul moyen de retrouver le Temps perdu[704] », de donner au lecteur la possibilité de pérenniser l'art. L'écriture apparaît comme une manière de résister à la fuite du temps et à l'oubli, sa réception représentant à elle seule une arme contre le mal-être de l'artiste.

---

[704] Marcel Proust : *Le temps retrouvé, op. cit.*, p. 293.

Conclusion

Hoffmann parvient à intégrer, à se réapprorier et à dépasser les réflexions des penseurs du romantisme d'Iéna. En créant ses propres codes et sans établir de véritable hiérarchie entre les arts, il se réfère directement ou implicitement à ces théories idéalisantes pour montrer également que la sphère artistique peut être pervertie. Cette caractéristique provient de la société philistine qui accepte ni l'originalité ni l'esprit créatif et de la valorisation de l'univers de l'artificiel.

L'originalité des *Frères de Saint-Sérapion* consiste à alterner entre discussions théoriques et récits. Les discours unissent le fond et la forme dans la mesure où ils ont été interprétés au sens premier de « dialogue », puis compris comme un enjeu narratif théorique (focalisations, points de vue, approches textuelles), littéraire et scientifique. La cohésion entre la théorie et son illustration participe donc à l'élaboration d'une œuvre d'« art total », au même titre que l'union esthétique, les exhortations au lecteur ou à l'auditeur, le mélange des genres ou la variété thématique et intertextuelle. D'une part, l'écrivain a cherché à souligner le caractère inaltérable de l'univers artistique en imbriquant les couches temporelles. D'autre part, il a su mettre en relief tant la création comme produit fini que le processus lui-même en répertoriant les lectures, les ouvrages et courants de pensée qui ont pu influencer son écriture : une écriture picturale, plastique et musicale, une création originale polyphonique, contrapuntique et sonore liant, telle une arabesque, l'ornemental au grotesque et organisant le chaos. *Les Frères de Saint-Sérapion* révèlent ainsi le moi artistique et fonctionnent comme un miroir refléchissant la subjectivité, le regard inquisiteur d'autrui, donc une image déformée de la perception de la réalité. L'œuvre sérapiontique s'inscrit dans une perspective de manipulation où le lecteur ressemble à une gigantesque marionnette dont l'auteur et/ou le narrateur tirent les fils. L'art devient le domaine des manipulations psychique et optique où l'artiste, en quête d'identité, interprète son acte de création comme une thérapie, une manière de se dévoiler et d'appréhender le réel et l'imaginaire. *Les Frères de Saint-Sérapion* renvoient donc le reflet d'un ensemble disparate tendant vers un absolu esthétique relatif où rien n'est figé, où l'inerte s'émancipe, où tout homme est le jouet de forces qui le dépassent. Les relations artificielles font intervenir tant le magnétisme, la relation humaine erronée et fondée sur une mystification, les relations de possession érotique ou les relations perverses que la création d'êtres inertes engendrant des sentiments de peur, de haine ou d'émerveillement. Le domaine de l'artificiel sérapiontique qui lie un être magnétisé à un magnétiseur ou à un objet a ouvert de nouvelles pistes d'interprétation, dévoilé des relations schizophréniques ou incestueuses. L'Autre se trouve donc à la source de la création en tant qu'initiateur sexuel, révélateur de la personnalité, esprit élémentaire, fantôme, dément, philistin et, bien entendu, récepteur. C'est grâce à ce récepteur que *Les Frères de Saint-*

Sérapion fonctionnent – par le biais même des textes et de leur forme – comme une anamorphose : l'écrivain intègre et transforme ses sources d'inspiration et le lecteur interprète, déforme et reconstruit l'œuvre à son tour.

L'art hoffmannien correspond aussi bien à une manière de vivre, à une disposition d'esprit et à une sensibilité exacerbée qu'au travail d'un génie malade, d'un conteur habile, d'une imagination foisonnante ou d'une influence étrangère malveillante. Compris également sous la forme d'une pluralité, les arts ainsi mobilisés sont mis au service de la narration : ils se combinent, se superposent, se dissimulent derrière des masques grotesques ou grimaçants. Leur union n'est pas propre qu'aux *Contes fantastiques*, de même que les thèmes de la folie et du mal ne sont pas caractéristiques des seuls *Contes nocturnes*. *Les Frères de Saint-Sérapion* offrent, en effet, une vue d'ensemble de toutes les idées et spéculations discutées à l'époque d'E.T.A. Hoffmann, une véritable diversité esthétique, scientifique et littéraire.

L'œuvre se situe bien loin des théories de Winckelmann qui prônait la beauté dans la souffrance. L'écrivain insiste sur l'apprentissage du regard aussi bien extérieur (esprit d'analyse et d'observation) qu'intérieur (richesse de l'imagination et sensibilité artistique). De même que Platon prônait l'accès à la vérité en quittant l'univers de l'apparence et des préjugés pour mieux découvrir sa propre voie, Hoffmann suggère ici une démarche introspective où l'artiste ne peut être considéré comme tel que s'il parvient à trouver et à emprunter l'« échelle céleste ». Aussi fait-il intervenir la spiritualité dans la sphère esthétique et perçoit-il l'artiste comme un voyant potentiel.

En essayant de rendre le réel fictif et la fiction réelle, donc d'intervertir les liens entre réalité et fiction, Hoffmann attribue une fonction nouvelle aux différents arts : il les applique à l'écriture, les dématérialise pour mieux les intégrer à la narration et au discours. En écrivant comme un musicien compose ou comme un peintre travaille, Hoffmann associe l'abstraction esthétique consistant à rendre abstrait le figuratif et l'emploi métaphorique de l'art qui, à travers la lecture, donne à voir et à entendre. Le principe sérapiontique mêle ainsi la dissonance et la disharmonie apparentes, caractéristiques de la musique concrète, et l'art pictural abstrait : les images ne sont plus perçues directement par l'œil de l'observateur, mais quasiment intellectualisées par l'œil intérieur du lecteur, dont les images mentales relèvent davantage d'une idée que d'une véritable concrétisation visuelle.

En dépit de l'utilisation récurrente de portraits et de tableaux très figuratifs, Hoffmann prépare ainsi le terrain de l'abstraction. *Les Frères de Saint-Sérapion* mêlent habilement la forme circulaire (architecture d'ensemble), les lignes verticales (l'échelle de l'imaginaire, la descente dans l'enfer de la mine ou dans le tréfonds de l'âme…) et horizontales, souvent discontinues, irrégulières ou brisées (rapports conflictuels et malsains des personnages entre eux, par exemple), les formes géométriques, les couleurs, la transparence, les jeux de lumière et de miroirs. La multiplicité, le foisonnement des lignes et des sons, le déplacement récurrent du point de fuite et les perspectives tronquées font des *Frères de Saint-Sérapion* l'œuvre d'un précurseur de la modernité. Dans son essai *Du spirituel dans l'art*, paru en 1952, Wassily Kandinsky analyse entre autres les rapports entre les couleurs et les sons, il insiste sur l'importance de l'éveil de la spiritualité dans la sphère artistique et du refus de l'art pour l'art, dont les effets s'avèreraient destructeurs pour l'intériorité et contribueraient à renier la dimension créatrice de l'artiste :

> En général, la couleur est alors un moyen d'exercer sur l'art une influence directe. La couleur est la touche, l'œil est le marteau. L'âme est le piano avec ses nombreuses cordes. L'artiste est la main qui doit calmer l'âme humaine en appuyant *sciemment* sur telle ou telle touche[705].

De la même manière qu'E.T.A. Hoffmann, Kandinsky insiste sur l'importance de l'œil « de l'esprit » pour appréhender l'art. Il prône une recherche de l'harmonie et dépeint l'acte créateur comme un mouvement certes de l'imagination, mais régi par la conscience et la raison. Reposant sur l'ouverture et la continuité, *Les Frères de Saint-Sérapion* constituent un ensemble mobile : les correspondances artistiques, la récurrence de thématiques multiples mêlant les Lumières et le romantisme, le siècle de la *ratio* et celui de l'inconscient, incitent le récepteur à opter pour une relecture toujours plus moderne de l'œuvre, sans toutefois succomber à la tentation d'une lecture anachronique ou postmoderne.

---

[705] Wassily Kandinsky : *Über das Geistige in der Kunst, insbesondere in der Malerei*, édition préfacée et commentée par Jelena Hahl-Fontaine et introduite par Max Bill, Berne, Benteli, 2006, p. 68 : « Im allgemeinen ist also die Farbe ein Mittel, einen direkten Einfluß auf die Seele auszuüben. Die Farbe ist die Taste. Das Auge ist der Hammer. Die Seele ist das Klavier mit vielen Saiten. Der Künstler ist die Hand, die durch diese oder jene Taste *zweckmäßig* die menschliche Seele ruhen muß », [C'est moi qui traduis, I. L.].

Bibliographie

Alberti, Léon-Battista : *De la peinture/ De pictura* (1435), traduction et préface de Jean-Louis Schefer, Paris, Macula Dédale, 1992/ 1993 (2).

Arasse, Daniel : *Histoires de peinture*, Paris, Gallimard, coll. « Folio essais », 2004.

Arnold, Heinz Ludwig (éd.) : *E.T.A. Hoffmann*, Munich, Text + Kritik, 1992.

Auhuber, Friedhelm : *Hochgebietende Vernunft, misstönend wie verstimmte Glocken. E.T.A. Hoffmann und die Psychologie seiner Zeit*, Nuremberg, Ellipse, 1996.

Ayrault, Roger : *La genèse du romantisme allemand* (4 vol.), Paris, Aubier, 1961-1976.

Bachelard, Gaston : *L'eau et les rêves, Essai sur l'imagination de la matière*, Paris, José Corti, 1942.

— : *La psychanalyse du feu*, Paris, Gallimard, coll. « Folio Essais », 1949.

— : *La poétique de l'espace*, Paris, PUF, 1964.

— : *La poétique de la rêverie*, Paris, PUF, 1971.

— : *L'air et les songes*, Paris, José Corti, 1994.

Bandet, Jean-Louis : *Les contes allemands. Grimm – Hoffmann – Mörike*, Nantes, Éditions du temps, 2002.

Barkhoff, Jürgen : *Magnetische Fiktionen. Literarisierungen des Mesmerismus in der Romantik.* Stuttgart/ Weimar, Metzler, 1995.

Baudelaire, Charles : *Au-delà du romantisme. Écrits sur l'art*, Paris, GF Flammarion, 1998.

Baudrillard, Jean : *De la séduction*, Paris, éd. Galilée, 1979, p. 95.

Beck, Andreas : *Geselliges Erzählen in Rahmenzyklen. Goethe – Tieck – E.T.A. Hoffmann*, Heidelberg, Universitätsverlag Carl Winter, 2008.

Béguin, Albert : *L'âme romantique et le rêve*. Essai sur le romantisme allemand et la poésie française, Paris, José Corti, 1963.

Bergström, Stefan : *Between Real and Unreal. A Thematic Study of E. T. A. Hoffmanns* Die Serapionsbrüder, Francfort-sur-le-Main/ New York, Peter Lang, 2000.

Bomhoff, Katrin : *Bildende Kunst und Dichtung. Die Selbstinterpretation E.T.A. Hoffmanns in der Kunst Jacques Callots und Salvator Rosas*, Fribourg, Rombach, 1999.

Borel, France : *Le Peintre et son miroir*, Roubaix, La Renaissance du livre, coll. « Références », 2002.

Bouriau, Christophe : *Qu'est-ce que l'imagination ?*, Paris, Librairie philosophique J. Vrin, coll. « Chemins philosophiques », 2003.

Brandstetter, Gabriele / Neumann, Gerhard : *Romantische Wissenspoetik. Die Künste und die Wissenschaften um 1800*, Wurtzbourg, Königshausen und Neumann, Schriften zur Romantik, 2004.

Braun, Peter : *E.T.A. Hoffmann. Dichter, Zeichner, Musiker*, Düsseldorf/ Zürich, Artemis & Winkler, 2004.

Brown, Hilda Meldrum : *E.T.A. Hoffmann and the Serapiontic Principle. Critique and Creativity*, Columbia, Camden House, 2006.

Cantagruel, Laurent : *De la maladie à l'écriture. Genèse de la maladie romantique*, Tübingen, Max Niemeyer, 2004.

Chantler, Abigail : *E.T.A. Hoffmann's musical aesthetics*, Aldershot, Ashgate, 2006.

Cicéron : *La République*. Paris, Les Belles Lettres, 2002.

Corbin, Anne-Marie : *Petite histoire de la musique allemande et autrichienne*, Paris, Ellipses, 2005.

Costantini, Michel/ Le Rider, Jacques/ Soulages, François (dir.) : *La couleur réfléchie*, Paris, L'Harmattan, coll. « arts », Université Paris 8, UFR Arts, Philosophie et Esthétique, 2000.

Deterding, Klaus : « Der kunzische Riß als zeichnerische Gestaltung von Hoffmanns poetischer Weltsicht », in : *Mitteilungen der E.T.A. Hoffmann-Gesellschaft* 28 (1982), p. 25-32.

— : *Die Poetik der inneren und äußeren Welt bei E.T.A. Hoffmann*, Francfort-sur-le-Main / Berne/ New York/ Paris, Peter Lang, 1991.

Dobat, Klaus-Dieter : *Musik als romantische Illusion. Eine Untersuchung zur Bedeutung der Musikvorstellung E.T.A. Hoffmanns für sein literarisches Werk*, Tübingen, Niemeyer, 1984.

Dumont, Altrud : *Interimistisches Provisorium. Methodischer Wahnsinn : Das Interessante. Theorie und narrative Praxis bei Friedrich Schlegel und E.T.A. Hoffmann*, Stuttgart, Akademischer Verlag, Hans-Dieter Heinz, 1995.

E.T.A. Hoffmann-Gesellschaft : *Mitteilungen der E.T.A. Hoffmann-Gesellschaft* (Bamberg), à partir de 1939.

Freud, Sigmund : *Freud-Studienausgabe*, éd. par Alexander Mitscherlich, Angela Richards et James Strachey, 10 tomes, Francfort-sur-le-Main, Fischer, 1969.

Forget, Philippe (dir.) : *Nouvelle histoire de la littérature allemande, Sturme und Drang, premier romantisme, classicisme*, tome 2, Paris, Armand Colin, 1998.

Gadamer, Hans-Georg : *Wahrheit und Methode*, Berlin, Akademie Verlag, 2007.

Gendolla, Peter : *Anatomien der Puppe. Zur Geschichte des Maschinenmenschen bei Jean Paul, E.T.A. Hoffmann, Villiers de l'Isle-Adam und Hans Bellmer*, Heidelberg, Universitätsverlag Carl Winter, 1992.

Gommel, Caroline : *Prosa wird Musik. Von Hoffmanns « Fräulein von Scuderi » zu Hindemiths « Cardillac »*, Fribourg, Rombach, 2002.

Graevenitz, Gerhart (von) : *Das Ornament des Blicks. Über die Grundlagen des neuzeitlichen Sehens, die Poetik der Arabeske und Goethes « West-östlicher Divan »*, Stuttgart/ Weimar, Metzler, 1994.

Harnischfeger, Johannes : *Die Hieroglyphen der inneren Welt. Romantikkritik bei E.T.A. Hoffmann*, Opladen, Westdeutscher Verlag, 1988.

Hoffmann, Ernst Theodor Amadeus : *Sämtliche Werke. Die Serapions-Brüder*, éd. par Wulf Segebrecht, tome 4, Francfort-sur-le-Main, Bibliothek deutscher Klassiker, 2001.

— : *Sämtliche Werke. Ritter Gluck. Frühe Prosa 1794-1813*, éd. par Wulf Segebrecht, tome 1, Francfort-sur-le-Main, Bibliothek deutscher Klassiker, 2003.

— : *Les Frères de Saint Sérapion* (quatre tomes), traduction d'Albert Béguin et de Madeleine Laval, Paris, Verso Phébus, 1981-1982.

— : *Le marchand de sable. Der Sandmann*, traduction et annotations de Philippe Forget, édition bilingue, Paris, Gallimard, 2005.

— : *Fantasie- und Nachtstücke*, Stuttgart, Deutscher Bücherbund, 1964.

Hogarth, William : *The Analysis of Beauty*, éd. par Ronald Paulson, New Haven, Londres, Yale University Press, 2007.

Huch, Ricarda : *Les romantiques allemands*, Paris, Grasset, 1933.

Janssen, Brunhilde : *Spuk und Wahnsinn. Zur Genese und Charakteristik phantastischer Literatur in der Romantik an den Nachtstücken von E.T.A. Hoffmann*, Francfort-sur-le-Main, Peter Lang, 1986.

Kandinsky, Wassily : *Über das Geistige in der Kunst, insbesondere in der Malerei*, édition préfacée et commentée par Jelena Hahl-Fontaine et introduite par Max Bill, Berne, Benteli, 2006.

Klier, Melanie : : *Kunstsehen. Literarische Konstruktion und Reflexion von Gemälden in E.T.A. Hoffmanns Serapions-Brüdern mit Blick auf die Prosa Georg Heyms*, Francfort-sur-le-Main, Peter Lang, 2002.

Knopper, Françoise : « Anthropologie négative et critique de l'exorcisme dans le roman *Die Elixiere des Teufels* (1815-1816) d'E.T.A. Hoffmann », in : *Le Texte et l'Idée* 17 (2002), p. 41-59.

Lacan, Jacques : *Écrits I*, Paris, Seuil, 1966.

Lacoue-Labarthe, Philippe/ Nancy, Jean-Luc : *L'Absolu littéraire. Théorie de la littérature du romantisme allemand*, Paris, Seuil, 1978.

La Mettrie, Julien Offray (de) : *L'Homme-Machine*, Paris, Denoël, 1981.

Le Blanc, Charles/ Margantin, Laurent/ Schefer, Olivier : *La forme poétique du monde. Anthologie du romantisme allemand*, Paris, Corti, coll. « Domaine romantique », 2003.

Lessing, Gotthold Ephraïm : *Laokoon*, Paderborn, Schöningh, 1962.

Liebrand, Claudia : *Aporie des Kunstmythos. Die Texte E.T.A. Hoffmanns*, Fribourg, Rombach, 1996.

Louvel, Liliane : *L'œil du texte. Texte et image dans la littérature de langue anglaise*, Toulouse, Presses Universitaires du Mirail, 1993.

Magris, Claudio : *Die andere Vernunft, E.T.A. Hoffmann*, Königstein/Ts., Hain, 1980.

Maillard, Christine : « "Die Bergwerke zu Falun" d'E.T.A. Hoffmann : le moi et l'inconscient », in : *Recherches germaniques* 22 (1992), p. 73-102.

Margotton, Jean-Charles : « Musique et folie : "Le Conseiller Krespel" de Hoffmann », in : *E.T.A. Hoffmann et la musique*, éd. par Alain Montandon, Berne, Peter Lang, 1987, p. 268-283.

— : *Littérature et arts dans la culture de langue allemande*, Lyon, PUL, coll. « IUFM », 1995.

Matt, Peter (von) : *Das Schicksal der Phantasie. Studien zur deutschen Literatur*, Munich, Vienne, Carl Hanser, 1994.

— : *Die Augen der Automaten. E.T.A. Hoffmanns Imaginationslehre als Prinzip seiner Erzählkunst*, Tübingen, Niemeyer, 1971.

Matzer, Reiner : *Der nützliche Idiot. Wahnsinn und Initiation bei Jean-Paul und E.T.A. Hoffmann*, Francfort-sur-le-Main, Peter Lang, 1984.

Merleau-Ponty, Maurice : *Phénoménologie de la perception*, Paris, Gallimard, 1945.

— : *L'œil et l'esprit*, Paris, Gallimard, coll. « Folio essais », 1964.

Montandon, Alain (dir.) : *E.T.A. Hoffmann et la musique*, Actes du colloque international de Clermont-Ferrand, Berne, Peter Lang, 1987.

— : *Les yeux de la nuit. Essai sur le romantisme allemand*, Clermont-Ferrand, PUBP, coll. « Révolutions et Romantismes », 2010.

Muzelle, Alain : *L'Arabesque. La théorie romantique de Friedrich Schlegel dans l'Athenäum*, Paris, PUPS, 2006.

— : « Arabeske und Phantastik bei Friedrich Schlegel und Hoffmann », in : *Akten des XI. Internationalen Germanistenkongresses Paris 2005 : « Germanisten im Konflikt der Kulturen »*, éd. par Jean-Marie Valentin, Berne, Peter Lang, 2008, p. 81-88.

Nahrebecky, Roman : *Wackenroder, Tieck, E.T.A. Hoffmann, Bettina von Arnim. Ihre Verhältnisse zur Musik und zum musikalischen Erlebnis*, Bonn, Bouvier, 1979.

Neumann, Gerhard : « Romantische Aufklärung. Zu E.T.A. Hoffmanns Wissenschaftspoetik », in : *Aufklärung als Form*, Beiträge zu einem historischen und aktuellen Problem, éd. par Helmut Schmiedt/ Helmut J. Schneider, Wurztbourg, Königshausen & Neumann, 1997, p. 106-148.

— : « Anamorphose. E.T.A. Hoffmanns Poetik der Defiguration », in : *Mimesis und Simulation*, éd. par Andreas Kablitz/ Gerhard Neumann, Fribourg, Rombach, 1998, p. 377-417.

— / Oesterle Günter (éds) : *Bild und Schrift in der Romantik*, Wurtzbourg, Königshausen & Neumann, 1999.

— (éd.) : « *Hoffmanneske Geschichte* ». Zu einer *Literaturwissenschaft als Kulturwissenschaft*, Wurtzbourg, Königshausen & Neumann, 2005.

Nipperdey, Otto : *Wahnsinnsfiguren bei E.T.A. Hoffmann*, Cologne, Diss., 1957.

Novalis : *Fragmente/ Fragments*, édition bilingue, traduction d'Armel Guerne, Paris, Aubier Montaigne, 1973.

— : *Hymnen an die Nacht*, Munich, Wilhelm Goldmann, 1958.

— : *Heinrich von Ofterdingen*, Stuttgart, Reclam, 2004.

Ochsner, Karl : *E.T.A. Hoffmann als Dichter des Unbewussten*, Frauenfeld, Leipzig, Huber und Co Aktiengesellschaft, 1936.

Oesterle, Günter : « *Arabeske und Roman*. Eine poetikgeschichtliche Rekonstruktion von Friedrich Schlegels "Brief über den Roman" », in : *Studien zur Ästhetik und Literaturgeschichte der Kunstperiode*, éd. par D. Grathoff, Francfort-sur-le-Main, Berne, New York, Peter Lang, 1985, p. 233-292.

— : « Arabeske, Schrift und Poesie in E.T.A. Hoffmanns Kunstmärchen *Der Goldene Topf* », in : *Athenäum* 1 (1991), p. 69-107.

— : « Figurations esthétiques dans le classicisme et le romantisme : "l'instant fécond" et l'arabesque », in : *Revue germanique internationale*, « Entre classicisme et romantisme autour de 1800 », éd. par Michel Espagne/ Jacques Le Rider, n° 16, 2001, p. 141-146.

Orosz, Magdolna : *Identität, Differenz, Ambivalenz. Erzählstrukturen und Erzählstrategien bei E.T.A. Hoffmann*, Francfort-sur-le-Main, Peter Lang, 2001.

Panofsky, Erwin : *La perspective comme forme symbolique*, Paris, Les Éditions de minuit, 1975.

Pinel, Philippe : *L'aliénation mentale ou la manie*, Paris, L'Harmattan, 2006.

Platon : *La République*, traduction et notes de Robert Baccou, Paris, Garnier Flammarion, 1966.

Polheim, Karl Konrad : *Die Arabeske. Ansichten und Ideen aus Friedrich Schlegels Poetik*, Paderborn, Ferdinand Schöningh, 1966.

Proust, Marcel : *Le temps retrouvé*, Paris, GF Flammarion, 1986

Reil, Johann Christian : *Rhapsodien über die Anwendung der psychischen Curmethode auf Geisteszerrütungen*, Halle, Curtsche Buchhandlung, 1803.

— : *Rhapsodies sur l'emploi et la méthode de cure psychique dans les dérangements de l'esprit*, traduction de Marc Géraud, Nîmes, Champ social, coll. « Sciences de l'esprit », 2007.

Remy-Lacheny, Ingrid : « Füsslis *Nachtmahr* und der serapiontische Erzählprozess im Vergleich », in : *E.T.A. Hoffmann Jahrbuch* 16 (2008), p. 139-143.

Reuchlein, Georg : *Das Problem der Zurechnungsfähigkeit bei E.T.A. Hoffmann und Georg Büchner. Zum Verhältnis von Literatur, Psychiatrie und Justiz im frühen 19. Jahrhundert*, Francfort-sur-le-Main, Berlin, New York, Peter Lang, 1985.

Rimbaud, Arthur : *Lettres du voyant, textes littéraires français*, Genève, Droz, 1975.

Ringel, Stefan : *Realität und Einbildungskraft im Werk E.T.A. Hoffmanns*, Cologne/ Weimar/ Vienne, Böhlau, 1997.

Sauer, Lieselotte : *Marionetten, Maschinen, Automaten. Der künstliche Mensch in der deutschen und englischen Romantik*, Bonn, Bouvier, 1983.

Schäfer, Bettina : *Ohne Anfang – ohne Ende. Arabeske Darstellungsformen in E.T.A. Hoffmanns Roman* Lebens-Ansichten des Katers Murr, Bielefeld, Aisthesis, 2001. [Diss. Münster, 1999].

Schefer, Olivier : *Poésie de l'infini. Novalis et la question esthétique*, Bruxelles, la Lettre volée, 2001.

Schelling, Friedrich Wilhelm Joseph : *Schellings Werke*, Historisch-kritische Ausgabe, éd. par Hans Michael Baumgartner, Wilhelm G. Jacobs, Hermann Krings et Hermann Zeltner, Stuttgart, Frommann – G. Holzboog, 1994.

— : *Textes esthétiques*, traduction d'Alain Pernet, Paris, Klincksieck, 1978.

— : *Philosophie de l'art*, traduction d'Alain Pernet et de Caroline Sulzer, Grenoble, Éditions Jérôme Million, 1999.

— : *Texte zur Philosophie der Kunst*, Stuttgart, Reclam, 1982

— : *Philosophie der Kunst*, Darmstadt, Wissenschaftliche Buchgesellschaft, 1990.

Scher, Steven Paul (éd.) : *Literatur und Musik. Ein Handbuch zur Theorie und Praxis eines komparatistischen Grenzgebietes*, Berlin, Erich Schmidt, 1984.

Schlegel, August Wilhelm : *Die Kunstlehre*, Stuttgart, Kohlhammer, 1963.

— : *Die Gemählde. Gespräch*, Dresde, Verlag der Kunst, 1996.

— : *Les Tableaux*, traduction d'Anne-Marie Lang et d'Elisabeth Peter, Paris, Édition Christian Bourgois, Coll. « Détroits », 1988.

Schlegel, Friedrich : *Kritische Schriften und Fragmente*, 6 tomes, Paderborn, Munich, Vienne, Zürich, Schöningh, 1988.

— : *Fragments*, traduction et présentation de Charles Le Blanc, Paris, José Corti, 1996.

— : *L'essence de la critique. Écrits sur Lessing*, Villeneuve d'Ascq, Presses Universitaires du Septentrion, 2005.

Schmidt, Ricarda : *Wenn mehrere Künste im Spiel sind. Intermedialität bei E.T.A. Hoffmann*, Göttingen, Vandenhoeck & Ruprecht, 2006.

Schubert, Gotthilf Heinrich : *Krankheiten und Störungen der menschlichen Seele. Ein Nachtrag* zu des Verfassers Geschichte der Seele, Stuttgart et Tübingen, Cotta, 1845.

— : *Die Symbolik des Traums* (1814), Eschborn, Dietmar Klotz, 1992.

— : *La symbolique du rêve*, traduction de Patrick Valette, Paris, Albin Michel, 1982.

— : *Ansichten von der Nachtseite der Naturwissenschaft* (1808), Eschborn, Dietmar Klotz, 1992.

Segebrecht, Wulf : *Heterogenität und Integration. Studien zu Leben, Werk und Wirkung E.T.A. Hoffmanns*, Francfort-sur-le-Main, Peter Lang, 1996.

Stegbauer, Hanna : *Die Akustik der Seele. Zum Einfluss der Literatur auf die Entstehung der romantischen Instrumentalmusik und ihrer Semantik*, Göttingen, Vandenhoeck & Ruprecht, 2006.

Steinecke, Hartmut : *E.T.A. Hoffmann*, Stuttgart, Reclam, 1997.

— : *Die Kunst der Fantasie. E.T.A. Hoffmanns Leben und Werk*, Francfort-sur-le-Main, Leipzig, Insel, 2004.

— (éd.) : *E.T.A. Hoffmann. Neue Wege der Forschung*, Darmstadt, Wissenschaftliche Buchgesellschaft, 2006.

Stiegler, Ernst-Michael : *Das Ich im Spiegel der Kunst und der Wirklichkeit : Eine Studie zum anthropologischen Verständnis E.T.A. Hoffmanns*, Francfort-sur-le-Main, Diss., 1988.

Tap, Patricia : *E.T.A. Hoffmann und die Faszination romantischer Medizin*, Düsseldorf, Diss., 1996.

Thewalt, Patrick : *Die Leiden der Kapellmeister. Zur Umwertung von Musik und Künstlertum bei W. H. Wackenroder und E.T.A. Hoffmann*, Francfort-sur-le-Main, Peter Lang, 1990.

Tunner, Erika (éd.) : *Romantik – eine lebenskräftige Krankheit : ihre literarischen Nachwirkungen in der Moderne*, Amsterdam/ Atlanta, Rodopi, 1991.

Valk, Thorsten : « "Die Bergwerke zu Falun". Tiefenpsychologie aus dem Geist romantischer Seelenkunde », in : *Interpretationen E.T.A. Hoffmann. Romane und Erzählungen*, éd. par Günter Saße, Stuttgart, Reclam, 2004.

Wawrzyn, Lienhard : *Der Automaten-Mensch. E.T.A. Hoffmanns Erzählung vom Sandmann. Mit Bildern aus Alltag und Wahnsinn*, Berlin, Wagenbachs Taschenbücherei, 1990.

Weidekampf, Ilse : *Traum und Wirklichkeit in der Romantik und bei Heine*, Leipzig, Mayer und Müller, 1923.

Winter, Ilse : *Untersuchungen zum serapiontischen Prinzip E.T.A. Hoffmanns*, La Hague, Mouton, 1976.

Wittig, Frank : *Maschinenmenschen : Zur Geschichte eines literarischen Motivs im Kontext von Philosophie, Naturwissenschaft und Technik*, Wurtzbourg, Königshausen & Neumann, 1997.

Annexe

Fragment 116 : Friedrich Schlegel : *Kritische Schriften und Fragmente*, Paderborn, Munich, Vienne, Zürich, Schöningh, 1988, 6 tomes, ici : tome 2 [1798-1801], p. 114-115.

« Die romantische Poesie ist eine progressive Universalpoesie. Ihre Bestimmung ist nicht bloß, alle getrennte Gattungen der Poesie wieder zu vereinigen, und die Poesie mit der Philosophie und Rhetorik in Berührung zu setzen. Sie will, und soll auch Poesie und Prosa, Genialität und Kritik, Kunstpoesie und Naturpoesie bald mischen, bald verschmelzen, die Poesie lebendig und gesellig, und das Leben und die Gesellschaft poetisch machen, den Witz poetisieren, und die Formen der Kunst mit gediegnem Bildungsstoff jeder Art anfüllen und sättigen, und durch die Schwingungen des Humors beseelen. Sie umfaßt alles, was nur poetisch ist, vom größten wieder mehrere Systeme in sich enthaltenden Systeme der Kunst, bis zu dem Seufzer, dem Kuß, den das dichtende Kind aushaucht in kunstlosen Gesang. Sie kann sich so in das Dargestellte verlieren, daß man glauben möchte, poetische Individuen jeder Art zu charakterisieren, sei ihr Eins und Alles ; und doch gibt es noch keine Form, die so dazu gemacht wäre, den Geist des Autors vollständig auszudrücken : so daß manche Künstler, die nur auch einen Roman schreiben wollten, von ungefähr sich selbst dargestellt haben. Nur sie kann gleich dem Epos ein Spiegel der ganzen umgebenden Welt, ein Bild des Zeitalters werden. Und doch kann auch sie am meisten zwischen dem Dargestellten und dem Darstellenden, frei von allem realen und idealen Interesse auf den Flügeln der poetischen Reflexion in der Mitte schweben, diese Reflexion immer wieder potenzieren und wie in einer endlosen Reihe von Spiegeln vervielfachen. Sie ist der höchsten und der allseitigsten Bildung fähig ; nicht bloß von innen heraus, sondern auch von außen hinein ; indem sie jedem, was ein Ganzes in ihren Produkten sein soll, alle Teile ähnlich organisiert, wodurch ihr die Aussicht auf eine grenzenlos wachsende Klassizität eröffnet wird. Die romantische Poesie ist unter den Künsten was der Witz der Philosophie, und die Gesellschaft, Umgang, Freundschaft und Liebe im Leben ist. Andre Dichtarten sind fertig, und können nun vollständig zergliedert werden. Die romantische Dichtart ist noch im Werden ; ja das ist ihr eigentliches Wesen, daß sie ewig nur werden, nie vollendet sein kann. Sie kann durch keine Theorie erschöpft werden, und nur eine divinatorische Kritik dürfte es wagen, ihr Ideal charakterisieren zu wollen. Sie allein ist unendlich, wie sie allein frei ist, und das als ihr erstes Gesetz anerkennt, daß die Willkür des Dichters kein Gesetz über sich leide. Die romantische Dichtart ist die einzige, die mehr als Art, und gleichsam die Dichtkunst selbst ist : denn in einem gewissen Sinn ist oder soll alle Poesie romantisch sein ».

Friedrich Schlegel : *Fragments*, traduction de Charles Le Blanc, Paris, José Corti, 1996, p. 148-149.

« La poésie romantique est une poésie universelle progressive. Sa fin n'est pas seulement de réunir nouvellement tous les genres séparés et de mettre en contact la poésie avec la philosophie et la rhétorique. Elle veut et doit aussi, tantôt mélanger, tantôt combiner poésie et prose, génialité et critique, poésie artistique et poésie naturelle ; elle veut et doit rendre la poésie vivante et en faire un lien social, poétiser l'esprit (*Witz*), remplir et saturer les formes d'art avec des éléments éducatifs variés et purs en les animant par les vibrations de l'humour. Elle embrasse tout ce qui est poétique, du plus grand système de l'art, qui contient en soi plusieurs systèmes, au soupir, au baiser que l'enfant poète exalte dans un chant naturel. Elle peut se perdre dans l'objet représenté, de sorte qu'on pourrait croire que caractériser des individus poétiques de toutes sortes est, pour elle, l'alpha et l'oméga ; et pourtant il n'y a pas encore de forme qui se prête afin d'exprimer parfaitement la pensée de l'auteur : c'est ainsi que plusieurs artistes, qui ne voulaient seulement écrire qu'un roman, se sont, sans le vouloir, représentés eux-mêmes. Elle seule peut, à l'image du drame, devenir un miroir de tout le monde environnant, une image de l'époque. Mais elle peut néanmoins, surtout entre le représenté et le représentant, libre de tout intérêt réel ou idéel, planer sur les ailes de la réflexion poétique, la renforçant encore, toujours, et telle une interminable série de miroirs, la multiplier. Elle est capable de la culture la plus haute et la plus universelle – non seulement de l'intérieur vers l'extérieur, mais aussi de l'extérieur vers l'intérieur – organisant de manière harmonieuse toutes les parties de ce qui, dans ses produits, doit former un tout par lequel s'ouvre la perspective d'un classicisme croissant sans limites. La poésie romantique est parmi les arts ce que la saillie est à la philosophie, ce que sont dans la vie la société, les relations, l'amitié et l'amour. Les autres genres sont complets et ne peuvent guère qu'être analysés en entier. La poésie romantique est toujours en devenir : bien plus, c'est son essence même que de rester éternellement en devenir, de ne pouvoir jamais être achevée. Elle ne peut être épuisée par aucune théorie, et seule une critique divinatrice oserait essayer de caractériser son idéal. Elle seule est infinie, comme elle seule est libre, et ne reconnaît comme première loi que celle-ci : l'arbitraire (*Willkür*) du poète ne souffre aucune loi qui le domine. Le genre poétique romantique est le seul à être plus qu'un genre et, pour ainsi dire, la poésie elle-même : ainsi, en un certain sens, toute poésie est ou doit être romantique ».

Table des matières

ÉDITIONS
UNIVERSITAIRES
EUROPÉENNES

Une maison d'édition scientifique

vous propose

la publication gratuite

de vos articles, de vos travaux de fin d'études, de vos mémoires de master, de vos thèses ainsi que de vos monographies scientifiques.

Vous êtes l'auteur d'une thèse exigeante sur le plan du contenu comme de la forme et vous êtes intéressé par l'édition rémunérée de vos travaux? Alors envoyez-nous un email avec quelques informations sur vous et vos recherches à: info@editions-ue.com.

Notre service d'édition vous contactera dans les plus brefs délais.

Éditions universitaires européennes est une marque déposée de Südwestdeutscher Verlag für Hochschulschriften GmbH & Co. KG Dudweiler Landstraße 99 66123 Sarrebruck Allemagne

Téléphone : +49 (0) 681 37 20 271-1
Fax : +49 (0) 681 37 20 271-0
Email : info[at]editions-ue.com
www.editions-ue.com

Printed in Great Britain
by Amazon